企业财务报告数据摘要
(2011—2015年)

Summary of Enterprise Financial Reports Nationwide

财政部资产管理司　编

中国财经出版传媒集团
中国财政经济出版社

图书在版编目（CIP）数据

企业财务报告数据摘要：2011—2015年／财政部资产管理司编. —北京：中国财政经济出版社，2016.12

ISBN 978-7-5095-7190-3

Ⅰ.①企… Ⅱ.①财… Ⅲ.①企业管理-财务会计-会计报表-中国-2011-2015 Ⅳ.①F275.2

中国版本图书馆CIP数据核字（2016）第322195号

责任编辑：吕小军　　　　责任校对：李　丽
封面设计：郁　佳

中国财政经济出版社出版

URL：http：//www.cfeph.cn

E-mail：cfeph@cfeph.cn

社址：北京市海淀区阜成路甲28号　邮政编码：100142

营销中心电话：88190406　北京财经书店电话：64033436　84041336

北京富生印刷厂印刷　各地新华书店经销

787×1092毫米　16开　20.5印张　496 000字

2016年12月第1版　2016年12月北京第1次印刷

定价：65.00元

ISBN 978-7-5095-7190-3/F·5765

（图书出现印装问题，本社负责调换）

质量投诉电话：010-88190744

打击盗版举报热线：010-88190492、QQ：634579818

编 写 说 明

财政部组织各中央部门、中央企业和全国各级财政部门完成的国有企业决算汇总数据，历来被社会各界公认为是我国最全面、最权威的国有企业基础数据。为多角度反映我国国有企业经济运行最新情况，我们组织力量在2011—2015年企业财务决算数据库的基础上，深入挖掘整理和归纳分析，完成了《2011—2015年企业财务报告数据摘要》一书的编写工作。

一、本书数据来源于2011—2015年各年度中央部门、中央管理企业和地方财政部门编制汇总（合并）报送的、经过会计师事务所审计的国有及国有控股企业（不含金融保险类企业）和城镇集体企业财务决算数据。

二、本书第一部分为16.7万户全国国有及国有控股企业主要经济运行指标，第二部分为2.4万户全国城镇集体企业主要经济运行指标，涵盖企业户数、人数、资产、负债、收入、利润、税收等多项指标。本书根据有关国家标准及部门标准，依照隶属关系、地区分布、行业分布、产业性质、企业规模、组织形式、资本构成等因素，对企业财务决算数据进行分组分析和汇编。

三、本书数据凡尾数有差异的，为基层报表单位“元”调整时四舍五入所致。

四、本书相关表式、指标、分类及计算口径，以2015年为基准，其他年份数据按可比口径和汇总表平衡关系进行了适当调整。空格表示无此项数据，其他口径说明详见本书附录。

我们相信，本书的出版将为政府部门、企业管理者及其他社会各界准确掌握企业经济运行状况、宏观决策、制定政策以及加强企业管理提供重要依据，并将为社会各界了解和研究国有企业改革发展问题提供重要参考。

书中不足之处，请提出宝贵意见（联系电话：010－68552420/68552404；电子邮箱：qyyxc@126.com），以供我们今后修订时参考。

财政部资产管理司

2016年12月

目　　录

第一部分　全国国有企业主要指标表

一、全国国有企业户数情况 …………………………………………………………（ 2 ）
2011—2015 年全国国有企业户数情况 ……………………………………………（ 4 ）
按综合情况划分 ……………………………………………………………………（ 4 ）
按基本行业划分 ……………………………………………………………………（ 6 ）
按所在地区划分 ……………………………………………………………………（ 8 ）
按隶属关系划分 ……………………………………………………………………（ 10 ）
二、全国国有企业效益指标 …………………………………………………………（ 12 ）
（一）2011—2015 年全国国有企业效益指标 ……………………………………（ 14 ）
（二）2011—2015 年中央国有企业效益指标 ……………………………………（ 16 ）
（三）2011—2015 年地方国有企业效益指标 ……………………………………（ 18 ）
（四）2011—2015 年全国国有企业利润总额和增长指标 …………………………（ 20 ）
按综合情况划分 ……………………………………………………………………（ 20 ）
按基本行业划分 ……………………………………………………………………（ 22 ）
按所在地区划分 ……………………………………………………………………（ 24 ）
按隶属关系划分 ……………………………………………………………………（ 26 ）
（五）2011—2015 年全国国有企业营业总收入和增长指标 ………………………（ 28 ）
按综合情况划分 ……………………………………………………………………（ 28 ）
按基本行业划分 ……………………………………………………………………（ 30 ）
按所在地区划分 ……………………………………………………………………（ 32 ）
按隶属关系划分 ……………………………………………………………………（ 34 ）
（六）2011—2015 年全国国有企业效益比率指标 …………………………………（ 36 ）
净资产收益率（按综合情况划分） …………………………………………………（ 36 ）
净资产收益率（按基本行业划分） …………………………………………………（ 37 ）
净资产收益率（按所在地区划分） …………………………………………………（ 38 ）
净资产收益率（按隶属关系划分） …………………………………………………（ 39 ）
总资产报酬率（按综合情况划分） …………………………………………………（ 40 ）
总资产报酬率（按基本行业划分） …………………………………………………（ 41 ）
总资产报酬率（按所在地区划分） …………………………………………………（ 42 ）
总资产报酬率（按隶属关系划分） …………………………………………………（ 43 ）
成本费用利润率（按综合情况划分） ………………………………………………（ 44 ）
成本费用利润率（按基本行业划分） ………………………………………………（ 45 ）

成本费用利润率（按所在地区划分） …… （46）
成本费用利润率（按隶属关系划分） …… （47）
人均利润（按综合情况划分） …… （48）
人均利润（按基本行业划分） …… （49）
人均利润（按所在地区划分） …… （50）
人均利润（按隶属关系划分） …… （51）
三、全国国有企业税收指标 …… （52）
（一）2011—2015 年全国国有企业税收指标 …… （54）
（二）2011—2015 年中央国有企业税收指标 …… （56）
（三）2011—2015 年地方国有企业税收指标 …… （58）
（四）2011—2015 年全国国有企业应交税金总额和增长指标 …… （60）
按综合情况划分 …… （60）
按基本行业划分 …… （62）
按所在地区划分 …… （64）
按隶属关系划分 …… （66）
（五）2011—2015 年全国国有企业上交税金总额和增长指标 …… （68）
按综合情况划分 …… （68）
按基本行业划分 …… （70）
按所在地区划分 …… （72）
按隶属关系划分 …… （74）
四、全国国有企业资产负债指标 …… （76）
（一）2011—2015 年全国国有企业资产负债指标 …… （78）
（二）2011—2015 年中央国有企业资产负债指标 …… （84）
（三）2011—2015 年地方国有企业资产负债指标 …… （90）
（四）2011—2015 年全国国有企业资产总额和增长指标 …… （96）
按综合情况划分 …… （96）
按基本行业划分 …… （98）
按所在地区划分 …… （100）
按隶属关系划分 …… （102）
（五）2011—2015 年全国国有企业负债总额和增长指标 …… （104）
按综合情况划分 …… （104）
按基本行业划分 …… （106）
按所在地区划分 …… （108）
按隶属关系划分 …… （110）
（六）2011—2015 年全国国有企业所有者权益总额和增长指标 …… （112）
按综合情况划分 …… （112）
按基本行业划分 …… （114）
按所在地区划分 …… （116）
按隶属关系划分 …… （118）
（七）2011—2015 年全国国有企业偿债能力指标 …… （120）

资产负债率（按综合情况划分）……………………………………………………（120）
资产负债率（按基本行业划分）……………………………………………………（121）
资产负债率（按所在地区划分）……………………………………………………（122）
资产负债率（按隶属关系划分）……………………………………………………（123）
获利倍数（按综合情况划分）………………………………………………………（124）
获利倍数（按基本行业划分）………………………………………………………（125）
获利倍数（按所在地区划分）………………………………………………………（126）
获利倍数（按隶属关系划分）………………………………………………………（127）
流动比率（按综合情况划分）………………………………………………………（128）
流动比率（按基本行业划分）………………………………………………………（129）
流动比率（按所在地区划分）………………………………………………………（130）
流动比率（按隶属关系划分）………………………………………………………（131）
（八）2011—2015 年全国国有企业资产周转率指标 ……………………………………（132）
总资产周转率（按综合情况划分）…………………………………………………（132）
总资产周转率（按基本行业划分）…………………………………………………（133）
总资产周转率（按所在地区划分）…………………………………………………（134）
总资产周转率（按隶属关系划分）…………………………………………………（135）
存货周转率（按综合情况划分）……………………………………………………（136）
存货周转率（按基本行业划分）……………………………………………………（137）
存货周转率（按所在地区划分）……………………………………………………（138）
存货周转率（按隶属关系划分）……………………………………………………（139）
应收账款周转率（按综合情况划分）………………………………………………（140）
应收账款周转率（按基本行业划分）………………………………………………（141）
应收账款周转率（按所在地区划分）………………………………………………（142）
应收账款周转率（按隶属关系划分）………………………………………………（143）
五、全国国有企业国有资产指标 ……………………………………………………（144）
2011—2015 年全国国有企业国有资产总额和增长指标 ………………………………（146）
按综合情况划分 ……………………………………………………………………（146）
按基本行业划分 ……………………………………………………………………（148）
按所在地区划分 ……………………………………………………………………（150）
按隶属关系划分 ……………………………………………………………………（152）
六、全国国有企业基本情况指标 ……………………………………………………（154）
（一）2011—2015 年全国国有企业职工人数情况 ……………………………………（156）
按综合情况划分 ……………………………………………………………………（156）
按基本行业划分 ……………………………………………………………………（158）
按所在地区划分 ……………………………………………………………………（160）
按隶属关系划分 ……………………………………………………………………（162）
（二）2011—2015 年全国国有企业离退休人数情况 …………………………………（164）
按综合情况划分 ……………………………………………………………………（164）
按基本行业划分 ……………………………………………………………………（166）

按所在地区划分 …… (168)
按隶属关系划分 …… (170)
七、全国国有企业职工工资指标 …… (172)
(一) 2011—2015 年全国国有企业职工工资总额情况 …… (174)
按综合情况划分 …… (174)
按基本行业划分 …… (176)
按所在地区划分 …… (178)
按隶属关系划分 …… (180)
(二) 2011—2015 年全国国有企业人均工资情况 …… (182)
按综合情况划分 …… (182)
按基本行业划分 …… (183)
按所在地区划分 …… (184)
按隶属关系划分 …… (185)

第二部分　全国集体企业主要指标表

一、全国集体企业户数情况 …… (189)
2011—2015 年全国集体企业户数情况 …… (190)
按综合情况划分 …… (190)
按基本行业划分 …… (192)
按隶属关系划分 …… (194)
二、全国集体企业效益指标 …… (197)
(一) 2011—2015 年全国集体企业效益指标 …… (198)
(二) 2011—2015 年全国集体企业利润总额和增长指标 …… (200)
按综合情况划分 …… (200)
按基本行业划分 …… (202)
按隶属关系划分 …… (204)
(三) 2011—2015 年全国集体企业营业总收入和增长指标 …… (206)
按综合情况划分 …… (206)
按基本行业划分 …… (208)
按隶属关系划分 …… (210)
(四) 2011—2015 年全国集体企业效益比率指标 …… (212)
净资产收益率（按综合情况划分） …… (212)
净资产收益率（按基本行业划分） …… (213)
净资产收益率（按隶属关系划分） …… (214)
总资产报酬率（按综合情况划分） …… (215)
总资产报酬率（按基本行业划分） …… (216)
总资产报酬率（按隶属关系划分） …… (217)
成本费用利润率（按综合情况划分） …… (218)
成本费用利润率（按基本行业划分） …… (219)
成本费用利润率（按隶属关系划分） …… (220)

人均利润（按综合情况划分） …………………………………………………………（222）
人均利润（按基本行业划分） …………………………………………………………（224）
人均利润（按隶属关系划分） …………………………………………………………（226）
三、全国集体企业税收指标 ……………………………………………………………………（229）
（一）2011—2015 年全国集体企业税收指标 …………………………………………………（230）
（二）2011—2015 年全国集体企业应交税金总额和增长指标 ………………………………（232）
按综合情况划分 ………………………………………………………………………（232）
按基本行业划分 ………………………………………………………………………（234）
按隶属关系划分 ………………………………………………………………………（236）
（三）2011—2015 年全国集体企业上交税金总额和增长指标 ………………………………（238）
按综合情况划分 ………………………………………………………………………（238）
按基本行业划分 ………………………………………………………………………（240）
按隶属关系划分 ………………………………………………………………………（242）
四、全国集体企业资产负债指标 ………………………………………………………………（245）
（一）2011—2015 年全国集体企业资产负债指标 …………………………………………（246）
（二）2011—2015 年全国集体企业资产总额和增长指标 ……………………………………（252）
按综合情况划分 ………………………………………………………………………（252）
按基本行业划分 ………………………………………………………………………（254）
按隶属关系划分 ………………………………………………………………………（256）
（三）2011—2015 年全国集体企业负债总额和增长指标 ……………………………………（258）
按综合情况划分 ………………………………………………………………………（258）
按基本行业划分 ………………………………………………………………………（260）
按隶属关系划分 ………………………………………………………………………（262）
（四）2011—2015 年全国集体企业所有者权益总额和增长指标 ……………………………（264）
按综合情况划分 ………………………………………………………………………（264）
按基本行业划分 ………………………………………………………………………（266）
按隶属关系划分 ………………………………………………………………………（268）
（五）2011—2015 年全国集体企业偿债能力指标 ……………………………………………（270）
资产负债率（按综合情况划分） ……………………………………………………（270）
资产负债率（按基本行业划分） ……………………………………………………（271）
资产负债率（按隶属关系划分） ……………………………………………………（272）
获利倍数（按综合情况划分） …………………………………………………………（273）
获利倍数（按基本行业划分） …………………………………………………………（274）
获利倍数（按隶属关系划分） …………………………………………………………（275）
流动比率（按综合情况划分） …………………………………………………………（276）
流动比率（按基本行业划分） …………………………………………………………（277）
流动比率（按隶属关系划分） …………………………………………………………（278）
（六）2011—2015 年全国集体企业资产周转率指标 …………………………………………（279）
总资产周转率（按综合情况划分） …………………………………………………（279）
总资产周转率（按基本行业划分） …………………………………………………（280）

总资产周转率（按隶属关系划分） …………………………………………………（281）
存货周转率（按综合情况划分） ……………………………………………………（282）
存货周转率（按基本行业划分） ……………………………………………………（283）
存货周转率（按隶属关系划分） ……………………………………………………（284）
应收账款周转率（按综合情况划分） ………………………………………………（285）
应收账款周转率（按基本行业划分） ………………………………………………（286）
应收账款周转率（按隶属关系划分） ………………………………………………（287）
五、全国集体企业基本情况指标 ……………………………………………………………（289）
（一）2011—2015 年全国集体企业职工人数情况 ……………………………………（290）
按综合情况划分 ……………………………………………………………………（290）
按基本行业划分 ……………………………………………………………………（292）
按隶属关系划分 ……………………………………………………………………（294）
（二）2011—2015 年全国集体企业离退休职工情况 …………………………………（296）
按综合情况划分 ……………………………………………………………………（296）
按基本行业划分 ……………………………………………………………………（298）
按隶属关系划分 ……………………………………………………………………（300）
六、全国集体企业职工工资指标 ……………………………………………………………（303）
（一）2011—2015 年全国集体企业职工工资情况 ……………………………………（304）
按综合情况划分 ……………………………………………………………………（304）
按基本行业划分 ……………………………………………………………………（306）
按隶属关系划分 ……………………………………………………………………（308）
（二）2011—2015 年全国集体企业人均工资情况 ……………………………………（310）
按综合情况划分 ……………………………………………………………………（310）
按基本行业划分 ……………………………………………………………………（312）
按隶属关系划分 ……………………………………………………………………（314）

附录：有关汇编口径、指标解释及计算公式 ……………………………………………（316）

第一部分

全国国有企业主要指标表

一、全国国有企业户数情况

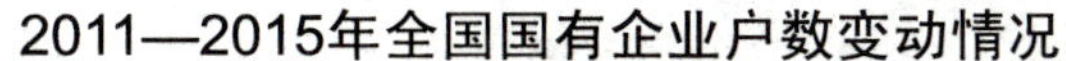

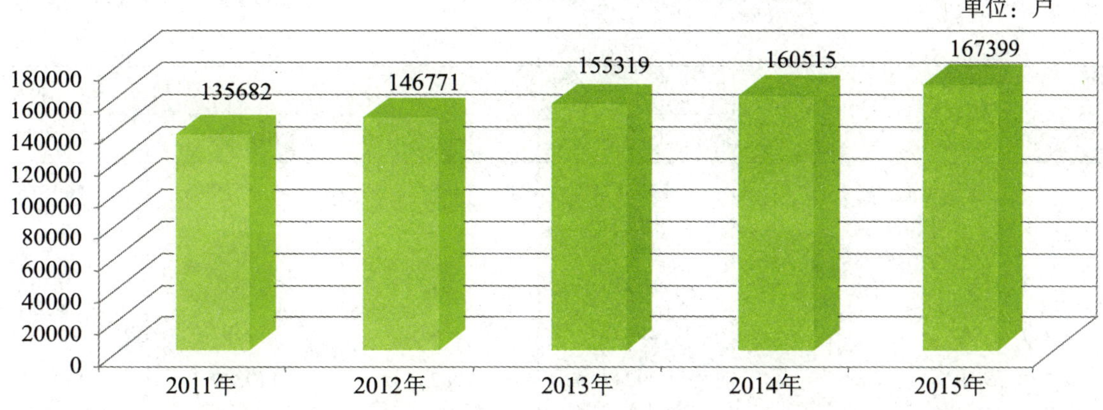

2011年全国国有企业户数区域分布情况

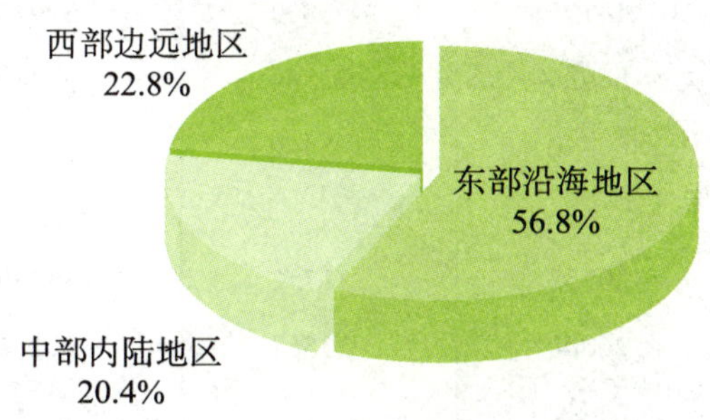

2015年全国国有企业户数区域分布情况

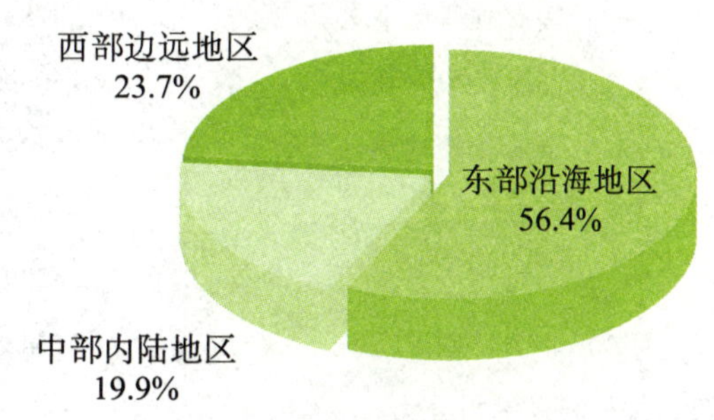

2011年全国国有企业户数产业分布情况

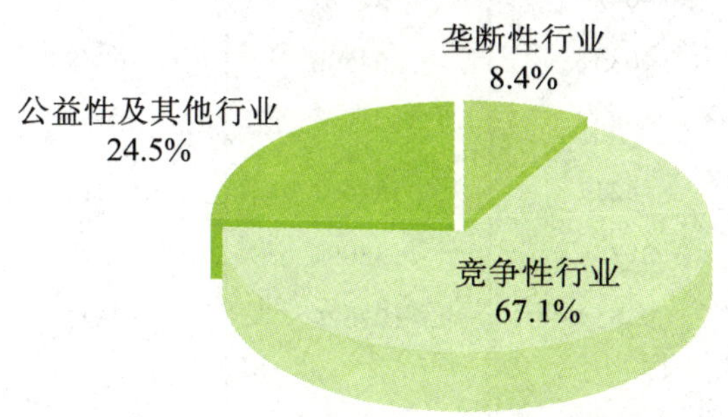

2015年全国国有企业户数产业分布情况

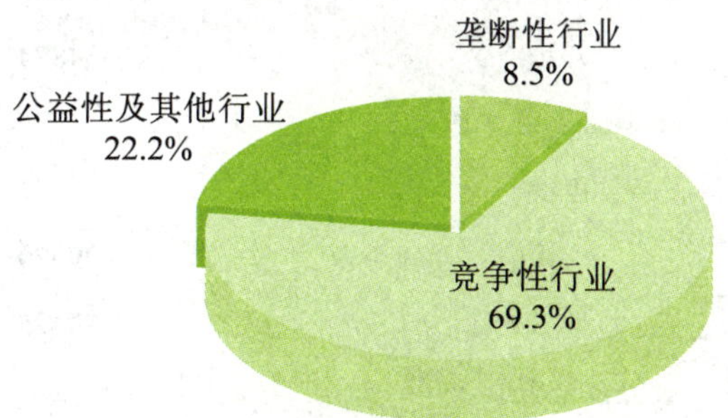

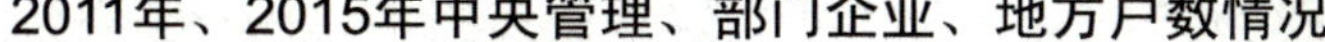

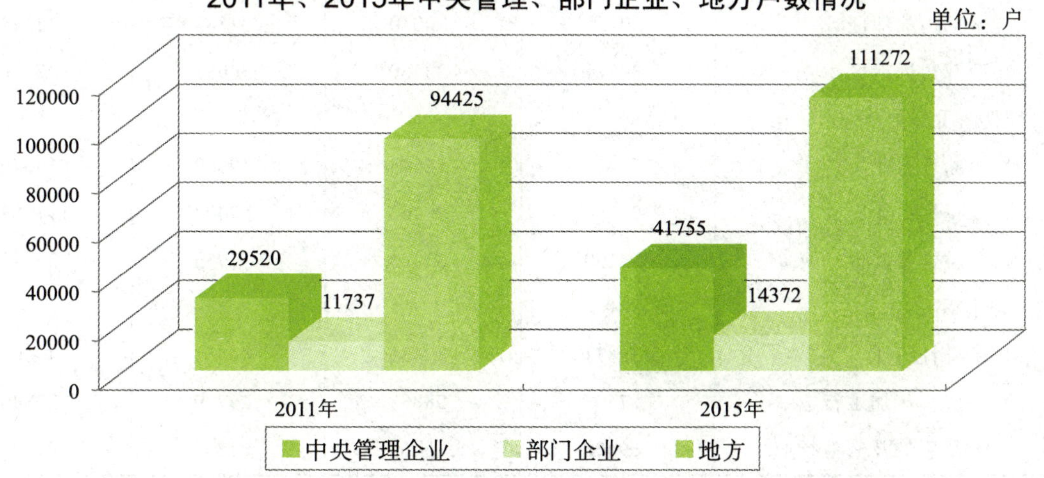

2011—2015 年全国

（按综合

项　　目	户数（户）			
	2011 年	2012 年	2013 年	2014 年
全国合计	**135682**	**146771**	**155319**	**160515**
一、按企业规模分类				
（一）大型	9776	10124	8410	8748
（二）中型	26659	28412	27592	28897
（三）小型	99247	108235	119317	122870
二、按资本构成分类				
（一）国有独资企业公司	53186	53795	56809	59942
（二）国有控股企业	76069	86636	92564	95310
（三）企业化管理事业单位	6427	6340	5946	5263
三、按组织形式分类				
（一）公司制	108239	120763	131752	138230
（二）非公司制	27443	26008	23567	22285
四、按盈利或亏损分类				
（一）盈利	80808	86420	90723	93332
（二）亏损	54874	60351	64596	67183
五、按隶属关系分类				
（一）中央	41257	48217	51693	54142
其中：管理企业	29520	35396	38091	40291
（二）地方	94425	98554	103626	106373
六、按经济带分类				
（一）东部沿海地区	77076	83171	87941	90688
（二）中部内陆地区	27735	30040	31343	32248
（三）西部边远地区	30871	33560	36035	37579
七、按产业性质分类				
（一）垄断性行业	11412	12595	12869	13676
（二）竞争性行业	91080	98963	107497	111068
（三）公益性及其他行业	33190	35213	34953	35771
八、按产业作用分类				
（一）基础性行业	38871	42431	44352	45695
（二）一般生产加工行业	27403	28889	29729	29846
（三）商贸服务及其他行业	69408	75451	81238	84974

国有企业户数情况

情况划分）

	比上年增长（%）					平均增长（%）
2015 年	2011 年	2012 年	2013 年	2014 年	2015 年	
167399	**19.3**	**8.2**	**5.8**	**3.3**	**4.3**	**5.4**
8688	21.3	3.6	-16.9	4.0	-0.7	-2.9
29325	27.5	6.6	-2.9	4.7	1.5	2.4
129386	17.1	9.1	10.2	3.0	5.3	6.9
62267	31.8	1.1	5.6	5.5	3.9	4.0
99881	14.6	13.9	6.8	3.0	4.8	7.0
5251	-8.2	-1.4	-6.2	-11.5	-0.2	-4.9
146436	31.8	11.6	9.1	4.9	5.9	7.8
20963	-13.2	-5.2	-9.4	-5.4	-5.9	-6.5
95347	18.5	6.9	5.0	2.9	2.2	4.2
72052	20.6	10.0	7.0	4.0	7.2	7.0
56127	56.8	16.9	7.2	4.7	3.7	8.0
41755	57.9	19.9	7.6	5.8	3.6	9.1
111272	8.0	4.4	5.1	2.7	4.6	4.2
94432	19.2	7.9	5.7	3.1	4.1	5.2
33294	19.4	8.3	4.3	2.9	3.2	4.7
39673	19.5	8.7	7.4	4.3	5.6	6.5
14183	43.8	10.4	2.2	6.3	3.7	5.6
116070	19.5	8.7	8.6	3.3	4.5	6.2
37146	12.2	6.1	-0.7	2.3	3.8	2.9
46653	22.1	9.2	4.5	3.0	2.1	4.7
30039	18.4	5.4	2.9	0.4	0.6	2.3
90707	18.2	8.7	7.7	4.6	6.7	6.9

2011—2015 年全国

（按基本

项　　目	户数（户）			
	2011 年	2012 年	2013 年	2014 年
全国合计	**135682**	**146771**	**155319**	**160515**
一、农林牧渔业	6541	6567	6735	6775
其中：农业	2532	2626	2736	2800
林业	1646	1615	1617	1650
畜牧业	688	680	684	686
渔业	342	339	332	326
二、工业	36509	40553	42046	42698
1. 煤炭工业	2260	2492	2568	2528
2. 石油和石化工业	626	693	763	836
3. 冶金工业	2437	2677	2817	2795
4. 建材工业	1671	2556	2970	2928
5. 化学工业	2798	3103	3189	3117
6. 森林工业	172	178	161	169
7. 食品工业	2083	2113	2120	2021
8. 烟草工业	171	160	170	161
9. 纺织工业	626	669	525	509
10. 医药工业	693	792	857	841
11. 机械工业	6659	6967	7618	7654
其中：汽车工业	1157	1181	1273	1334
12. 电子工业	1672	1707	1809	1844
13. 电力工业	5588	6388	6315	6833
14. 市政公用工业	3606	4165	4761	5150
15. 其他工业	5447	5893	5403	5312
三、建筑业	7651	8320	9177	9679
四、地质勘查及水利业	1360	1405	1562	1634
五、交通运输仓储业	16212	16482	16774	16992
其中：铁路运输业	1485	1520	1429	1459
道路运输业	3221	3574	3902	4082
水上运输业	1321	1384	1484	1540
航空运输业	469	547	568	590
仓储业	8094	7739	7467	7322
六、邮电通信业	1041	1105	1195	1256
七、批发和零售、餐饮业	20856	22215	23884	24448
八、房地产业	9321	11399	13612	14927
九、信息技术服务业	1121	1329	1611	1759
十、社会服务业	22267	23998	23525	24165
十一、卫生体育福利业	1147	828	762	775
十二、教育文化广播业	4687	5024	5521	5823
十三、科学研究和技术服务业	5483	6009	7216	7697
十四、机关社团及其他	1486	1537	1699	1887

国有企业户数情况

行业划分）

2015年	比上年增长（%）2011年	2012年	2013年	2014年	2015年	平均增长（%）
167399	**19.3**	**8.2**	**5.8**	**3.3**	**4.3**	**5.4**
6954	7.2	0.4	2.6	0.6	2.6	1.5
3033	14.0	3.7	4.2	2.3	8.3	4.6
1546	-3.1	-1.9	0.1	2.0	-6.3	-1.6
712	7.8	-1.2	0.6	0.3	3.8	0.9
321	2.1	-0.9	-2.1	-1.8	-1.5	-1.6
42816	21.1	11.1	3.7	1.6	0.3	4.1
2422	11.2	10.3	3.0	-1.6	-4.2	1.7
771	15.1	10.7	10.1	9.6	-7.8	5.3
2596	15.0	9.8	5.2	-0.8	-7.1	1.6
2959	9.6	53.0	16.2	-1.4	1.1	15.4
3081	15.8	10.9	2.8	-2.3	-1.2	2.4
153	1.8	3.5	-9.6	5.0	-9.5	-2.9
2015	7.8	1.4	0.3	-4.7	-0.3	-0.8
146	64.4	-6.4	6.3	-5.3	-9.3	-3.9
485	-15.1	6.9	-21.5	-3.0	-4.7	-6.2
864	22.0	14.3	8.2	-1.9	2.7	5.7
7646	18.3	4.6	9.3	0.5	-0.1	3.5
1317	23.2	2.1	7.8	4.8	-1.3	3.3
1844	25.2	2.1	6.0	1.9	0.0	2.5
7126	28.5	14.3	-1.1	8.2	4.3	6.3
5525	35.1	15.5	14.3	8.2	7.3	11.3
5183	35.3	8.2	-8.3	-1.7	-2.4	-1.2
10343	26.3	8.7	10.3	5.5	6.9	7.8
1714	-2.3	3.3	11.2	4.6	4.9	6.0
17152	20.3	1.7	1.8	1.3	0.9	1.4
1317	299.2	2.4	-6.0	2.1	-9.7	-3.0
4300	75.9	11.0	9.2	4.6	5.3	7.5
1580	65.1	4.8	7.2	3.8	2.6	4.6
632	24.1	16.6	3.8	3.9	7.1	7.7
7224	-0.9	-4.4	-3.5	-1.9	-1.3	-2.8
1428	152.7	6.1	8.1	5.1	13.7	8.2
25317	0.0	6.5	7.5	2.4	3.6	5.0
16152	22.5	22.3	19.4	9.7	8.2	14.7
2008	17.4	18.6	21.2	9.2	14.2	15.7
26232	34.0	7.8	-2.0	2.7	8.6	4.2
800	196.4	-27.8	-8.0	1.7	3.2	-8.6
6139	11.7	7.2	9.9	5.5	5.4	7.0
8111	49.3	9.6	20.1	6.7	5.4	10.3
2233	-18.0	3.4	10.5	11.1	18.3	10.7

2011—2015 年全国

（按所在

项　　目	户数（户）			
	2011 年	2012 年	2013 年	2014 年
全国合计	**135682**	**146771**	**155319**	**160515**
北京市	12728	13238	13954	14342
天津市	4858	5103	5160	5232
河北省	3843	3925	4072	4048
山西省	5049	5736	5814	5903
内蒙古自治区	1892	2162	2334	2370
辽宁省	4586	4954	5290	5478
其中：大连市	1106	1195	1331	1372
吉林省	1473	1585	1617	1626
黑龙江省	3914	3991	4157	4250
上海市	11719	11490	11830	11691
浙江省	6330	7400	8013	8221
其中：宁波市	968	1128	1222	1252
江苏省	6356	7642	8224	8503
安徽省	3401	3692	3925	4055
福建省	4566	4985	5261	5474
其中：厦门市	1169	1267	1333	1435
江西省	2519	2756	2896	2980
山东省	6644	7090	7546	7983
其中：青岛市	1352	1410	1494	1660
河南省	4875	5093	5090	5213
湖北省	3635	3897	4223	4550
湖南省	2869	3290	3621	3671
广东省	10634	11099	11681	12249
其中：深圳市	2160	2340	2394	2506
海南省	1189	1228	1276	1166
广西壮族自治区	3891	3947	4169	4256
贵州省	2944	3276	3510	3621
四川省	4870	5401	5736	6003
重庆市	3072	3294	3544	3806
云南省	3316	3699	4085	4187
陕西省	4571	4787	5018	5279
甘肃省	1883	2072	2223	2189
青海省	699	732	755	801
西藏自治区	439	448	483	514
宁夏回族自治区	671	738	757	849
新疆维吾尔自治区	2623	3004	3421	3704

国有企业户数情况

地区划分）

	比上年增长（%）					平均增长（%）
2015年	2011年	2012年	2013年	2014年	2015年	
167399	**19.3**	**8.2**	**5.8**	**3.3**	**4.3**	**5.4**
14916	19.0	4.0	5.4	2.8	4.0	4.0
5338	17.9	5.0	1.1	1.4	2.0	2.4
3988	7.0	2.1	3.7	-0.6	-1.5	0.9
5930	11.8	13.6	1.4	1.5	0.5	4.1
2563	36.2	14.3	8.0	1.5	8.1	7.9
5485	20.6	8.0	6.8	3.6	0.1	4.6
1316	20.6	8.0	11.4	3.1	-4.1	4.4
1670	23.8	7.6	2.0	0.6	2.7	3.2
4389	11.8	2.0	4.2	2.2	3.3	2.9
11882	7.0	-2.0	3.0	-1.2	1.6	0.3
8606	17.8	16.9	8.3	2.6	4.7	8.0
1341	27.2	16.5	8.3	2.5	7.1	8.5
8925	27.9	20.2	7.6	3.4	5.0	8.9
4195	38.7	8.6	6.3	3.3	3.5	5.4
5810	17.5	9.2	5.5	4.0	6.1	6.2
1566	35.6	8.4	5.2	7.7	9.1	7.6
3018	16.5	9.4	5.1	2.9	1.3	4.6
8415	25.5	6.7	6.4	5.8	5.4	6.1
1807	17.7	4.3	6.0	11.1	8.9	7.5
5412	14.0	4.5	-0.1	2.4	3.8	2.6
4953	27.3	7.2	8.4	7.7	8.9	8.0
3727	26.5	14.7	10.1	1.4	1.5	6.8
12831	18.8	4.4	5.2	4.9	4.8	4.8
2667	43.6	8.3	2.3	4.7	6.4	5.4
1326	19.4	3.3	3.9	-8.6	13.7	2.8
4413	11.9	1.4	5.6	2.1	3.7	3.2
3807	22.0	11.3	7.1	3.2	5.1	6.6
6372	21.8	10.9	6.2	4.7	6.1	7.0
4119	20.7	7.2	7.6	7.4	8.2	7.6
4407	18.3	11.6	10.4	2.5	5.3	7.4
5502	19.1	4.7	4.8	5.2	4.2	4.7
2317	15.4	10.0	7.3	-1.5	5.8	5.3
839	21.8	4.7	3.1	6.1	4.7	4.7
577	10.3	2.1	7.8	6.4	12.3	7.1
857	22.7	10.0	2.6	12.2	0.9	6.3
3900	18.0	14.5	13.9	8.3	5.3	10.4

2011—2015 年全国

（按隶属

项　　目	户数（户）			
	2011 年	2012 年	2013 年	2014 年
全国合计	**135682**	**146771**	**155319**	**160515**
中央小计	**41257**	**48217**	**51693**	**54142**
地方小计	**94425**	**98554**	**103626**	**106373**
北京市	6099	6555	7040	7541
天津市	3889	4033	4010	4065
河北省	2515	2256	2501	2404
山西省	4463	5121	5168	5235
内蒙古自治区	813	874	913	931
辽宁省	3019	3144	3305	3438
其中：大连市	492	549	581	578
吉林省	848	823	754	807
黑龙江省	2723	2631	2712	2723
上海市	9422	9052	9437	9219
浙江省	5445	6287	6725	6856
其中：宁波市	622	681	725	729
江苏省	3862	4698	5033	5082
安徽省	2641	2738	2843	2916
福建省	4018	4376	4625	4848
其中：厦门市	1063	1190	1303	1397
江西省	1947	2015	2082	2113
山东省	5145	5174	5519	5830
其中：青岛市	772	755	793	933
河南省	3824	3842	3764	3700
湖北省	2037	2078	2218	2384
湖南省	1940	2062	2310	2282
广东省	8381	8355	8787	9259
其中：深圳市	1088	1149	1175	1220
海南省	773	748	746	589
广西壮族自治区	3329	3336	3521	3571
贵州省	1995	2235	2367	2455
四川省	3204	3412	3662	3794
重庆市	2368	2562	2764	3019
云南省	2606	2812	3180	3253
陕西省	3134	3251	3401	3664
甘肃省	1416	1497	1602	1558
青海省	545	543	539	568
西藏自治区	383	366	391	397
宁夏回族自治区	416	452	411	488
新疆维吾尔自治区	1225	1226	1296	1384

国有企业户数情况

关系划分）

2015 年	比上年增长（%）					平均增长（%）
	2011 年	2012 年	2013 年	2014 年	2015 年	
167399	**19.3**	**8.2**	**5.8**	**3.3**	**4.3**	**5.4**
56127	**56.8**	**16.9**	**7.2**	**4.7**	**3.7**	**8.0**
111272	**8.0**	**4.4**	**5.1**	**2.7**	**4.6**	**4.2**
8053	24.4	7.5	7.4	7.1	6.8	7.2
4132	12.4	3.7	-0.6	1.4	1.6	1.5
2352	-6.5	-10.3	10.9	-3.9	-2.2	-1.7
5237	5.5	14.7	0.9	1.3	0.0	4.1
1077	11.7	7.5	4.5	2.0	15.7	7.3
3473	10.8	4.1	5.1	4.0	1.0	3.6
579	-7.2	11.6	5.8	-0.5	0.2	4.2
822	3.9	-2.9	-8.4	7.0	1.9	-0.8
2781	1.1	-3.4	3.1	0.4	2.1	0.5
9329	-1.6	-3.9	4.3	-2.3	1.2	-0.2
7144	11.9	15.5	7.0	1.9	4.2	7.0
735	18.0	9.5	6.5	0.6	0.8	4.3
5342	6.7	21.6	7.1	1.0	5.1	8.4
3011	32.3	3.7	3.8	2.6	3.3	3.3
5183	12.8	8.9	5.7	4.8	6.9	6.6
1557	47.4	11.9	9.5	7.2	11.5	10.0
2160	4.2	3.5	3.3	1.5	2.2	2.6
6217	15.2	0.6	6.7	5.6	6.6	4.8
1055	0.7	-2.2	5.0	17.7	13.1	8.1
3874	7.0	0.5	-2.0	-1.7	4.7	0.3
2633	7.7	2.0	6.7	7.5	10.4	6.6
2347	5.7	6.3	12.0	-1.2	2.8	4.9
9667	9.4	-0.3	5.2	5.4	4.4	3.6
1269	7.7	5.6	2.3	3.8	4.0	3.9
738	5.6	-3.2	-0.3	-21.0	25.3	-1.2
3710	5.0	0.2	5.5	1.4	3.9	2.7
2568	1.3	12.0	5.9	3.7	4.6	6.5
4082	7.4	6.5	7.3	3.6	7.6	6.2
3301	9.9	8.2	7.9	9.2	9.3	8.7
3525	7.8	7.9	13.1	2.3	8.4	7.8
3853	5.4	3.7	4.6	7.7	5.2	5.3
1682	5.4	5.7	7.0	-2.7	8.0	4.4
592	6.4	-0.4	-0.7	5.4	4.2	2.1
456	0.8	-4.4	6.8	1.5	14.9	4.5
476	1.5	8.7	-9.1	18.7	-2.5	3.4
1455	3.6	0.1	5.7	6.8	5.1	4.4

二、全国国有企业效益指标

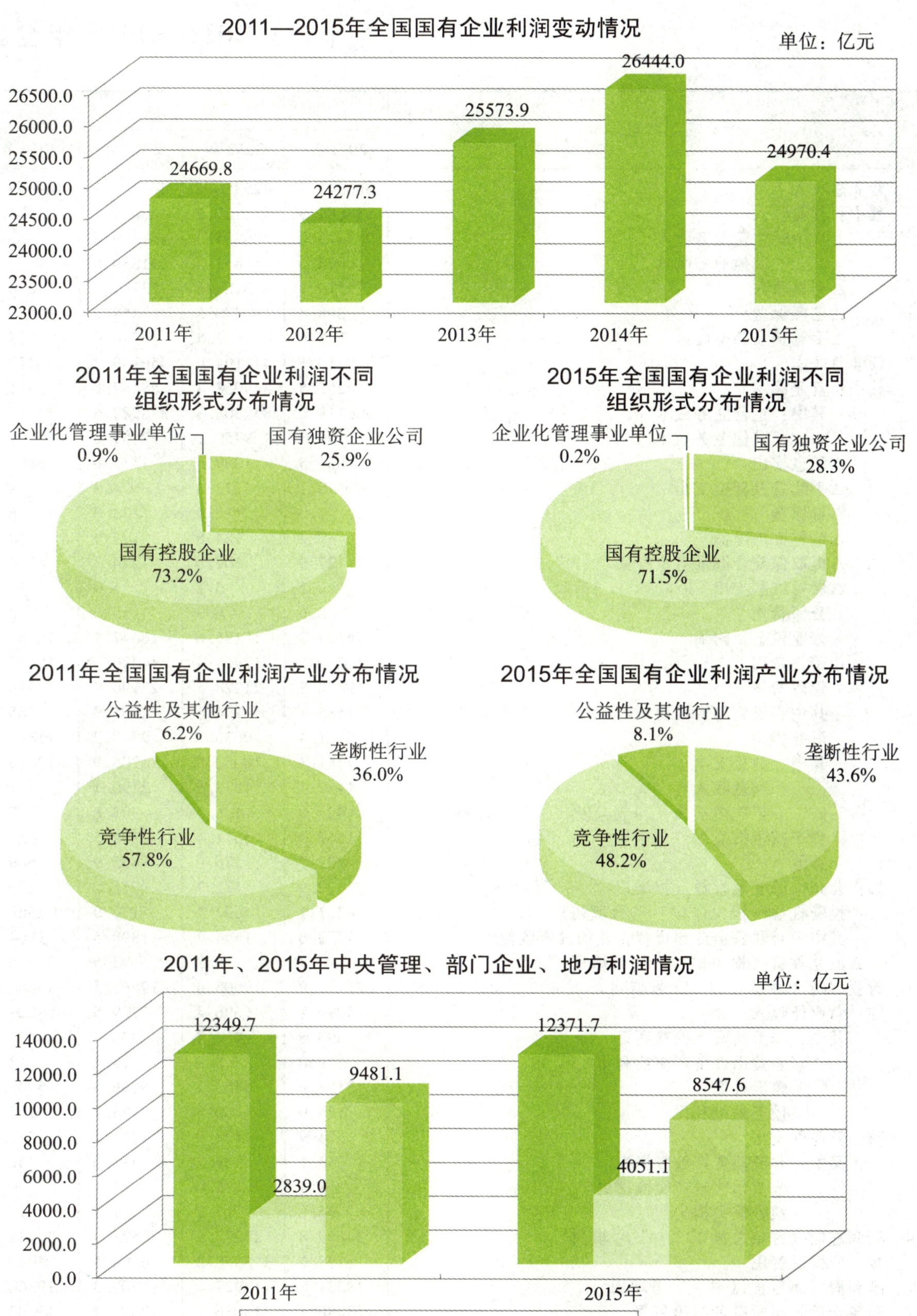
2011—2015年全国国有企业利润变动情况
单位：亿元
26500.0
26000.0
25500.0
25000.0
24500.0
24000.0
23500.0
23000.0
24669.8
24277.3
25573.9
26444.0
24970.4
2011年
2012年
2013年
2014年
2015年
2011年全国国有企业利润不同组织形式分布情况
企业化管理事业单位 0.9%
国有独资企业公司 25.9%
国有控股企业 73.2%
2015年全国国有企业利润不同组织形式分布情况
企业化管理事业单位 0.2%
国有独资企业公司 28.3%
国有控股企业 71.5%
2011年全国国有企业利润产业分布情况
公益性及其他行业 6.2%
垄断性行业 36.0%
竞争性行业 57.8%
2015年全国国有企业利润产业分布情况
公益性及其他行业 8.1%
垄断性行业 43.6%
竞争性行业 48.2%
2011年、2015年中央管理、部门企业、地方利润情况
单位：亿元
14000.0
12000.0
10000.0
8000.0
6000.0
4000.0
2000.0
0.0
12349.7
2839.0
9481.1
12371.7
4051.1
8547.6
2011年
2015年
中央管理企业
部门企业
地方

（一）2011—2015 年全国

项目	金额			
	2011 年	2012 年	2013 年	2014 年
一、营业总收入	386341.4	425356.5	471125.1	489099.1
其中：营业收入	383084.3	421137.0	466039.4	482893.4
其中：主营业务收入	373076.0	409285.0	454199.6	
其他业务收入	10008.3	11852.0	11839.8	
△利息收入	2379.7	3185.6	3781.7	4678.6
△已赚保费	298.8	430.5	558.0	548.8
△手续费及佣金收入	578.6	603.5	746.0	978.3
二、营业总成本	369450.6	411194.0	456949.3	476477.9
其中：营业成本	314257.5	349058.4	388447.2	403011.4
其中：主营业务成本	306118.2	339308.3	378987.6	
其他业务成本	8139.3	9750.1	9459.6	
△利息支出	864.5	1299.5	1538.0	1861.8
△手续费及佣金支出	70.1	72.6	74.3	128.3
△退保金	6.0	12.9	23.8	136.8
△赔付支出净额	87.2	124.8	173.9	158.1
△提取保险合同准备金净额	127.9	207.8	274.3	154.9
△保单红利支出	1.5	3.7	6.9	11.1
△分保费用	-8.6	-6.3	-13.3	-2.4
营业税金及附加	14137.3	15195.6	16047.1	16362.0
销售费用	11279.5	12664.4	14379.0	15150.3
管理费用	19850.8	21278.4	22996.9	23519.4
其中：研究与开发费	1585.1	1794.6	2096.9	2265.8
财务费用	6721.4	9033.7	9947.7	11822.1
其中：利息支出	7541.3	10050.8	11205.9	12515.4
利息收入	1480.1	1873.8	2190.1	2571.7
汇兑净损失（净收益以“-”号填列）	-429.0	-106.5	-393.8	-7.7
资产减值损失	1562.9	1671.4	2397.5	3554.9
其他	492.7	576.9	655.9	609.0
加：公允价值变动收益（损失以“-”号填列）	2.9	172.7	216.2	223.5
投资收益（损失以“-”号填列）	4261.1	4664.2	5170.0	6509.6
其中：对联营企业和合营企业的投资收益	1373.6	1394.3	1898.5	1864.6
△汇兑收益（损失以“-”号填列）	-0.7	6.3	3.5	0.2
三、营业利润（亏损以“-”号填列）	21153.9	19005.8	19565.5	19354.4
加：营业外收入	5090.8	6696.4	7729.5	8921.2
其中：非流动资产处置利得	393.8	462.4	456.4	473.4
非货币性资产交换利得	9.0	8.8	18.4	12.8
政府补助	3156.6	4463.1	5096.4	5905.0
债务重组利得	135.0	60.5	85.1	102.9
减：营业外支出	1574.9	1424.9	1721.1	1831.6
其中：非流动资产处置损失	333.1	309.2	411.0	436.4
非货币性资产交换损失	1.4	1.0	1.1	0.7
债务重组损失	76.6	15.7	17.1	17.8
四、利润总额（亏损总额以“-”号填列）	24669.8	24277.3	25573.9	26444.0
减：所得税费用	6138.0	6350.2	6864.5	7079.4
五、净利润（净亏损以“-”号填列）	18531.8	17927.0	18709.3	19364.6
归属于母公司所有者的净利润	13086.1	13016.4	12897.2	13402.3
*少数股东损益	5445.7	4910.6	5812.2	5962.3

国有企业效益指标

单位：亿元

	比上年增长（%）					平均增长（%）
2015 年	2011 年	2012 年	2013 年	2014 年	2015 年	
457352.0	22.7	10.1	10.8	3.8	-6.5	4.3
448768.0	22.5	9.9	10.7	3.6	-7.1	4.0
	22.5	9.7	11.0			
	22.7	18.4	-0.1			
6048.8	59.7	33.9	18.7	23.7	29.3	26.3
665.7	58.5	44.1	29.6	-1.7	21.3	22.2
1869.5	3.0	4.3	23.6	31.1	91.1	34.1
450231.5	23.3	11.3	11.1	4.3	-5.5	5.1
372580.4	23.8	11.1	11.3	3.7	-7.6	4.3
	23.8	10.8	11.7			
	24.8	19.8	-3.0			
2508.4	70.3	50.3	18.4	21.1	34.7	30.5
232.1	-41.3	3.6	2.3	72.7	80.9	34.9
202.9	233.3	115.0	84.8	473.8	48.3	141.2
223.6	38.0	43.1	39.3	-9.1	41.5	26.5
126.6	79.1	62.5	32.0	-43.5	-18.3	-0.3
8.4	200.0	146.7	86.5	60.9	-24.4	53.8
-11.3	8500.0	-26.7	111.1	-82.0	368.8	6.9
17743.4	26.8	7.5	5.6	2.0	8.4	5.8
14539.4	15.8	12.3	13.5	5.4	-4.0	6.6
23883.2	16.6	7.2	8.1	2.3	1.5	4.7
2498.3	24.2	13.2	16.8	8.1	10.3	12.0
13007.7	30.9	34.4	10.1	18.8	10.0	17.9
13417.1	35.5	33.3	11.5	11.7	7.2	15.5
2893.8	39.4	26.6	16.9	17.4	12.5	18.2
624.1	167.5	-75.2	269.8	-98.0		
4755.2	6.1	6.9	43.4	48.3	33.8	32.1
431.6	7.7	17.1	13.7	-7.2	-29.1	-3.3
257.1	-95.8		25.2	3.4	15.0	206.8
9218.0	17.0	9.5	10.8	25.9	41.6	21.3
2136.2	44.4	1.5	36.2	-1.8	14.6	11.7
12.2	-177.8		-44.8	-94.3		
16607.8	10.5	-10.2	2.9	-1.1	-14.2	-5.9
10335.2	33.9	31.5	15.4	15.4	15.8	19.4
860.8	16.0	17.4	-1.3	3.7	81.8	21.6
15.4	-43.0	-2.2	108.9	-30.4	20.5	14.4
6779.3	36.0	41.4	14.2	15.9	14.8	21.1
169.2	113.6	-55.2	40.7	20.9	64.5	5.8
1972.5	3.2	-9.5	20.8	6.4	7.7	5.8
427.5	1.6	-7.2	32.9	6.2	-2.0	6.4
2.2	75.0	-28.6	14.0	-38.6	207.1	11.3
11.8	780.5	-79.5	8.6	4.4	-34.0	-37.4
24970.4	15.1	-1.6	5.3	3.4	-5.6	0.3
6957.8	19.0	3.5	8.1	3.1	-1.7	3.2
18012.6	13.9	-3.3	4.4	3.5	-7.0	-0.7
12492.6	15.5	-0.5	-0.9	3.9	-6.8	-1.2
5520.0	10.2	-9.8	18.4	2.6	-7.4	0.3

（二）2011—2015 年中央国

项目	金额			
	2011 年	2012 年	2013 年	2014 年
一、营业总收入	230044.0	253886.9	275933.3	283202.6
其中：营业收入	227597.4	250805.7	272320.0	278913.9
其中：主营业务收入	223537.9	246008.6	267048.1	
其他业务收入	4059.5	4797.1	5271.9	
△利息收入	1947.0	2484.8	2847.1	3394.4
△已赚保费	186.8	273.5	379.8	405.8
△手续费及佣金收入	312.8	322.8	386.5	488.4
二、营业总成本	218162.6	242402.9	263802.8	271269.8
其中：营业成本	183555.6	203390.9	221211.0	226230.0
其中：主营业务成本	180092.4	199224.0	216704.6	
其他业务成本	3463.2	4166.8	4506.4	
△利息支出	689.5	1013.1	1148.3	1312.8
△手续费及佣金支出	42.1	41.8	42.7	65.5
△退保金	4.8	9.5	18.0	129.3
△赔付支出净额	34.5	51.1	84.2	100.0
△提取保险合同准备金净额	108.4	175.8	244.0	131.1
△保单红利支出	1.3	3.4	6.6	10.7
△分保费用	-8.5	-7.7	-12.2	-1.9
营业税金及附加	11512.9	12452.5	13137.1	13341.7
销售费用	6872.2	7717.5	8656.6	8784.4
管理费用	10655.7	11503.7	12434.9	12787.5
其中：研究与开发费	1148.0	1281.7	1469.6	1622.3
财务费用	3192.8	4381.0	4572.7	5438.5
其中：利息支出	4022.6	5181.7	5653.4	6392.0
利息收入	775.1	980.0	1074.2	1300.2
汇兑净损失（净收益以“-”号填列）	-301.4	-64.5	-298.8	-2.7
资产减值损失	1026.2	1099.9	1614.5	2338.5
其他	475.2	570.6	644.6	601.6
加：公允价值变动收益（损失以“-”号填列）	-8.6	23.9	45.2	10.8
投资收益（损失以“-”号填列）	2106.8	2338.9	2191.5	2680.8
其中：对联营企业和合营企业的投资收益	974.2	926.8	1036.6	1138.3
△汇兑收益（损失以“-”号填列）	1.3	6.2	3.5	3.2
三、营业利润（亏损以“-”号填列）	13980.9	13852.9	14370.7	14627.6
加：营业外收入	2208.8	2977.5	3436.0	3877.1
其中：非流动资产处置利得	236.0	240.8	272.0	239.4
非货币性资产交换利得	4.5	5.8	8.7	5.1
政府补助	1356.0	2105.7	2314.9	2889.3
债务重组利得	113.1	25.6	65.1	82.7
减：营业外支出	1000.9	863.7	1101.5	1074.3
其中：非流动资产处置损失	220.9	202.4	293.2	277.5
非货币性资产交换损失	0.1	0.1	0.2	0.1
债务重组损失	72.8	3.3	12.8	14.5
四、利润总额（亏损总额以“-”号填列）	15188.7	15966.7	16705.1	17430.4
减：所得税费用	4032.1	4382.7	4733.0	4850.4
五、净利润（净亏损以“-”号填列）	11156.6	11584.0	11972.1	12580.0
归属于母公司所有者的净利润	7965.9	8467.6	8353.5	8916.2
*少数股东损益	3190.7	3116.4	3618.7	3663.8

有企业效益指标

单位：亿元

2015 年	比上年增长（%）					平均增长（%）
	2011 年	2012 年	2013 年	2014 年	2015 年	
261313.7	22.1	10.4	8.7	2.6	-7.7	3.2
255710.4	21.9	10.2	8.6	2.4	-8.3	3.0
	21.8	10.1	8.6			
	28.8	18.2	9.9			
4269.8	44.7	27.6	14.6	19.2	25.8	21.7
441.8	54.3	46.4	38.8	6.9	8.9	24.0
891.7	21.5	3.2	19.7	26.4	82.6	29.9
252603.0	23.2	11.1	8.8	2.8	-6.9	3.7
205679.9	23.8	10.8	8.8	2.3	-9.1	2.9
	23.7	10.6	8.8			
	29.7	20.3	8.2			
1706.3	51.0	46.9	13.3	14.3	30.0	25.4
130.0	-47.4	-0.7	2.1	53.5	98.5	32.6
198.4	166.7	97.9	88.9	620.3	53.4	153.6
129.6	12.4	48.1	64.7	18.8	29.6	39.2
70.9	85.0	62.2	38.8	-46.3	-45.9	-10.1
8.2	160.0	161.5	93.5	62.6	-23.8	58.2
-10.7	88.9	-9.4	58.6	-84.4	461.1	5.8
14272.2	26.2	8.2	5.5	1.6	7.0	5.5
8097.7	14.2	12.3	12.2	1.5	-7.8	4.2
12788.4	16.1	8.0	8.1	2.8	0.0	4.7
1874.7	25.0	11.6	14.7	10.4	15.6	13.0
6027.8	28.0	37.2	4.4	18.9	10.8	17.2
6661.8	35.9	28.8	9.1	13.1	4.2	13.4
1367.2	38.2	26.4	9.6	21.0	5.2	15.2
379.9	163.0	-78.6	363.2	-99.1		
3084.5	2.0	7.2	46.8	44.8	31.9	31.7
419.8	6.1	20.1	13.0	-6.7	-30.2	-3.0
46.7	-169.4	-377.9	88.9	-76.1	332.0	
4035.4	20.6	11.0	-6.3	22.3	50.5	17.6
981.2	60.9	-4.9	11.8	9.8	-13.8	0.2
17.3	160.0	376.9	-43.7	-8.3	441.9	91.1
12810.1	7.5	-0.9	3.7	1.8	-12.4	-2.2
4750.2	41.9	34.8	15.4	12.8	22.5	21.1
644.2	30.1	2.0	12.9	-12.0	169.1	28.5
11.4	-35.7	28.9	49.7	-41.2	124.1	26.2
3406.0	40.0	55.3	9.9	24.8	17.9	25.9
72.3	393.9	-77.4	154.3	27.0	-12.6	-10.6
1137.4	2.7	-13.7	27.5	-2.5	5.9	3.2
292.7	8.1	-8.4	44.9	-5.4	5.5	7.3
0.7	0.0	0.0	120.0	-54.5	620.0	63.8
4.4	1593.0	-95.5	286.7	13.6	-69.9	-50.5
16422.8	11.8	5.1	4.6	4.3	-5.8	2.0
4383.5	16.3	8.7	8.0	2.5	-9.6	2.1
12039.3	10.2	3.8	3.4	5.1	-4.3	1.9
8283.6	13.5	6.3	-1.3	6.7	-7.1	1.0
3755.7	2.9	-2.3	16.1	1.2	2.5	4.2

（三）2011—2015 年地方

项　　目	金　　额			
	2011 年	2012 年	2013 年	2014 年
一、营业总收入	156297.4	171469.7	195191.8	205896.4
其中：营业收入	155486.9	170331.2	193719.4	203979.4
其中：主营业务收入	149538.1	163276.3	187151.5	
其他业务收入	5948.8	7054.9	6567.9	
△利息收入	432.7	700.7	934.6	1284.2
△已赚保费	112.0	157.0	178.3	143.0
△手续费及佣金收入	265.8	280.7	359.5	489.8
二、营业总成本	151288.0	168791.1	193146.5	205208.1
其中：营业成本	130701.9	145667.5	167236.3	176781.5
其中：主营业务成本	126025.7	140084.3	162283.1	
其他业务成本	4676.1	5583.2	4953.2	
△利息支出	175.0	286.4	389.7	549.0
△手续费及佣金支出	28.1	30.8	31.6	62.8
△退保金	1.2	3.4	5.9	7.5
△赔付支出净额	52.7	73.8	89.7	58.1
△提取保险合同准备金净额	19.5	32.0	30.2	23.8
△保单红利支出	0.1	0.3	0.3	0.4
△分保费用	-0.1	1.4	-1.1	-0.5
营业税金及附加	2624.4	2743.2	2910.0	3020.3
销售费用	4407.3	4947.0	5722.4	6365.8
管理费用	9195.1	9774.7	10562.0	10731.9
其中：研究与开发费	437.0	512.9	627.2	643.5
财务费用	3528.6	4652.8	5375.0	6383.6
其中：利息支出	3518.7	4869.1	5552.5	6123.4
利息收入	705.0	893.8	1116.0	1271.4
汇兑净损失（净收益以“-”号填列）	-127.6	-42.0	-95.1	-5.0
资产减值损失	536.7	571.5	783.1	1216.4
其他	17.5	6.4	11.4	7.4
加：公允价值变动收益（损失以“-”号填列）	11.4	148.9	171.0	212.8
投资收益（损失以“-”号填列）	2154.3	2325.3	2978.5	3828.8
其中：对联营企业和合营企业的投资收益	399.3	467.5	861.9	726.3
△汇兑收益（损失以“-”号填列）	-2.0	0.2	0.0	-3.0
三、营业利润（亏损以“-”号填列）	7173.1	5152.9	5194.9	4726.9
加：营业外收入	2882.0	3718.9	4293.5	5044.0
其中：非流动资产处置利得	157.8	221.6	184.4	234.0
非货币性资产交换利得	4.4	3.1	9.7	7.7
政府补助	1800.6	2357.3	2781.6	3015.6
债务重组利得	22.0	34.9	20.0	20.2
减：营业外支出	574.0	561.2	619.6	757.3
其中：非流动资产处置损失	112.3	106.8	117.8	158.9
非货币性资产交换损失	1.3	0.9	0.9	0.6
债务重组损失	3.8	12.4	4.3	3.3
四、利润总额（亏损总额以“-”号填列）	9481.1	8310.6	8868.7	9013.6
减：所得税费用	2105.9	1967.5	2131.5	2229.0
五、净利润（净亏损以“-”号填列）	7375.2	6343.1	6737.2	6784.6
归属于母公司所有者的净利润	5120.2	4548.9	4543.7	4486.1
*少数股东损益	2255.0	1794.2	2193.5	2298.5

国有企业效益指标

单位：亿元

	比上年增长（%）					平均增长（%）
2015 年	2011 年	2012 年	2013 年	2014 年	2015 年	
196038. 3	23. 4	9. 7	13. 8	5. 5	-4. 8	5. 8
193057. 6	23. 3	9. 5	13. 7	5. 3	-5. 4	5. 6
	23. 5	9. 2	14. 6			
	18. 8	18. 6	-6. 9			
1779. 0	198. 6	61. 9	33. 4	37. 4	38. 5	42. 4
223. 9	66. 2	40. 2	13. 6	-19. 8	56. 6	18. 9
977. 7	-12. 7	5. 6	28. 1	36. 2	99. 6	38. 5
197628. 5	23. 6	11. 6	14. 4	6. 2	-3. 7	6. 9
166900. 5	23. 8	11. 5	14. 8	5. 7	-5. 6	6. 3
	23. 9	11. 2	15. 8			
	21. 3	19. 4	-11. 3			
802. 0	243. 1	63. 7	36. 1	40. 9	46. 1	46. 3
102. 0	-28. 9	9. 6	2. 6	98. 7	62. 5	38. 0
4. 5		183. 3	73. 2	27. 3	-39. 6	39. 4
94. 0	62. 2	40. 0	21. 6	-35. 2	61. 8	15. 6
55. 7	52. 3	64. 1	-5. 6	-21. 2	133. 9	30. 0
0. 2		200. 0	10. 0	21. 2	-40. 0	24. 5
-0. 6	-102. 3	-1500. 0	-177. 9	-54. 1	18. 0	55. 9
3471. 2	29. 5	4. 5	6. 1	3. 8	14. 9	7. 2
6441. 8	18. 3	12. 2	15. 7	11. 2	1. 2	10. 0
11094. 8	17. 2	6. 3	8. 1	1. 6	3. 4	4. 8
623. 6	22. 2	17. 4	22. 3	2. 6	-3. 1	9. 3
6979. 9	33. 7	31. 9	15. 5	18. 8	9. 3	18. 6
6755. 3	35. 0	38. 4	14. 0	10. 3	10. 3	17. 7
1526. 5	40. 8	26. 8	24. 9	13. 9	20. 1	21. 3
244. 2	178. 6	-67. 1	126. 3	-94. 7		
1670. 8	14. 7	6. 5	37. 0	55. 3	37. 4	32. 8
11. 7	78. 6	-63. 4	77. 8	-35. 0	58. 6	-9. 5
210. 4	-80. 1	1206. 1	14. 8	24. 4	-1. 1	107. 3
5182. 6	13. 6	7. 9	28. 1	28. 5	35. 4	24. 5
1155. 1	15. 4	17. 1	84. 4	-15. 7	59. 0	30. 4
-5. 1	-600. 0	-110. 0	-105. 0		70. 0	26. 4
3797. 7	16. 7	-28. 2	0. 8	-9. 0	-19. 7	-14. 7
5585. 0	28. 3	29. 0	15. 4	17. 5	10. 7	18. 0
216. 5	-0. 3	40. 4	-16. 8	26. 9	-7. 5	8. 2
4. 0	-50. 0	-29. 5	212. 9	-20. 6	-48. 1	-2. 4
3373. 3	33. 1	30. 9	18. 0	8. 4	11. 9	17. 0
97. 0	-45. 4	58. 6	-42. 6	0. 8	380. 0	44. 9
835. 0	4. 1	-2. 2	10. 4	22. 2	10. 3	9. 8
134. 7	-8. 9	-4. 9	10. 3	34. 9	-15. 2	4. 7
1. 4	85. 7	-30. 8	3. 3	-35. 5	138. 3	2. 4
7. 4	-11. 6	226. 3	-65. 3	-23. 3	123. 6	18. 1
8547. 6	20. 9	-12. 3	6. 7	1. 6	-5. 2	-2. 6
2574. 3	24. 5	-6. 6	8. 3	4. 6	15. 5	5. 1
5973. 3	19. 9	-14. 0	6. 2	0. 7	-12. 0	-5. 1
4209. 0	18. 9	-11. 2	-0. 1	-1. 3	-6. 2	-4. 8
1764. 3	22. 5	-20. 4	22. 3	4. 8	-23. 2	-6. 0

（四）2011—2015年全国国有

（按综合

项目	利润总额（亿元）			
	2011年	2012年	2013年	2014年
全国合计	**24669.8**	**24277.3**	**25573.9**	**26444.0**
一、按企业规模分类				
（一）大型	17708.1	16666.8	16341.6	17291.2
（二）中型	4771.3	5131.5	5615.4	5369.6
（三）小型	2190.4	2478.9	3616.9	3783.3
二、按资本构成分类				
（一）国有独资企业公司	6399.1	5802.0	6147.5	6807.9
（二）国有控股企业	18056.3	18309.8	19345.6	19545.8
（三）企业化管理事业单位	214.5	165.4	80.7	90.3
三、按组织形式分类				
（一）公司制	22606.1	22132.7	23834.8	24480.1
（二）非公司制	2063.7	2144.6	1739.1	1963.9
四、按盈利或亏损分类				
（一）盈利	33889.1	35785.9	38147.4	40969.2
（二）亏损	-9219.3	-11508.7	-12573.6	-14525.2
五、按隶属关系分类				
（一）中央	15188.7	15966.7	16705.1	17430.4
其中：管理企业	12349.7	12684.1	13086.7	13345.7
（二）地方	9481.1	8310.6	8868.7	9013.6
六、按经济带分类				
（一）东部沿海地区	15760.9	15591.6	17016.0	17917.3
（二）中部内陆地区	4685.5	4397.9	4729.6	4786.2
（三）西部边远地区	4223.5	4287.7	3828.3	3740.5
七、按产业性质分类				
（一）垄断性行业	8891.1	10237.3	10365.4	11126.8
（二）竞争性行业	14254.6	12267.2	13392.7	13471.0
（三）公益性及其他行业	1524.1	1772.8	1815.8	1846.2
八、按产业作用分类				
（一）基础性行业	12320.2	11399.0	11087.9	10344.8
（二）一般生产加工行业	4813.8	4120.7	4640.5	5230.3
（三）商贸服务及其他行业	7535.9	8757.6	9845.5	10869.0

企业利润总额和增长指标

情况划分）

2015 年	比上年增长（%）					平均增长（%）
	2011 年	2012 年	2013 年	2014 年	2015 年	
24970.4	**15.1**	**-1.6**	**5.3**	**3.4**	**-5.6**	**0.3**
15039.5	13.4	-5.9	-2.0	5.8	-13.0	-4.0
5409.9	24.8	7.5	9.4	-4.4	0.7	3.2
4521.1	10.5	13.2	45.9	4.6	19.5	19.9
7057.9	115.5	-9.3	6.0	10.7	3.7	2.5
17864.6	-1.7	1.4	5.7	1.0	-8.6	-0.3
47.9	158.1	-22.9	-51.2	11.9	-46.9	-31.2
23773.7	16.8	-2.1	7.7	2.7	-2.9	1.3
1196.8	-0.4	3.9	-18.9	12.9	-39.1	-12.7
42281.7	22.3	5.6	6.6	7.4	3.2	5.7
-17311.3	46.6	24.8	9.3	15.5	19.2	17.1
16422.8	11.8	5.1	4.6	4.3	-5.8	2.0
12371.7	9.0	2.7	3.2	2.0	-7.3	0.0
8547.6	20.9	-12.3	6.7	1.6	-5.2	-2.6
18122.5	8.1	-1.1	9.1	5.3	1.1	3.6
3531.3	19.3	-6.1	7.5	1.2	-26.2	-6.8
3316.6	44.5	1.5	-10.7	-2.3	-11.3	-5.9
10898.7	8.7	15.1	1.3	7.3	-2.1	5.2
12048.1	20.8	-13.9	9.2	0.6	-10.6	-4.1
2023.7	5.5	16.3	2.4	1.7	9.6	7.3
7361.7	10.3	-7.5	-2.7	-6.7	-28.8	-12.1
5364.7	16.6	-14.4	12.6	12.7	2.6	2.7
12244.1	22.9	16.2	12.4	10.4	12.7	12.9

2011—2015 年全国国有

（按基本

项　　目	利润总额（亿元）			
	2011 年	2012 年	2013 年	2014 年
全国合计	**24669.8**	**24277.3**	**25573.9**	**26444.0**
一、农林牧渔业	65.4	99.4	114.5	76.3
其中：农业	24.0	68.9	80.8	47.5
林业	18.8	8.9	12.4	11.1
畜牧业	11.2	10.6	7.8	5.6
渔业	5.9	8.6	4.6	6.1
二、工业	13448.5	11819.7	11873.6	11164.4
1. 煤炭工业	2360.4	1636.1	899.6	76.6
2. 石油和石化工业	3840.3	3644.0	3615.3	3058.3
3. 冶金工业	911.8	-100.2	-83.2	-348.2
4. 建材工业	420.9	238.8	352.1	363.3
5. 化学工业	361.6	157.2	100.8	-15.8
6. 森林工业	-3.1	-6.5	-3.3	19.3
7. 食品工业	52.4	58.0	0.5	26.5
8. 烟草工业	863.0	831.6	987.5	1264.2
9. 纺织工业	14.8	5.8	23.2	2.9
10. 医药工业	153.4	182.7	214.5	228.2
11. 机械工业	2269.4	1570.1	1781.4	2121.7
其中：汽车工业	1537.8	1070.4	1292.3	1681.4
12. 电子工业	195.2	159.5	225.4	269.9
13. 电力工业	1087.0	2364.4	2562.5	3114.7
14. 市政公用工业	191.2	311.1	347.5	368.7
15. 其他工业	730.2	767.1	850	767.4
三、建筑业	771.9	832.1	1064.3	1304.1
四、地质勘查及水利业	29.7	40.1	23.3	92.6
五、交通运输仓储业	1149.9	935.4	896.0	1377.4
其中：铁路运输业	141.2	145.6	92.0	127.5
道路运输业	284.7	231.2	291.0	226.6
水上运输业	102.5	-12.2	-64.3	256.5
航空运输业	297.4	253.8	198.8	224.4
仓储业	95.5	103.4	94.9	101.7
六、邮电通信业	1721.6	1863.7	1830.6	1721.8
七、批发和零售、餐饮业	2903.0	3198.8	3493.2	3502.7
八、房地产业	1331.4	1842.3	2313.7	2231.8
九、信息技术服务业	82.6	76.5	128.7	163.9
十、社会服务业	1703.3	1833.7	1865.1	2210.3
十一、卫生体育福利业	30.4	22.7	13.4	16.5
十二、教育文化广播业	228.3	227.6	288.2	284.8
十三、科学研究和技术服务业	372.9	390.9	552.9	557.2
十四、机关社团及其他	831.0	1094.3	1116.4	1740.3

企业利润总额和增长指标

行业划分）

2015年	比上年增长（%）					平均增长（%）
	2011年	2012年	2013年	2014年	2015年	
24970.4	**15.1**	**-1.6**	**5.3**	**3.4**	**-5.6**	**0.3**
35.6	-21.7	52.0	15.1	-33.3	-53.4	-14.1
27.4	-54.5	187.2	17.3	-41.2	-42.3	3.4
0.8	-3.1	-52.6	39.1	-11.0	-93.0	-55.0
3.0	124.0	-5.0	-26.7	-28.2	-47.0	-28.2
-2.4	391.7	45.9	-46.3	31.0	-140.2	
7559.8	13.7	-12.1	0.5	-6.0	-32.3	-13.4
-831.0	15.3	-30.7	-45.0	-108.5	985.4	
1107.3	4.9	-5.1	-0.8	-15.4	-63.8	-26.7
-1553.8	18.6	-111.0	-16.9	318.4	346.2	
94.7	73.1	-43.3	47.4	3.2	-73.9	-31.1
100.0	51.1	-56.5	-35.9	-115.7	-733.1	-27.5
0.4	72.2	110.0	-48.8	-678.4	-98.1	
70.6	-26.1	10.7	-99.1	5000.0	166.0	7.7
1126.1	24.8	-3.6	18.7	28.0	-10.9	6.9
7.9	13.8	-60.5	297.6	-87.7	174.5	-14.7
261.6	3.0	19.1	17.4	6.4	14.6	14.3
1978.1	15.8	-30.8	13.5	19.1	-6.8	-3.4
1527.1	16.2	-30.4	20.7	30.1	-9.2	-0.2
300.7	34.8	-18.3	41.3	19.8	11.4	11.4
3632.3	-5.5	117.5	8.4	21.5	16.6	35.2
382.4		62.7	11.7	6.1	3.7	18.9
882.8	6.2	5.1	10.8	-9.7	15.0	4.9
1638.0	23.8	7.8	27.9	22.5	25.6	20.7
28.1	27.5	34.9	-41.9	297.3	-69.7	-1.4
1728.0	-12.0	-18.7	-4.2	53.7	25.4	10.7
109.8	12.9	3.1	-36.8	38.6	-13.9	-6.1
277.7	-17.0	-18.8	25.9	-22.2	22.6	-0.6
357.1	-68.4	-111.9	427.9	-498.8	39.2	36.6
367.8	-12.8	-14.6	-21.7	12.9	63.9	5.5
117.0	64.9	8.3	-8.2	7.2	15.0	5.2
1856.2	17.9	8.3	-1.8	-5.9	7.8	1.9
3005.4	20.0	10.2	9.2	0.3	-14.2	0.9
2169.3	7.6	38.4	25.6	-3.5	-2.8	13.0
202.0	-25.9	-7.3	68.2	27.4	23.2	25.1
2951.8	52.2	7.7	1.7	18.5	33.5	14.7
9.9	744.4	-25.3	-40.9	22.8	-40.1	-24.5
346.7	19.7	-0.3	26.6	-1.2	21.7	11.0
632.1	28.0	4.8	41.5	0.8	13.4	14.1
2807.7	13.6	31.7	2.0	55.9	61.3	35.6

2011—2015 年全国国有企业

（按所在

项　　目	利润总额（亿元）			
	2011 年	2012 年	2013 年	2014 年
全国合计	**24669.8**	**24277.3**	**25573.9**	**26444.0**
北京市	3837.0	4740.7	4500.3	4735.6
天津市	1097.6	1113.9	1122.4	1199.2
河北省	311.9	354.3	369.5	413.2
山西省	850.0	654.5	484.4	283.1
内蒙古自治区	707.8	577.5	3.2	-34.6
辽宁省	352.3	150.3	318.4	333.4
其中：大连市	128.5	88.7	87.9	70.8
吉林省	432.1	479.2	546.5	736.0
黑龙江省	914.7	801.1	678.8	575.5
上海市	2009.6	1609.5	1902.1	2273.6
浙江省	1116.9	1088.2	1330.4	1224.2
其中：宁波市	217.5	209.0	301.0	265.6
江苏省	1294.1	1560.1	1733.6	1766.2
安徽省	758.8	694.3	806.1	747.9
福建省	486.6	526.0	597.9	611.3
其中：厦门市	152.8	156.6	183.2	190.0
江西省	223.5	239.5	322.3	360.9
山东省	1602.8	1488.3	1393.5	1439.0
其中：青岛市	139.8	174.0	243.9	218.0
河南省	423.3	421.6	554.7	524.4
湖北省	575.5	618.1	697.4	974.9
湖南省	507.7	489.6	639.5	583.6
广东省	1915.7	1644.3	2232.8	2487.1
其中：深圳市	635.6	625.8	775.1	959.2
海南省	106.1	101.5	110.8	83.6
广西壮族自治区	264.2	252.7	325.9	337.3
贵州省	322.5	473.1	432.0	477.3
四川省	542.0	601.4	594.1	628.7
重庆市	403.5	505.0	549.3	619.7
云南省	510.3	480.3	559.7	511.4
陕西省	770.6	706.4	645.6	647.8
甘肃省	219.1	164.2	222.1	175.9
青海省	88.3	102.6	55.2	47.1
西藏自治区	-1.7	1.8	2.3	9.4
宁夏回族自治区	102.5	92.4	113.4	68.0
新疆维吾尔自治区	294.5	330.2	325.5	252.7

利润总额和增长指标

地区划分）

2015 年	比上年增长（%） 2011 年	2012 年	2013 年	2014 年	2015 年	平均增长（%）
24970.4	**15.1**	**-1.6**	**5.3**	**3.4**	**-5.6**	**0.3**
5400.7	-3.6	23.6	-5.1	5.2	14.0	8.9
814.1	35.9	1.5	0.8	6.8	-32.1	-7.2
306.0	-15.0	13.6	4.3	11.8	-25.9	-0.5
36.7	19.5	-23.0	-26.0	-41.5	-87.0	-54.4
-143.2	157.4	-18.4	-99.4	-1180.3	314.2	
-82.6	-7.3	-57.3	111.8	4.7	-124.8	
0.5	12.1	-31.0	-0.9	-19.4	-99.3	-74.7
478.8	18.5	10.9	14.1	34.7	-34.9	2.6
28.7	31.2	-12.4	-15.3	-15.2	-95.0	-57.9
2842.5	10.8	-19.9	18.2	19.5	25.0	9.1
1339.2	32.6	-2.6	22.3	-8.0	9.4	4.6
331.8	44.3	-3.9	44.0	-11.8	24.9	11.1
1828.6	33.8	20.6	11.1	1.9	3.5	9.0
759.0	20.1	-8.5	16.1	-7.2	1.5	0.0
624.8	8.5	8.1	13.7	2.2	2.2	6.4
237.3	6.0	2.5	17.0	3.7	24.9	11.6
363.9	12.5	7.2	34.5	12.0	0.8	13.0
1239.4	33.2	-7.1	-6.4	3.3	-13.9	-6.2
274.4	-19.2	24.5	40.2	-10.6	25.9	18.4
365.5	12.5	-0.4	31.6	-5.5	-30.3	-3.6
1051.0	3.0	7.4	12.8	39.8	7.8	16.2
447.7	30.5	-3.6	30.6	-8.7	-23.3	-3.1
3559.0	18.3	-14.2	35.8	11.4	43.1	16.7
1688.8	9.9	-1.5	23.9	23.8	76.1	27.7
42.8	2.1	-4.3	9.2	-24.6	-48.8	-20.3
343.0	5.0	-4.4	29.0	3.5	1.7	6.7
511.0	32.7	46.7	-8.7	10.5	7.1	12.2
753.9	6.1	11.0	-1.2	5.8	19.9	8.6
770.9	32.8	25.2	8.8	12.8	24.4	17.6
484.0	27.6	-5.9	16.5	-8.6	-5.4	-1.3
536.4	35.0	-8.3	-8.6	0.3	-17.2	-8.7
-83.4	50.4	-25.0	35.2	-20.8	-147.4	
1.2	37.1	16.2	-46.2	-14.8	-97.4	-65.6
24.2	-63.0		29.1	316.4	157.2	
-14.0	12.5	-9.8	22.7	-40.1		
132.4	313.6	12.1	-1.4	-22.4	-47.6	-18.1

2011—2015 年全国国有

（按隶属

项　　目	利润总额（亿元）			
	2011 年	2012 年	2013 年	2014 年
全国合计	**24669.8**	**24277.3**	**25573.9**	**26444.0**
中央小计	**15188.7**	**15966.7**	**16705.1**	**17430.4**
地方小计	**9481.1**	**8310.6**	**8868.7**	**9013.6**
北京市	497.2	531.8	652.8	737.8
天津市	158.5	163.5	194.2	240.9
河北省	181.9	105.9	120.5	79.4
山西省	502.0	284.5	145.9	6.8
内蒙古自治区	179.1	91.4	17.1	9.3
辽宁省	199.6	144.5	161.8	178.4
其中：大连市	34.1	23.3	30.5	20.2
吉林省	43.0	42.3	24.9	46.3
黑龙江省	48.5	16.0	-0.7	-30.6
上海市	1355.9	1106.6	1259.9	1394.2
浙江省	578.8	494.7	599.4	542.7
其中：宁波市	70.1	72.0	71.3	44.4
江苏省	543.0	808.0	888.9	929.5
安徽省	557.1	438.8	508.2	441.0
福建省	319.3	292.5	349.8	361.4
其中：厦门市	116.3	112.7	139.7	148.7
江西省	176.9	143.6	164.2	185.3
山东省	879.4	587.3	482.4	583.8
其中：青岛市	120.1	124.0	151.1	144.6
河南省	171.5	76.7	88.4	48.9
湖北省	136.4	135.6	145.7	206.1
湖南省	209.5	158.2	203.1	148.4
广东省	867.9	781.5	1110.0	1256.4
其中：深圳市	196.8	198.4	241.3	311.7
海南省	34.3	17.8	16.1	20.8
广西壮族自治区	177.9	114.8	160.1	145.8
贵州省	223.0	311.0	291.5	316.5
四川省	283.0	375.2	318.0	298.7
重庆市	257.9	356.6	347.1	396.7
云南省	160.0	101.6	105.4	32.1
陕西省	480.3	401.8	313.0	273.6
甘肃省	138.3	105.4	79.5	64.4
青海省	63.4	54.7	29.2	30.9
西藏自治区	9.1	6.9	12.5	17.9
宁夏回族自治区	6.4	0.9	14.8	16.0
新疆维吾尔自治区	42.0	60.7	65.4	34.2

企业利润总额和增长指标

关系划分）

	比上年增长（%）					平均增长（%）
2015 年	2011 年	2012 年	2013 年	2014 年	2015 年	
24970.4	**15.1**	**-1.6**	**5.3**	**3.4**	**-5.6**	**0.3**
16422.8	**11.8**	**5.1**	**4.6**	**4.3**	**-5.8**	**2.0**
8547.6	**20.9**	**-12.3**	**6.7**	**1.6**	**-5.2**	**-2.6**
792.8	27.1	7.0	22.8	13.0	7.5	12.4
210.9	8.2	3.2	18.7	24.1	-12.5	7.4
67.0	-4.9	-41.8	13.8	-34.1	-15.6	-22.1
-81.6	17.3	-43.3	-48.7	-95.3		
-73.1	75.8	-49.0	-81.3	-45.5	-886.4	
-52.0	21.3	-27.6	12.0	10.2	-129.1	
-8.0	-10.3	-31.6	30.8	-33.7	-139.5	
2.5	-0.2	-1.7	-41.1	86.0	-94.7	-51.0
-3.2	-6.4	-66.9	-104.4	4209.9	-89.7	
1756.1	31.6	-18.4	13.8	10.7	26.0	6.7
514.3	27.7	-14.5	21.2	-9.5	-5.2	-2.9
34.5	30.8	2.7	-1.0	-37.8	-22.1	-16.2
917.9	12.7	48.8	10.0	4.6	-1.3	14.0
428.4	24.7	-21.2	15.8	-13.2	-2.8	-6.4
353.9	13.9	-8.4	19.6	3.3	-2.1	2.6
166.0	10.7	-3.1	24.0	6.4	11.6	9.3
162.0	18.5	-18.9	14.4	12.8	-12.6	-2.2
559.2	-0.2	-33.2	-17.9	21.0	-4.2	-10.7
156.3	-8.2	3.3	21.8	-4.3	8.1	6.8
-68.5	-20.1	-55.3	15.3	-44.6		
202.3	22.2	-0.6	7.4	41.5	-1.8	10.4
67.4	46.8	-24.5	28.4	-26.9	-54.6	-24.7
1438.5	13.4	-10.0	42.0	13.2	14.5	13.5
437.3	-0.5	0.8	21.6	29.2	40.3	22.1
0.9	53.1	-48.0	-9.8	29.1	-95.9	-60.3
141.6	7.6	-35.5	39.5	-8.9	-2.9	-5.5
370.6	55.3	39.5	-6.3	8.6	17.1	13.5
314.2	31.3	32.6	-15.3	-6.0	5.2	2.6
459.1	45.8	38.3	-2.7	14.3	15.7	15.5
-18.4	24.7	-36.5	3.7	-69.6		
179.1	37.5	-16.3	-22.1	-12.6	-34.5	-21.9
-148.4	79.1	-23.8	-24.6	-19.0		
-5.6	25.8	-13.8	-46.6	6.0		
39.0	97.8	-24.0	81.2	42.8	117.6	43.9
-7.3	113.3	-85.8	1527.5	8.2		
28.1	46.3	44.5	7.6	-47.6	-17.9	-9.6

（五）2011—2015 年全国国有企业

（按综合

项　　目	营业总收入（亿元）			
	2011 年	2012 年	2013 年	2014 年
全国合计	**386341.4**	**425356.5**	**471125.1**	**489099.1**
一、按企业规模分类				
（一）大型	236340.3	239687.0	254545.4	266590.9
（二）中型	102535.1	128664.3	160401.4	158686.0
（三）小型	47466.0	57005.3	56178.3	63822.2
二、按资本构成分类				
（一）国有独资企业公司	126844.4	126791.0	118073.1	142266.1
（二）国有控股企业	256164.4	295979.6	351208.4	345376.1
（三）企业化管理事业单位	3332.5	2585.9	1843.7	1456.9
三、按组织形式分类				
（一）公司制	357749.2	389502.5	436992.0	443481.7
（二）非公司制	28592.2	35854.1	34133.2	45617.4
四、按盈利或亏损分类				
（一）盈利	329926.4	366671.8	416403.9	438472.0
（二）亏损	56414.9	58684.8	54721.3	50627.1
五、按隶属关系分类				
（一）中央	230044.0	253886.9	275933.3	283202.6
其中：管理企业	203481.7	223116.1	242048.2	249354.3
（二）地方	156297.4	171469.7	195191.8	205896.5
六、按经济带分类				
（一）东部沿海地区	243602.8	264657.8	291466.3	300371.0
（二）中部内陆地区	77945.1	86400.2	95369.8	99211.5
（三）西部边远地区	64793.4	74298.5	84289.1	89516.5
七、按产业性质分类				
（一）垄断性行业	88207.0	80644.4	78305.1	92446.9
（二）竞争性行业	282653.3	326630.3	374664.0	377855.1
（三）公益性及其他行业	15481.0	18081.9	18156.0	18797.1
八、按产业作用分类				
（一）基础性行业	168028.1	174814.7	176445.5	177287.2
（二）一般生产加工行业	72213.6	63513.0	72047.4	89663.4
（三）商贸服务及其他行业	146099.7	187028.8	222632.3	222148.5

营业总收入和增长指标

情况划分）

	比上年增长（%）					平均增长（%）
2015 年	2011 年	2012 年	2013 年	2014 年	2015 年	
457352.0	**22.7**	**10.1**	**10.8**	**3.8**	**-6.5**	**4.3**
245968.3	16.6	1.4	6.2	4.7	-7.7	1.0
144991.1	47.7	25.5	24.7	-1.1	-8.6	9.0
66392.5	10.6	20.1	-1.5	13.6	4.0	8.8
111074.5	117.5	0.0	-6.9	20.5	-21.9	-3.3
344754.1	0.4	15.5	18.7	-1.7	-0.2	7.7
1523.3	127.3	-22.4	-28.7	-21.0	4.6	-17.8
425967.2	31.1	8.9	12.2	1.5	-3.9	4.5
31384.7	-32.2	25.4	-4.8	33.6	-31.2	2.4
386777.1	15.3	11.1	13.6	5.3	-11.8	4.1
70574.9	95.2	4.0	-6.8	-7.5	39.4	5.8
261313.7	22.1	10.4	8.7	2.6	-7.7	3.2
227131.2	22.3	9.6	8.5	3.0	-8.9	2.8
196038.3	23.4	9.7	13.8	5.5	-4.8	5.8
279398.2	20.4	8.6	10.1	3.1	-7.0	3.5
90615.4	25.0	10.8	10.4	4.0	-8.7	3.8
87338.3	28.9	14.7	13.4	6.2	-2.4	7.8
95795.4	4.1	-8.6	-2.9	18.1	3.6	2.1
342353.5	31.8	15.6	14.7	0.9	-9.4	4.9
19203.1	-1.7	16.8	0.4	3.5	2.2	5.5
168122.9	8.5	4.0	0.9	0.5	-5.2	0.0
91379.7	28.2	-12.0	13.4	24.5	1.9	6.1
197849.5	40.8	28.0	19.0	-0.2	-10.9	7.9

2011—2015 年全国国有企业

（按基本

<table>
<tr><th rowspan="2">项　　目</th><th colspan="4">营业总收入（亿元）</th></tr>
<tr><th>2011 年</th><th>2012 年</th><th>2013 年</th><th>2014 年</th></tr>
<tr><td>全国合计</td><td>386341.4</td><td>425356.5</td><td>471125.1</td><td>489099.1</td></tr>
<tr><td>一、农林牧渔业</td><td>2358.7</td><td>2540.8</td><td>2765.3</td><td>3064.0</td></tr>
<tr><td>其中：农业</td><td>1232.0</td><td>1411.8</td><td>1297.6</td><td>1278.6</td></tr>
<tr><td>林业</td><td>263.9</td><td>242.5</td><td>276.5</td><td>382.0</td></tr>
<tr><td>畜牧业</td><td>173.8</td><td>229.0</td><td>234.5</td><td>220.7</td></tr>
<tr><td>渔业</td><td>68.8</td><td>49.1</td><td>62.5</td><td>68.6</td></tr>
<tr><td>二、工业</td><td>166980.9</td><td>157233.9</td><td>155384.3</td><td>169286.2</td></tr>
<tr><td>1. 煤炭工业</td><td>15221.7</td><td>15066.8</td><td>11952.6</td><td>10558.5</td></tr>
<tr><td>2. 石油和石化工业</td><td>19679.1</td><td>14767.5</td><td>10863.8</td><td>12658.9</td></tr>
<tr><td>3. 冶金工业</td><td>26272.7</td><td>26462.6</td><td>27186.3</td><td>24593.4</td></tr>
<tr><td>4. 建材工业</td><td>4125.8</td><td>4319.4</td><td>5376.7</td><td>5634.3</td></tr>
<tr><td>5. 化学工业</td><td>8965.1</td><td>12193.1</td><td>9669.0</td><td>9105.3</td></tr>
<tr><td>6. 森林工业</td><td>49.8</td><td>65.6</td><td>50.7</td><td>55.8</td></tr>
<tr><td>7. 食品工业</td><td>2510.9</td><td>3087.1</td><td>3449.0</td><td>3631.6</td></tr>
<tr><td>8. 烟草工业</td><td>7190.2</td><td>-822.2</td><td>-1146.0</td><td>9716.1</td></tr>
<tr><td>9. 纺织工业</td><td>618.8</td><td>733.4</td><td>684.7</td><td>652.9</td></tr>
<tr><td>10. 医药工业</td><td>1285.3</td><td>1542.6</td><td>1406.9</td><td>1465.1</td></tr>
<tr><td>11. 机械工业</td><td>27067.1</td><td>22205.3</td><td>26968.7</td><td>29448.3</td></tr>
<tr><td>其中：汽车工业</td><td>13478.8</td><td>9550.8</td><td>12433.2</td><td>14173.8</td></tr>
<tr><td>12. 电子工业</td><td>4592.5</td><td>4552.2</td><td>4796.3</td><td>5249.8</td></tr>
<tr><td>13. 电力工业</td><td>35441.4</td><td>37995.2</td><td>38217.4</td><td>38868.4</td></tr>
<tr><td>14. 市政公用工业</td><td>3157.6</td><td>3705.0</td><td>4503.6</td><td>5850.5</td></tr>
<tr><td>15. 其他工业</td><td>10802.9</td><td>11360.2</td><td>11405</td><td>11797.3</td></tr>
<tr><td>三、建筑业</td><td>35727.3</td><td>39101.1</td><td>44835.2</td><td>49136.1</td></tr>
<tr><td>四、地质勘查及水利业</td><td>526.3</td><td>631.1</td><td>600.0</td><td>725.8</td></tr>
<tr><td>五、交通运输仓储业</td><td>24090.6</td><td>27131.4</td><td>32222.3</td><td>32550.1</td></tr>
<tr><td>其中：铁路运输业</td><td>6627.2</td><td>7639.6</td><td>8417.6</td><td>7985.0</td></tr>
<tr><td>道路运输业</td><td>3941.2</td><td>4761.3</td><td>5393.5</td><td>5448.2</td></tr>
<tr><td>水上运输业</td><td>2768.2</td><td>2640.7</td><td>2378.6</td><td>2661.0</td></tr>
<tr><td>航空运输业</td><td>4190.3</td><td>4824.4</td><td>4850.0</td><td>5234.0</td></tr>
<tr><td>仓储业</td><td>5134.4</td><td>5183.4</td><td>6661.0</td><td>6555.1</td></tr>
<tr><td>六、邮电通信业</td><td>11989.0</td><td>13269.6</td><td>14608.8</td><td>14562.0</td></tr>
<tr><td>七、批发和零售、餐饮业</td><td>120615.9</td><td>155472.9</td><td>187492.5</td><td>182768.3</td></tr>
<tr><td>八、房地产业</td><td>6793.6</td><td>9225.3</td><td>12614.9</td><td>14059.2</td></tr>
<tr><td>九、信息技术服务业</td><td>792.6</td><td>857.4</td><td>1222.6</td><td>1270.9</td></tr>
<tr><td>十、社会服务业</td><td>10221.6</td><td>12380.4</td><td>11082.4</td><td>11305.7</td></tr>
<tr><td>十一、卫生体育福利业</td><td>734.3</td><td>778.5</td><td>678.1</td><td>640.0</td></tr>
<tr><td>十二、教育文化广播业</td><td>1556.6</td><td>1728.8</td><td>1999.1</td><td>2138.7</td></tr>
<tr><td>十三、科学研究和技术服务业</td><td>3896.1</td><td>4241.0</td><td>5392.4</td><td>6141.9</td></tr>
<tr><td>十四、机关社团及其他</td><td>58.1</td><td>764.4</td><td>227.5</td><td>1450.3</td></tr>
</table>

营业总收入和增长指标

行业划分）

	比上年增长（%）					平均增长（%）
2015年	2011年	2012年	2013年	2014年	2015年	
457352.0	**22.7**	**10.1**	**10.8**	**3.8**	**-6.5**	**4.3**
2904.4	35.8	7.7	8.8	10.8	-5.2	5.3
1493.2	37.7	14.6	-8.1	-1.5	16.8	4.9
243.4	-18.8	-8.1	14.0	38.1	-36.3	-2.0
242.9	18.1	31.8	2.4	-5.9	10.1	8.7
71.6	8.2	-28.6	27.3	9.9	4.3	1.0
162749.1	14.4	-5.8	-1.2	8.9	-3.9	-0.6
8974.8	18.9	-1.0	-20.7	-11.7	-15.0	-12.4
12934.6	-19.8	-25.0	-26.4	16.5	2.2	-10.0
20201.3	13.3	0.7	2.7	-9.5	-17.9	-6.4
4477.2	63.0	4.7	24.5	4.8	-20.5	2.1
8556.9	34.4	36.0	-20.7	-5.8	-6.0	-1.2
55.0	-9.6	31.7	-22.8	10.1	-1.4	2.5
3624.4	23.6	22.9	11.7	5.3	-0.2	9.6
9978.5	29.5	-111.4	39.4	-947.8	2.7	8.5
673.4	0.2	18.5	-6.6	-4.6	3.1	2.1
1368.0	9.7	20.0	-8.8	4.1	-6.6	1.6
29900.4	19.4	-18.0	21.5	9.2	1.5	2.5
15318.2	18.4	-29.1	30.2	14.0	8.1	3.2
5607.9	6.0	-0.9	5.4	9.5	6.8	5.1
38286.6	16.6	7.2	0.6	1.7	-1.5	1.9
6321.0	148.2	17.3	21.6	29.9	8.0	18.9
11789.0	32.9	5.2	0.4	3.4	-0.1	2.2
51726.0	13.9	9.4	14.7	9.6	5.3	9.7
724.7	44.9	19.9	-4.9	21.0	-0.1	8.3
29435.1	10.4	12.6	18.8	1.0	-9.6	5.1
7094.8	4.7	15.3	10.2	-5.1	-11.1	1.7
5119.5	50.1	20.8	13.3	1.0	-6.0	6.8
2783.4	22.7	-4.6	-9.9	11.9	4.6	0.1
4846.6	36.7	15.1	0.5	7.9	-7.4	3.7
5514.4	0.3	1.0	28.5	-1.6	-15.9	1.8
14575.7	13.2	10.7	10.1	-0.3	0.1	5.0
154388.3	45.2	28.9	20.6	-2.5	-15.5	6.4
15644.1	7.1	35.8	36.7	11.4	11.3	23.2
1503.5	-36.8	8.2	42.6	4.0	18.3	17.4
9767.0	27.9	21.1	-10.5	2.0	-13.6	-1.1
485.0	450.0	6.0	-12.9	-5.6	-24.2	-9.9
2260.3	11.2	11.1	15.6	7.0	5.7	9.8
6570.8	31.0	8.9	27.1	13.9	7.0	14.0
4618.2	-216.9	1215.7	-70.2	537.5	218.4	198.6

2011—2015 年全国国有企业

（按所在

项　　目	营业总收入（亿元）			
	2011 年	2012 年	2013 年	2014 年
全国合计	**386341.4**	**425356.5**	**471125.1**	**489099.1**
北京市	52708.8	39363.4	32055.9	20114.5
天津市	14123.1	15596.2	18133.1	20840.7
河北省	14552.5	15572.1	16130.6	15024.0
山西省	15419.0	18424.0	20246.9	19724.1
内蒙古自治区	5753.2	6671.5	6454.9	6115.1
辽宁省	11564.2	12597.6	13383.8	13308.3
其中：大连市	2032.9	2609.7	2797.7	2979.1
吉林省	6313.4	7064.9	7457.7	8025.4
黑龙江省	7200.6	7424.4	8573.3	8390.7
上海市	32631.3	33393.3	38344.3	45740.1
浙江省	15802.1	17533.2	19290.4	20157.5
其中：宁波市	3221.3	4402.2	5056.2	5120.4
江苏省	18764.7	23442.4	27662.2	29006.1
安徽省	10908.3	11390.4	12735.2	13155.7
福建省	7296.4	8604.5	9569.6	10174.0
其中：厦门市	2609.8	2917.9	3335.4	3517.2
江西省	5491.2	6301.0	6975.1	6800.4
山东省	23055.6	27499.0	29373.6	29168.1
其中：青岛市	3672.9	3878.0	4409.2	4822.7
河南省	13240.9	14789.1	15557.7	15316.8
湖北省	11251.3	12052.5	14047.9	17620.0
湖南省	8120.4	8954.1	9776.1	10178.5
广东省	26090.6	28204.3	32028.7	37140.6
其中：深圳市	4678.3	5712.5	6486.1	7302.2
海南省	1407.4	1586.6	1495.0	1603.4
广西壮族自治区	6675.9	7843.8	8977.4	9192.1
贵州省	4981.5	5874.6	6483.2	6751.1
四川省	11158.2	12041.5	13448.5	14203.3
重庆市	6889.6	7692.0	8810.3	9537.6
云南省	7269.0	8223.4	9646.7	10475.4
陕西省	10548.8	12229.3	13580.0	15950.4
甘肃省	3888.8	4708.7	5394.6	6089.1
青海省	1578.8	1789.7	2121.4	2126.8
西藏自治区	126.9	124.5	154.0	183.1
宁夏回族自治区	1447.2	1606.1	1716.7	1694.8
新疆维吾尔自治区	4475.5	5493.5	7501.5	7197.8

营业总收入和增长指标

地区划分）

2015 年	比上年增长（%） 2011 年	2012 年	2013 年	2014 年	2015 年	平均增长（%）
457352.0	**22.7**	**10.1**	**10.8**	**3.8**	**-6.5**	**4.3**
23430.6	-1.9	-25.3	-18.6	-37.3	16.5	-18.3
19552.0	27.6	10.4	16.3	14.9	-6.2	8.5
13875.2	31.4	7.0	3.6	-6.9	-7.6	-1.2
15955.1	31.6	19.5	9.9	-2.6	-19.1	0.9
5888.7	55.9	16.0	-3.2	-5.3	-3.7	0.6
11764.5	4.5	8.9	6.2	-0.6	-11.6	0.4
2533.2	-5.3	28.4	7.2	6.5	-15.0	5.7
6812.9	28.0	11.9	5.6	7.6	-15.1	1.9
6639.3	11.6	3.1	15.5	-2.1	-20.9	-2.0
43954.0	26.2	2.3	14.8	19.3	-3.9	7.7
20177.1	37.4	11.0	10.0	4.5	0.1	6.3
5091.8	83.3	36.7	14.9	1.3	-0.6	12.1
28514.9	33.9	24.9	18.0	4.9	-1.7	11.0
12804.1	32.1	4.4	11.8	3.3	-2.7	4.1
10844.2	30.0	17.9	11.2	6.3	6.6	10.4
3830.0	13.6	11.8	14.3	5.5	8.9	10.1
6724.1	40.2	14.7	10.7	-2.5	-1.1	5.2
25399.9	23.5	19.3	6.8	-0.7	-12.9	2.5
4666.0	24.0	5.6	13.7	9.4	-3.2	6.2
14385.1	15.4	11.7	5.2	-1.5	-6.1	2.1
17164.9	19.8	7.1	16.6	25.4	-2.6	11.1
10129.8	30.8	10.3	9.2	4.1	-0.5	5.7
36310.9	28.8	8.1	13.6	16.0	-2.2	8.6
8273.7	14.9	22.1	13.5	12.6	13.3	15.3
1517.3	50.9	12.7	-5.8	7.3	-5.4	1.9
8899.0	28.5	17.5	14.5	2.4	-3.2	7.5
6778.4	32.8	17.9	10.4	4.1	0.4	8.0
14292.6	18.3	7.9	11.7	5.6	0.6	6.4
9849.8	27.2	11.6	14.5	8.3	3.3	9.3
10273.5	22.1	13.1	17.3	8.6	-1.9	9.0
15977.6	30.7	15.9	11.0	17.5	0.2	10.9
4841.4	24.2	21.1	14.6	12.9	-20.5	5.6
1761.6	38.3	13.4	18.5	0.3	-17.2	2.8
259.5	24.0	-1.9	23.7	18.9	41.7	19.6
1446.0	33.6	11.0	6.9	-1.3	-14.7	0.0
7070.1	35.1	22.7	36.6	-4.0	-1.8	12.1

2011—2015 年全国国有企业

（按隶属

项　　目	营业总收入（亿元）			
	2011 年	2012 年	2013 年	2014 年
全国合计	**386341.4**	**425356.5**	**471125.1**	**489099.1**
中央小计	**230044.0**	**253886.9**	**275933.3**	**283202.6**
地方小计	**156297.4**	**171469.7**	**195191.8**	**205896.5**
北京市	9225.4	9999.2	11065.5	12067.5
天津市	7377.4	8364.7	10270.1	11053.0
河北省	7701.4	7811.9	8824.8	8951.5
山西省	11793.9	15574.5	17924.1	17672.2
内蒙古自治区	1521.0	1502.4	1574.2	1489.4
辽宁省	4116.4	4219.7	4731.4	4618.2
其中：大连市	546.1	620.3	660.0	635.1
吉林省	918.0	922.8	731.3	839.3
黑龙江省	1395.7	1403.1	1407.4	1316.6
上海市	17404.1	16412.6	20236.9	23657.5
浙江省	8683.1	8648.5	9798.3	10043.8
其中：宁波市	536.8	433.5	510.1	539.5
江苏省	7324.5	9014.6	8853.0	9238.1
安徽省	7137.4	7414.9	8142.9	8200.4
福建省	5118.9	5339.6	6172.9	6698.5
其中：厦门市	2815.3	2847.7	3387.2	3728.3
江西省	3403.0	4050.2	4624.3	4823.3
山东省	13079.9	14622.5	16119.9	16402.0
其中：青岛市	1590.7	1840.7	2146.3	2484.1
河南省	7122.3	7312.5	7588.3	6821.0
湖北省	2344.7	2729.3	3386.5	4170.2
湖南省	2868.2	2807.7	3190.2	3289.5
广东省	11839.9	11975.2	14008.6	15191.4
其中：深圳市	1020.0	1078.8	1190.6	1344.6
海南省	381.6	501.1	526.5	440.1
广西壮族自治区	3718.3	4365.5	4952.7	5435.5
贵州省	2120.7	2662.1	3041.8	3238.2
四川省	3712.1	4276.8	4920.0	4943.9
重庆市	3499.3	4019.8	4604.4	4836.9
云南省	2931.4	3665.2	4420.3	4872.3
陕西省	4846.5	6028.0	7119.8	7955.3
甘肃省	3158.7	4077.8	4760.9	5292.7
青海省	646.2	738.9	970.6	1048.0
西藏自治区	68.8	57.9	94.1	87.1
宁夏回族自治区	251.1	228.0	228.2	251.8
新疆维吾尔自治区	587.3	723.1	902.1	951.6

营业总收入和增长指标

关系划分）

2015 年	比上年增长（%）					平均增长（%）
	2011 年	2012 年	2013 年	2014 年	2015 年	
457352.0	**22.7**	**10.1**	**10.8**	**3.8**	**-6.5**	**4.3**
261313.7	**22.1**	**10.4**	**8.7**	**2.6**	**-7.7**	**3.2**
196038.3	**23.4**	**9.7**	**13.8**	**5.5**	**-4.8**	**5.8**
12639.0	18.3	8.4	10.7	9.1	4.7	8.2
11140.4	22.5	13.4	22.8	7.6	0.8	10.9
8663.1	24.8	1.4	13.0	1.4	-3.2	3.0
14397.9	38.5	32.1	15.1	-1.4	-18.5	5.1
1595.3	14.4	-1.2	4.8	-5.4	7.1	1.2
3807.0	8.8	2.5	12.1	-2.4	-17.6	-1.9
598.1	6.7	13.6	6.4	-3.8	-5.8	2.3
782.4	22.2	0.5	-20.8	14.8	-6.8	-3.9
1226.6	10.2	0.5	0.3	-6.5	-6.8	-3.2
21097.8	23.1	-5.7	23.3	16.9	-10.8	4.9
9659.2	20.0	-0.4	13.3	2.5	-3.8	2.7
563.5	12.1	-19.2	17.7	5.8	4.4	1.2
9387.6	16.1	23.1	-1.8	4.3	1.6	6.4
7834.4	31.7	3.9	9.8	0.7	-4.5	2.4
7244.1	27.9	4.3	15.6	8.5	8.1	9.1
4093.7	29.5	1.2	18.9	10.1	9.8	9.8
4709.1	33.8	19.0	14.2	4.3	-2.4	8.5
14779.9	19.4	11.8	10.2	1.7	-9.9	3.1
2211.5	9.9	15.7	16.6	15.7	-11.0	8.6
6525.7	15.3	2.7	3.8	-10.1	-4.3	-2.2
3269.8	12.1	16.4	24.1	23.1	-21.6	8.7
3200.6	22.0	-2.1	13.6	3.1	-2.7	2.8
13852.4	20.5	1.1	17.0	8.4	-8.8	4.0
1563.1	4.8	5.8	10.4	12.9	16.3	11.3
404.1	29.7	31.3	5.1	-16.4	-8.2	1.4
5156.0	28.7	17.4	13.5	9.7	-5.1	8.5
3351.3	37.8	25.5	14.3	6.5	3.5	12.1
5321.3	23.5	15.2	15.0	0.5	7.6	9.4
4888.7	44.9	14.9	14.5	5.0	1.1	8.7
4875.8	23.9	25.0	20.6	10.2	0.1	13.6
8465.8	28.0	24.4	18.1	11.7	6.4	15.0
5353.4	35.9	29.1	16.8	11.2	1.1	14.1
998.4	11.5	14.4	31.3	8.0	-4.7	11.5
172.7	10.8	-15.8	62.4	-7.4	98.2	25.9
232.3	9.5	-9.2	0.1	10.4	-7.8	-1.9
1006.3	31.9	23.1	24.8	5.5	5.7	14.4

（六）2011—2015 年全国国有企业效益比率指标

（按综合情况划分）

项　　目	净资产收益率（%）				
	2011 年	2012 年	2013 年	2014 年	2015 年
全　　国	**7.2**	**6.0**	**5.3**	**4.9**	**4.0**
一、按企业规模分类					
（一）大型	9.0	7.8	7.5	7.2	5.8
（二）中型	7.4	6.3	5.4	4.3	3.6
（三）小型	2.7	2.1	2.4	2.1	2.0
二、按资本构成分类					
（一）国有独资企业公司	4.3	3.2	2.7	2.6	2.5
（二）国有控股企业	9.7	8.3	7.6	7.0	5.4
（三）企业化管理事业单位	5.4	3.6	2.0	2.1	0.7
三、按组织形式分类					
（一）公司制	7.4	5.9	5.3	4.8	4.0
（二）非公司制	6.0	7.4	6.3	5.6	3.1
四、按盈利或亏损分类					
（一）盈利	13.8	12.8	11.4	11.0	9.9
（二）亏损	-16.4	-16.0	-16.6	-16.0	-17.1
五、按隶属关系分类					
（一）中央	8.6	8.0	7.5	7.2	6.2
其中：管理企业	9.0	8.3	7.6	7.1	6.1
（二）地方	5.9	4.1	3.5	3.1	2.3
六、按经济带分类					
（一）东部沿海地区	7.3	6.3	6.0	5.7	5.1
（二）中部内陆地区	8.8	6.6	5.8	5.1	3.0
（三）西部边远地区	5.8	4.6	3.3	2.7	1.9
七、按产业性质分类					
（一）垄断性行业	7.0	7.4	6.7	6.7	6.1
（二）竞争性行业	8.0	5.6	4.9	4.3	3.0
（三）公益性及其他行业	4.4	4.0	3.7	3.2	3.2
八、按产业作用分类					
（一）基础性行业	6.3	5.1	4.4	3.8	2.3
（二）一般生产加工行业	10.3	7.4	7.2	7.4	6.7
（三）商贸服务及其他行业	7.4	6.7	5.9	5.4	4.9

2011—2015 年全国国有企业效益比率指标

（按基本行业划分）

项　　目	净资产收益率（%）				
	2011 年	2012 年	2013 年	2014 年	2015 年
全　　国	**7.2**	**6.0**	**5.3**	**4.9**	**4.0**
一、农林牧渔业	2.5	3.4	3.2	1.9	0.5
其中：农业	1.7	4.5	4.7	2.3	0.9
林业	3.2	1.3	1.7	1.1	-0.1
畜牧业	8.1	6.3	3.5	2.4	1.1
渔业	9.7	14.4	3.4	7.7	-3.2
二、工业	9.1	7.0	6.5	5.5	3.3
1. 煤炭工业	15.8	9.6	4.8	-1.9	-8.5
2. 石油和石化工业	10.9	9.7	8.8	6.7	2.7
3. 冶金工业	4.6	-1.8	-1.4	-3.2	-12.6
4. 建材工业	15.5	6.5	8.5	7.9	1.1
5. 化学工业	6.3	1.5	0.0	-2.2	-0.3
6. 森林工业	-21.3	-30.3	-29.5	167.4	-1.3
7. 食品工业	4.9	4.8	-2.0	1.4	4.2
8. 烟草工业	14.1	12.0	12.7	14.6	12.0
9. 纺织工业	4.3	0.4	5.3	-0.2	1.1
10. 医药工业	12.0	11.6	11.3	10.7	10.8
11. 机械工业	15.5	10.0	9.3	9.8	8.6
其中：汽车工业	23.3	15.3	15.6	17.3	14.8
12. 电子工业	6.9	4.9	6.5	6.3	5.4
13. 电力工业	3.4	7.5	8.0	8.7	9.0
14. 市政公用工业	2.8	3.6	3.7	3.5	3.1
15. 其他工业	8.1	6.7	7.1	6.1	6.2
三、建筑业	5.1	4.5	4.3	4.6	4.8
四、地质勘查及水利业	1.3	1.4	0.3	2.0	0.3
五、交通运输仓储业	2.2	1.4	0.9	1.7	1.9
其中：铁路运输业	0.5	0.4	0.0	0.2	0.1
道路运输业	1.6	0.8	0.9	0.5	0.6
水上运输业	1.1	-1.1	-2.7	4.8	5.4
航空运输业	8.6	6.0	3.8	3.8	5.5
仓储业	5.9	5.2	4.0	3.5	3.0
六、邮电通信业	7.1	7.1	6.0	6.2	6.4
七、批发和零售、餐饮业	16.8	17.5	16.7	14.9	10.9
八、房地产业	7.5	6.8	6.4	5.1	4.1
九、信息技术服务业	14.7	10.2	12.3	13.1	11.1
十、社会服务业	3.8	3.0	2.5	2.3	2.4
十一、卫生体育福利业	3.2	4.0	2.3	2.0	1.0
十二、教育文化广播业	8.7	7.8	7.8	6.3	7.1
十三、科学研究和技术服务业	12.6	12.2	12.1	9.9	9.5
十四、机关社团及其他	15.5	17.4	13.3	18.4	18.3

2011—2015 年全国国有企业效益比率指标

（按所在地区划分）

项　　目	净资产收益率（%）				
	2011 年	2012 年	2013 年	2014 年	2015 年
全　　国	**7.2**	**6.0**	**5.3**	**4.9**	**4.0**
北京市	6.2	7.7	6.6	6.8	7.1
天津市	8.2	7.6	6.3	6.0	3.4
河北省	3.5	3.5	3.1	3.6	2.0
山西省	8.9	5.5	3.4	1.4	-1.6
内蒙古自治区	11.7	7.6	-1.2	-1.9	-3.3
辽宁省	3.4	0.5	2.0	1.7	-2.1
其中：大连市	8.2	3.4	3.0	1.8	-0.9
吉林省	13.6	11.8	12.1	14.8	8.6
黑龙江省	18.4	14.1	6.9	5.8	-0.3
上海市	7.0	5.2	5.4	5.9	5.7
浙江省	7.7	6.0	6.1	5.0	4.7
其中：宁波市	8.3	5.9	7.3	5.5	5.5
江苏省	7.2	6.0	5.4	4.7	4.2
安徽省	9.3	6.7	6.4	4.9	4.2
福建省	6.4	5.5	5.0	4.6	4.2
其中：厦门市	8.2	6.6	6.8	6.2	6.5
江西省	4.0	3.1	3.7	3.3	3.0
山东省	11.5	8.4	6.8	6.4	4.9
其中：青岛市	6.1	6.5	7.8	5.4	5.3
河南省	4.4	3.8	4.6	3.6	1.6
湖北省	6.4	5.8	5.6	6.6	5.9
湖南省	8.8	6.0	7.1	5.4	3.5
广东省	8.0	5.9	7.4	6.5	8.0
其中：深圳市	9.5	9.5	10.7	9.5	12.1
海南省	6.5	4.8	3.8	3.0	0.2
广西壮族自治区	4.0	2.9	3.4	3.0	2.8
贵州省	6.6	6.9	4.3	3.9	3.6
四川省	3.7	3.0	2.7	2.4	2.8
重庆市	4.0	4.1	3.5	3.4	3.5
云南省	5.3	4.1	4.0	3.1	2.2
陕西省	8.5	6.3	5.0	4.4	3.1
甘肃省	5.1	2.9	3.4	2.3	-1.7
青海省	5.1	4.4	1.4	1.0	-0.3
西藏自治区	-1.2	-0.2	-0.3	0.7	2.2
宁夏回族自治区	9.2	6.8	7.4	2.9	-1.7
新疆维吾尔自治区	7.4	6.2	4.4	2.6	0.9

2011—2015 年全国国有企业效益比率指标

（按隶属关系划分）

项　目	净资产收益率（%）				
	2011 年	2012 年	2013 年	2014 年	2015 年
全　国	**7.2**	**6.0**	**5.3**	**4.9**	**4.0**
中　央	**8.6**	**8.0**	**7.5**	**7.2**	**6.2**
地　方	**5.9**	**4.1**	**3.5**	**3.1**	**2.3**
北京市	4.3	4.3	4.7	4.3	3.9
天津市	1.9	1.7	1.6	1.8	1.2
河北省	4.4	1.8	1.6	0.8	0.4
山西省	8.0	3.0	0.6	-1.4	-3.8
内蒙古自治区	8.7	3.0	0.1	-0.2	-3.1
辽宁省	4.9	2.8	2.7	2.5	-1.8
其中：大连市	3.2	1.5	1.8	0.9	-0.9
吉林省	3.8	2.7	1.1	2.6	-0.5
黑龙江省	3.6	0.7	-0.2	-0.7	-0.4
上海市	8.2	6.2	6.1	6.2	5.3
浙江省	5.4	3.8	3.9	3.0	2.3
其中：宁波市	4.0	3.4	2.7	1.2	0.8
江苏省	4.6	4.5	4.0	3.6	3.1
安徽省	9.1	5.6	5.3	3.8	3.1
福建省	6.6	4.6	4.4	3.9	3.3
其中：厦门市	7.7	5.7	6.4	5.8	5.3
江西省	7.4	3.8	2.9	2.9	2.3
山东省	9.9	5.3	3.3	3.7	3.1
其中：青岛市	7.9	6.7	6.6	5.1	4.7
河南省	3.1	0.6	0.6	0.0	-2.3
湖北省	5.0	3.7	3.1	3.1	2.6
湖南省	6.3	3.3	3.9	2.4	0.9
广东省	6.3	5.0	6.2	5.5	5.2
其中：深圳市	5.9	5.8	6.3	5.9	6.2
海南省	4.4	1.2	0.8	1.7	-0.6
广西壮族自治区	4.7	2.4	2.8	2.1	1.6
贵州省	7.9	7.2	4.2	3.8	3.7
四川省	4.1	4.1	2.8	2.2	2.0
重庆市	3.1	3.3	2.5	2.5	2.4
云南省	3.0	1.4	1.1	0.0	-0.8
陕西省	10.1	6.4	4.2	3.2	1.5
甘肃省	6.2	3.4	2.2	1.6	-3.8
青海省	8.3	4.4	1.4	1.3	-0.5
西藏自治区	5.5	4.4	4.4	4.8	7.5
宁夏回族自治区	2.0	-0.2	3.7	1.9	-1.2
新疆维吾尔自治区	3.7	3.9	3.3	1.2	0.7

2011—2015 年全国国有企业效益比率指标

（按综合情况划分）

项　目	总资产报酬率（%）				
	2011 年	2012 年	2013 年	2014 年	2015 年
全　国	**4.6**	**4.1**	**3.8**	**3.5**	**2.9**
一、按企业规模分类					
（一）大型	5.6	5.0	4.8	4.5	3.6
（二）中型	4.5	4.1	3.8	3.3	3.0
（三）小型	2.0	2.1	2.2	2.0	1.9
二、按资本构成分类					
（一）国有独资企业公司	3.1	2.7	2.5	2.3	2.5
（二）国有控股企业	5.7	5.1	4.7	4.4	3.3
（三）企业化管理事业单位	2.9	2.4	1.6	1.8	0.9
三、按组织形式分类					
（一）公司制	4.9	4.3	3.9	3.7	3.0
（二）非公司制	2.7	2.8	2.4	2.3	2.8
四、按盈利或亏损分类					
（一）盈利	7.2	6.7	6.1	5.9	5.2
（二）亏损	-3.6	-3.3	-3.3	-3.3	-3.4
五、按隶属关系分类					
（一）中央	5.4	5.2	4.9	4.6	3.9
其中：管理企业	6.0	5.7	5.3	5.0	4.1
（二）地方	3.7	3.1	2.8	2.5	2.2
六、按经济带分类					
（一）东部沿海地区	4.4	4.1	3.9	3.7	3.2
（二）中部内陆地区	5.6	4.9	4.3	3.9	3.0
（三）西部边远地区	4.2	3.7	3.0	2.7	2.2
七、按产业性质分类					
（一）垄断性行业	4.6	4.8	4.4	4.2	3.4
（二）竞争性行业	4.9	4.0	3.6	3.3	2.8
（三）公益性及其他行业	2.8	2.7	2.5	2.3	2.3
八、按产业作用分类					
（一）基础性行业	5.1	4.7	4.3	3.9	3.1
（二）一般生产加工行业	5.9	4.8	4.8	4.8	4.4
（三）商贸服务及其他行业	3.4	3.2	2.9	2.8	2.5

2011—2015 年全国国有企业效益比率指标

（按基本行业划分）

项　　目	总资产报酬率（%）				
	2011 年	2012 年	2013 年	2014 年	2015 年
全　　国	**4.6**	**4.1**	**3.8**	**3.5**	**2.9**
一、农林牧渔业	2.0	2.4	2.2	1.8	1.4
其中：农业	1.6	2.8	2.7	2.2	1.5
林业	1.9	1.0	1.3	0.8	0.7
畜牧业	4.5	4.4	3.3	2.4	1.4
渔业	4.6	6.3	2.1	4.1	-0.1
二、工业	6.6	5.7	5.4	4.9	3.7
1. 煤炭工业	10.7	7.3	4.7	1.9	-0.1
2. 石油和石化工业	10.6	9.9	9.2	7.6	3.3
3. 冶金工业	4.3	2.1	2.1	1.4	-1.0
4. 建材工业	9.4	5.4	6.3	6.2	3.3
5. 化学工业	4.9	2.9	2.9	2.3	2.7
6. 森林工业	-1.2	-2.2	-1.0	13.1	2.5
7. 食品工业	4.0	3.9	1.5	2.6	3.6
8. 烟草工业	15.2	16.4	16.7	15.7	13.2
9. 纺织工业	2.6	1.8	3.4	1.6	2.0
10. 医药工业	8.5	8.2	8.4	8.1	8.5
11. 机械工业	8.2	5.9	5.7	6.0	5.3
其中：汽车工业	13.4	9.6	9.9	10.9	9.4
12. 电子工业	4.0	3.5	4.1	4.2	3.9
13. 电力工业	4.0	5.8	5.9	6.1	6.2
14. 市政公用工业	2.7	3.4	3.2	3.0	2.7
15. 其他工业	5.8	4.5	4.9	4.4	4.2
三、建筑业	2.4	2.5	2.5	2.6	2.5
四、地质勘查及水利业	1.4	1.6	1.0	2.1	1.0
五、交通运输仓储业	2.8	2.6	2.4	2.7	2.8
其中：铁路运输业	2.0	2.3	2.3	2.3	2.4
道路运输业	2.6	2.4	2.3	2.1	2.0
水上运输业	2.4	1.3	0.9	4.1	4.6
航空运输业	5.2	4.4	3.4	3.4	4.3
仓储业	3.2	3.0	2.7	3.1	2.9
六、邮电通信业	6.8	6.9	6.4	5.7	5.7
七、批发和零售、餐饮业	8.2	8.2	7.6	7.1	5.9
八、房地产业	3.3	3.3	3.1	2.6	2.2
九、信息技术服务业	8.3	6.8	7.8	8.2	7.5
十、社会服务业	2.5	2.3	2.0	2.0	2.1
十一、卫生体育福利业	2.3	2.6	1.8	1.8	1.2
十二、教育文化广播业	6.5	5.9	5.9	4.8	5.2
十三、科学研究和技术服务业	6.4	6.3	5.7	4.9	5.1
十四、机关社团及其他	1.2	1.3	1.0	1.4	1.6

2011—2015 年全国国有企业效益比率指标

（按所在地区划分）

项　　目	总资产报酬率（%）				
	2011 年	2012 年	2013 年	2014 年	2015 年
全　　国	**4.6**	**4.1**	**3.8**	**3.5**	**2.9**
北京市	3.3	3.8	3.7	3.6	3.5
天津市	4.5	4.2	3.7	3.5	2.5
河北省	3.7	3.6	3.4	3.4	3.0
山西省	6.0	4.6	3.5	2.7	1.9
内蒙古自治区	7.4	5.3	1.7	1.4	0.9
辽宁省	3.1	2.2	2.5	2.5	1.0
其中：大连市	3.8	2.8	2.6	2.3	0.9
吉林省	7.6	7.3	7.5	8.2	5.5
黑龙江省	8.9	7.3	4.4	3.8	1.3
上海市	4.5	3.9	3.9	4.2	4.1
浙江省	5.2	4.5	4.3	3.8	3.6
其中：宁波市	5.0	4.3	4.7	3.8	3.9
江苏省	4.3	3.6	3.2	2.8	2.5
安徽省	5.8	4.7	4.5	3.8	3.5
福建省	4.3	4.1	3.8	3.6	3.1
其中：厦门市	4.0	3.8	3.7	3.6	3.6
江西省	4.2	3.9	3.3	2.9	2.6
山东省	7.0	5.7	4.8	4.6	3.6
其中：青岛市	3.6	3.8	4.3	3.5	3.5
河南省	4.6	4.4	4.6	3.9	3.0
湖北省	4.3	4.2	3.8	4.1	3.8
湖南省	5.4	4.4	4.7	3.9	3.1
广东省	5.3	4.7	5.1	4.7	4.0
其中：深圳市	6.1	6.1	6.3	5.8	3.6
海南省	4.1	3.4	3.1	2.6	1.4
广西壮族自治区	3.8	3.3	3.1	2.8	2.5
贵州省	4.4	4.9	3.6	3.3	2.9
四川省	3.2	3.2	2.9	2.8	2.7
重庆市	2.5	2.5	2.3	2.2	2.2
云南省	3.9	3.7	3.5	3.0	2.7
陕西省	5.5	4.7	3.8	3.5	2.7
甘肃省	4.4	3.3	3.2	2.7	0.9
青海省	4.6	4.4	2.2	1.9	1.0
西藏自治区	-0.1	0.6	1.0	1.0	1.5
宁夏回族自治区	5.4	4.9	4.7	3.0	1.1
新疆维吾尔自治区	4.4	3.8	2.9	2.4	1.8

2011—2015年全国国有企业效益比率指标

（按隶属关系划分）

项　　目	总资产报酬率（%）				
	2011年	2012年	2013年	2014年	2015年
全　　国	**4.6**	**4.1**	**3.8**	**3.5**	**2.9**
中　　央	**5.4**	**5.2**	**4.9**	**4.6**	**3.9**
地　　方	**3.7**	**3.1**	**2.8**	**2.5**	**2.2**
北京市	3.0	3.0	3.1	2.9	2.8
天津市	1.3	1.4	1.5	1.4	1.4
河北省	3.7	2.8	2.5	2.1	2.3
山西省	5.5	3.6	2.6	1.8	1.5
内蒙古自治区	5.5	2.6	1.2	0.8	0.2
辽宁省	3.5	2.6	2.4	2.6	0.8
其中：大连市	2.7	1.7	1.8	1.5	0.5
吉林省	3.0	2.9	2.3	2.6	1.6
黑龙江省	2.2	1.2	0.4	0.2	0.5
上海市	4.3	3.9	3.8	3.8	3.7
浙江省	3.8	3.2	3.1	2.6	2.3
其中：宁波市	2.6	2.6	2.2	1.6	1.3
江苏省	2.7	2.5	2.2	1.9	1.7
安徽省	5.6	4.0	3.8	3.1	2.8
福建省	4.0	3.4	3.2	2.9	2.4
其中：厦门市	3.4	3.2	3.2	3.1	2.8
江西省	5.2	3.7	2.4	2.3	1.8
山东省	5.8	4.0	3.3	3.4	2.8
其中：青岛市	4.1	3.9	3.9	3.3	3.0
河南省	3.9	3.0	3.2	2.5	1.7
湖北省	2.7	2.6	2.3	2.2	1.9
湖南省	3.9	2.7	2.7	2.1	1.4
广东省	4.3	4.0	4.5	4.1	4.0
其中：深圳市	4.7	4.6	4.7	4.5	4.8
海南省	2.3	1.1	0.9	1.2	0.4
广西壮族自治区	3.5	2.4	2.4	2.1	1.6
贵州省	4.5	4.6	3.3	2.9	2.6
四川省	3.0	3.3	2.8	2.4	2.1
重庆市	1.9	2.0	1.8	1.7	1.6
云南省	2.2	2.0	1.9	1.2	1.1
陕西省	5.9	4.5	3.5	3.0	2.0
甘肃省	4.5	3.1	2.4	2.3	-0.1
青海省	5.3	3.8	1.6	1.5	0.5
西藏自治区	3.7	2.8	3.0	3.0	3.4
宁夏回族自治区	2.3	2.2	3.2	2.1	0.2
新疆维吾尔自治区	3.1	3.2	2.9	2.2	1.8

2011—2015 年全国国有企业效益比率指标

（按综合情况划分）

项　目	成本费用利润率（%）				
	2011 年	2012 年	2013 年	2014 年	2015 年
全　国	**6.9**	**6.1**	**5.8**	**5.6**	**5.7**
一、按企业规模分类					
（一）大型	8.2	7.6	6.9	6.9	6.4
（二）中型	4.9	4.2	3.7	3.5	3.8
（三）小型	4.7	4.4	6.7	5.9	6.8
二、按资本构成分类					
（一）国有独资企业公司	5.3	4.7	5.4	4.9	6.3
（二）国有控股企业	7.7	6.7	5.9	5.9	5.5
（三）企业化管理事业单位	6.8	6.7	4.4	6.0	3.0
三、按组织形式分类					
（一）公司制	6.8	6.1	5.8	5.7	5.8
（二）非公司制	8.1	6.5	5.5	4.5	3.9
四、按盈利或亏损分类					
（一）盈利	11.5	10.8	10.1	10.0	11.8
（二）亏损	-14.8	-17.4	-19.8	-23.4	-20.6
五、按隶属关系分类					
（一）中央	7.2	6.8	6.5	6.5	6.7
其中：管理企业	6.5	6.1	5.8	5.6	5.7
（二）地方	6.5	5.1	4.7	4.4	4.4
六、按经济带分类					
（一）东部沿海地区	7.0	6.3	6.2	6.2	6.8
（二）中部内陆地区	6.5	5.5	5.3	5.0	4.0
（三）西部边远地区	7.1	6.2	4.8	4.3	3.9
七、按产业性质分类					
（一）垄断性行业	11.6	15.1	16.2	14.0	13.1
（二）竞争性行业	5.3	3.9	3.7	3.6	3.6
（三）公益性及其他行业	10.6	10.2	10.5	10.1	10.7
八、按产业作用分类					
（一）基础性行业	8.0	7.0	6.7	6.0	4.4
（二）一般生产加工行业	7.3	7.0	6.9	6.1	6.1
（三）商贸服务及其他行业	5.5	5.0	4.7	5.1	6.5

2011—2015 年全国国有企业效益比率指标

（按基本行业划分）

项　　目	成本费用利润率（%）				
	2011 年	2012 年	2013 年	2014 年	2015 年
全　　国	**6.9**	**6.1**	**5.8**	**5.6**	**5.7**
一、农林牧渔业	2.9	4.0	4.2	2.4	1.2
其中：农业	2.1	5.2	6.7	3.8	1.9
林业	7.4	3.5	4.3	2.5	0.3
畜牧业	6.8	4.7	3.3	2.5	1.2
渔业	8.1	15.4	6.5	8.0	-3.0
二、工业	9.0	8.3	8.4	6.9	4.8
1. 煤炭工业	19.7	13.1	7.7	-0.7	-8.4
2. 石油和石化工业	24.9	34.6	52.4	32.4	9.4
3. 冶金工业	3.7	-0.4	-0.3	-1.4	-7.1
4. 建材工业	11.5	5.8	7.0	6.8	2.1
5. 化学工业	4.3	1.3	1.1	-0.2	1.2
6. 森林工业	-5.6	-9.0	-5.9	30.8	0.6
7. 食品工业	2.2	1.9	0.0	0.7	2.0
8. 烟草工业	15.5	-42.2	-44.1	14.9	12.8
9. 纺织工业	2.5	0.8	3.5	0.4	1.2
10. 医药工业	13.4	13.3	17.7	17.8	22.6
11. 机械工业	9.3	7.7	7.1	7.6	6.9
其中：汽车工业	13.1	12.6	11.6	12.7	10.5
12. 电子工业	4.4	3.7	4.9	5.2	5.5
13. 电力工业	3.1	6.5	7.2	8.6	10.3
14. 市政公用工业	6.3	9.0	8.1	6.4	6.1
15. 其他工业	6.5	7.4	8.0	6.8	7.9
三、建筑业	2.2	2.2	2.4	2.7	3.2
四、地质勘查及水利业	5.7	6.3	3.9	13.0	3.8
五、交通运输仓储业	4.9	3.4	2.7	4.0	5.5
其中：铁路运输业	2.2	1.9	1.1	1.4	1.3
道路运输业	6.9	4.5	5.0	3.7	4.7
水上运输业	3.8	-0.5	-2.6	9.6	12.8
航空运输业	7.7	5.5	4.3	4.3	7.8
仓储业	1.8	1.9	1.4	1.4	1.9
六、邮电通信业	17.3	17.1	15.4	13.4	14.2
七、批发和零售、餐饮业	2.5	2.1	1.9	2.0	2.0
八、房地产业	23.3	23.6	21.2	17.9	15.4
九、信息技术服务业	11.2	9.5	11.3	13.9	14.5
十、社会服务业	17.7	15.2	16.6	18.3	27.1
十一、卫生体育福利业	4.3	3.0	2.0	2.6	2.0
十二、教育文化广播业	16.0	14.1	15.5	13.8	15.6
十三、科学研究和技术服务业	10.5	10.2	11.2	9.8	10.4
十四、机关社团及其他	-38.8	-47.3	-31.1	-50.6	-137.7

2011—2015 年全国国有企业效益比率指标

（按所在地区划分）

项　　目	成本费用利润率（%）				
	2011 年	2012 年	2013 年	2014 年	2015 年
全　　国	**6.9**	**6.1**	**5.8**	**5.6**	**5.7**
北京市	7.8	13.4	15.9	28.5	27.0
天津市	8.5	7.8	6.7	6.0	4.3
河北省	2.3	2.5	2.5	2.8	2.2
山西省	6.1	3.9	2.5	1.5	0.2
内蒙古自治区	14.2	9.6	0.1	-0.6	-2.4
辽宁省	3.2	1.3	2.5	2.5	-0.7
其中：大连市	6.6	3.4	3.2	2.4	0.0
吉林省	7.5	7.5	8.1	9.9	7.3
黑龙江省	15.2	12.5	8.8	7.2	0.4
上海市	6.5	5.0	5.1	5.1	6.6
浙江省	7.7	6.7	7.4	6.3	6.9
其中：宁波市	7.4	5.1	6.3	5.4	6.9
江苏省	7.4	7.1	6.7	6.4	6.7
安徽省	7.5	6.5	6.8	5.9	6.1
福建省	7.1	6.5	6.6	6.2	5.9
其中：厦门市	6.2	5.7	5.8	5.6	6.4
江西省	4.3	4.0	4.9	5.5	5.6
山东省	7.7	5.9	5.1	5.2	5.1
其中：青岛市	4.0	4.7	5.9	4.6	6.0
河南省	3.4	3.0	3.8	3.5	2.6
湖北省	5.4	5.5	5.3	5.7	6.4
湖南省	6.8	5.9	7.1	5.9	4.6
广东省	7.9	6.2	7.5	7.0	10.6
其中：深圳市	15.0	11.9	13.0	14.3	24.6
海南省	8.1	6.8	7.9	5.5	2.9
广西壮族自治区	4.2	3.4	3.8	3.8	4.0
贵州省	6.9	8.8	7.2	7.6	8.0
四川省	5.2	5.4	4.8	4.6	5.5
重庆市	6.4	7.1	6.8	7.0	8.5
云南省	7.7	6.4	6.3	5.1	4.9
陕西省	8.0	6.2	5.1	4.2	3.4
甘肃省	6.0	3.7	4.3	2.9	-1.7
青海省	5.8	5.9	2.7	2.2	0.1
西藏自治区	-1.2	1.3	1.3	4.8	9.3
宁夏回族自治区	7.7	6.2	7.1	4.2	-1.0
新疆维吾尔自治区	7.1	6.4	4.6	3.6	1.9

2011—2015 年全国国有企业效益比率指标

（按隶属关系划分）

项　　目	成本费用利润率（%）				
	2011 年	2012 年	2013 年	2014 年	2015 年
全　　国	**6.9**	**6.1**	**5.8**	**5.6**	**5.7**
中　　央	**7.2**	**6.8**	**6.5**	**6.5**	**6.7**
地　　方	**6.5**	**5.1**	**4.7**	**4.4**	**4.4**
北京市	5.5	5.4	6.0	6.1	6.3
天津市	2.2	2.0	2.0	2.2	1.9
河北省	2.6	1.5	1.5	0.9	0.8
山西省	4.7	2.0	0.8	0.0	-0.6
内蒙古自治区	13.4	6.4	1.1	0.6	-4.2
辽宁省	5.4	3.8	3.7	3.9	-1.3
其中：大连市	6.5	3.8	4.7	3.1	-1.3
吉林省	5.1	4.8	3.6	5.3	0.3
黑龙江省	3.6	1.2	0.0	-2.1	-0.2
上海市	8.3	7.0	6.4	6.0	8.5
浙江省	7.0	5.9	6.3	5.5	5.4
其中：宁波市	13.5	16.6	14.0	7.8	5.6
江苏省	7.8	9.6	10.8	10.5	10.2
安徽省	8.7	6.5	6.6	5.5	5.5
福建省	6.5	5.7	5.9	5.5	4.9
其中：厦门市	4.3	4.1	4.3	4.1	4.1
江西省	5.5	3.7	3.7	3.9	3.5
山东省	7.5	4.3	3.2	3.6	3.9
其中：青岛市	8.1	7.1	7.6	5.9	7.1
河南省	2.5	1.1	1.2	0.7	-1.0
湖北省	6.1	5.1	4.4	5.0	6.3
湖南省	7.9	6.0	6.7	4.5	2.1
广东省	7.7	6.8	8.3	8.6	10.9
其中：深圳市	21.5	20.7	23.0	26.9	33.3
海南省	9.3	3.6	3.0	4.7	0.2
广西壮族自治区	5.0	2.7	3.3	2.7	2.8
贵州省	11.8	13.2	10.6	10.7	12.1
四川省	8.2	9.5	6.8	6.1	5.9
重庆市	8.1	9.6	8.2	8.9	10.3
云南省	5.7	2.8	2.4	0.7	-0.4
陕西省	11.2	7.2	4.6	3.5	2.1
甘肃省	4.7	2.7	1.7	1.2	-2.7
青海省	10.6	7.6	3.1	3.0	-0.6
西藏自治区	13.7	12.1	13.9	20.7	24.6
宁夏回族自治区	2.6	0.4	6.7	6.3	-3.0
新疆维吾尔自治区	7.3	8.4	7.2	3.4	2.6

2011—2015 年全国国有企业效益比率指标

（按综合情况划分）

项　目	人均利润（元）				
	2011 年	2012 年	2013 年	2014 年	2015 年
全　国	**63067.2**	**62806.6**	**64818.7**	**59419.4**	**59892.9**
一、按企业规模分类					
（一）大型	80278.0	77840.3	77856.0	73275.9	66435.2
（二）中型	43975.8	46458.8	48478.5	45092.1	47844.8
（三）小型	35281.3	40001.1	52558.1	42042.8	58360.2
二、按资本构成分类					
（一）国有独资企业公司	41111.3	41914.6	42797.9	43426.5	44059.7
（二）国有控股企业	80197.1	76629.7	79374.5	69371.9	71439.3
（三）企业化管理事业单位	20690.7	18027.9	11246.8	13856.3	7194.6
三、按组织形式分类					
（一）公司制	71961.8	69707.3	74122.9	66443.2	66371.9
（二）非公司制	26791.8	31066.7	23827.4	25637.7	20378.1
四、按盈利或亏损分类					
（一）盈利	121905.2	137806.4	144378.6	132206.6	154945.0
（二）亏损	-81462.5	-90721.7	-96477.4	-107473.1	-120187.1
五、按隶属关系分类					
（一）中央	83135.1	88139.0	90803.2	84740.2	81600.2
其中：管理企业	98172.4	100436.5	101705.3	91937.3	87568.0
（二）地方	45479.8	40463.2	42116.9	37659.0	39634.9
六、按经济带分类					
（一）东部沿海地区	86735.0	85814.1	92914.3	80475.2	91075.3
（二）中部内陆地区	42101.9	39794.9	41055.1	40667.0	30796.5
（三）西部边远地区	43023.9	45452.3	39792.0	35724.6	32116.5
七、按产业性质分类					
（一）垄断性行业	98762.6	118364.0	118706.8	108977.8	110081.7
（二）竞争性行业	61668.3	52817.8	55836.9	48887.9	48438.1
（三）公益性及其他行业	21775.1	26148.9	26951.6	27396.0	29252.0
八、按产业作用分类					
（一）基础性行业	61688.7	57836.5	56046.7	48330.8	35175.2
（二）一般生产加工行业	40015.9	34360.6	38351.9	34386.1	42752.3
（三）商贸服务及其他行业	105907.1	125963.9	130035.7	137765.5	149047.2

2011—2015 年全国国有企业效益比率指标

（按基本行业划分）

项　　目	人均利润（元）				
	2011 年	2012 年	2013 年	2014 年	2015 年
全　　国	**63067.2**	**62806.6**	**64818.7**	**59419.4**	**59892.9**
一、农林牧渔业	1642.3	2534.7	3004.0	2020.0	938.5
其中：农业	816.9	2339.0	2823.7	1714.3	938.9
林业	2713.6	1288.8	1907.6	1533.1	130.8
畜牧业	6475.2	9423.8	6381.3	4779.6	2551.5
渔业	12530.3	21981.6	10496.0	20057.1	-7616.7
二、工业	71933.4	63215.1	63668.7	51467.7	41144.8
1. 煤炭工业	69898.9	48181.5	27227.1	-2301.8	-27831.4
2. 石油和石化工业	175508.5	180114.7	180833.0	142882.0	54120.5
3. 冶金工业	42005.1	-4602.9	-3897.5	-16684.6	-81081.8
4. 建材工业	72799.7	39056.8	52766.9	56418.8	15517.1
5. 化学工业	30268.9	12864.2	8467.9	-1383.5	8845.4
6. 森林工业	-13995.5	-25186.7	-17060.4	95155.8	1995.9
7. 食品工业	14766.6	14868.8	129.9	7330.1	18957.7
8. 烟草工业	301268.2	347541.0	420347.6	563361.8	512245.5
9. 纺织工业	6357.8	2373.3	10590.2	1405.0	4285.7
10. 医药工业	57536.4	62842.1	71348.7	74318.7	85404.0
11. 机械工业	84925.4	59805.9	62356.6	70773.9	68802.8
其中：汽车工业	182879.3	127798.8	130053.8	162163.3	149186.7
12. 电子工业	33933.8	27557.0	39324.2	41444.4	43219.1
13. 电力工业	49062.3	108360.6	124179.3	129269.2	160671.4
14. 市政公用工业	27577.1	41407.9	44110.5	43791.9	41762.7
15. 其他工业	32199.4	39556.5	44781.1	17702.7	48021.5
三、建筑业	21872.7	25334.4	31650.2	32137.9	41238.9
四、地质勘查及水利业	19786.9	25847.0	15110.3	56364.1	17520.5
五、交通运输仓储业	24840.8	20189.2	18454.3	26491.1	30703.8
其中：铁路运输业	7247.1	7864.8	4690.6	6095.4	5345.3
道路运输业	17789.9	13592.1	16116.6	11897.1	14066.8
水上运输业	48714.5	-5922.5	-33533.2	119769.2	168697.5
航空运输业	104857.1	82662.2	59190.2	55443.3	88594.1
仓储业	28515.1	31983.8	30355.7	33036.0	17018.4
六、邮电通信业	125676.9	132662.9	124481.3	80036.5	92086.7
七、批发和零售、餐饮业	124058.5	145479.3	140793.8	139265.1	124779.5
八、房地产业	244346.6	288289.4	313313.9	263412.7	239076.9
九、信息技术服务业	54235.0	47818.4	64426.9	82900.8	86674.5
十、社会服务业	75938.4	86962.7	87073.4	107189.4	135205.9
十一、卫生体育福利业	22826.0	20394.0	11895.8	12944.5	7723.1
十二、教育文化广播业	55800.6	53480.1	65097.2	62270.2	70762.3
十三、科学研究和技术服务业	65479.3	66946.8	79549.6	67215.6	72719.9
十四、机关社团及其他	225420.5	333318.8	329386.4	409996.0	524796.1

2011—2015 年全国国有企业效益比率指标

（按所在地区划分）

项　　目	人均利润（元）				
	2011 年	2012 年	2013 年	2014 年	2015 年
全　　国	**63067.2**	**62806.6**	**64818.7**	**59419.4**	**59892.9**
北京市	88614.6	113405.3	106563.7	104041.6	107449.8
天津市	163706.6	161926.6	163307.2	165694.8	114860.9
河北省	25977.2	28861.3	28730.0	10832.6	24422.5
山西省	48215.8	35905.5	26095.7	14178.4	1693.0
内蒙古自治区	92186.3	71673.2	383.5	-3828.8	-15547.0
辽宁省	20768.8	8389.1	17712.7	17869.3	-4668.2
其中：大连市	92429.3	45726.2	43296.6	32811.3	285.3
吉林省	66690.5	73561.3	91507.3	112289.0	77355.8
黑龙江省	36694.7	31849.4	25563.2	24817.2	1282.1
上海市	111317.8	92536.0	114687.9	128605.0	165706.8
浙江省	121217.7	109205.3	124577.1	96141.8	107729.8
其中：宁波市	159890.9	126055.1	224712.7	149696.1	186615.0
江苏省	104791.8	105979.3	118244.6	108922.4	117681.6
安徽省	64288.7	57763.2	67327.1	60204.2	63812.1
福建省	69988.4	71694.8	79909.9	75590.8	80862.3
其中：厦门市	91688.7	88444.5	99296.9	94680.7	110767.0
江西省	26529.5	29334.5	33820.5	35350.0	38514.5
山东省	67729.7	62847.4	59588.4	58018.5	52442.9
其中：青岛市	51109.9	74730.7	90243.4	65136.9	71300.2
河南省	23159.2	24462.1	31041.1	27491.4	20049.9
湖北省	38072.5	43081.7	44608.8	57683.3	65493.6
湖南省	58795.5	55305.8	70208.6	62262.7	50843.8
广东省	82992.1	70741.4	93993.7	95131.4	128753.9
其中：深圳市	125161.3	117196.3	144113.8	168327.9	239688.7
海南省	39573.5	40023.3	42214.8	34107.7	19166.3
广西壮族自治区	28829.3	32494.9	41454.3	31237.5	31854.0
贵州省	39725.9	58613.6	53933.8	59986.2	64844.0
四川省	36809.2	41159.7	40230.6	39042.8	49816.1
重庆市	48348.9	56799.1	60850.7	65636.6	85215.9
云南省	60563.6	55281.3	61382.1	53809.9	52175.7
陕西省	47315.8	51826.7	46930.0	42748.5	34996.4
甘肃省	34594.6	26112.1	34222.2	26345.6	-12980.5
青海省	50202.0	58662.2	30864.5	23937.9	662.9
西藏自治区	-4559.5	5540.5	6344.0	23174.9	55133.8
宁夏回族自治区	57091.3	51949.8	65650.4	35994.8	-8222.8
新疆维吾尔自治区	19404.1	22816.1	21749.7	16007.2	8167.1

2011—2015 年全国国有企业效益比率指标

（按隶属关系划分）

项　　目	人均利润（元）				
	2011 年	2012 年	2013 年	2014 年	2015 年
全　　国	**63067.2**	**62806.6**	**64818.7**	**59419.4**	**59892.9**
中　　央	**83135.1**	**88139.0**	**90803.2**	**84740.2**	**81600.2**
地　　方	**45479.8**	**40463.2**	**42116.9**	**37659.0**	**39634.9**
北京市	44351.6	46545.0	54882.4	57847.0	60876.4
天津市	40425.8	39995.2	48613.6	58570.4	52770.8
河北省	29130.4	17473.2	17226.2	2539.0	10347.6
山西省	36434.1	19714.0	9883.2	436.3	-4527.1
内蒙古自治区	47554.3	24298.9	4438.9	2344.6	-16518.0
辽宁省	22543.8	15081.8	16763.4	18685.4	-5588.0
其中：大连市	36485.2	25259.0	31058.2	20975.9	-8866.2
吉林省	12417.2	11912.9	8532.2	15428.2	841.3
黑龙江省	5474.3	1821.4	-62.0	-3836.3	-420.4
上海市	114102.0	95063.7	115171.9	129010.3	160970.7
浙江省	81653.6	69462.7	79517.6	61681.6	56722.9
其中：宁波市	122901.1	118611.9	109582.9	64917.3	47097.0
江苏省	82391.2	104184.7	118239.7	118206.0	118161.1
安徽省	64613.1	50676.9	59893.4	51894.8	51506.3
福建省	57878.2	51549.5	60637.5	59462.0	60355.2
其中：厦门市	83497.2	79499.4	96270.0	105479.2	112094.1
江西省	31810.9	27390.5	25463.8	27956.8	25966.1
山东省	52560.9	35522.2	29621.9	34369.1	34204.8
其中：青岛市	70382.4	92147.0	90314.1	61218.3	63548.8
河南省	14954.6	7298.2	8199.4	4861.5	-6897.2
湖北省	19361.6	21138.1	22532.3	28052.9	28986.6
湖南省	43852.8	31975.5	40147.9	30900.8	15064.5
广东省	63787.2	58397.0	81276.7	89475.9	100508.3
其中：深圳市	101727.0	103261.5	125113.1	168765.4	194054.8
海南省	16366.7	9228.2	8247.4	12484.2	578.7
广西壮族自治区	26998.0	21674.1	30504.1	18822.3	17651.9
贵州省	46164.7	63475.8	62017.6	69445.5	76339.3
四川省	43073.2	56074.5	47122.5	44332.8	47707.1
重庆市	46026.9	59224.3	55715.8	63406.2	76517.2
云南省	33485.0	19287.3	19281.5	5725.4	-3320.2
陕西省	48352.7	55923.5	42407.7	33793.0	20863.2
甘肃省	35105.3	25788.7	19138.3	16929.7	-39622.6
青海省	57433.4	47944.9	26378.6	26603.2	-4841.7
西藏自治区	35490.6	33742.2	51932.1	76075.7	128099.7
宁夏回族自治区	10536.2	1447.7	29465.4	32118.6	-15574.5
新疆维吾尔自治区	13209.8	24745.6	26392.3	12189.2	9341.0

三、全国国有企业税收指标

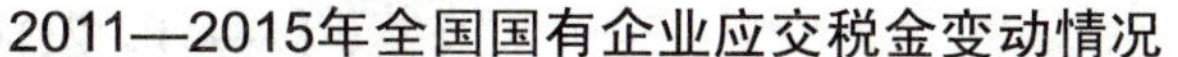

2011—2015年全国国有企业应交税金变动情况

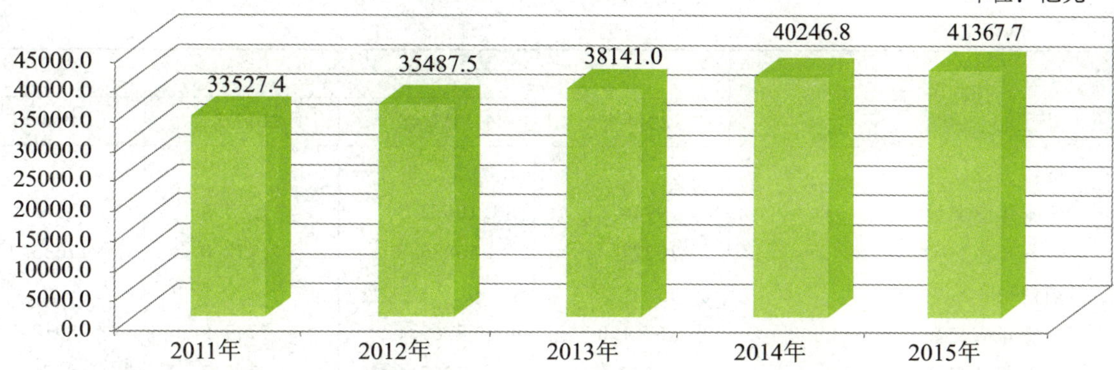

2011年全国国有企业应交税金区域分布情况　2015年全国国有企业应交税金区域分布情况

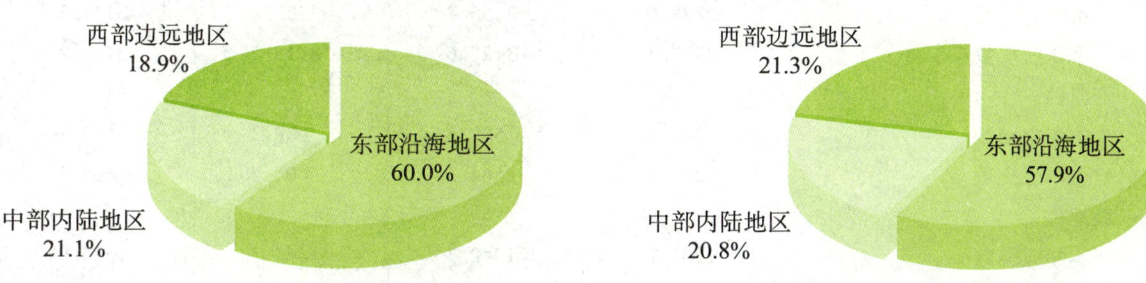

2011年全国国有企业应交税金产业分布情况　2015年全国国有企业应交税金产业分布情况

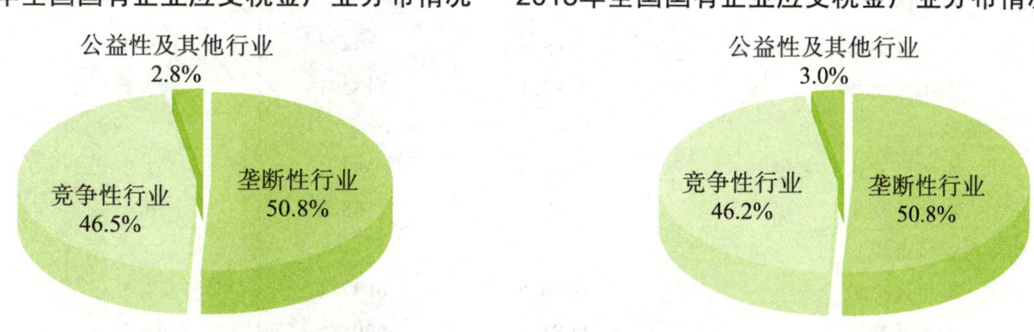

2011年、2015年中央管理、部门企业、地方应交税金情况

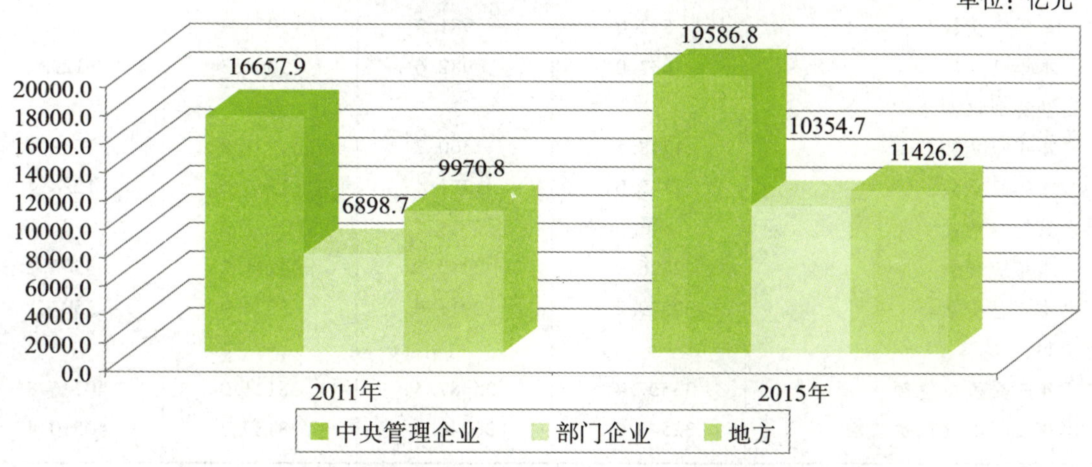

（一）2011—2015 年全国

项　目	金　额			
	2011 年	2012 年	2013 年	2014 年
一、增值税：				
本年应交数	9944.7	10672.3	11595.9	12563.5
本年已交数	10277.3	10986.8	11772.0	12633.4
二、消费税：				
本年应交数	6761.0	7269.1	7799.8	8318.7
本年已交数	6675.3	7367.5	7716.7	8378.0
三、营业税：				
本年应交数	2878.6	3156.7	3352.8	3131.3
本年已交数	2797.4	3127.6	3315.5	3107.9
四、资源税：				
本年应交数	375.4	587.5	608.2	633.7
本年已交数	344.4	564.3	606.7	668.1
五、城建税：				
本年应交数	1235.2	1342.3	1440.3	1525.9
本年已交数	1209.3	1343.4	1428.0	1532.5
六、农牧业税：				
本年应交数	95.6	134.5	144.8	131.8
本年已交数	92.1	132.1	147.8	136.9
七、关税：				
本年已交进口关税	392.4	382.4	397.9	432.4
本年已交出口关税	97.5	63.2	76.4	64.4
八、企业所得税：				
本年应交数	6380.5	6597.1	7287.3	7747.0
本年已交数	6097.5	6608.5	7282.7	7694.7
九、教育费附加：				
本年应交数	892.0	981.3	1074.9	1119.4
本年已交数	837.0	982.6	1060.3	1129.7
十、石油特别收益金：				
本年应交数	1748.5	1360.7	1231.8	1073.6
本年已交数	1147.0	1771.4	1360.6	1228.4
十一、其他税费：				
本年应交数	2726.1	2940.5	3131.2	3505.2
本年已交数	2579.2	2911.0	3024.9	3504.1
补充资料：				
一、本年应交税费总额	33527.4	35487.5	38141.0	40246.8
二、本年实际上交税费总额	32546.3	36240.8	38189.2	40510.4

国有企业税收指标

单位：亿元

	比上年增长（%）					平均增长（%）
2015 年	2011 年	2012 年	2013 年	2014 年	2015 年	
12456.0	8.3	7.3	8.7	8.3	-0.9	5.8
12602.7	10.4	6.9	7.1	7.3	-0.2	5.2
10282.4	15.1	7.5	7.3	6.7	23.6	11.1
10070.4	16.1	10.4	4.7	8.6	20.2	10.8
3327.0	13.7	9.7	6.2	-6.6	6.2	3.7
3301.0	16.3	11.8	6.0	-6.3	6.2	4.2
663.3	39.3	56.5	3.5	4.2	4.7	15.3
665.8	32.8	63.9	7.5	10.1	-0.3	17.9
1660.9	27.3	8.7	7.3	5.9	8.8	7.7
1637.4	30.0	11.1	6.3	7.3	6.8	7.9
133.9	25.0	40.7	7.6	-8.9	1.6	8.8
136.0	17.5	43.4	11.9	-7.4	-0.7	10.2
339.5	32.5	-2.5	4.0	8.7	-21.5	-3.6
46.9	85.4	-35.2	20.8	-15.7	-27.2	-16.7
7812.8	16.8	3.4	10.5	6.3	0.8	5.2
7636.8	33.0	8.4	10.2	5.7	-0.8	5.8
1213.2	70.5	10.0	9.5	4.1	8.4	8.0
1205.9	66.7	17.4	7.9	6.6	6.7	9.6
-0.2		-22.2	-9.5	-12.8	-100.0	
166.8		54.4	-23.2	-9.7	-86.4	-38.2
3432.1	3.7	7.9	6.5	11.9	-2.1	5.9
3398.6	8.6	12.9	3.9	15.8	-3.0	7.1
41367.7	20.3	5.8	7.5	5.5	2.8	5.4
41207.7	22.6	11.4	5.4	6.1	1.7	6.1

（二）2011—2015 年中央

项　　目	金　　额			
	2011 年	2012 年	2013 年	2014 年
一、增值税：				
本年应交数	6426.8	7179.2	7941.6	8961.9
本年已交数	6637.8	7302.0	8032.9	9010.1
二、消费税：				
本年应交数	6140.1	6770.4	7234.4	7753.1
本年已交数	6048.4	6855.8	7156.8	7815.4
三、营业税：				
本年应交数	1770.9	1881.5	1985.5	1679.5
本年已交数	1714.8	1874.6	1956.0	1676.9
四、资源税：				
本年应交数	243.4	432.3	439.4	450.1
本年已交数	214.7	405.7	437.1	492.3
五、城建税：				
本年应交数	920.1	1014.3	1104.0	1189.9
本年已交数	906.2	1020.8	1093.1	1200.4
六、农牧业税：				
本年应交数	94.4	132.6	142.5	129.2
本年已交数	90.9	130.4	145.7	134.2
七、关税：				
本年已交进口关税	236.1	252.2	270.7	292.0
本年已交出口关税	37.0	29.4	27.2	15.9
八、企业所得税：				
本年应交数	3967.3	4305.1	4812.2	5093.7
本年已交数	3921.8	4241.8	4862.7	5113.3
九、教育费附加：				
本年应交数	666.1	749.2	822.3	880.7
本年已交数	618.9	748.1	809.5	893.6
十、石油特别收益金：				
本年应交数	1731.3	1353.5	1223.9	1064.8
本年已交数	1128.8	1763.3	1352.3	1219.9
十一、其他税费：				
本年应交数	1323.2	1416.2	1533.4	1750.2
本年已交数	1272.2	1441.3	1488.8	1772.7
补充资料：				
一、本年应交税费总额	23556.6	25515.9	27537.0	29261.0
二、本年实际上交税费总额	22827.7	26065.4	27632.7	29636.7

国有企业税收指标

单位：亿元

2015 年	比上年增长（%）					平均增长（%）
	2011 年	2012 年	2013 年	2014 年	2015 年	
8916.6	10.4	11.7	10.6	12.8	-0.5	8.5
9072.9	14.3	10.0	10.0	12.2	0.7	8.1
9622.2	15.4	10.3	6.9	7.2	24.1	11.9
9415.1	16.3	13.3	4.4	9.2	20.5	11.7
1661.0	12.1	6.2	5.5	-15.4	-1.1	-1.6
1653.3	14.7	9.3	4.3	-14.3	-1.4	-0.9
393.0	46.4	77.6	1.6	2.4	-12.7	12.7
400.7	36.4	89.0	7.7	12.6	-18.6	16.9
1325.8	24.9	10.2	8.8	7.8	11.4	9.6
1302.3	28.2	12.6	7.1	9.8	8.5	9.5
131.1	24.7	40.5	7.5	-9.3	1.5	8.6
133.4	17.1	43.5	11.7	-7.9	-0.6	10.1
232.8	28.9	6.8	7.3	7.9	-20.3	-0.4
17.4	25.0	-20.5	-7.4	-41.6	9.4	-17.2
4973.7	12.1	8.5	11.8	5.8	-2.4	5.8
4979.9	32.9	8.2	14.6	5.2	-2.6	6.2
970.3	71.6	12.5	9.8	7.1	10.2	9.9
964.7	66.5	20.9	8.2	10.4	8.0	11.7
-0.2		-21.8	-9.6	-13.0	-100.0	
165.9		56.2	-23.3	-9.8	-86.4	-38.1
1697.9	-15.5	7.0	8.3	14.1	-3.0	6.4
1688.9	-8.4	13.3	3.3	19.1	-4.7	7.3
29941.5	21.4	8.3	7.9	6.3	2.3	6.2
30027.4	24.3	14.2	6.0	7.3	1.3	7.1

（三）2011—2015 年地方

项目	金额			
	2011 年	2012 年	2013 年	2014 年
一、增值税：				
本年应交数	3517.9	3493.1	3654.3	3601.6
本年已交数	3639.5	3684.7	3739.0	3623.2
二、消费税：				
本年应交数	620.9	498.7	565.4	565.6
本年已交数	626.9	511.7	559.9	562.6
三、营业税：				
本年应交数	1107.7	1275.3	1367.3	1451.8
本年已交数	1082.6	1253.0	1359.5	1430.9
四、资源税：				
本年应交数	132.0	155.2	168.8	183.6
本年已交数	129.7	158.7	169.6	175.8
五、城建税：				
本年应交数	315.0	328.0	336.3	336.0
本年已交数	303.1	322.7	334.9	332.1
六、农牧业税：				
本年应交数	1.2	1.9	2.2	2.6
本年已交数	1.2	1.7	2.1	2.7
七、关税：				
本年已交进口关税	156.3	130.2	127.2	140.4
本年已交出口关税	60.6	33.7	49.1	48.6
八、企业所得税：				
本年应交数	2413.1	2292.0	2475.1	2653.3
本年已交数	2175.7	2366.7	2420.0	2581.4
九、教育费附加：				
本年应交数	225.9	232.2	252.6	238.7
本年已交数	218.1	234.4	250.8	236.0
十、石油特别收益金：				
本年应交数	17.2	7.2	8.0	8.8
本年已交数	18.2	8.1	8.3	8.5
十一、其他税费：				
本年应交数	1402.9	1524.2	1597.8	1755.0
本年已交数	1306.9	1469.7	1536.1	1731.4
补充资料：				
一、本年应交税费总额	9970.8	9971.6	10604.0	10985.7
二、本年实际上交税费总额	9718.6	10175.4	10556.5	10873.7

国有企业税收指标

单位：亿元

	比上年增长（%）					平均增长（%）
2015 年	2011 年	2012 年	2013 年	2014 年	2015 年	
3539.4	4.6	-0.7	4.6	-1.4	-1.7	0.2
3529.8	3.9	1.2	1.5	-3.1	-2.6	-0.8
660.2	11.8	-19.7	13.4	0.0	16.7	1.5
655.2	14.0	-18.4	9.4	0.5	16.5	1.1
1666.0	16.4	15.1	7.2	6.2	14.8	10.7
1647.6	18.8	15.7	8.5	5.2	15.1	11.1
270.4	28.0	17.6	8.8	8.8	47.3	19.6
265.2	27.2	22.4	6.9	3.6	50.8	19.6
335.1	35.0	4.1	2.5	-0.1	-0.3	1.6
335.1	35.4	6.5	3.8	-0.8	0.9	2.5
2.8	50.0	58.3	17.9	16.1	7.3	23.5
2.6	50.0	41.7	24.1	28.0	-5.2	20.9
106.7	38.3	-16.7	-2.3	10.4	-24.0	-9.1
29.5	163.5	-44.4	45.8	-1.1	-39.3	-16.5
2839.1	25.4	-5.0	8.0	7.2	7.0	4.1
2656.9	33.0	8.8	2.3	6.7	2.9	5.1
242.9	67.2	2.8	8.8	-5.5	1.8	1.8
241.2	67.4	7.5	7.0	-5.9	2.2	2.5
0.0		-58.1	10.6	10.6	-99.7	-79.6
0.9		-55.5	2.0	2.9	-89.9	-53.4
1734.1	32.0	8.6	4.8	9.8	-1.2	5.4
1709.7	32.4	12.5	4.5	12.7	-1.3	6.9
11426.2	17.7	0.0	6.3	3.6	4.0	3.5
11180.3	18.8	4.7	3.7	3.0	2.8	3.6

（四）2011—2015 年全国国有企业

（按综合

项　　目	应交税金总额（亿元）			
	2011 年	2012 年	2013 年	2014 年
全国合计	**33527.4**	**35487.5**	**38141.0**	**40246.8**
一、按企业规模分类				
（一）大型	25578.2	26549.4	27304.4	29034.9
（二）中型	5670.9	6126.2	7343.0	7432.8
（三）小型	2278.3	2812.0	3493.7	3779.1
二、按资本构成分类				
（一）国有独资企业公司	10965.0	11210.3	12139.1	15359.4
（二）国有控股企业	22438.3	24158.5	25903.4	24796.1
（三）企业化管理事业单位	124.2	118.7	98.6	91.3
三、按组织形式分类				
（一）公司制	29743.6	32101.2	34862.5	36729.9
（二）非公司制	3783.8	3386.4	3278.6	3516.8
四、按盈利或亏损分类				
（一）盈利	30113.7	31121.2	33793.7	35207.4
（二）亏损	3413.7	4366.3	4347.3	5039.4
五、按隶属关系分类				
（一）中央	23556.6	25515.9	27537.0	29261.0
其中：管理企业	16657.9	17581.0	18893.9	19686.8
（二）地方	9970.8	9971.7	10604.0	10985.7
六、按经济带分类				
（一）东部沿海地区	20111.0	20236.6	21957.8	23286.4
（二）中部内陆地区	7073.5	8046.8	8467.1	8696.6
（三）西部边远地区	6342.9	7204.2	7716.1	8263.8
七、按产业性质分类				
（一）垄断性行业	17026.0	18807.6	19929.1	20982.3
（二）竞争性行业	15577.2	15608.2	17119.4	18086.4
（三）公益性及其他行业	924.2	1071.8	1092.6	1178.1
八、按产业作用分类				
（一）基础性行业	18337.3	19031.0	19383.1	19480.0
（二）一般生产加工行业	8927.5	9428.7	10678.0	11570.9
（三）商贸服务及其他行业	6262.6	7027.9	8079.9	9195.8

应交税金总额和增长指标

情况划分）

	比上年增长（%）					平均增长（%）
2015 年	2011 年	2012 年	2013 年	2014 年	2015 年	
41367.7	**20.3**	**5.8**	**7.5**	**5.5**	**2.8**	**5.4**
26719.7	18.3	3.8	2.8	6.3	-8.0	1.1
7823.3	32.9	8.0	19.9	1.2	5.3	8.4
6824.7	15.2	23.4	24.2	8.2	80.6	31.6
13988.3	77.5	2.2	8.3	26.5	-8.9	6.3
27289.9	3.9	7.7	7.2	-4.3	10.1	5.0
89.6	23.0	-4.4	-16.9	-7.4	-1.9	-7.9
37861.8	19.2	7.9	8.6	5.4	3.1	6.2
3505.9	29.2	-10.5	-3.2	7.3	-0.3	-1.9
35782.7	15.9	3.3	8.6	4.2	1.6	4.4
5585.0	81.1	27.9	-0.4	15.9	10.8	13.1
29941.5	21.4	8.3	7.9	6.3	2.3	6.2
19586.8	20.7	5.5	7.5	4.2	-0.5	4.1
11426.2	17.7	0.0	6.3	3.6	4.0	3.5
23969.3	13.0	0.6	8.5	6.1	2.9	4.5
8597.8	34.2	13.8	5.2	2.7	-1.1	5.0
8800.6	31.8	13.6	7.1	7.1	6.5	8.5
21029.9	20.0	10.5	6.0	5.3	0.2	5.4
19100.0	22.6	0.2	9.7	5.6	5.6	5.2
1237.8	-5.6	16.0	1.9	7.8	5.1	7.6
18491.0	18.8	3.8	1.9	0.5	-5.1	0.2
12173.5	22.3	5.6	13.3	8.4	5.2	8.1
10703.2	21.8	12.2	15.0	13.8	16.4	14.3

2011—2015 年全国国有企业

（按基本

项　　目	应交税金总额（亿元）			
	2011 年	2012 年	2013 年	2014 年
全国合计	**33527.4**	**35487.5**	**38141.0**	**40246.8**
一、农林牧渔业	81.9	84.7	109.7	125.7
其中：农业	44.3	53.7	67.3	85.9
林业	8.1	7.7	12.4	11.1
畜牧业	4.5	4.9	3.8	3.4
渔业	3.2	1.0	0.7	0.8
二、工业	23686.0	24624.1	25711.4	26403.3
1. 煤炭工业	2765.5	2502.5	2125.7	1754.3
2. 石油和石化工业	8088.1	8141.0	8273.1	8124.1
3. 冶金工业	1126.7	1061.2	1086.6	1051.4
4. 建材工业	379.5	404.5	468.7	513.7
5. 化学工业	515.3	425.3	408.2	462.4
6. 森林工业	2.5	3.0	2.6	2.9
7. 食品工业	114.4	131.6	152.8	136.8
8. 烟草工业	4589.9	5348.4	5846.0	6382.7
9. 纺织工业	25.5	32.4	28.1	27.2
10. 医药工业	134.5	170.2	183.3	201.7
11. 机械工业	2367.7	1897.9	2405.1	2668.0
其中：汽车工业	1652.6	1134.1	1563.8	1844.3
12. 电子工业	184.4	208.7	278.8	230.9
13. 电力工业	2394.2	3133.6	3281.9	3630.5
14. 市政公用工业	227.6	289.2	335.8	376.1
15. 其他工业	770.2	874.8	834.8	840.6
三、建筑业	1463.6	1545.5	1766.8	1920.0
四、地质勘查及水利业	28.5	35.5	38.0	49.2
五、交通运输仓储业	1117.1	1138.5	1238.8	1548.3
其中：铁路运输业	308.6	321.6	359.4	512.8
道路运输业	286.2	303.8	322.2	347.2
水上运输业	98.9	96.6	86.1	112.7
航空运输业	261.8	262.2	242.1	280.5
仓储业	50.3	45.1	48.0	63.0
六、邮电通信业	948.2	1100.6	1283.6	1099.6
七、批发和零售、餐饮业	3458.3	3562.6	3932.9	4162.7
八、房地产业	1140.0	1560.0	1964.7	2260.8
九、信息技术服务业	49.2	60.9	85.9	113.6
十、社会服务业	783.4	879.8	869.6	1038.3
十一、卫生体育福利业	25.2	14.4	12.4	11.7
十二、教育文化广播业	123.9	134.1	145.9	188.9
十三、科学研究和技术服务业	230.2	255.7	322.7	339.1
十四、机关社团及其他	391.9	491.1	658.7	985.6

应交税金总额和增长指标

行业划分）

2015年	比上年增长（%） 2011年	2012年	2013年	2014年	2015年	平均增长（%）
41367.7	**20.3**	**5.8**	**7.5**	**5.5**	**2.8**	**5.4**
117.4	62.8	3.4	29.5	14.6	-6.6	9.4
89.1	50.2	21.1	25.3	27.7	3.7	19.1
8.6	37.3	-4.8	61.0	-11.0	-22.4	1.4
2.1	36.4	8.4	-23.2	-8.5	-40.2	-17.8
0.8	-22.0	-69.1	-32.3	11.9	4.0	-29.7
25862.1	22.1	4.0	4.4	2.7	-2.0	2.2
1357.6	28.2	-9.5	-15.1	-17.5	-22.6	-16.3
7430.5	26.2	0.7	1.6	-1.8	-8.5	-2.1
904.1	-1.0	-5.8	2.4	-3.2	-14.0	-5.4
382.7	37.4	6.6	15.9	9.6	-25.5	0.2
520.3	56.0	-17.5	-4.0	13.3	12.5	0.2
3.1	-19.4	18.4	-13.9	14.5	5.1	5.3
156.4	34.3	15.0	16.2	-10.5	14.3	8.1
6625.4	24.6	16.5	9.3	9.2	3.8	9.6
25.0	-6.9	26.9	-13.2	-3.2	-8.2	-0.5
219.1	6.3	26.6	7.6	10.0	8.6	13.0
2805.2	8.5	-19.8	26.7	10.9	5.1	4.3
1917.9	8.9	-31.4	37.9	17.9	4.0	3.8
279.6	52.6	13.2	33.6	-17.2	21.1	11.0
3846.0	9.2	30.9	4.7	10.6	5.9	12.6
414.7	153.5	27.1	16.1	12.0	10.3	16.2
892.5	31.6	13.6	-4.6	0.7	6.2	3.8
2096.4	12.8	5.6	14.3	8.7	9.2	9.4
45.1	33.2	24.5	7.0	29.5	-8.3	12.1
1488.9	0.5	1.9	8.8	25.0	-3.8	7.4
277.5	-0.6	4.2	11.8	42.7	-45.9	-2.6
397.5	37.1	6.2	6.0	7.8	14.5	8.6
140.3	4.7	-2.4	-10.9	30.9	24.5	9.1
329.7	1.0	0.1	-7.7	15.9	17.5	5.9
92.6	-25.4	-10.3	6.3	31.4	47.0	16.5
1145.8	8.6	16.1	16.6	-14.3	4.2	4.8
4771.3	22.8	3.0	10.4	5.8	14.6	8.4
2502.0	13.6	36.8	25.9	15.1	10.7	21.7
147.6	-23.1	23.8	41.0	32.2	30.0	31.6
1238.6	37.2	12.3	-1.2	19.4	19.3	12.1
14.4	869.2	-42.8	-14.1	-5.8	23.2	-13.1
175.2	9.0	8.3	8.8	29.5	-7.2	9.0
381.5	16.1	11.1	26.2	5.1	12.5	13.5
1381.6	13.8	25.3	34.1	49.6	40.2	37.0

2011—2015 年全国国有企业

（按所在

项　　目	应交税金总额（亿元）			
	2011 年	2012 年	2013 年	2014 年
全国合计	**33527.4**	**35487.5**	**38141.0**	**40246.8**
北京市	6510.2	6327.3	6952.7	7195.9
天津市	1147.6	1118.5	1170.9	1167.8
河北省	716.6	747.9	829.2	829.9
山西省	1404.3	1363.0	1259.3	1130.1
内蒙古自治区	641.5	701.2	630.9	593.0
辽宁省	792.7	842.3	900.9	1073.8
其中：大连市	119.2	148.7	155.6	156.1
吉林省	701.6	852.1	958.7	1034.6
黑龙江省	795.0	1147.8	1070.1	1008.9
上海市	2403.2	2219.0	2403.8	2617.9
浙江省	1272.5	1349.5	1466.8	1565.5
其中：宁波市	377.0	357.1	422.3	411.9
江苏省	1481.8	1682.0	1943.0	2095.3
安徽省	848.8	867.5	996.9	1084.2
福建省	559.4	655.4	724.5	864.6
其中：厦门市	193.0	216.6	231.6	277.5
江西省	418.4	467.4	534.8	576.8
山东省	2312.1	2461.6	2512.7	2453.4
其中：青岛市	291.6	316.6	402.5	386.0
河南省	1058.8	1140.5	1217.7	1199.2
湖北省	931.5	1065.6	1232.1	1422.9
湖南省	915.0	1142.8	1197.5	1240.1
广东省	2166.7	2330.3	2652.3	3002.1
其中：深圳市	425.4	524.5	618.5	703.7
海南省	200.3	203.5	190.4	214.1
广西壮族自治区	442.7	533.8	629.5	712.2
贵州省	556.9	682.9	758.2	809.0
四川省	940.7	1072.0	1134.2	1291.3
重庆市	483.3	573.7	683.5	770.1
云南省	1275.2	1462.6	1629.2	1729.6
陕西省	1115.6	1214.9	1195.0	1287.1
甘肃省	305.3	330.6	365.2	374.7
青海省	89.3	94.4	99.3	95.2
西藏自治区	11.7	14.6	16.2	19.9
宁夏回族自治区	94.5	112.4	121.4	122.3
新疆维吾尔自治区	386.2	411.1	453.5	459.7

应交税金总额和增长指标

地区划分）

2015年	比上年增长（%） 2011年	2012年	2013年	2014年	2015年	平均增长（%）
41367.7	**20.3**	**5.8**	**7.5**	**5.5**	**2.8**	**5.4**
6694.1	-7.8	-2.8	9.9	3.5	-7.0	0.7
917.5	37.0	-2.5	4.7	-0.3	-21.4	-5.4
913.1	28.2	4.4	10.9	0.1	10.0	6.2
942.8	21.1	-2.9	-7.6	-10.3	-16.6	-9.5
608.9	92.1	9.3	-10.0	-6.0	2.7	-1.3
879.0	9.8	6.3	7.0	19.2	-18.1	2.6
139.4	-20.4	24.7	4.7	0.3	-10.7	4.0
838.3	25.0	21.5	12.5	7.9	-19.0	4.6
570.6	120.4	44.4	-6.8	-5.7	-43.4	-8.0
2876.6	12.4	-7.7	8.3	8.9	9.9	4.6
1829.9	41.7	6.0	8.7	6.7	16.9	9.5
529.9	128.2	-5.3	18.3	-2.5	28.6	8.9
2403.3	33.3	13.5	15.5	7.8	14.7	12.9
1215.2	28.4	2.2	14.9	8.7	12.1	9.4
1009.6	19.5	17.2	10.5	19.3	16.8	15.9
281.1	16.1	12.2	6.9	19.8	1.3	9.9
664.2	43.8	11.7	14.4	7.9	15.2	12.2
2300.0	59.2	6.5	2.1	-2.4	-6.3	-0.1
476.0	4.1	8.6	27.1	-4.1	23.3	13.0
1223.1	38.6	7.7	6.8	-1.5	2.0	3.7
1796.8	27.3	14.4	15.6	15.5	26.3	17.8
1346.8	23.7	24.9	4.8	3.6	8.6	10.1
3519.6	28.9	7.6	13.8	13.2	17.2	12.9
886.0	18.0	23.3	17.9	13.8	25.9	20.1
267.2	34.0	1.6	-6.5	12.4	24.8	7.5
783.3	16.8	20.6	17.9	13.1	10.0	15.3
854.1	34.1	22.6	11.0	6.7	5.6	11.3
1451.0	23.3	14.0	5.8	13.8	12.4	11.4
936.8	15.0	18.7	19.1	12.7	21.7	18.0
1802.8	16.4	14.7	11.4	6.2	4.2	9.0
1281.6	28.7	8.9	-1.6	7.7	-0.4	3.5
412.2	48.3	8.3	10.4	2.6	10.0	7.8
104.0	17.7	5.7	5.2	-4.2	9.3	3.9
24.3	23.2	25.0	10.5	22.9	22.3	20.0
91.0	32.5	19.0	8.0	0.7	-25.6	-0.9
450.6	121.2	6.4	10.3	1.4	-2.0	3.9

2011—2015 年全国国有企业

（按隶属

项　目	应交税金总额（亿元）			
	2011 年	2012 年	2013 年	2014 年
全国合计	**33527.4**	**35487.5**	**38141.0**	**40246.8**
中央小计	**23556.6**	**25515.9**	**27537.0**	**29261.0**
地方小计	**9970.8**	**9971.7**	**10604.0**	**10985.7**
北京市	579.4	685.8	848.1	882.7
天津市	183.5	190.1	212.7	290.5
河北省	265.7	212.9	264.0	255.7
山西省	991.0	937.9	816.2	684.9
内蒙古自治区	140.0	121.5	124.7	93.6
辽宁省	310.6	318.2	347.9	476.4
其中：大连市	31.0	31.6	29.3	30.7
吉林省	67.8	76.8	45.0	54.5
黑龙江省	112.3	102.4	102.3	88.7
上海市	1224.3	862.2	959.3	1020.2
浙江省	374.1	379.8	420.8	437.8
其中：宁波市	36.0	37.6	39.5	39.6
江苏省	462.5	563.8	557.5	605.0
安徽省	419.6	405.8	437.9	456.6
福建省	241.2	260.0	278.5	353.5
其中：厦门市	99.2	122.0	112.0	163.1
江西省	153.1	152.1	183.8	194.4
山东省	899.0	935.9	973.5	880.8
其中：青岛市	114.0	124.5	179.3	159.1
河南省	413.8	351.4	355.0	288.4
湖北省	127.0	128.7	158.4	211.3
湖南省	158.1	207.8	194.3	153.2
广东省	814.0	850.3	1041.6	1178.0
其中：深圳市	115.8	144.0	166.9	193.3
海南省	20.7	25.5	22.2	24.9
广西壮族自治区	182.6	171.4	205.1	221.6
贵州省	228.6	274.0	300.7	298.7
四川省	296.3	353.8	356.1	333.3
重庆市	193.8	228.0	250.4	280.2
云南省	172.4	190.3	205.5	226.5
陕西省	695.6	742.3	704.7	739.4
甘肃省	142.4	142.2	130.0	140.7
青海省	51.0	49.7	42.1	44.3
西藏自治区	6.7	5.2	8.4	9.3
宁夏回族自治区	11.8	11.7	10.0	13.1
新疆维吾尔自治区	31.7	34.4	47.6	47.5

应交税金总额和增长指标

关系划分）

	比上年增长（%）					平均增长（%）
2015 年	2011 年	2012 年	2013 年	2014 年	2015 年	
41367.7	**20.3**	**5.8**	**7.5**	**5.5**	**2.8**	**5.4**
29941.5	**21.4**	**8.3**	**7.9**	**6.3**	**2.3**	**6.2**
11426.2	**17.7**	**0.0**	**6.3**	**3.6**	**4.0**	**3.5**
1018.0	15.4	18.4	23.7	4.1	15.3	15.1
294.3	20.7	3.6	11.8	36.6	1.3	12.5
266.8	6.4	-19.9	24.0	-3.1	4.3	0.1
531.6	19.8	-5.4	-13.0	-16.1	-22.4	-14.4
139.8	49.7	-13.2	2.6	-24.9	49.4	0.0
317.8	18.5	2.4	9.4	36.9	-33.3	0.6
29.5	-34.5	2.0	-7.5	5.0	-4.0	-1.3
53.9	49.3	13.2	-41.4	21.2	-1.2	-5.6
89.0	10.1	-8.9	-0.1	-13.3	0.3	-5.7
1136.9	6.7	-29.6	11.3	6.3	11.4	-1.8
484.7	9.6	1.5	10.8	4.0	10.7	6.7
42.9	-4.3	4.3	5.1	0.4	8.3	4.5
645.1	19.9	21.9	-1.1	8.5	6.6	8.7
453.1	21.6	-3.3	7.9	4.3	-0.8	1.9
341.8	17.9	7.8	7.1	26.9	-3.3	9.1
171.9	4.1	23.0	-8.2	45.6	5.4	14.7
192.9	22.0	-0.7	20.9	5.8	-0.8	6.0
870.8	14.7	4.1	4.0	-9.5	-1.1	-0.8
157.4	8.7	9.2	44.1	-11.3	-1.1	8.4
283.5	15.0	-15.1	1.0	-18.8	-1.7	-9.0
208.5	14.7	1.4	23.1	33.4	-1.3	13.2
152.6	10.1	31.4	-6.5	-21.1	-0.4	-0.9
1291.2	14.0	4.5	22.5	13.1	9.6	12.2
283.0	3.7	24.4	15.9	15.8	46.4	25.0
23.5	7.3	23.2	-13.0	12.2	-5.5	3.2
217.5	18.3	-6.2	19.7	8.1	-1.9	4.5
331.8	53.9	19.8	9.8	-0.7	11.1	9.8
439.4	29.7	19.4	0.6	-6.4	31.8	10.3
391.0	37.6	17.6	9.9	11.9	39.6	19.2
250.2	21.2	10.4	8.0	10.2	10.4	9.8
719.9	25.3	6.7	-5.1	4.9	-2.6	0.9
165.5	55.6	-0.1	-8.6	8.2	17.6	3.8
42.7	1.0	-2.6	-15.3	5.2	-3.6	-4.4
14.7	15.5	-23.0	62.4	10.5	58.2	21.6
13.1	-4.8	-0.7	-15.1	31.9	-0.1	2.7
44.9	34.3	8.5	38.5	-0.1	-5.6	9.1

（五）2011—2015 年全国国有企业

（按综合

项　　目	上交税金总额（亿元）			
	2011 年	2012 年	2013 年	2014 年
全国合计	**32546.3**	**36240.8**	**38189.2**	**40510.4**
一、按企业规模分类				
（一）大型	24732.5	27145.8	27377.8	29331.7
（二）中型	5474.7	6209.4	7245.8	7368.0
（三）小型	2339.1	2885.6	3565.6	3810.7
二、按资本构成分类				
（一）国有独资企业公司	10910.4	11047.0	12223.4	15547.8
（二）国有控股企业	21519.8	25076.3	25869.5	24870.2
（三）企业化管理事业单位	116.2	117.4	96.3	92.4
三、按组织形式类				
（一）公司制	28878.5	32774.0	34885.3	36939.1
（二）非公司制	3667.8	3466.8	3303.9	3571.4
四、按盈利或亏损分类				
（一）盈利	28794.6	31506.3	33458.0	35155.5
（二）亏损	3751.7	4734.5	4731.2	5355.0
五、按隶属关系分类				
（一）中央	22827.7	26065.4	27632.7	29636.7
其中：管理企业	16010.7	18166.2	19125.7	19951.1
（二）地方	9718.6	10175.4	10556.5	10873.7
六、按经济带分类				
（一）东部沿海地区	19410.1	20645.4	21874.9	23413.6
（二）中部内陆地区	6891.1	8290.0	8470.7	8863.0
（三）西部边远地区	6245.1	7305.4	7843.5	8233.8
七、按产业性质分类				
（一）垄断性行业	16496.0	19396.8	20061.4	21570.0
（二）竞争性行业	15148.0	15807.7	17042.7	17802.1
（三）公益性及其他行业	902.3	1036.3	1085.1	1138.3
八、按产业作用分类				
（一）基础性行业	17666.7	20036.9	19800.4	19980.7
（二）一般生产加工行业	8854.4	9375.2	10484.8	11629.1
（三）商贸服务及其他行业	6025.2	6828.7	7904.0	8900.7

上交税金总额和增长指标

情况划分）

	比上年增长（%）					平均增长（%）
2015 年	2011 年	2012 年	2013 年	2014 年	2015 年	
41207.7	**22.6**	**11.4**	**5.4**	**6.1**	**1.7**	**6.1**
26396.2	20.9	9.8	0.9	7.1	-10.0	1.6
7796.4	31.3	13.4	16.7	1.7	5.8	9.2
7015.0	21.7	23.4	23.6	6.9	84.1	31.6
13732.4	80.8	1.3	10.6	27.2	-11.7	5.9
27380.2	5.4	16.5	3.2	-3.9	10.1	6.2
95.1	17.3	1.1	-18.0	-4.1	2.9	-4.9
37758.4	21.9	13.5	6.4	5.9	2.2	6.9
3449.3	28.1	-5.5	-4.7	8.1	-3.4	-1.5
35465.8	17.9	9.4	6.2	5.1	0.9	5.3
5741.9	77.4	26.2	-0.1	13.2	7.2	11.2
30027.4	24.3	14.2	6.0	7.3	1.3	7.1
19751.7	24.3	13.5	5.3	4.3	-1.0	5.4
11180.3	18.8	4.7	3.7	3.0	2.8	3.6
23752.9	15.5	6.4	6.0	7.0	1.4	5.2
8684.1	38.0	20.3	2.2	4.6	-2.0	6.0
8770.7	31.8	17.0	7.4	5.0	6.5	8.9
21091.2	21.0	17.6	3.4	7.5	-2.2	6.3
18911.9	26.6	4.4	7.8	4.5	6.2	5.7
1204.6	-3.7	14.9	4.7	4.9	5.8	7.5
18761.0	20.4	13.4	-1.2	0.9	-6.1	1.5
12063.8	25.0	5.9	11.8	10.9	3.7	8.0
10382.8	25.8	13.3	15.7	12.6	16.7	14.6

2011—2015 年全国国有企业

（按基本

<table>
<tr><th rowspan="2">项　目</th><th colspan="4">上交税金总额（亿元）</th></tr>
<tr><th>2011 年</th><th>2012 年</th><th>2013 年</th><th>2014 年</th></tr>
<tr><td>全国合计</td><td>32546.3</td><td>36240.8</td><td>38189.2</td><td>40510.4</td></tr>
<tr><td>一、农林牧渔业</td><td>77.9</td><td>84.1</td><td>113.5</td><td>120.6</td></tr>
<tr><td>其中：农业</td><td>44.7</td><td>54.4</td><td>71.3</td><td>82.9</td></tr>
<tr><td>林业</td><td>7.2</td><td>7.7</td><td>12.1</td><td>8.7</td></tr>
<tr><td>畜牧业</td><td>4.7</td><td>4.6</td><td>3.4</td><td>3.6</td></tr>
<tr><td>渔业</td><td>2.9</td><td>0.8</td><td>0.6</td><td>0.8</td></tr>
<tr><td>二、工业</td><td>23104.3</td><td>25611.6</td><td>26045.3</td><td>26944.0</td></tr>
<tr><td>1. 煤炭工业</td><td>2621.5</td><td>2729.8</td><td>2285.3</td><td>1830.3</td></tr>
<tr><td>2. 石油和石化工业</td><td>7437.9</td><td>8844.0</td><td>8477.1</td><td>8508.1</td></tr>
<tr><td>3. 冶金工业</td><td>1144.3</td><td>1176.9</td><td>1120.3</td><td>1003.1</td></tr>
<tr><td>4. 建材工业</td><td>371.4</td><td>423.6</td><td>446.4</td><td>527.5</td></tr>
<tr><td>5. 化学工业</td><td>529.1</td><td>470.4</td><td>447.4</td><td>452.9</td></tr>
<tr><td>6. 森林工业</td><td>2.3</td><td>3.5</td><td>2.6</td><td>2.4</td></tr>
<tr><td>7. 食品工业</td><td>112.5</td><td>140.1</td><td>152.5</td><td>138.8</td></tr>
<tr><td>8. 烟草工业</td><td>4545.7</td><td>5313.0</td><td>5718.6</td><td>6520.0</td></tr>
<tr><td>9. 纺织工业</td><td>24.2</td><td>31.6</td><td>29.2</td><td>25.9</td></tr>
<tr><td>10. 医药工业</td><td>131.8</td><td>170.9</td><td>182.6</td><td>203.7</td></tr>
<tr><td>11. 机械工业</td><td>2389.9</td><td>1894.9</td><td>2362.7</td><td>2661.5</td></tr>
<tr><td>其中：汽车工业</td><td>1671.2</td><td>1141.0</td><td>1522.0</td><td>1826.1</td></tr>
<tr><td>12. 电子工业</td><td>176.0</td><td>203.5</td><td>257.6</td><td>215.6</td></tr>
<tr><td>13. 电力工业</td><td>2606.9</td><td>3037.6</td><td>3391.1</td><td>3646.4</td></tr>
<tr><td>14. 市政公用工业</td><td>238.8</td><td>294.2</td><td>338.9</td><td>384.2</td></tr>
<tr><td>15. 其他工业</td><td>772.0</td><td>877.6</td><td>833.0</td><td>823.6</td></tr>
<tr><td>三、建筑业</td><td>1330.0</td><td>1442.5</td><td>1649.4</td><td>1847.9</td></tr>
<tr><td>四、地质勘查及水利业</td><td>26.6</td><td>31.6</td><td>38.2</td><td>41.1</td></tr>
<tr><td>五、交通运输仓储业</td><td>1103.2</td><td>1212.6</td><td>1228.7</td><td>1543.7</td></tr>
<tr><td>其中：铁路运输业</td><td>298.8</td><td>321.8</td><td>363.4</td><td>545.5</td></tr>
<tr><td>道路运输业</td><td>281.2</td><td>320.3</td><td>320.0</td><td>360.9</td></tr>
<tr><td>水上运输业</td><td>98.7</td><td>113.6</td><td>96.2</td><td>103.1</td></tr>
<tr><td>航空运输业</td><td>269.3</td><td>297.0</td><td>235.1</td><td>276.5</td></tr>
<tr><td>仓储业</td><td>47.6</td><td>43.4</td><td>49.8</td><td>55.6</td></tr>
<tr><td>六、邮电通信业</td><td>934.3</td><td>1093.9</td><td>1298.0</td><td>1199.7</td></tr>
<tr><td>七、批发和零售、餐饮业</td><td>3388.2</td><td>3547.2</td><td>3958.2</td><td>4163.4</td></tr>
<tr><td>八、房地产业</td><td>1064.5</td><td>1459.8</td><td>1881.8</td><td>2155.1</td></tr>
<tr><td>九、信息技术服务业</td><td>46.1</td><td>57.4</td><td>78.6</td><td>105.7</td></tr>
<tr><td>十、社会服务业</td><td>743.9</td><td>835.6</td><td>819.5</td><td>955.3</td></tr>
<tr><td>十一、卫生体育福利业</td><td>22.1</td><td>14.3</td><td>12.1</td><td>11.1</td></tr>
<tr><td>十二、教育文化广播业</td><td>121.5</td><td>131.4</td><td>141.9</td><td>183.7</td></tr>
<tr><td>十三、科学研究和技术服务业</td><td>223.5</td><td>246.5</td><td>319.6</td><td>337.5</td></tr>
<tr><td>十四、机关社团及其他</td><td>360.2</td><td>472.4</td><td>604.4</td><td>901.7</td></tr>
</table>

上交税金总额和增长指标

行业划分）

2015 年	比上年增长（%） 2011 年	2012 年	2013 年	2014 年	2015 年	平均增长（%）
41207.7	**22.6**	**11.4**	**5.4**	**6.1**	**1.7**	**6.1**
112.3	57.1	8.0	34.9	6.2	-6.9	9.6
85.8	58.5	21.7	31.1	16.2	3.6	17.7
7.6	16.1	6.9	56.6	-27.8	-12.7	1.4
2.4	46.9	-3.0	-26.3	8.3	-34.6	-15.6
0.7	-23.7	-73.8	-15.8	17.2	-2.7	-29.2
26024.8	23.5	10.9	1.7	3.5	-3.4	3.0
1378.1	26.9	4.1	-16.3	-19.9	-24.7	-14.8
7569.8	26.8	18.9	-4.1	0.4	-11.0	0.4
898.8	3.0	2.9	-4.8	-10.5	-10.4	-5.9
399.9	44.7	14.0	5.4	18.2	-24.2	1.9
507.3	53.1	-11.1	-4.9	1.2	12.0	-1.0
4.1	-34.3	51.7	-25.5	-6.2	68.9	15.7
154.7	33.6	24.5	8.9	-9.0	11.5	8.3
6542.1	25.3	16.9	7.6	14.0	0.3	9.5
26.8	-8.0	30.4	-7.5	-11.4	3.6	2.6
216.3	5.3	29.7	6.9	11.6	6.2	13.2
2781.7	16.1	-20.7	24.7	12.7	4.5	3.9
1919.9	17.3	-31.7	33.4	20.0	5.1	3.5
271.6	38.5	15.6	26.6	-16.3	26.0	11.5
3922.6	10.8	16.5	11.6	7.5	7.6	10.8
412.3	164.5	23.2	15.2	13.4	7.3	14.6
938.9	37.1	13.7	-5.1	-1.1	14.0	5.0
2054.3	13.8	8.5	14.3	12.0	11.2	11.5
43.4	38.5	18.6	21.2	7.4	5.6	13.0
1589.3	11.5	9.9	1.3	25.6	3.0	9.6
358.8	1.9	7.7	12.9	50.1	-34.2	4.7
416.9	47.0	13.9	-0.1	12.8	15.5	10.3
131.2	5.0	15.1	-15.4	7.2	27.3	7.4
327.7	26.8	10.3	-20.8	17.6	18.5	5.0
92.8	11.2	-8.9	14.9	11.6	67.0	18.2
1084.8	9.8	17.1	18.7	-7.6	-9.6	3.8
4638.6	25.5	4.7	11.6	5.2	11.4	8.2
2534.5	23.2	37.1	28.9	14.5	17.6	24.2
138.6	-27.5	24.4	37.1	34.5	31.1	31.7
1122.3	43.6	12.3	-1.9	16.6	17.5	10.8
14.5	784.0	-35.3	-15.5	-7.9	30.0	-10.0
169.9	10.8	8.2	8.0	29.5	-7.5	8.7
369.0	18.3	10.3	29.6	5.6	9.3	13.4
1311.5	14.1	31.1	27.9	49.2	45.4	38.1

2011—2015 年全国国有企业

（按所在

项　　目	上交税金总额（亿元）			
	2011 年	2012 年	2013 年	2014 年
全国合计	**32546.3**	**36240.8**	**38189.2**	**40510.4**
北京市	6191.6	6523.8	7091.9	7347.8
天津市	1062.9	1155.1	1202.7	1279.7
河北省	731.9	846.5	824.3	819.5
山西省	1328.1	1460.9	1292.5	1206.6
内蒙古自治区	608.1	766.4	708.0	541.6
辽宁省	784.6	841.9	931.2	1042.6
其中：大连市	128.4	152.0	147.0	150.0
吉林省	710.1	834.1	965.8	1035.2
黑龙江省	734.3	1236.5	1096.5	1087.9
上海市	2325.6	2101.8	2277.4	2574.6
浙江省	1268.6	1365.4	1476.4	1571.7
其中：宁波市	392.4	363.9	420.4	411.7
江苏省	1474.6	1646.0	1909.0	2104.9
安徽省	862.4	923.8	983.2	1062.0
福建省	556.1	665.4	696.5	872.5
其中：厦门市	184.5	227.9	220.4	291.5
江西省	417.0	471.3	518.0	574.9
山东省	2182.0	2627.6	2565.4	2531.0
其中：青岛市	292.4	319.5	380.5	398.3
河南省	1033.8	1171.8	1200.8	1189.4
湖北省	918.7	1064.5	1214.9	1404.0
湖南省	886.6	1127.1	1199.1	1303.1
广东省	2145.2	2350.4	2537.3	2883.5
其中：深圳市	395.3	517.1	549.8	633.8
海南省	191.1	214.7	205.6	210.9
广西壮族自治区	464.8	532.7	609.1	692.5
贵州省	559.4	657.3	752.6	818.5
四川省	915.2	1028.9	1176.0	1288.1
重庆市	488.7	550.2	638.2	751.9
云南省	1258.0	1478.4	1602.8	1761.7
陕西省	1098.8	1290.1	1261.0	1264.9
甘肃省	287.4	342.0	367.0	382.0
青海省	90.1	88.7	114.3	122.4
西藏自治区	13.0	13.2	17.9	19.9
宁夏回族自治区	100.2	119.2	124.4	116.9
新疆维吾尔自治区	361.4	438.4	472.3	473.5

上交税金总额和增长指标

地区划分）

2015 年	比上年增长（%）					平均增长（%）
	2011 年	2012 年	2013 年	2014 年	2015 年	
41207.7	**22.6**	**11.4**	**5.4**	**6.1**	**1.7**	**6.1**
6927.0	-4.8	5.4	8.7	3.6	-5.7	2.8
916.8	44.2	8.7	4.1	6.4	-28.4	-3.6
911.2	24.7	15.7	-2.6	-0.6	11.2	5.6
952.6	18.2	10.0	-11.5	-6.6	-21.1	-8.0
582.2	74.0	26.0	-7.6	-23.5	7.5	-1.1
856.4	8.6	7.3	10.6	12.0	-17.9	2.2
140.1	-16.9	18.4	-3.3	2.1	-6.6	2.2
865.3	41.9	17.5	15.8	7.2	-16.4	5.1
593.9	108.4	68.4	-11.3	-0.8	-45.4	-5.2
2619.3	14.7	-9.6	8.4	13.0	1.7	3.0
1805.7	47.2	7.6	8.1	6.5	14.9	9.2
521.3	151.5	-7.3	15.5	-2.1	26.6	7.4
2351.1	36.1	11.6	16.0	10.3	11.7	12.4
1204.3	35.9	7.1	6.4	8.0	13.4	8.7
989.0	16.3	19.7	4.7	25.3	13.4	15.5
282.9	14.5	23.5	-3.3	32.3	-3.0	11.3
639.5	53.0	13.0	9.9	11.0	11.2	11.3
2313.1	54.2	20.4	-2.4	-1.3	-8.6	1.5
475.4	6.1	9.3	19.1	4.7	19.4	12.9
1227.7	42.0	13.3	2.5	-0.9	3.2	4.4
1817.9	31.3	15.9	14.1	15.6	29.5	18.6
1382.7	29.9	27.1	6.4	8.7	6.1	11.8
3522.9	27.8	9.6	8.0	13.6	22.2	13.2
900.9	13.4	30.8	6.3	15.3	42.2	22.9
259.6	43.8	12.3	-4.2	2.6	23.1	8.0
750.0	21.3	14.6	14.3	13.7	8.3	12.7
874.6	35.3	17.5	14.5	8.8	6.9	11.8
1431.8	31.1	12.4	14.3	9.5	11.2	11.8
954.9	19.5	12.6	16.0	17.8	27.0	18.2
1789.3	15.4	17.5	8.4	9.9	1.6	9.2
1273.7	33.5	17.4	-2.3	0.3	0.7	3.8
415.4	25.8	19.0	7.3	4.1	8.8	9.6
103.6	18.1	-1.6	28.9	7.1	-15.4	3.5
22.4	27.5	1.3	35.6	11.1	12.8	14.6
104.3	27.8	18.9	4.4	-6.0	-10.7	1.0
468.6	101.2	21.3	7.7	0.3	-1.0	6.7

2011—2015 年全国国有企业

（按隶属

项　　目	上交税金总额（亿元）			
	2011 年	2012 年	2013 年	2014 年
全国合计	**32546.3**	**36240.8**	**38189.2**	**40510.4**
中央小计	**22827.7**	**26065.4**	**27632.7**	**29636.7**
地方小计	**9718.6**	**10175.4**	**10556.5**	**10873.7**
北京市	579.8	631.1	782.7	843.1
天津市	188.1	188.1	221.2	289.6
河北省	268.9	276.4	260.2	250.2
山西省	949.9	1022.1	841.7	741.5
内蒙古自治区	127.4	150.1	140.3	93.6
辽宁省	300.1	326.4	375.3	470.6
其中：大连市	33.1	32.1	30.8	30.7
吉林省	69.5	72.8	48.6	54.9
黑龙江省	100.5	102.1	101.2	91.4
上海市	1169.8	804.9	941.3	969.4
浙江省	363.9	362.2	394.0	431.9
其中：宁波市	38.7	37.5	41.2	41.2
江苏省	451.8	555.2	574.5	582.9
安徽省	421.0	429.4	440.1	443.6
福建省	230.0	263.7	271.3	350.1
其中：厦门市	97.1	128.4	111.3	170.8
江西省	141.2	165.5	172.2	191.9
山东省	903.6	1009.1	989.5	885.1
其中：青岛市	116.7	130.7	159.4	162.0
河南省	397.0	350.6	350.2	284.7
湖北省	118.4	139.3	162.3	214.0
湖南省	151.6	217.0	213.0	176.1
广东省	791.7	831.8	930.0	1109.7
其中：深圳市	103.2	133.1	151.6	172.9
海南省	23.4	25.2	27.5	22.0
广西壮族自治区	195.3	177.4	192.3	222.0
贵州省	226.4	256.2	281.5	308.3
四川省	274.5	344.0	390.6	343.7
重庆市	189.0	214.2	238.1	284.9
云南省	167.9	190.3	203.9	231.7
陕西省	686.8	813.5	759.3	726.1
甘肃省	124.9	148.5	135.0	140.2
青海省	53.3	51.2	50.9	50.4
西藏自治区	6.7	4.8	8.1	7.9
宁夏回族自治区	12.0	12.0	9.7	13.0
新疆维吾尔自治区	34.4	40.7	50.0	49.3

上交税金总额和增长指标

关系划分）

	比上年增长（%）					平均增长（%）
2015 年	2011 年	2012 年	2013 年	2014 年	2015 年	
41207.7	**22.6**	**11.4**	**5.4**	**6.1**	**1.7**	**6.1**
30027.4	**24.3**	**14.2**	**6.0**	**7.3**	**1.3**	**7.1**
11180.3	**18.8**	**4.7**	**3.7**	**3.0**	**2.8**	**3.6**
944.0	27.5	8.8	24.0	7.7	12.0	13.0
281.6	19.1	0.0	17.6	30.9	-2.7	10.6
272.0	-0.3	2.8	-5.8	-3.9	8.7	0.3
562.5	15.7	7.6	-17.7	-11.9	-24.1	-12.3
110.4	45.4	17.8	-6.5	-33.3	17.9	-3.5
318.0	14.5	8.8	15.0	25.4	-32.4	1.5
29.8	-29.6	-3.2	-4.0	-0.4	-2.8	-2.6
52.7	48.8	4.7	-33.3	13.1	-4.0	-6.7
81.0	-4.0	1.6	-0.8	-9.7	-11.4	-5.3
1007.7	6.9	-31.2	17.0	3.0	3.9	-3.7
468.7	16.3	-0.5	8.8	9.6	8.5	6.5
45.1	23.2	-3.1	9.8	0.1	9.4	3.9
628.7	25.8	22.9	3.5	1.5	7.9	8.6
471.7	29.1	2.0	2.5	0.8	6.3	2.9
343.2	17.0	14.7	2.9	29.0	-2.0	10.5
160.4	8.5	32.2	-13.3	53.5	-6.0	13.4
194.2	20.7	17.2	4.0	11.5	1.2	8.3
876.4	19.0	11.7	-1.9	-10.5	-1.0	-0.8
162.0	15.0	12.0	21.9	1.7	0.0	8.5
282.8	13.7	-11.7	-0.1	-18.7	-0.7	-8.1
212.8	17.9	17.6	16.6	31.8	-0.6	15.8
162.2	23.4	43.2	-1.9	-17.3	-7.9	1.7
1277.7	10.9	5.1	11.8	19.3	15.1	12.7
262.8	-6.5	29.0	13.9	14.0	52.0	26.3
24.2	44.4	7.8	9.2	-20.2	9.9	0.8
209.3	30.4	-9.1	8.4	15.4	-5.7	1.7
331.7	51.4	13.1	9.9	9.5	7.6	10.0
435.1	30.8	25.3	13.6	-12.0	26.6	12.2
389.3	38.1	13.3	11.1	19.7	36.7	19.8
233.2	26.8	13.4	7.1	13.6	0.7	8.6
717.2	28.6	18.4	-6.7	-4.4	-1.2	1.1
172.6	26.4	18.9	-9.1	3.8	23.2	8.4
44.5	-0.4	-4.0	-0.4	-1.1	-11.7	-4.4
12.9	9.8	-28.8	69.6	-2.3	63.3	17.8
12.5	3.4	0.2	-19.2	33.4	-3.2	1.1
49.7	39.8	18.3	22.9	-1.3	0.7	9.6

四、全国国有企业资产负债指标

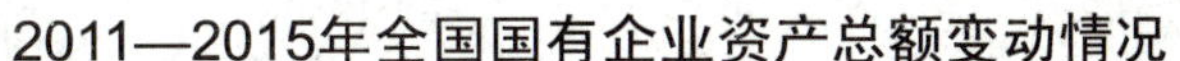

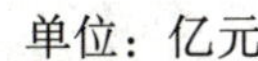

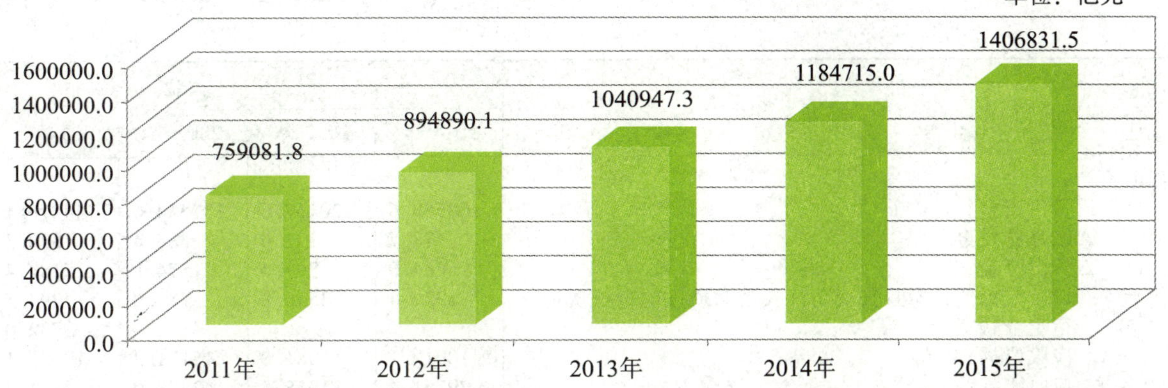

2011年全国国有企业资产总额区域分布情况

2015年全国国有企业资产总额区域分布情况

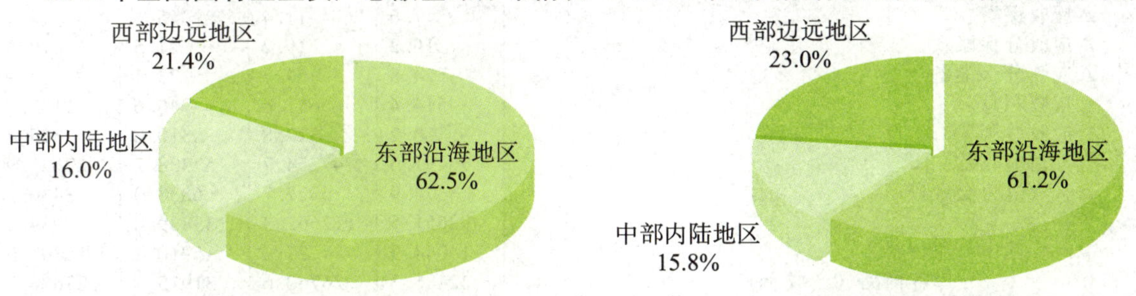

2011年全国国有企业资产总额产业分布情况

2015年全国国有企业资产总额产业分布情况

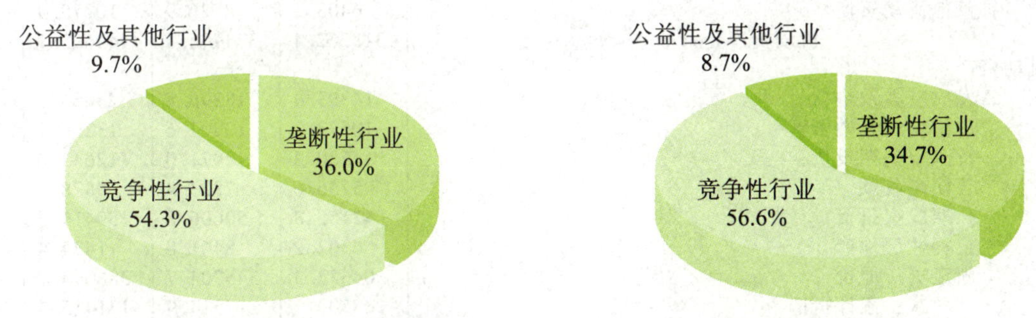

2011年、2015年中央管理、部门企业、地方资产总额情况

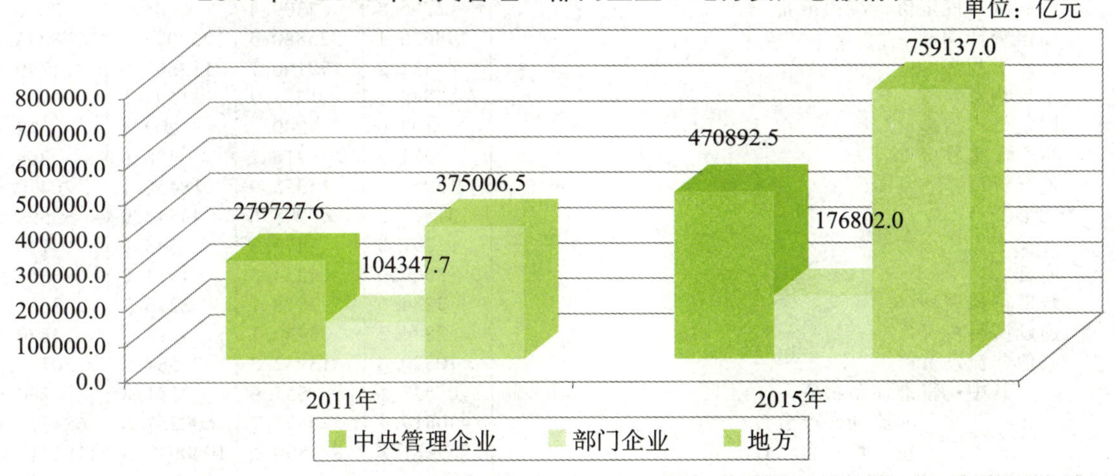

（一）2011—2015年全国

项　目	金　额			
	2011年	2012年	2013年	2014年
流动资产：				
货币资金	108569.6	120167.6	132534.0	144876.1
△结算备付金	178.7	191.6	388.4	1330.3
△拆出资金	464.0	899.4	1574.8	2182.4
以公允价值计量且其变动计入当期损益的金融资产	1959.4	2546.8	2781.0	4093.5
衍生金融资产				232.0
应收票据	10010.1	10081.0	12171.3	10579.1
应收账款	29251.4	35955.5	42403.9	48253.2
预付款项	24685.2	28031.0	31243.6	33671.5
△应收保费	7.6	11.4	15.6	18.1
△应收分保账款	16.2	19.2	21.5	19.4
△应收分保准备金	34.8	64.7	73.1	74.9
应收利息	514.4	681.6	940.6	1142.9
应收股利	310.2	317.8	310.8	398.4
其他应收款	38491.6	47254.7	57338.2	67625.9
△买入返售金融资产	3374.9	6322.7	6838.0	8430.9
存货	92651.5	112662.3	138839.0	160934.5
其中：原材料	14044.9	14727.3	15910.4	15803.5
库存商品（产成品）	22486.3	26760.6	31915.1	37686.6
划分为持有待售的资产				279.7
一年内到期的非流动资产	1339.5	1722.1	2446.2	3144.1
其他流动资产	6403.1	7826.9	10775.9	15855.9
流动资产合计	318262.4	374756.4	440695.7	503142.6
非流动资产：				
△发放贷款及垫款	14303.4	18396.7	23054.7	28801.2
可供出售金融资产	10573.2	13307.6	13256.1	33732.8
持有至到期投资	11780.3	12971.0	12642.0	13911.6
长期应收款	5756.6	7853.4	9878.7	13442.3
长期股权投资	42153.8	50606.8	59419.3	56448.6
投资性房地产	6302.2	8461.8	11424.4	13857.7
固定资产原价	304632.3	345704.7	386095.7	425661.8
减：累计折旧	103709.7	117514.9	131415.6	144751.4
固定资产净值	200922.6	228189.9	254680.1	280910.4
减：固定资产减值准备	2296.5	2309.4	2584.7	2676.5
固定资产净额	198626.1	225880.5	252095.4	278233.9
在建工程	84331.2	99190.7	113865.6	121749.9
工程物资	1544.1	1733.2	1697.6	1707.5
固定资产清理	198.6	200.1	202.3	212.4
生产性生物资产	271.3	216.2	306.6	368.5
油气资产	13957.1	15355.9	18450.1	20470.4
无形资产	31815.2	40998.6	49546.9	53596.5
开发支出	297.8	473.3	535.9	750.7
商誉	3509.0	4234.5	4911.0	5553.9
长期待摊费用	2234.6	2878.1	3286.7	3687.5
递延所得税资产	2844.2	3433.1	4117.2	4870.0
其他非流动资产	10320.8	13942.3	21561.1	30177.0
其中：特准储备物资	637.5	655.6	691.8	780.0
非流动资产合计	440819.4	520133.7	600251.6	681572.4
资　产　总　计	759081.8	894890.1	1040947.3	1184715.0

国有企业资产负债指标

单位：亿元

2015年	比上年增长（%） 2011年	2012年	2013年	2014年	2015年	平均增长（%）
162129.0	13.1	10.7	10.3	9.3	11.9	10.5
2361.7	-71.1	7.2	102.7	242.5	77.5	90.7
5517.5	54.1	93.8	75.1	38.6	152.8	85.7
7220.2	11.2	30.0	9.2	47.2	76.4	38.6
387.2					66.9	
9635.4	40.2	0.7	20.7	-13.1	-8.9	-0.9
51455.0	22.4	22.9	17.9	13.8	6.6	15.2
35866.1	16.5	13.6	11.5	7.8	6.5	9.8
21.0	10.1	50.0	36.8	16.1	15.7	28.9
25.9	51.4	18.5	12.1	-9.9	33.5	12.4
52.7	32.3	85.9	12.9	2.5	-29.7	10.9
1656.7	26.3	32.5	38.0	21.5	45.0	34.0
466.3		2.5	-2.2	28.2	17.0	10.7
82242.0	10.8	22.8	21.3	17.9	21.6	20.9
8607.5	102.5	87.3	8.1	23.3	2.1	26.4
179310.9	28.2	21.6	23.2	15.9	11.4	17.9
15344.2	10.8	4.9	8.0	-0.7	-2.9	2.2
47934.5	19.8	19.0	19.3	18.1	27.2	20.8
314.5					12.4	
4900.1	18.5	28.6	42.0	28.5	55.9	38.3
41897.3	38.4	22.2	37.7	47.1	164.2	59.9
594066.7	19.7	17.8	17.6	14.2	18.1	16.9
50639.5	36.9	28.6	25.3	24.9	75.8	37.2
55065.3	0.8	25.9	-0.4	154.5	63.2	51.1
18745.9	4.6	10.1	-2.5	10.0	34.7	12.3
18974.1	13.9	36.4	25.8	36.1	41.2	34.7
66282.3	17.7	20.1	17.4	-5.0	17.4	12.0
17098.7	31.1	34.3	35.0	21.3	23.4	28.3
463728.6	14.6	13.5	11.7	10.2	8.9	11.1
160222.9	14.5	13.3	11.8	10.1	10.7	11.5
303505.7	14.7	13.6	11.6	10.3	8.0	10.9
3866.6	7.2	0.6	11.9	3.6	44.5	13.9
299639.1	14.8	13.7	11.6	10.4	7.7	10.8
129727.9	22.5	17.6	14.8	6.9	6.6	11.4
1741.8	-19.7	12.2	-2.1	0.6	2.0	3.1
249.9	34.3	0.8	1.1	5.0	17.7	5.9
616.9	23.9	-20.3	41.8	20.2	67.4	22.8
18432.9	15.0	10.0	20.2	10.9	-10.0	7.2
61171.8	26.0	28.9	20.9	8.2	14.1	17.8
1061.2	17.9	58.9	13.2	40.1	41.4	37.4
6734.4	22.7	20.7	16.0	13.1	21.3	17.7
3862.7	15.5	28.8	14.2	12.2	4.8	14.7
6362.5	24.5	20.7	19.9	18.3	30.6	22.3
56358.0	35.2	35.1	54.6	40.0	86.8	52.9
1694.0	-0.5	2.8	5.5	12.8	117.2	27.7
812764.9	17.7	18.0	15.4	13.5	19.2	16.5
1406831.5	18.6	17.9	16.3	13.8	18.7	16.7

项目	金额			
	2011 年	2012 年	2013 年	2014 年
流动负债：				
短期借款	57856.0	68215.5	77052.0	81567.9
△向中央银行借款	13.1	31.4	63.6	185.9
△吸收存款及同业存放	46073.8	58435.3	68343.9	78419.2
△拆入资金	900.1	1087.0	1324.3	1871.3
以公允价值计量且其变动计入当期损益的金融负债	344.9	479.3	651.2	789.0
衍生金融负债				196.0
应付票据	11608.5	14565.7	16438.4	19934.3
应付账款	56654.9	64555.3	74327.5	80699.2
预收款项	34791.0	37678.9	42013.7	43327.4
△卖出回购金融资产款	1853.7	2638.9	2959.2	5076.6
△应付手续费及佣金	6.2	6.9	5.8	8.8
应付职工薪酬	6008.2	6065.9	6273.8	6374.6
其中：应付工资	3587.1	3571.1	3584.9	3412.3
应付福利费	274.0	259.2	213.6	182.1
#其中：职工奖励及福利基金	58.2	65.7	54.9	61.9
应交税费	5655.6	4786.1	4972.8	5347.6
其中：应交税金	3570.7	2918.8	3158.2	3438.2
应付利息	1778.7	2396.0	3173.9	3887.7
应付股利	925.2	736.5	827.7	915.0
其他应付款	47045.5	54700.8	66171.2	74175.4
△应付分保账款	35.6	41.6	47.6	45.2
△保险合同准备金	257.3	334.0	389.0	460.7
△代理买卖证券款	1405.3	1417.4	1349.3	3031.3
△代理承销证券款	7.2	1.2	0.5	9.6
划分为持有待售的负债				96.1
一年内到期的非流动负债	17517.6	17276.6	25139.9	31729.9
其他流动负债	8549.9	12828.8	14284.4	18397.3
流动负债合计	299288.2	348279.3	405809.6	456546.0
非流动负债：				
长期借款	124635.1	142059.6	163827.8	184620.0
应付债券	34307.6	50104.2	60184.9	73598.0
长期应付款	8549.2	11344.3	13114.8	15187.5
长期应付职工薪酬				
专项应付款	9647.5	11212.6	13023.8	14917.7

国有企业资产负债指标（续表）

单位：亿元

2015 年	比上年增长（%） 2011 年	2012 年	2013 年	2014 年	2015 年	平均增长（%）
88802.4	17.3	17.9	13.0	5.9	8.9	11.3
1095.0	101.5	139.7	102.6	192.2	489.0	202.4
97916.2	28.8	26.8	17.0	14.7	24.9	20.7
4066.5	67.3	20.8	21.8	41.3	117.3	45.8
1239.0	33.2	39.0	35.9	21.2	57.0	37.7
304.1					55.1	
21442.5	15.1	25.5	12.9	21.3	7.6	16.6
85907.6	19.6	13.9	15.1	8.6	6.5	11.0
48072.4	9.5	8.3	11.5	3.1	11.0	8.4
10138.5	91.2	42.4	12.1	71.6	99.7	52.9
10.8	138.5	11.3	-16.5	52.8	22.3	14.8
6768.7	3.2	1.0	3.4	1.6	6.2	3.0
3749.0	3.6	-0.4	0.4	-4.8	9.9	1.1
173.8	-0.6	-5.4	-17.6	-14.7	-4.6	-10.8
66.7	22.5	12.9	-16.4	12.7	7.7	3.5
6060.0	29.9	-15.4	3.9	7.5	13.3	1.7
4202.6	11.8	-18.3	8.2	8.9	22.2	4.2
4707.8	43.5	34.7	32.5	22.5	21.1	27.5
1071.9		-20.4	12.4	10.6	17.1	3.7
86913.8	17.6	16.3	21.0	12.1	17.2	16.6
27.2	28.5	16.9	14.4	-5.0	-39.8	-6.5
515.0	63.2	29.8	16.5	18.4	11.8	18.9
4065.1	-41.3	0.9	-4.8	124.7	34.1	30.4
24.0	94.6	-83.3	-56.7	1746.2	149.5	35.0
74.1					-22.9	
38721.5	68.5	-1.4	45.5	26.2	22.0	21.9
55081.9	34.6	50.0	11.3	28.8	199.4	59.3
563025.8	21.2	16.4	16.5	12.5	23.3	17.1
199168.6	11.7	14.0	15.3	12.7	7.9	12.4
92387.3	32.6	46.0	20.1	22.3	25.5	28.1
20351.1	42.4	32.7	15.6	15.8	34.0	24.2
2127.7						
20978.8	23.5	16.2	16.2	14.5	40.6	21.4

项　　目	金　　额			
	2011 年	2012 年	2013 年	2014 年
预计负债	2405.2	2550.7	3265.2	4250.8
递延收益				3674.6
递延所得税负债	2802.5	3480.6	3808.5	5448.7
其他非流动负债	4455.4	6104.0	7939.9	7712.7
其中：特准储备基金	237.7	291.3	383.1	441.9
非流动负债合计	186802.6	226856.0	265165.0	309409.9
负　债　合　计	486090.8	575135.4	670974.6	765955.9
所有者权益（或股东权益）：				
实收资本（股本）	83764.7	92960.2	102256.9	111959.7
国有资本	82089.9	91398.8	100643.0	110404.3
其中：国有法人资本	10134.3	23100.3	26438.6	32857.0
集体资本	274.5	195.4	185.8	129.9
民营资本	938.4	967.3	1059.9	1071.4
其中：个人资本	622.8	546.1	568.7	557.4
外商资本	461.9	398.7	368.2	354.1
#减：已归还投资	15.4	16.0	0.6	0.5
实收资本（或股本）净额	83749.3	92944.3	102256.3	111959.2
其他权益工具				1849.2
其中：优先股				1089.6
永续债				591.1
资本公积	80922.0	100884.3	121563.7	131766.6
减：库存股	0.5	5.6	2.3	0.6
其他综合收益				4832.9
其中：外币报表折算差额	-907.3	-903.6	-1366.4	-1592.6
专项储备	1271.7	1323.1	1344.0	1220.4
盈余公积	23709.5	26611.1	29092.6	31991.4
其中：法定公积金	8334.9	9722.3	11033.6	12584.0
任意公积金	13844.3	15652.8	16759.5	18143.1
#储备基金	54.7	76.1	72.2	80.3
#企业发展基金	56.9	41.8	22.8	38.7
#利润归还投资	-0.3	0.5	0.1	0.0
△一般风险准备	310.0	519.8	900.7	1110.2
未分配利润	27472.7	35074.0	42219.7	49418.9
归属于母公司所有者权益合计	216527.3	256447.4	296008.3	334148.3
*少数股东权益	56463.7	63307.3	73964.5	84610.8
所有者权益合计	272991.0	319754.7	369972.8	418759.1
负债和所有者权益总计	759081.8	894890.1	1040947.3	1184715.0

国有企业资产负债指标（续表）

单位：亿元

	比上年增长（%）					平均增长（%）
2015 年	2011 年	2012 年	2013 年	2014 年	2015 年	
4038.6	28.1	6.0	28.0	30.2	-5.0	13.8
5459.0					48.6	
5952.4	-1.3	24.2	9.4	43.1	9.2	20.7
10928.1	43.1	37.0	30.1	-2.9	41.7	25.1
510.3	12.4	22.5	31.5	15.3	15.5	21.0
361391.4	17.4	21.4	16.9	16.7	16.8	17.9
924417.2	19.7	18.3	16.7	14.2	20.7	17.4
129266.1	12.9	11.0	10.0	9.5	15.5	11.5
127354.7	13.0	11.3	10.1	9.7	15.4	11.6
40240.8	-12.6	127.9	14.5	24.3	22.5	41.2
137.8	20.9	-28.8	-4.9	-30.1	6.1	-15.8
1271.1	-1.4	3.1	9.6	1.1	18.6	7.9
516.9	7.5	-12.3	4.1	-2.0	-7.3	-4.6
502.5	31.5	-13.7	-7.7	-3.8	41.9	2.1
3.5	-3.8	3.9	-96.4	-13.8	594.0	-31.1
129262.6	12.9	11.0	10.0	9.5	15.5	11.5
5802.0					213.8	
2264.9					107.9	
3073.5					420.0	
150780.9	18.9	24.7	20.5	8.4	14.4	16.8
6.8	150.0	1020.0	-58.4	-74.2	1040.0	92.3
7327.3					51.6	
-1503.0	50.4	-0.4	51.2	16.6	-5.6	13.4
1256.8	14.1	4.0	1.6	-9.2	3.0	-0.3
37234.7	0.7	12.2	9.3	10.0	16.4	11.9
14820.4	7.1	16.6	13.5	14.1	17.8	15.5
21040.8	0.1	13.1	7.1	8.3	16.0	11.0
96.2	-81.2	39.1	-5.2	11.3	19.8	15.1
46.1	-80.7	-26.5	-45.5	69.9	19.2	-5.1
0.1	-103.8	-266.7	-88.0	-100.0		
1302.2	58.2	67.7	73.3	23.3	17.3	43.2
48374.8	41.6	27.7	20.4	17.1	-2.1	15.2
381334.4	16.5	18.4	15.4	12.9	14.1	15.2
101080.0	16.9	12.1	16.8	14.4	19.5	15.7
482414.4	16.6	17.1	15.7	13.2	15.2	15.3
1406831.5	18.6	17.9	16.3	13.8	18.7	16.7

（二）2011—2015 年中央

项　目	金　额			
	2011 年	2012 年	2013 年	2014 年
流动资产：				
货币资金	63675.9	67653.2	72957.3	75196.8
△结算备付金	63.8	75.7	93.2	293.4
△拆出资金	308.0	500.9	1178.2	1207.5
以公允价值计量且其变动计入当期损益的金融资产	685.8	903.7	841.6	1559.8
衍生金融资产				119.8
应收票据	3871.7	4008.9	5035.3	4335.3
应收账款	15461.3	18418.0	20872.6	23269.6
预付款项	9900.1	10301.6	10921.6	11936.0
△应收保费	6.2	7.5	10.0	8.5
△应收分保账款	10.6	14.1	16.3	15.2
△应收分保准备金	30.8	38.2	46.2	40.3
应收利息	398.2	504.8	674.5	775.7
应收股利	117.9	117.8	94.5	98.1
其他应收款	6886.3	7463.2	8072.1	9863.2
△买入返售金融资产	2576.9	4754.9	4603.8	6344.7
存货	39951.5	46946.5	53737.4	59845.0
其中：原材料	8273.5	8803.9	9267.0	9421.3
库存商品（产成品）	11617.4	13563.8	15702.1	17916.6
划分为持有待售的资产				202.5
一年内到期的非流动资产	837.6	917.7	1457.9	1693.5
其他流动资产	2143.8	2840.2	3763.0	6030.9
流动资产合计	146926.2	165467.0	184375.3	202835.8
非流动资产：				
△发放贷款及垫款	11248.8	13208.5	16363.4	20388.3
可供出售金融资产	6470.5	8119.2	7343.2	12668.1
持有至到期投资	9738.3	10324.0	9091.3	8878.3
长期应收款	2220.6	3192.3	4265.0	5562.2
长期股权投资	13684.7	15737.1	17873.0	17143.3
投资性房地产	1580.3	1817.0	2098.5	2756.6
固定资产原价	192768.7	217404.6	242052.6	270336.2
减：累计折旧	71595.1	81976.6	91396.3	101488.4
固定资产净值	121173.6	135427.9	150656.3	168847.8
减：固定资产减值准备	1873.3	1931.1	2150.9	2215.6
固定资产净额	119300.3	133496.9	148505.4	166632.1
在建工程	39846.2	44597.8	47977.7	46105.4
工程物资	1022.7	1069.3	1042.0	1006.2
固定资产清理	52.2	60.4	57.1	70.6
生产性生物资产	45.6	52.9	58.4	85.7
油气资产	13409.0	14689.7	17766.2	19598.9
无形资产	10545.2	12349.5	13866.0	15608.9
开发支出	153.4	194.4	258.1	331.9
商誉	2318.2	2923.8	3355.3	3724.3
长期待摊费用	1097.5	1436.9	1598.5	1799.1
递延所得税资产	1709.7	2034.6	2366.8	2879.4
其他非流动资产	2705.8	3348.0	7687.6	11701.1
其中：特准储备物资	638.7	665.8	696.2	776.2
非流动资产合计	237149.1	268652.2	301573.6	336940.2
资　产　总　计	384075.3	434119.2	485948.9	539776.0

国有企业资产负债指标

单位：亿元

2015 年	比上年增长（%）2011 年	2012 年	2013 年	2014 年	2015 年	平均增长（%）
74773.5	16.2	6.2	7.8	3.1	-0.6	4.1
482.9	-78.1	18.7	23.1	214.9	64.6	65.9
4064.4	6.0	62.6	135.2	2.5	236.6	90.6
3328.7	-2.6	31.8	-6.9	85.3	113.4	48.4
274.2					128.9	
4255.8	36.8	3.5	25.6	-13.9	-1.8	2.4
23384.1	20.8	19.1	13.3	11.5	0.5	10.9
12536.6	11.3	4.1	6.0	9.3	5.0	6.1
11.4	0.0	21.0	32.8	-14.7	33.5	16.3
22.2	135.6	33.0	15.3	-6.5	46.3	20.4
47.0	42.6	24.0	20.9	-12.8	16.7	11.2
1120.8	20.5	26.8	33.6	15.0	44.5	29.5
132.2		-0.1	-19.8	3.9	34.7	2.9
11892.4	10.5	8.4	8.2	22.2	20.6	14.6
6044.8	110.2	84.5	-3.2	37.8	-4.7	23.8
65369.3	24.4	17.5	14.5	11.4	9.2	13.1
8453.1	9.5	6.4	5.3	1.7	-10.3	0.5
23549.8	24.6	16.8	15.8	14.1	31.4	19.3
104.3					-48.5	
2878.9	19.4	9.6	58.9	16.2	70.0	36.2
28916.1	73.8	32.5	32.5	60.3	379.5	91.6
239639.6	20.0	12.6	11.4	10.0	18.1	13.0
38657.6	22.1	17.4	23.9	24.6	89.6	36.2
22741.1	7.8	25.5	-9.6	72.5	79.5	36.9
12588.2	-2.4	6.0	-11.9	-2.3	41.8	6.6
7281.5	1.9	43.8	33.6	30.4	30.9	34.6
16795.7	16.0	15.0	13.6	-4.1	-2.0	5.3
3420.8	12.1	15.0	15.5	31.4	24.1	21.3
293017.5	13.7	12.8	11.3	11.7	8.4	11.0
111389.9	14.2	14.5	11.5	11.0	9.8	11.7
181627.6	13.4	11.8	11.2	12.1	7.6	10.6
3232.0	5.2	3.1	11.4	3.0	45.9	14.6
178395.6	13.6	11.9	11.2	12.2	7.1	10.6
45440.5	16.9	11.9	7.6	-3.9	-1.4	3.3
1041.9	-21.9	4.6	-2.6	-3.4	3.6	0.5
82.3	45.8	15.7	-5.4	23.6	16.5	12.0
84.6	22.6	16.0	10.5	46.6	-1.3	16.7
17446.7	15.2	9.6	20.9	10.3	-11.0	6.8
20368.1	19.2	17.1	12.3	12.6	30.5	17.9
429.7	5.1	26.7	32.7	28.6	29.5	29.4
4608.1	19.4	26.1	14.8	11.0	23.7	18.7
1776.5	1.2	30.9	11.2	12.6	-1.3	12.8
4021.7	16.3	19.0	16.3	21.7	39.7	23.8
32874.2	68.4	23.7	129.6	52.2	180.9	86.7
1681.2	0.5	4.2	4.6	11.5	116.6	27.4
408054.9	14.1	13.3	12.3	11.7	21.1	14.5
647694.5	16.3	13.0	11.9	11.1	20.0	14.0

项　　目	金　　额			
	2011 年	2012 年	2013 年	2014 年
流动负债：				
短期借款	27018.7	29100.6	34266.9	36412.1
△向中央银行借款	1.6	3.2	14.7	35.3
△吸收存款及同业存放	40752.1	48822.2	55398.9	62328.2
△拆入资金	831.6	829.1	1045.3	1196.8
以公允价值计量且其变动计入当期损益的金融负债	100.1	178.9	224.8	79.9
衍生金融负债				84.4
应付票据	4069.2	5124.3	5862.3	6853.4
应付账款	34862.4	39937.6	45520.0	49265.6
预收款项	18759.4	20477.2	22665.7	23322.2
△卖出回购金融资产款	932.5	1164.6	1346.7	2371.4
△应付手续费及佣金	5.2	5.7	4.0	6.4
应付职工薪酬	3449.1	3456.3	3458.5	3249.2
其中：应付工资	2154.9	2156.5	2071.4	1900.6
应付福利费	162.2	163.5	115.5	98.0
#其中：职工奖励及福利基金	39.3	39.7	40.4	41.8
应交税费	3806.2	3221.5	3426.7	3393.9
其中：应交税金	2406.4	2254.0	2406.9	2327.4
应付利息	1099.8	1510.6	1909.1	2172.8
应付股利	256.2	263.9	354.5	392.6
其他应付款	13989.4	14971.0	17509.4	18848.6
△应付分保账款	10.0	14.1	19.6	14.8
△保险合同准备金	92.2	118.1	134.4	155.9
△代理买卖证券款	488.4	480.9	435.1	1276.4
△代理承销证券款	0.0	0.0	0.0	0.0
划分为持有待售的负债				75.5
一年内到期的非流动负债	9528.4	7985.6	11369.7	13230.6
其他流动负债	4618.4	8840.8	8563.1	10381.1
流动负债合计	164670.9	186506.2	213529.5	235146.9
非流动负债：				
长期借款	49943.1	55049.2	60921.7	67749.6
应付债券	21435.8	28507.3	30959.0	34885.9
长期应付款	3247.5	3776.6	4034.7	4393.1
专项应付款	2014.4	2179.0	2393.0	2452.0

国有企业资产负债指标（续表）

单位：亿元

	比上年增长（%）					平均增长（%）
2015 年	2011 年	2012 年	2013 年	2014 年	2015 年	
41510.3	20.1	7.7	17.8	6.3	14.0	11.3
644.5	300.0	100.0	358.8	140.5	1725.6	348.0
75331.2	21.7	19.8	13.5	12.5	20.9	16.6
3396.8	64.2	-0.3	26.1	14.5	183.8	42.2
463.9	-5.2	78.7	25.7	-64.5	480.6	46.7
215.6					155.5	
7353.6	-1.8	25.9	14.4	16.9	7.3	15.9
51185.2	17.4	14.6	14.0	8.2	3.9	10.1
25735.8	8.7	9.2	10.7	2.9	10.3	8.2
7155.3	39.4	24.9	15.6	76.1	201.7	66.4
7.1	-38.1	9.6	-29.1	58.4	11.6	8.2
3521.1	2.1	0.2	0.1	-6.1	8.4	0.5
2082.1	1.6	0.1	-3.9	-8.2	9.5	-0.9
95.1	10.6	0.8	-29.3	-15.2	-3.0	-12.5
48.0	18.7	1.0	1.8	3.4	14.7	5.1
3816.2	36.0	-15.4	6.4	-1.0	12.4	0.1
2884.8	9.8	-6.3	6.8	-3.3	23.9	4.6
2713.7	45.1	37.4	26.4	13.8	24.9	25.3
481.8		3.0	34.3	10.8	22.7	17.1
20430.1	10.7	7.0	17.0	7.6	8.4	9.9
21.4	150.0	41.0	39.0	-24.5	44.4	20.9
177.1	26.1	28.1	13.8	16.0	13.6	17.7
1989.3	-49.9	-1.5	-9.5	193.4	55.9	42.1
0.1						
49.4					-34.6	
16924.0	65.5	-16.2	42.4	16.4	27.9	15.4
44315.3	24.3	91.4	-3.1	21.2	326.9	76.0
307438.7	18.9	13.3	14.5	10.1	30.7	16.9
68118.0	16.6	10.2	10.7	11.2	0.5	8.1
42509.4	19.8	33.0	8.6	12.7	21.9	18.7
4609.7	54.8	16.3	6.8	8.9	4.9	9.2
1431.7						
3015.7	10.9	8.2	9.8	2.5	23.0	10.6

项　　目	金　　额			
	2011 年	2012 年	2013 年	2014 年
预计负债	1840.0	2102.1	2514.0	2790.4
递延收益				1800.7
递延所得税负债	1822.4	2119.1	2184.0	2596.5
其他非流动负债	2104.7	2570.2	3315.2	2910.7
其中：特准储备基金	238.4	292.0	380.4	440.4
非流动负债合计	82407.8	96303.4	106321.5	119578.9
负　债　合　计	247078.7	282809.7	319851.1	354725.8
所有者权益（或股东权益）：				
实收资本（股本）	39598.1	41758.5	44248.6	47239.3
国有资本	39519.0	41673.3	44155.5	47148.6
其中：国有法人资本	1008.7	4803.1	2336.2	4791.3
集体资本	4.3	3.1	2.9	2.3
民营资本	42.8	45.5	53.5	51.6
其中：个人资本	26.3	28.7	30.4	31.7
外商资本	32.0	36.7	36.7	36.9
#减：已归还投资	0.0	0.0	0.0	0.0
实收资本（或股本）净额	39598.1	41758.5	44248.6	47239.3
其他权益工具				1492.4
其中：优先股				1095.4
永续债				365.2
资本公积	25913.1	26958.5	28349.4	29030.4
减：库存股	0.2	0.2	0.2	0.2
其他综合收益				274.9
其中：外币报表折算差额	-847.9	-840.6	-1213.4	-1408.5
专项储备	535.6	529.0	506.4	526.0
盈余公积	19564.9	22024.6	24144.3	26692.2
其中：法定公积金	6446.7	7463.6	8554.9	9763.2
任意公积金	12749.6	14339.9	15359.3	16688.9
#储备基金	16.1	65.6	64.7	70.5
#企业发展基金	28.9	31.3	16.5	31.8
#利润归还投资	0.0	0.0	0.0	0.1
△一般风险准备	244.6	415.1	718.5	853.9
未分配利润	18500.4	22994.2	26909.9	30970.4
归属于母公司所有者权益合计	103508.6	113839.1	123663.4	137079.4
*少数股东权益	33487.9	37470.5	42434.4	47970.8
所有者权益合计	136996.5	151309.6	166097.8	185050.2
负债和所有者权益总计	384075.3	434119.2	485948.9	539776.0

国有企业资产负债指标（续表）

单位：亿元

2015年	比上年增长（%）					平均增长（%）
	2011年	2012年	2013年	2014年	2015年	
2840.7	21.4	14.2	19.6	11.0	1.8	11.5
2594.2					44.1	
2613.2	-0.4	16.3	3.1	18.9	0.6	9.4
5716.3	51.7	22.1	29.0	-12.2	96.4	28.4
508.7	12.6	22.5	30.3	15.8	15.5	20.9
133448.8	18.8	16.9	10.4	12.5	11.6	12.8
440887.5	18.9	14.5	13.1	10.9	24.3	15.6
52899.6	13.7	5.5	6.0	6.8	12.0	7.5
52811.5	13.8	5.5	6.0	6.8	12.0	7.5
4260.3	-70.9	376.2	-51.4	105.1	-11.1	43.4
3.2	-46.9	-27.9	-7.7	-19.6	38.3	-7.3
47.1	2.4	6.3	17.7	-3.6	-8.8	2.4
26.3	0.4	9.1	5.9	4.3	-17.1	0.0
37.9	-10.9	14.7	0.1	0.4	2.6	4.3
0.0	-100.0					
52899.6	13.7	5.5	6.0	6.8	12.0	7.5
3227.0					116.2	
2095.1					91.3	
1131.9					209.9	
28693.0	5.3	4.0	5.2	2.4	-1.2	2.6
0.6	100.0	0.0	-10.0	11.1	180.0	29.4
928.1					237.6	
-1272.7	48.5	-0.9	44.3	16.1	-9.6	10.7
590.9	20.1	-1.2	-4.3	3.9	12.3	2.5
31260.0	-1.5	12.6	9.6	10.6	17.1	12.4
11533.9	6.8	15.8	14.6	14.1	18.1	15.7
19493.8	-2.5	12.5	7.1	8.7	16.8	11.2
75.1	-94.1	307.5	-1.4	9.0	6.6	47.0
24.6	-89.7	8.3	-47.3	92.6	-22.7	-4.0
0.0					-60.0	
934.1	57.3	69.7	73.1	18.8	9.4	39.8
27858.5	32.1	24.3	17.0	15.1	-10.0	10.8
146390.6	10.9	10.0	8.6	10.8	6.8	9.1
60416.4	14.9	11.9	13.2	13.0	25.9	15.9
206807.0	11.9	10.4	9.8	11.4	11.8	10.8
647694.5	16.3	13.0	11.9	11.1	20.0	14.0

（三）2011—2015 年地方

项　　目	金　　额			
	2011 年	2012 年	2013 年	2014 年
流动资产：				
货币资金	44893.7	52514.4	59576.7	69679.3
△结算备付金	114.9	115.9	295.3	1036.9
△拆出资金	156.0	398.5	396.6	974.9
交易性金融资产	1273.6	1643.1	1939.4	2533.7
				112.2
应收票据	6138.4	6072.1	7136.0	6243.8
应收账款	13790.1	17537.5	21531.3	24983.6
预付款项	14785.1	17729.4	20322.0	21735.4
△应收保费	1.4	3.9	5.6	9.6
△应收分保账款	5.7	5.1	5.3	4.2
△应收分保合同准备金	4.1	26.5	26.9	34.6
应收利息	116.3	176.7	266.1	367.2
应收股利	192.4	200.0	216.3	300.3
其他应收款	31605.3	39791.5	49266.1	57762.7
△买入返售金融资产	798.0	1567.9	2234.2	2086.2
存货	52700.0	65715.7	85101.5	101089.5
其中：原材料	5771.4	5923.4	6643.4	6382.2
库存商品（产成品）	10868.9	13196.8	16213.0	19770.0
				77.2
一年内到期的非流动资产	501.8	804.5	988.3	1450.5
其他流动资产	4259.4	4986.7	7012.9	9825.0
流动资产合计	171336.2	209289.4	256320.4	300306.8
非流动资产：				
△发放贷款及垫款	3054.6	5188.2	6691.4	8412.9
可供出售金融资产	4102.7	5188.4	5912.9	21064.7
持有至到期投资	2042.0	2647.0	3550.6	5033.4
长期应收款	3535.9	4661.1	5613.7	7880.2
长期股权投资	28469.1	34869.7	41546.3	39305.3
投资性房地产	4722.0	6644.8	9325.9	11101.1
固定资产原价	111863.6	128300.2	144043.1	155325.7
减：累计折旧	32114.6	35538.3	40019.3	43263.0
固定资产净值	79749.1	92761.9	104023.8	112062.7
减：固定资产减值准备	423.2	378.3	433.8	460.9
固定资产净额	79325.8	92383.6	103590.0	111601.8
在建工程	44484.9	54592.9	65887.9	75644.5
工程物资	521.4	663.9	655.6	701.3
固定资产清理	146.4	139.7	145.2	141.8
生产性生物资产	225.6	163.3	248.1	282.9
油气资产	548.1	666.2	683.9	871.5
无形资产	21270.1	28649.1	35680.9	37987.6
开发支出	144.4	278.9	277.8	418.8
商誉	1190.8	1310.7	1555.6	1829.5
长期待摊费用	1137.1	1441.2	1688.2	1888.3
递延所得税资产	1134.5	1398.5	1750.4	1990.6
其他非流动资产	7615.1	10594.3	13873.5	18476.0
其中：特准储备物资	-1.2	-10.2	-4.5	3.8
非流动资产合计	203670.3	251481.4	298678.1	344632.2
资　产　总　计	375006.5	460770.8	554998.5	644939.0

国有企业资产负债指标

单位：亿元

2015 年	比上年增长（%）					平均增长（%）
	2011 年	2012 年	2013 年	2014 年	2015 年	
87355. 5	8. 8	17. 0	13. 4	17. 0	25. 4	18. 1
1878. 8	－65. 0	0. 9	154. 8	251. 2	81. 2	101. 1
1453. 1	1371. 7	155. 4	－0. 5	145. 8	49. 0	74. 7
3891. 5	20. 4	29. 0	18. 0	30. 6	53. 6	32. 2
112. 9					0. 7	
5379. 5	42. 4	－1. 1	17. 5	－12. 5	－13. 8	－3. 2
28070. 9	24. 3	27. 2	22. 8	16. 0	12. 4	19. 4
23329. 6	20. 3	19. 9	14. 6	7. 0	7. 3	12. 1
9. 6	75. 0	178. 6	44. 4	70. 5	0. 0	61. 8
3. 7	－6. 6	－10. 5	3. 1	－20. 2	－13. 1	－10. 5
5. 7	－10. 9	546. 3	1. 4	28. 7	－83. 6	8. 4
535. 9	51. 8	51. 9	50. 6	38. 0	45. 9	46. 5
334. 1		4. 0	8. 2	38. 8	11. 3	14. 8
70349. 6	10. 9	25. 9	23. 8	17. 2	21. 8	22. 1
2562. 7	80. 9	96. 5	42. 5	－6. 6	22. 8	33. 9
113941. 6	31. 3	24. 7	29. 5	18. 8	12. 7	21. 3
6891. 1	12. 8	2. 6	12. 2	－3. 9	8. 0	4. 5
24384. 7	15. 0	21. 4	22. 9	21. 9	23. 3	22. 4
210. 1					172. 2	
2021. 2	16. 9	60. 3	22. 8	46. 8	39. 3	41. 7
12981. 1	25. 6	17. 1	40. 6	40. 1	32. 1	32. 1
354427. 0	19. 5	22. 2	22. 5	17. 2	18. 0	19. 9
11981. 9	146. 2	69. 8	29. 0	25. 7	42. 4	40. 7
32324. 2	－8. 6	26. 5	14. 0	256. 2	53. 5	67. 5
6157. 7	57. 9	29. 6	34. 1	41. 8	22. 3	31. 8
11692. 6	23. 1	31. 8	20. 4	40. 4	48. 4	34. 9
49486. 6	18. 5	22. 5	19. 1	－5. 4	25. 9	14. 8
13677. 9	39. 0	40. 7	40. 3	19. 0	23. 2	30. 5
170711. 1	16. 3	14. 7	12. 3	7. 8	9. 9	11. 1
48833. 0	15. 4	10. 7	12. 6	8. 1	12. 9	11. 0
121878. 1	16. 7	16. 3	12. 1	7. 7	8. 8	11. 2
634. 6	17. 2	－10. 6	14. 7	6. 2	37. 7	10. 7
121243. 5	16. 7	16. 5	12. 1	7. 7	8. 6	11. 2
84287. 4	27. 9	22. 7	20. 7	14. 8	11. 4	17. 3
699. 8	－15. 1	27. 3	－1. 2	7. 0	－0. 2	7. 6
167. 6	30. 6	－4. 6	3. 9	－2. 3	18. 2	3. 4
532. 3	24. 2	－27. 6	52. 0	14. 0	88. 2	23. 9
986. 2	10. 2	21. 5	2. 7	27. 4	13. 2	15. 8
40803. 8	29. 8	34. 7	24. 5	6. 5	7. 4	17. 7
631. 5	35. 5	93. 1	－0. 4	50. 7	50. 8	44. 6
2126. 3	29. 7	10. 1	18. 7	17. 6	16. 2	15. 6
2086. 2	33. 8	26. 7	17. 1	11. 9	10. 5	16. 4
2340. 8	39. 1	23. 3	25. 2	13. 7	17. 6	19. 9
23483. 8	26. 4	39. 1	31. 0	33. 2	27. 1	32. 5
12. 7	－124. 0	750. 0	－56. 4	－185. 4	235. 0	
404710. 0	22. 3	23. 5	18. 8	15. 4	17. 4	18. 7
759137. 0	21. 0	22. 9	20. 5	16. 2	17. 7	19. 3

项　目	金　额			
	2011 年	2012 年	2013 年	2014 年
流动负债：				
短期借款	30837.2	39114.9	42785.1	45155.8
△向中央银行借款	11.5	28.2	48.9	150.6
△吸收存款及同业存放	5321.7	9613.1	12944.9	16091.0
△拆入资金	68.4	257.9	279.0	674.5
交易性金融负债	244.8	300.4	426.3	709.1
				111.6
应付票据	7539.3	9441.4	10576.0	13080.9
应付账款	21792.5	24617.7	28807.5	31433.6
预收款项	16031.5	17201.8	19348.0	20005.2
△卖出回购金融资产款	921.2	1474.2	1612.5	2705.2
△应付手续费及佣金	1.0	1.2	1.7	2.4
应付职工薪酬	2559.1	2609.7	2815.3	3125.4
其中：应付工资	1432.2	1414.6	1513.4	1511.7
应付福利费	111.8	95.7	98.0	84.1
#其中：职工奖励及福利基金	18.9	26.0	14.5	20.1
应交税费	1849.4	1564.6	1546.1	1953.7
其中：应交税金	1164.2	664.7	751.4	1110.8
应付利息	678.9	885.4	1264.8	1714.9
应付股利	669.0	472.6	473.2	522.4
其他应付款	33056.1	39729.8	48661.8	55326.9
△应付分保账款	25.6	27.6	28.0	30.4
△保险合同准备金	165.1	215.9	254.6	304.9
△代理买卖证券款	916.9	936.4	914.2	1754.9
△代理承销证券款	7.2	1.2	0.5	9.6
划分为持有待售的负债				20.7
一年内到期的非流动负债	7989.2	9291.0	13770.2	18499.3
其他流动负债	3931.5	3988.0	5721.3	8016.2
流动负债合计	134617.3	161773.1	192280.1	221399.1
非流动负债：				
长期借款	74692.0	87010.4	102906.2	116870.4
应付债券	12871.8	21596.9	29225.9	38712.2
长期应付款	5301.7	7567.7	9080.1	10794.4
专项应付款	7633.1	9033.6	10630.8	12465.7

国有企业资产负债指标（续表）

单位：亿元

	比上年增长（%）					平均增长（%）
2015 年	2011 年	2012 年	2013 年	2014 年	2015 年	
47292.1	14.9	26.8	9.4	5.5	4.7	11.3
450.6	88.5	145.2	73.5	207.8	199.2	150.2
22585.0	131.4	80.6	34.7	24.3	40.4	43.5
669.6	118.5	277.0	8.2	141.8	-0.7	76.9
775.2	59.7	22.7	41.9	66.3	9.3	33.4
88.4					-20.8	
14088.9	26.8	25.2	12.0	23.7	7.7	16.9
34722.4	23.3	13.0	17.0	9.1	10.5	12.4
22336.6	10.3	7.3	12.5	3.4	11.7	8.6
2983.2	206.6	60.0	9.4	67.8	10.3	34.1
3.6	-117.5	20.0	43.3	39.5	50.4	37.8
3247.6	4.7	2.0	7.9	11.0	3.9	6.1
1667.0	6.7	-1.2	7.0	-0.1	10.3	3.9
78.8	-13.3	-14.4	2.4	-14.2	-6.4	-8.4
18.7	31.3	37.6	-44.3	38.8	-6.8	-0.2
2243.9	19.0	-15.4	-1.2	26.4	14.9	5.0
1317.9	16.2	-42.9	13.0	47.8	18.6	3.1
1994.1	41.0	30.4	42.8	35.6	16.3	30.9
590.1		-29.4	0.1	10.4	13.0	-3.1
66483.7	20.7	20.2	22.5	13.7	20.2	19.1
5.9	8.0	7.8	1.3	8.7	-80.8	-30.9
337.8	95.2	30.8	17.9	19.8	10.8	19.6
2075.8	-35.5	2.1	-2.4	92.0	18.3	22.7
23.9	94.6	-83.3	-56.7	1746.2	148.9	35.0
24.7					19.5	
21797.6	72.3	16.3	48.2	34.3	17.8	28.5
10766.6	49.2	1.4	43.5	40.1	34.3	28.6
255587.1	24.1	20.2	18.9	15.1	15.4	17.4
131050.6	8.6	16.5	18.3	13.6	12.1	15.1
49878.0	61.4	67.8	35.3	32.5	28.8	40.3
15741.3	35.8	42.7	20.0	18.9	45.8	31.3
695.9						
17963.1	27.3	18.3	17.7	17.3	44.1	23.9

项　　目	金　　额			
	2011 年	2012 年	2013 年	2014 年
预计负债	565.2	448.6	751.2	1460.3
				1873.9
递延所得税负债	980.1	1361.5	1624.5	2852.2
其他非流动负债	2350.8	3533.9	4624.8	4802.0
其中：特准储备基金	-0.7	-0.7	2.8	1.5
非流动负债合计	104394.7	130552.6	158843.4	189831.0
负　债　合　计	239012.1	292325.7	351123.5	411230.1
所有者权益（或股东权益）：				
实收资本（股本）	44166.6	51201.7	58008.3	64720.4
国有资本	42570.9	49725.5	56487.5	63255.8
其中：国有法人资本	9125.6	18297.2	24102.4	28065.7
集体资本	270.2	192.4	183.0	127.6
民营资本	895.6	921.8	1006.4	1019.8
其中：个人资本	596.5	517.5	538.3	525.6
外商资本	429.9	362.0	331.4	317.2
#减：已归还投资	15.4	16.0	0.6	0.4
实收资本（或股本）净额	44151.2	51185.7	58007.7	64719.9
其他权益工具				356.8
其中：优先股				-5.8
永续债				225.9
资本公积	55008.9	73925.8	93214.3	102736.1
减：库存股	0.4	5.4	2.2	0.4
其他综合收益				4558.0
其中：外币报表折算差额	-59.3	-63.0	-153.0	-184.0
专项储备	736.0	794.1	837.6	694.4
盈余公积	4144.6	4586.5	4948.4	5299.2
其中：法定公积金	1888.2	2258.7	2478.7	2820.8
任意公积金	1094.7	1312.9	1400.2	1454.2
#储备基金	38.6	10.5	7.5	9.8
#企业发展基金	28.0	10.4	6.3	6.9
#利润归还投资	-0.3	0.5	0.1	-0.1
△一般风险准备	65.4	104.7	182.2	256.3
未分配利润	8972.2	12079.8	15309.9	18448.5
归属于母公司所有者权益合计	113018.7	142608.3	172344.9	197068.8
*少数股东权益	22975.8	25836.9	31530.0	36640.0
所有者权益合计	135994.5	168445.1	203875.0	233708.9
负债和所有者权益总计	375006.5	460770.8	554998.5	644939.0

国有企业资产负债指标（续表）

单位：亿元

	比上年增长（%）					平均增长（%）
2015年	2011年	2012年	2013年	2014年	2015年	
1197.9	56.2	-20.6	67.5	94.4	-18.0	20.7
2864.8					52.9	
3339.2	-3.0	38.9	19.3	75.6	17.1	35.9
5211.8	36.2	50.3	30.9	3.8	8.5	22.0
1.6	75.0	0.0	-492.9	-45.5	7.3	
227942.6	16.3	25.1	21.7	19.5	20.1	21.6
483529.6	20.6	22.3	20.1	17.1	17.6	19.3
76366.5	12.3	15.9	13.3	11.6	18.0	14.7
74543.2	12.3	16.8	13.6	12.0	17.8	15.0
35980.6	12.4	100.5	31.7	16.4	28.2	40.9
134.6	23.4	-28.8	-4.9	-30.3	5.5	-16.0
1224.0	-1.6	2.9	9.2	1.3	20.0	8.1
490.6	7.8	-13.2	4.0	-2.4	-6.7	-4.8
464.7	36.3	-15.8	-8.4	-4.3	46.5	2.0
3.5	-3.1	3.9	-96.4	-31.0	767.5	-31.1
76363.1	12.3	15.9	13.3	11.6	18.0	14.7
2574.9					621.7	
169.8						
1941.6					759.5	
122087.8	26.5	34.4	26.1	10.2	18.8	22.1
6.3	300.0	1250.0	-60.0	-81.5	1472.5	99.1
6399.2					40.4	
-230.3	83.6	6.2	142.9	20.3	25.2	40.4
665.8	10.1	7.9	5.5	-17.1	-4.1	-2.5
5974.8	12.3	10.7	7.9	7.1	12.7	9.6
3286.5	8.2	19.6	9.7	13.8	16.5	14.9
1547.0	46.4	19.9	6.7	3.9	6.4	9.0
21.0	121.8	-72.8	-28.9	31.2	114.7	-14.1
21.6	80.6	-62.9	-39.6	9.9	212.5	-6.3
0.0	-103.8	-266.7	-88.0	-266.7	-130.0	
368.1	61.9	60.1	74.1	40.6	43.6	54.0
20516.3	66.4	34.6	26.7	20.5	11.2	23.0
234943.8	22.1	26.2	20.9	14.3	19.2	20.1
40663.5	20.1	12.5	22.0	16.2	11.0	15.3
275607.4	21.7	23.9	21.0	14.6	17.9	19.3
759137.0	21.0	22.9	20.5	16.2	17.7	19.3

（四）2011—2015年全国国有

（按综合

项　　目	资产总额（亿元）			
	2011年	2012年	2013年	2014年
全国合计	**759081.8**	**894890.1**	**1040947.3**	**1184715.0**
一、按企业规模分类				
（一）大型	433062.2	485500.0	485257.6	556320.7
（二）中型	153616.3	186789.1	229626.8	264662.5
（三）小型	172403.3	222601.0	326062.9	363731.8
二、按资本构成分类				
（一）国有独资企业公司	316928.6	366606.3	431695.7	516808.6
（二）国有控股企业	433365.6	519401.0	602067.6	660748.1
（三）企业化管理事业单位	8787.6	8882.8	7184.1	7158.3
三、按组织形式分类				
（一）公司制	651505.6	778921.8	922040.1	1047840.0
（二）非公司制	107576.2	115968.3	118907.2	136875.1
四、按盈利或亏损分类				
（一）盈利	569405.3	663640.2	776092.8	875822.0
（二）亏损	189676.5	231249.9	264854.5	308893.0
五、按隶属关系分类				
（一）中央	384075.3	434119.3	485948.9	539776.0
其中：管理企业	279727.6	313376.9	349418.8	386259.3
（二）地方	375006.5	460770.9	554998.5	644939.0
六、按经济带分类				
（一）东部沿海地区	474783.9	548718.5	631084.7	711838.6
（二）中部内陆地区	121677.5	145315.8	171809.5	197419.5
（三）西部边远地区	162620.4	200855.8	238053.2	275456.9
七、按产业性质分类				
（一）垄断性行业	273479.0	306644.7	341188.8	385519.3
（二）竞争性行业	411856.9	495633.9	599077.0	685652.3
（三）公益性及其他行业	73746.0	92611.5	100681.5	113543.4
八、按产业作用分类				
（一）基础性行业	367513.6	421372.0	468352.0	509475.5
（二）一般生产加工行业	101983.5	113218.4	129298.9	144383.3
（三）商贸服务及其他行业	289584.7	360299.8	443296.4	530856.3

企业资产总额和增长指标

情况划分）

2015 年	比上年增长（%）					平均增长（%）
	2011 年	2012 年	2013 年	2014 年	2015 年	
1406831.5	**18.6**	**17.9**	**16.3**	**13.8**	**18.7**	**16.7**
649178.1	9.6	12.1	0.0	14.6	16.7	10.7
300297.9	31.7	21.6	22.9	15.3	13.5	18.2
457355.5	34.2	29.1	46.5	11.6	25.7	27.6
543531.1	58.2	15.7	17.8	19.7	5.2	14.4
854506.4	-0.2	19.9	15.9	9.7	29.3	18.5
8794.0	53.3	1.1	-19.1	-0.4	22.8	0.0
1349132.0	22.4	19.6	18.4	13.6	28.8	20.0
57699.6	-0.3	7.8	2.5	15.1	-57.8	-14.4
1041380.9	15.7	16.5	16.9	12.9	18.9	16.3
365450.6	28.0	21.9	14.5	16.6	18.3	17.8
647694.5	16.3	13.0	11.9	11.1	20.0	14.0
470892.5	15.0	12.0	11.5	10.5	21.9	13.9
759137.0	21.0	22.9	20.4	16.2	17.7	19.3
861552.2	13.5	15.6	15.0	12.8	21.0	16.1
222054.9	22.4	19.4	18.2	14.9	12.5	16.2
323224.4	32.6	23.5	18.5	15.7	17.3	18.7
488270.3	15.7	12.1	11.3	13.0	26.7	15.6
796099.6	28.7	20.3	20.9	14.5	16.1	17.9
122461.6	-12.0	25.6	8.7	12.8	7.9	13.5
551342.0	15.7	14.7	11.1	8.8	8.2	10.7
162696.4	21.8	11.0	14.2	11.7	12.7	12.4
692793.1	21.2	24.4	23.0	19.8	30.5	24.4

2011—2015 年全国国有

（按基本

项　　目	资产总额（亿元）			
	2011 年	2012 年	2013 年	2014 年
全国合计	**759081.8**	**894890.1**	**1040947.3**	**1184715.0**
一、农林牧渔业	6564.8	7721.2	9093.5	10407.5
其中：农业	3744.6	4462.8	4950.5	5773.2
林业	1250.2	1445.9	1587.7	2116.9
畜牧业	350.1	419.2	493.6	539.5
渔业	175.1	181.7	268.7	218.3
二、工业	286190.0	316800.9	342261.5	368826.6
1. 煤炭工业	28562.9	33586.3	35716.7	38423.2
2. 石油和石化工业	41256.2	42463.1	47061.4	48110.4
3. 冶金工业	40697.8	44481.3	47132.5	48485.1
4. 建材工业	6173.1	8359.5	9695.8	9724.9
5. 化学工业	13994.5	16967.9	18211.7	19015.0
6. 森林工业	139.5	168.7	168.9	183.6
7. 食品工业	2512.8	2965.5	3066.9	3209.8
8. 烟草工业	6088.1	5408.8	6341.7	8382.5
9. 纺织工业	962.9	1187.5	1115.2	1140.3
10. 医药工业	2168.1	2758.3	3022.2	3248.9
11. 机械工业	33058.8	33090.2	39935.2	44309.5
其中：汽车工业	12931.8	12637.1	15556.1	17587.0
12. 电子工业	6240.1	6851.2	7580.1	9233.5
13. 电力工业	73251.1	81351.6	83561.6	91939.0
14. 市政公用工业	11828.8	14476.0	17340.2	19603.6
15. 其他工业	19255.3	22685.2	22311.5	23817.4
三、建筑业	50157.2	60063.5	73378.2	83902.7
四、地质勘查及水利业	3179.8	4068.2	5231.9	6101.0
五、交通运输仓储业	101190.1	123273.5	145347.0	161278.4
其中：铁路运输业	37377.8	43436.1	50641.8	56985.5
道路运输业	34654.3	45517.8	54735.4	58449.5
水上运输业	8343.9	9391.4	9290.0	10628.0
航空运输业	7273.3	8525.8	9892.5	11075.1
仓储业	7926.9	10104.0	12874.6	15093.9
六、邮电通信业	27456.7	29238.6	30880.5	32830.6
七、批发和零售、餐饮业	45942.1	49406.3	57828.5	63430.5
八、房地产业	51326.2	73380.1	96595.7	115610.3
九、信息技术服务业	1247.1	1458.3	2098.8	2776.7
十、社会服务业	100421.6	128298.8	155870.2	191921.6
十一、卫生体育福利业	1580.9	1109.7	1270.5	1595.5
十二、教育文化广播业	4102.7	4560.6	5807.6	6812.2
十三、科学研究和技术服务业	6704.9	7148.8	10832.1	12336.7
十四、机关社团及其他	73017.6	88361.7	104451.4	126884.9

企业资产总额和增长指标

行业划分）

2015 年	比上年增长（%）2011 年	2012 年	2013 年	2014 年	2015 年	平均增长（%）
1406831.5	**18.6**	**17.9**	**16.3**	**13.8**	**18.7**	**16.7**
10787.8	25.6	17.6	17.8	14.5	3.7	13.2
6427.6	31.8	19.2	10.9	16.6	11.3	14.5
1865.2	11.6	15.7	9.8	33.3	-11.9	10.5
572.0	14.6	19.7	17.7	9.3	6.0	13.1
230.5	-4.4	3.8	47.9	-18.7	5.6	7.1
382103.9	15.3	10.7	8.0	7.8	3.6	7.5
37411.5	19.7	17.6	6.3	7.6	-2.6	7.0
45367.8	5.9	2.9	10.8	2.2	-5.7	2.4
47206.3	11.2	9.3	6.0	2.9	-2.6	3.8
9945.5	20.6	35.4	16.0	0.3	2.3	12.7
20712.1	23.4	21.2	7.3	4.4	8.9	10.3
173.4	3.9	20.9	0.1	8.7	-5.5	5.6
3474.9	18.4	18.0	3.4	4.7	8.3	8.4
8971.1	7.8	-11.2	17.2	32.2	7.0	10.2
1233.2	-6.8	23.3	-6.1	2.3	8.1	6.4
3628.0	11.1	27.2	9.6	7.5	11.7	13.7
46866.7	22.1	0.1	20.7	11.0	5.8	9.1
18381.4	21.8	-2.3	23.1	13.1	4.5	9.2
10664.5	3.2	9.8	10.6	21.8	15.5	14.3
97481.3	11.7	11.1	2.7	10.0	6.0	7.4
22192.6	62.7	22.4	19.8	13.1	13.2	17.0
26775.1	23.5	17.8	-1.6	6.7	12.4	8.6
100545.9	28.9	19.8	22.2	14.3	19.8	19.0
7744.7	16.5	27.9	28.6	16.6	26.9	24.9
189044.9	19.5	21.8	17.9	11.0	17.2	16.9
64625.6	25.1	16.2	16.6	12.5	13.4	14.7
68362.1	77.6	31.3	20.3	6.8	17.0	18.5
11434.3	18.5	12.6	-1.1	14.4	7.6	8.2
12015.7	1.4	17.2	16.0	12.0	8.5	13.4
21986.3	13.7	27.5	27.4	17.2	45.7	29.1
35994.8	10.5	6.5	5.6	6.3	9.6	7.0
65742.0	19.2	7.5	17.0	9.7	3.6	9.4
138991.1	9.8	43.0	31.6	19.7	20.2	28.3
3787.7	-38.5	16.9	43.9	32.3	36.4	32.0
236377.8	49.5	27.8	21.5	23.1	23.2	23.9
1750.2	436.4	-29.8	14.5	25.6	9.7	2.6
7671.0	16.4	11.2	27.3	17.3	12.6	16.9
13945.1	53.3	6.6	51.5	13.9	13.0	20.1
212344.6	0.3	21.0	18.2	21.5	67.4	30.6

2011—2015 年全国国有

（按所在

项　　目	资产总额（亿元）			
	2011 年	2012 年	2013 年	2014 年
全国合计	**759081.8**	**894890.1**	**1040947.3**	**1184715.0**
北京市	157500.4	168928.5	182015.3	198944.0
天津市	29587.1	34365.1	40377.4	44972.1
河北省	16639.9	19291.3	21772.1	22082.1
山西省	20619.0	24971.3	27705.1	30421.9
内蒙古自治区	13732.7	17281.4	18818.6	20206.7
辽宁省	20749.8	23581.4	26582.0	29209.9
其中：大连市	4771.8	5324.0	5868.4	6827.7
吉林省	7350.8	8543.6	9748.3	11320.2
黑龙江省	12248.4	13797.3	19957.4	21672.1
上海市	54534.6	57620.3	64034.7	71449.8
浙江省	28853.5	34520.1	42852.4	47743.5
其中：宁波市	5939.7	7377.0	9044.2	9967.0
江苏省	38704.9	58666.0	71781.8	84380.6
安徽省	18683.5	22827.0	27322.5	31432.8
福建省	16275.4	19853.8	23854.7	27101.8
其中：厦门市	4741.6	5635.7	6324.8	7060.1
江西省	8852.7	12298.0	14425.7	18093.0
山东省	31345.0	37997.3	44278.1	48270.4
其中：青岛市	5601.4	6581.8	7826.7	9139.9
河南省	18841.9	22068.1	24404.8	27638.7
湖北省	22060.6	24582.0	29180.9	35252.0
湖南省	13020.5	16228.5	19064.8	21589.0
广东省	47082.9	53194.9	61839.0	75872.6
其中：深圳市	12467.1	13957.8	15758.3	22283.5
海南省	3411.3	4153.7	4966.9	4931.9
广西壮族自治区	12944.1	15742.1	18645.3	22143.3
贵州省	12661.5	16170.1	20900.6	25893.4
四川省	29291.8	35936.4	41141.6	48124.0
重庆市	25792.8	31967.8	38471.7	45725.4
云南省	19354.4	23011.8	27420.5	30712.9
陕西省	21001.6	25083.3	28446.7	32895.7
甘肃省	9405.2	11384.0	13612.6	14693.3
青海省	3632.4	4721.8	6108.3	6836.7
西藏自治区	595.9	787.1	1258.6	1436.4
宁夏回族自治区	2975.6	3469.4	4176.6	4864.4
新疆维吾尔自治区	11232.4	15300.7	19052.2	21924.8

企业资产总额和增长指标

地区划分）

2015年	比上年增长（%） 2011年	2012年	2013年	2014年	2015年	平均增长（%）
1406831.5	**18.6**	**17.9**	**16.3**	**13.8**	**18.7**	**16.7**
222657.2	10.0	7.3	7.7	9.3	11.9	9.0
49993.0	24.5	16.1	17.5	11.4	11.2	14.0
25915.1	10.4	15.9	12.9	1.4	17.4	11.7
31870.1	21.7	21.1	10.9	9.8	4.8	11.5
24385.6	36.2	25.8	8.9	7.4	20.7	15.4
31232.1	8.2	13.6	12.7	9.9	6.9	10.8
7060.3	13.7	11.6	10.2	16.3	3.4	10.3
12380.4	26.7	16.2	14.1	16.1	9.4	13.9
24628.3	16.3	12.6	44.6	8.6	13.6	19.1
87966.2	8.2	5.7	11.1	11.6	23.1	12.7
55632.1	21.6	19.6	24.1	11.4	16.5	17.8
11554.7	23.0	24.2	22.6	10.2	15.9	18.1
96461.7	21.3	51.6	22.4	17.6	14.3	25.6
35993.7	28.4	22.2	19.7	15.0	14.5	17.8
31393.5	20.6	22.0	20.2	13.6	15.8	17.8
8259.4	13.4	18.9	12.2	11.6	17.0	14.9
20599.8	28.2	38.9	17.3	25.4	13.9	23.5
54189.2	22.1	21.2	16.5	9.0	12.3	14.7
11327.1	29.0	17.5	18.9	16.8	23.9	19.2
31348.5	20.1	17.1	10.6	13.3	13.4	13.6
40908.3	17.1	11.4	18.7	20.8	16.0	16.7
24325.8	28.5	24.6	17.5	13.2	12.7	16.9
140083.4	18.0	13.0	16.2	22.7	84.6	31.3
80294.0	18.6	12.0	12.9	41.4	260.3	59.3
6326.2	17.3	21.8	19.6	-0.7	28.3	16.7
26044.4	30.1	21.6	18.4	18.8	17.6	19.1
32196.5	29.0	27.7	29.3	23.9	24.3	26.3
54881.0	23.1	22.7	14.5	17.0	14.0	17.0
54195.8	49.6	23.9	20.3	18.9	18.5	20.4
36591.9	21.0	18.9	19.2	12.0	19.1	17.3
37253.7	30.4	19.4	13.4	15.6	13.2	15.4
17466.2	55.5	21.0	19.6	7.9	18.9	16.7
8413.1	20.9	30.0	29.4	11.9	23.1	23.4
2284.3	36.6	32.1	59.9	14.1	59.0	39.9
5276.3	20.1	16.6	20.4	16.5	8.5	15.4
24235.6	46.4	36.2	24.5	15.1	10.5	21.2

2011—2015 年全国国有

（按隶属

项　　目	资产总额（亿元）			
	2011 年	2012 年	2013 年	2014 年
全国合计	**759081.8**	**894890.1**	**1040947.3**	**1184715.0**
中央小计	**384075.3**	**434119.3**	**485948.9**	**539776.0**
地方小计	**375006.5**	**460770.9**	**554998.5**	**644939.0**
北京市	26344.0	30368.0	35135.2	41801.9
天津市	22068.1	25997.5	30933.8	35088.1
河北省	9679.8	10376.6	13564.9	13188.0
山西省	14011.1	17229.0	19529.3	21554.7
内蒙古自治区	4402.5	6301.5	7486.0	8236.4
辽宁省	9286.3	10941.6	12686.9	13918.0
其中：大连市	2097.5	2575.0	2781.2	2912.1
吉林省	2306.2	3009.8	2867.7	3818.9
黑龙江省	3331.1	3790.2	8592.1	8857.9
上海市	36472.4	38636.9	44143.9	48240.9
浙江省	22357.1	26223.0	31568.0	37048.2
其中：宁波市	4290.4	5287.1	6528.1	7329.8
江苏省	26489.6	43578.4	53979.3	64677.9
安徽省	14311.9	17533.7	21042.0	23955.0
福建省	11580.4	14322.7	17703.0	20517.3
其中：厦门市	4259.8	5038.8	5814.4	6560.4
江西省	4963.8	7695.3	10472.6	12056.4
山东省	21654.0	25964.2	31755.2	35317.2
其中：青岛市	3611.6	4284.6	5271.3	6242.4
河南省	10124.2	12145.3	13799.0	15411.8
湖北省	8553.5	10299.1	12515.9	16987.2
湖南省	7808.7	9683.3	11290.7	12965.2
广东省	28330.8	31171.9	36403.4	46302.3
其中：深圳市	4968.2	5594.5	6572.4	9037.4
海南省	1961.7	2364.3	2770.6	2182.5
广西壮族自治区	8697.9	10947.7	13189.0	16088.6
贵州省	7649.5	10236.8	13942.1	17795.4
四川省	14631.7	18799.2	21671.4	26516.5
重庆市	21793.1	27622.8	33286.8	39542.4
云南省	12819.4	15342.5	18350.8	20842.0
陕西省	12459.9	15647.9	18055.1	21270.8
甘肃省	5590.4	7087.9	8449.2	8701.5
青海省	1809.5	2789.2	3835.3	4270.0
西藏自治区	284.5	294.3	550.6	718.9
宁夏回族自治区	807.0	892.8	973.1	1525.3
新疆维吾尔自治区	2426.4	3477.8	4455.9	5542.3

企业资产总额和增长指标

关系划分）

	比上年增长（%）					平均增长（%）
2015 年	2011 年	2012 年	2013 年	2014 年	2015 年	
1406831.5	**18.6**	**17.9**	**16.3**	**13.8**	**18.7**	**16.7**
647694.5	**16.3**	**13.0**	**11.9**	**11.1**	**20.0**	**14.0**
759137.0	**21.0**	**22.9**	**20.4**	**16.2**	**17.7**	**19.3**
47205.5	21.2	15.3	15.7	19.0	12.9	15.7
39761.3	22.8	17.8	19.0	13.4	13.3	15.9
16619.1	5.7	7.2	30.7	-2.8	26.0	14.5
23114.0	21.4	23.0	13.4	10.4	7.2	13.3
11094.2	19.9	43.1	18.8	10.0	34.7	26.0
14737.0	11.9	17.8	16.0	9.7	5.9	12.2
3242.8	18.4	22.8	8.0	4.7	11.4	11.5
4112.8	9.4	30.5	-4.7	33.2	7.7	15.6
9362.2	16.6	13.8	126.7	3.1	5.7	29.5
62522.5	5.6	5.9	14.3	9.3	29.6	14.4
42479.1	18.7	17.3	20.4	17.4	14.7	17.4
8363.1	19.2	23.2	23.5	12.3	14.1	18.2
74704.5	16.2	64.5	23.9	19.8	15.5	29.6
27675.6	27.0	22.5	20.0	13.8	15.5	17.9
24142.5	17.6	23.7	23.6	15.9	17.7	20.2
7566.7	15.2	18.3	15.4	12.8	15.3	15.4
13752.4	20.8	55.0	36.1	15.1	14.1	29.0
40164.2	20.0	19.9	22.3	11.2	13.7	16.7
7533.2	19.0	18.6	23.0	18.4	20.7	20.2
18300.5	10.0	20.0	13.6	11.7	18.7	16.0
20146.6	40.9	20.4	21.5	35.7	18.6	23.9
14732.9	28.9	24.0	16.6	14.8	13.6	17.2
53043.4	18.4	10.0	16.8	27.2	14.6	17.0
11432.3	6.1	12.6	17.5	37.5	26.5	23.2
3306.1	13.3	20.5	17.2	-21.2	51.5	13.9
19951.0	33.6	25.9	20.5	22.0	24.0	23.1
23327.2	27.8	33.8	36.2	27.6	31.1	32.1
31661.2	19.3	28.5	15.3	22.4	19.4	21.3
46887.2	54.6	26.8	20.5	18.8	18.6	21.1
24805.0	22.7	19.7	19.6	13.6	19.0	17.9
24891.9	35.4	25.6	15.4	17.8	17.0	18.9
11182.0	66.7	26.8	19.2	3.0	28.5	18.9
5671.1	18.3	54.1	37.5	11.3	32.8	33.1
1418.3	45.4	3.4	87.1	30.6	97.3	49.4
1638.8	9.5	10.6	9.0	56.7	7.4	19.4
6727.0	32.5	43.3	28.1	24.4	21.4	29.0

（五）2011—2015 年全国国有

（按综合

项　　目	负债总额（亿元）			
	2011 年	2012 年	2013 年	2014 年
全国合计	**486090.8**	**575135.4**	**670974.6**	**765955.9**
一、按企业规模分类				
（一）大型	276509.2	317707.3	318806.2	366480.8
（二）中型	103002.4	121779.2	151297.3	173758.2
（三）小型	106579.2	135648.9	200871.1	225717.0
二、按资本构成分类				
（一）国有独资企业公司	195152.7	224283.3	264791.0	317770.4
（二）国有控股企业	285890.1	346254.0	402318.9	444354.9
（三）企业化管理事业单位	5048.0	4598.1	3864.7	3830.6
三、按组织形式分类				
（一）公司制	406936.8	483561.1	575266.2	657620.2
（二）非公司制	79154.1	91574.3	95708.4	108335.8
四、按盈利或亏损分类				
（一）盈利	355625.5	417660.8	484668.6	549680.7
（二）亏损	130465.3	157474.6	186306.0	216275.2
五、按隶属关系分类				
（一）中央	247078.7	282809.7	319851.1	354725.8
其中：管理企业	173387.3	196406.7	221162.5	243369.7
（二）地方	239012.1	292325.7	351123.5	411230.1
六、按经济带分类				
（一）东部沿海地区	305873.5	357203.3	412956.7	466002.4
（二）中部内陆地区	77713.1	91725.5	107077.6	124081.3
（三）西部边远地区	102504.2	126206.5	150940.3	175872.2
七、按产业性质分类				
（一）垄断性行业	177450.7	201479.5	226277.0	256524.3
（二）竞争性行业	266766.7	321332.9	388394.3	446667.4
（三）公益性及其他行业	41873.4	52323.0	56303.3	62764.2
八、按产业作用分类				
（一）基础性行业	220469.5	256897.6	287209.9	312396.3
（二）一般生产加工行业	61801.7	67626.8	77026.6	86310.5
（三）商贸服务及其他行业	203819.6	250611.0	306738.1	367249.1

企业负债总额和增长指标

情况划分）

	比上年增长（%）					平均增长（%）
2015 年	2011 年	2012 年	2013 年	2014 年	2015 年	
924417.2	**19.7**	**18.3**	**16.7**	**14.2**	**20.7**	**17.4**
447101.1	13.8	14.9	0.3	15.0	22.0	12.8
197017.5	31.1	18.2	24.2	14.8	13.4	17.6
280298.6	26.0	27.3	48.1	12.4	24.2	27.3
317634.5	60.4	14.9	18.1	20.0	0.0	13.0
601989.6	1.7	21.1	16.2	10.4	35.5	20.5
4793.1	53.1	-8.9	-16.0	-0.9	25.1	-1.3
892264.3	25.0	18.8	19.0	14.3	35.7	21.7
32152.8	-1.8	15.7	4.5	13.2	-70.3	-20.2
660323.2	15.2	17.4	16.0	13.4	20.1	16.7
264093.9	33.9	20.7	18.3	16.1	22.1	19.3
440887.5	18.9	14.5	13.1	10.9	24.3	15.6
312300.0	17.4	13.3	12.6	10.0	28.3	15.8
483529.6	20.6	22.3	20.1	17.1	17.6	19.3
573578.0	15.2	16.8	15.6	12.8	23.1	17.0
141745.0	23.0	18.0	16.7	15.9	14.2	16.2
209094.2	32.7	23.1	19.6	16.5	18.9	19.5
344329.0	18.0	13.5	12.3	13.4	34.2	18.0
512361.5	28.7	20.5	20.9	15.0	14.7	17.7
67726.7	-13.3	25.0	7.6	11.5	7.9	12.8
338234.3	17.7	16.5	11.8	8.8	8.3	11.3
98006.8	21.2	9.4	13.9	12.1	13.6	12.2
488176.1	21.5	23.0	22.4	19.7	32.9	24.4

2011—2015 年全国国有

（按基本

项　目	负债总额（亿元）			
	2011 年	2012 年	2013 年	2014 年
全国合计	**486090.8**	**575135.4**	**670974.6**	**765955.9**
一、农林牧渔业	4330.9	4986.0	5777.0	6637.1
其中：农业	2579.5	2991.8	3261.7	3831.0
林业	667.7	797.1	934.3	1227.2
畜牧业	210.6	255.1	291.9	301.0
渔业	115.9	114.1	137.4	136.1
二、工业	169055.7	188496.6	203723.9	218074.5
1. 煤炭工业	16499.1	20484.3	22699.2	25847.9
2. 石油和石化工业	13539.4	13033.1	15209.2	13447.5
3. 冶金工业	26454.8	30250.9	32371.0	33841.0
4. 建材工业	4084.9	5640.5	6532.4	6445.2
5. 化学工业	9627.0	11597.2	12825.1	13545.1
6. 森林工业	124.8	151.5	152.9	175.9
7. 食品工业	1753.5	2079.0	2176.9	2236.1
8. 烟草工业	1274.5	725.9	853.9	1685.0
9. 纺织工业	715.7	849.9	776.3	764.6
10. 医药工业	1055.9	1394.5	1359.5	1403.7
11. 机械工业	19936.1	19666.2	23885.0	26310.8
其中：汽车工业	6849.0	6430.9	8349.9	9035.2
12. 电子工业	3790.1	4088.6	4490.6	5196.1
13. 电力工业	51764.8	57002.3	57939.3	62473.9
14. 市政公用工业	6848.7	8568.7	10341.6	11650.3
15. 其他工业	11586.4	12964.0	12111.3	13051.5
三、建筑业	37331.7	43777.5	52626.0	60575.2
四、地质勘查及水利业	1329.4	1686.3	2073.2	2482.2
五、交通运输仓储业	63144.3	78382.3	92954.3	103679.2
其中：铁路运输业	22577.6	26928.7	31735.6	36382.4
道路运输业	22651.5	29741.5	35379.4	38049.3
水上运输业	4325.4	4944.6	5221.7	5746.6
航空运输业	4294.4	5113.2	5803.7	6385.7
仓储业	6523.6	8434.0	11006.9	12947.9
六、邮电通信业	9728.5	10393.4	11102.9	11745.7
七、批发和零售、餐饮业	32864.8	35389.4	42032.7	46234.5
八、房地产业	36812.1	51624.7	67767.3	82917.7
九、信息技术服务业	652.2	758.8	1179.0	1620.1
十、社会服务业	55790.8	70224.8	84273.4	102849.8
十一、卫生体育福利业	862.1	621.6	704.5	868.5
十二、教育文化广播业	1528.0	1701.5	2075.3	2543.8
十三、科学研究和技术服务业	4086.0	4285.1	6845.1	7388.1
十四、机关社团及其他	68574.2	82807.4	97840.2	118339.5

企业负债总额和增长指标

行业划分）

2015年	比上年增长（%） 2011年	2012年	2013年	2014年	2015年	平均增长（%）
924417.2	**19.7**	**18.3**	**16.7**	**14.2**	**20.7**	**17.4**
6946.7	29.0	15.1	15.9	14.9	4.7	12.5
4254.1	31.6	16.0	9.0	17.5	11.0	13.3
1145.5	16.4	19.4	17.2	31.3	-6.7	14.4
340.5	9.1	21.1	14.4	3.1	13.1	12.8
147.2	-18.1	-1.6	20.4	-0.9	8.1	6.1
225392.1	16.4	11.5	8.1	7.0	3.4	7.5
26359.3	27.4	24.2	10.8	13.9	2.0	12.4
10585.5	-1.8	-3.7	16.7	-11.6	-21.3	-6.0
34652.3	14.7	14.3	7.0	4.5	2.4	7.0
6513.3	21.1	38.1	15.8	-1.3	1.1	12.4
14591.3	26.8	20.5	10.6	5.6	7.7	11.0
151.6	12.2	21.4	0.9	15.1	-13.8	5.0
2357.8	18.8	18.6	4.7	2.7	5.4	7.7
2025.2	-4.0	-43.0	17.6	97.3	20.2	12.3
805.1	-3.2	18.8	-8.7	-1.5	5.3	3.0
1502.1	9.6	32.1	-2.5	3.3	7.0	9.2
27487.2	16.8	-1.4	21.5	10.2	4.5	8.4
9267.3	9.0	-6.1	29.8	8.2	2.6	7.9
5776.4	12.6	7.9	9.8	15.7	11.2	11.1
64165.9	11.7	10.1	1.6	7.8	2.7	5.5
13193.8	65.0	25.1	20.7	12.7	13.2	17.8
15225.3	29.6	11.9	-6.6	7.8	16.7	7.1
71349.6	25.5	17.3	20.2	15.1	17.8	17.6
3177.0	12.6	26.8	22.9	19.7	28.0	24.3
120799.3	22.3	24.1	18.6	11.5	16.5	17.6
41313.8	30.8	19.3	17.9	14.6	13.6	16.3
43863.0	76.2	31.3	19.0	7.5	15.3	18.0
5947.1	39.0	14.3	5.6	10.1	3.5	8.3
6479.8	-0.7	19.1	13.5	10.0	1.5	10.8
18917.0	7.9	29.3	30.5	17.6	46.1	30.5
14062.9	10.8	6.8	6.8	5.8	19.7	9.6
45977.7	22.6	7.7	18.8	10.0	-0.6	8.8
100340.0	8.4	40.2	31.3	22.4	21.0	28.5
2145.1	-40.1	16.3	55.4	37.4	32.4	34.7
124698.6	48.4	25.9	20.0	22.0	21.2	22.3
1032.4	389.8	-27.9	13.3	23.3	18.9	4.6
3006.8	17.0	11.4	22.0	22.6	18.2	18.4
8358.0	52.3	4.9	59.7	7.9	13.1	19.6
197131.0	9.8	20.8	18.2	21.0	66.6	30.2

2011—2015 年全国国有

（按所在

项　　目	负债总额（亿元）			
	2011 年	2012 年	2013 年	2014 年
全国合计	**486090.8**	**575135.4**	**670974.6**	**765955.9**
北京市	110745.6	121992.1	131535.8	142805.2
天津市	19079.2	22991.5	26328.0	28990.6
河北省	11353.6	12524.8	14336.4	14612.5
山西省	13738.4	17103.9	19321.5	21731.1
内蒙古自治区	8767.9	10882.2	12617.3	13784.7
辽宁省	13370.0	15022.4	17119.3	18587.2
其中：大连市	3294.8	3403.9	3792.8	4429.3
吉林省	4774.2	5444.1	6501.3	7449.9
黑龙江省	7525.5	8202.5	10750.0	12415.3
上海市	30060.8	31302.4	34711.9	38780.0
浙江省	16731.3	19959.5	24917.1	28367.0
其中：宁波市	3843.4	4752.2	5782.1	6348.1
江苏省	23865.1	36578.4	45523.1	54223.8
安徽省	11708.2	14042.5	16520.3	19065.4
福建省	10025.5	12092.6	14670.3	17088.7
其中：厦门市	3178.5	3733.9	4272.3	4716.0
江西省	4691.7	6358.9	7465.9	9732.8
山东省	20577.3	24762.9	29079.9	31881.8
其中：青岛市	3884.7	4434.7	5205.6	5953.2
河南省	12914.0	14854.1	16233.1	18044.6
湖北省	14377.3	15902.7	18923.5	22794.3
湖南省	7983.8	9816.8	11362.1	12848.0
广东省	28307.0	32469.1	37621.2	45541.4
其中：深圳市	6990.1	8290.9	9304.4	13246.6
海南省	2160.0	2492.7	3053.6	3243.6
广西壮族自治区	7603.3	9288.6	11178.9	13385.6
贵州省	8607.1	10368.7	13425.8	16706.4
四川省	18050.9	22081.6	25794.1	29685.5
重庆市	16686.5	20723.1	25049.0	30210.8
云南省	11725.3	14218.0	16863.6	19118.7
陕西省	13207.9	15950.5	18182.3	21191.4
甘肃省	5576.8	6590.8	7943.9	8745.7
青海省	2153.6	2500.4	3196.6	3922.7
西藏自治区	244.6	350.5	651.9	715.5
宁夏回族自治区	2002.7	2387.9	2846.3	3171.8
新疆维吾尔自治区	7877.5	10864.1	13190.6	15233.6

企业负债总额和增长指标

地区划分）

	比上年增长（%）					平均增长（%）
2015 年	2011 年	2012 年	2013 年	2014 年	2015 年	
924417.2	**19.7**	**18.3**	**16.7**	**14.2**	**20.7**	**17.4**
157047.9	13.4	10.2	7.8	8.6	10.0	9.1
32626.4	28.5	20.5	14.5	10.1	12.5	14.4
17727.3	12.5	10.3	14.5	1.9	21.3	11.8
23334.1	21.6	24.5	13.0	12.5	7.4	14.2
16527.4	33.3	24.1	15.9	9.3	19.9	17.2
20180.5	8.1	12.4	14.0	8.6	8.6	10.8
4475.0	9.5	3.3	11.4	16.8	1.0	8.0
8243.6	28.0	14.0	19.4	14.6	10.7	14.6
15208.4	20.5	9.0	31.1	15.5	22.5	19.2
45252.4	6.8	4.1	10.9	11.7	16.7	10.8
33303.9	19.2	19.3	24.8	13.8	17.4	18.8
7138.4	19.9	23.6	21.7	9.8	12.4	16.7
62275.2	20.4	53.3	24.5	19.1	14.8	27.1
22072.9	26.4	19.9	17.6	15.4	15.8	17.2
19508.0	19.0	20.6	21.3	16.5	14.2	18.1
5286.7	6.8	17.5	14.4	10.4	12.1	13.6
11514.1	28.3	35.5	17.4	30.4	18.3	25.2
36129.0	21.9	20.3	17.4	9.6	13.3	15.1
7476.3	29.4	14.2	17.4	14.4	25.6	17.8
20826.5	16.0	15.0	9.3	11.2	15.4	12.7
25889.9	25.2	10.6	19.0	20.5	13.6	15.8
14655.6	24.9	23.0	15.7	13.1	14.1	16.4
102083.7	16.2	14.7	15.9	21.1	124.2	37.8
66117.9	20.1	18.6	12.2	42.4	399.1	75.4
4090.4	15.0	15.4	22.5	6.2	26.1	17.3
16715.4	31.7	22.2	20.4	19.7	24.9	21.8
21450.9	24.7	20.5	29.5	24.4	28.4	25.6
33855.3	22.0	22.3	16.8	15.1	14.0	17.0
35976.2	56.1	24.2	20.9	20.6	19.1	21.2
23008.0	21.0	21.3	18.6	13.4	20.3	18.4
24429.2	29.8	20.8	14.0	16.5	15.3	16.6
10271.6	54.8	18.2	20.5	10.1	17.4	16.5
4724.9	19.2	16.1	27.8	22.7	20.5	21.7
1335.6	46.8	43.3	86.0	9.8	86.7	52.9
3615.7	20.9	19.2	19.2	11.4	14.0	15.9
17183.9	46.1	37.9	21.4	15.5	12.8	21.5

2011—2015 年全国国有企业

（按隶属

项目	负债总额（亿元）			
	2011 年	2012 年	2013 年	2014 年
全国合计	**486090.8**	**575135.4**	**670974.6**	**765955.9**
中央小计	**247078.7**	**282809.7**	**319851.1**	**354725.8**
地方小计	**239012.1**	**292325.7**	**351123.5**	**411230.1**
北京市	17838.3	20761.3	24149.2	28319.6
天津市	15137.1	18160.1	21400.1	24091.4
河北省	6677.2	6789.0	8952.9	8912.2
山西省	9683.6	12443.8	14595.7	16537.5
内蒙古自治区	2636.8	3811.0	4553.3	5236.1
辽宁省	6080.4	7074.1	8334.0	9016.2
其中：大连市	1160.3	1329.2	1504.4	1554.6
吉林省	1498.0	1942.8	1980.0	2653.1
黑龙江省	2217.8	2441.1	3959.8	4537.8
上海市	21666.5	22648.3	25912.8	27966.9
浙江省	13003.0	15284.0	18543.5	22219.3
其中：宁波市	2737.3	3412.7	4209.0	4809.5
江苏省	16138.2	27006.8	34079.6	41882.3
安徽省	8832.8	10610.9	12399.4	14126.7
福建省	7334.3	8906.8	11022.1	13012.9
其中：厦门市	2979.9	3490.2	4121.1	4594.8
江西省	2834.1	4262.4	5665.4	6848.3
山东省	14562.5	17687.4	21740.4	24249.4
其中：青岛市	2309.3	2660.4	3244.7	3814.9
河南省	7161.3	8535.8	9608.7	10512.3
湖北省	5909.9	7114.5	8542.6	11439.1
湖南省	4707.2	5632.7	6431.8	7498.6
广东省	17579.7	19143.8	21956.9	27424.1
其中：深圳市	2417.8	2804.7	3376.5	4554.3
海南省	1239.4	1405.5	1674.2	1426.9
广西壮族自治区	5358.6	6762.6	8230.3	10159.3
贵州省	5108.8	6243.6	8483.1	10901.9
四川省	8946.8	11246.8	12987.2	15622.6
重庆市	13990.4	17618.4	21287.0	25830.2
云南省	8133.7	9947.7	11817.2	13723.7
陕西省	8098.8	10279.6	12120.8	14405.6
甘肃省	3480.3	4273.4	5122.6	5502.1
青海省	1129.3	1558.9	2092.0	2626.7
西藏自治区	132.6	148.1	270.2	383.1
宁夏回族自治区	548.3	615.4	587.0	781.4
新疆维吾尔自治区	1346.3	1969.2	2624.0	3382.9

负债总额和增长指标

关系划分）

2015 年	比上年增长（%） 2011 年	2012 年	2013 年	2014 年	2015 年	平均增长（%）
924417.2	**19.7**	**18.3**	**16.7**	**14.2**	**20.7**	**17.4**
440887.5	**18.9**	**14.5**	**13.1**	**10.9**	**24.3**	**15.6**
483529.6	**20.6**	**22.3**	**20.1**	**17.1**	**17.6**	**19.3**
31857.9	23.4	16.4	16.3	17.3	12.5	15.6
27758.1	24.5	20.0	17.8	12.6	15.2	16.4
11635.0	8.7	1.7	31.9	-0.5	30.6	14.9
18040.2	23.4	28.5	17.3	13.3	9.1	16.8
6930.1	18.0	44.5	19.5	15.0	32.4	27.3
9360.1	7.6	16.3	17.8	8.2	3.8	11.4
1704.3	8.2	14.6	13.2	3.3	9.6	10.1
2870.4	16.1	29.7	1.9	34.0	8.2	17.7
4895.1	10.3	10.1	62.2	14.6	7.9	21.9
33323.7	1.9	4.5	14.4	7.9	19.2	11.4
25444.6	15.1	17.5	21.3	19.8	14.5	18.3
5532.0	15.1	24.7	23.3	14.3	15.0	19.2
48839.5	13.9	67.3	26.2	22.9	16.6	31.9
16594.8	24.6	20.1	16.9	13.9	17.5	17.1
15128.1	16.1	21.4	23.7	18.1	16.3	19.8
5092.5	10.2	17.1	18.1	11.5	10.8	14.3
8062.0	20.5	50.4	32.9	20.9	17.7	29.9
27921.6	21.9	21.5	22.9	11.5	15.1	17.7
4852.8	20.6	15.2	22.0	17.6	27.2	20.4
12669.4	12.0	19.2	12.6	9.4	20.5	15.3
13137.4	36.4	20.4	20.1	33.9	14.8	22.1
8693.5	23.5	19.7	14.2	16.6	15.9	16.6
30670.5	21.2	8.9	14.7	24.9	11.8	14.9
5285.8	16.9	16.0	20.4	34.9	16.1	21.6
2020.5	11.2	13.4	19.1	-14.8	41.6	13.0
13032.8	34.2	26.2	21.7	23.4	28.3	24.9
15037.7	21.1	22.2	35.9	28.5	37.9	31.0
18962.4	18.2	25.7	15.5	20.3	21.4	20.7
30911.9	63.4	25.9	20.8	21.3	19.7	21.9
16581.5	21.3	22.3	18.8	16.1	20.8	19.5
17123.3	34.7	26.9	17.9	18.9	18.9	20.6
6871.3	66.3	22.8	19.9	7.4	24.9	18.5
3218.1	18.1	38.0	34.2	25.6	22.5	29.9
881.2	56.4	11.7	82.5	41.8	130.0	60.6
873.7	11.4	12.2	-4.6	33.1	11.8	12.4
4183.2	21.7	46.3	33.3	28.9	23.7	32.8

（六）2011—2015 年全国国有

（按综合

项　　目	所有者权益总额（亿元）			
	2011 年	2012 年	2013 年	2014 年
全国合计	**272991.0**	**319754.7**	**369972.8**	**418759.1**
一、按企业规模分类				
（一）大型	156553.0	167792.8	166451.4	189840.0
（二）中型	50614.0	65009.8	78329.6	90904.4
（三）小型	65824.0	86952.1	125191.8	138014.8
二、按资本构成分类				
（一）国有独资企业公司	121775.9	142323.0	166904.8	199038.2
（二）国有控股企业	147475.6	173147.1	199748.7	216393.2
（三）企业化管理事业单位	3739.5	4284.7	3319.4	3327.7
三、按组织形式分类				
（一）公司制	244568.9	295360.7	346773.9	390219.8
（二）非公司制	28422.1	24394.0	23198.9	28539.3
四、按盈利或亏损分类				
（一）盈利	213779.8	245979.4	291424.2	326141.3
（二）亏损	59211.2	73775.3	78548.6	92617.8
五、按隶属关系分类				
（一）中央	136996.5	151309.6	166097.8	185050.2
其中：管理企业	106340.3	116970.2	128256.4	142889.6
（二）地方	135994.5	168445.1	203875.0	233708.9
六、按经济带分类				
（一）东部沿海地区	168910.4	191515.2	218127.9	245836.1
（二）中部内陆地区	43964.4	53590.3	64731.9	73338.3
（三）西部边远地区	60116.2	74649.3	87112.9	99584.7
七、按产业性质分类				
（一）垄断性行业	96028.3	105165.2	114911.8	128995.0
（二）竞争性行业	145090.1	174301.0	210682.8	238984.9
（三）公益性及其他行业	31872.6	40288.5	44378.2	50779.2
八、按产业作用分类				
（一）基础性行业	147044.1	164474.4	181142.2	197079.1
（二）一般生产加工行业	40181.8	45591.6	52272.2	58072.8
（三）商贸服务及其他行业	85765.1	109688.7	136558.4	163607.2

企业所有者权益总额和增长指标

情况划分）

2015 年	比上年增长（%） 2011 年	2012 年	2013 年	2014 年	2015 年	平均增长（%）
482414.4	**16.6**	**17.1**	**15.7**	**13.2**	**15.2**	**15.3**
202077.0	2.9	7.2	-0.8	14.1	6.4	6.6
103280.4	33.1	28.4	20.5	16.1	13.6	19.5
177056.9	49.8	32.1	44.0	10.2	28.3	28.1
225896.7	54.8	16.9	17.3	19.3	13.5	16.7
252516.9	-3.7	17.4	15.4	8.3	16.7	14.4
4000.8	53.7	14.6	-22.5	0.3	20.2	1.7
456867.6	18.3	20.8	17.4	12.5	17.1	16.9
25546.7	3.9	-14.2	-4.9	23.0	-10.5	-2.6
381057.7	16.5	15.1	18.5	11.9	16.8	15.5
101356.7	16.7	24.6	6.5	17.9	9.4	14.4
206807.0	11.9	10.4	9.8	11.4	11.8	10.8
158592.5	11.3	10.0	9.6	11.4	11.0	10.5
275607.4	21.7	23.9	21.0	14.6	17.9	19.3
287974.3	10.7	13.4	13.9	12.7	17.1	14.3
80309.9	21.4	21.9	20.8	13.3	9.5	16.3
114130.2	32.4	24.2	16.7	14.3	14.6	17.4
143941.3	11.6	9.5	9.3	12.3	11.6	10.6
283738.2	28.8	20.1	20.9	13.4	18.7	18.3
54734.9	-10.2	26.4	10.2	14.4	7.8	14.5
213107.7	12.9	11.9	10.1	8.8	8.1	9.7
64689.7	22.7	13.5	14.7	11.1	11.4	12.6
204617.0	20.4	27.9	24.5	19.8	25.1	24.3

2011—2015 年全国国有

（按基本

项　　目	所有者权益总额（亿元）			
	2011 年	2012 年	2013 年	2014 年
全国合计	**272991.0**	**319754.7**	**369972.8**	**418759.1**
一、农林牧渔业	2233.9	2735.2	3316.5	3770.4
其中：农业	1165.1	1471.0	1688.8	1942.3
林业	582.5	648.8	653.4	889.7
畜牧业	139.5	164.2	201.8	238.5
渔业	59.2	67.6	131.3	82.3
二、工业	117134.3	128304.3	138537.5	150752.1
1. 煤炭工业	12063.8	13102.1	13017.5	12575.3
2. 石油和石化工业	27716.8	29429.9	31852.2	34663.0
3. 冶金工业	14243.0	14230.5	14761.5	14644.1
4. 建材工业	2088.2	2719.0	3163.4	3279.7
5. 化学工业	4367.5	5370.7	5386.6	5469.8
6. 森林工业	14.7	17.2	16.1	7.6
7. 食品工业	759.3	886.4	890.0	973.7
8. 烟草工业	4813.7	4682.9	5487.8	6697.5
9. 纺织工业	247.3	337.6	338.9	375.7
10. 医药工业	1112.3	1363.8	1662.7	1845.2
11. 机械工业	13122.8	13424.0	16050.1	17998.7
其中：汽车工业	6082.7	6206.2	7206.2	8551.9
12. 电子工业	2450.0	2762.6	3089.6	4037.4
13. 电力工业	21486.3	24349.2	25622.4	29465.1
14. 市政公用工业	4980.1	5907.3	6998.6	7953.3
15. 其他工业	7668.5	9721.2	10200.2	10765.9
三、建筑业	12825.6	16286.1	20752.2	23327.6
四、地质勘查及水利业	1850.4	2381.9	3158.7	3618.7
五、交通运输仓储业	38045.7	44891.3	52392.7	57599.2
其中：铁路运输业	14800.2	16507.5	18906.2	20603.1
道路运输业	12002.8	15776.2	19356.0	20400.3
水上运输业	4018.5	4446.8	4068.3	4881.4
航空运输业	2978.9	3412.7	4088.8	4689.4
仓储业	1403.3	1670.0	1867.7	2146.0
六、邮电通信业	17728.2	18845.2	19777.6	21084.9
七、批发和零售、餐饮业	13077.4	14016.9	15795.8	17196.0
八、房地产业	14514.1	21755.4	28828.5	32692.6
九、信息技术服务业	594.9	699.5	919.9	1156.6
十、社会服务业	44630.8	58074.0	71596.8	89071.9
十一、卫生体育福利业	718.8	488.1	566.0	726.9
十二、教育文化广播业	2574.7	2859.1	3732.3	4268.3
十三、科学研究和技术服务业	2618.8	2863.7	3987.0	4948.6
十四、机关社团及其他	4443.3	5554.2	6611.3	8545.4

企业所有者权益总额和增长指标

行业划分）

	比上年增长（%）					平均增长（%）
2015 年	2011 年	2012 年	2013 年	2014 年	2015 年	
482414.4	**16.6**	**17.1**	**15.7**	**13.2**	**15.2**	**15.3**
3841.1	19.6	22.4	21.3	13.7	1.9	14.5
2173.4	32.1	26.3	14.8	15.0	11.9	16.9
719.7	6.5	11.4	0.7	36.2	-19.1	5.4
231.5	24.1	17.7	22.9	18.2	-2.9	13.5
83.3	42.0	14.3	94.2	-37.4	1.3	8.9
156711.9	13.7	9.5	8.0	8.8	4.0	7.5
11052.2	10.6	8.6	-0.6	-3.4	-12.1	-2.2
34782.4	10.1	6.2	8.2	8.8	0.3	5.8
12554.0	5.1	-0.1	3.7	-0.8	-14.3	-3.1
3432.2	19.7	30.2	16.3	3.7	4.6	13.2
6120.8	16.7	23.0	0.3	1.5	11.9	8.8
21.7	-36.1	17.0	-6.6	-52.4	184.6	10.3
1117.0	17.6	16.7	0.4	9.4	14.7	10.1
6945.8	11.4	-2.7	17.2	22.0	3.7	9.6
428.1	-16.0	36.5	0.4	10.9	13.9	14.7
2125.9	12.5	22.6	21.9	11.0	15.2	17.6
19379.5	31.3	2.3	19.6	12.1	7.7	10.2
9114.1	40.3	2.0	16.1	18.7	6.6	10.6
4888.2	-8.7	12.8	11.8	30.7	21.1	18.8
33315.4	11.9	13.3	5.2	15.0	13.1	11.6
8998.8	59.5	18.6	18.5	13.6	13.1	15.9
11549.8	15.4	26.8	4.9	5.5	7.3	10.8
29196.3	40.0	27.0	27.4	12.4	25.2	22.8
4567.6	19.5	28.7	32.6	14.6	26.2	25.3
68245.6	15.1	18.0	16.7	9.9	18.5	15.7
23311.8	17.3	11.5	14.5	9.0	13.1	12.0
24499.1	80.4	31.4	22.7	5.4	20.1	19.5
5487.2	2.3	10.7	-8.5	20.0	12.4	8.1
5535.9	4.7	14.6	19.8	14.7	18.1	16.8
3069.2	51.3	19.0	11.8	14.9	43.0	21.6
21931.8	10.3	6.3	4.9	6.6	4.0	5.5
19764.4	11.5	7.2	12.7	8.9	14.9	10.9
38651.1	13.4	49.9	32.5	13.4	18.2	27.7
1642.6	-36.6	17.6	31.5	25.7	42.0	28.9
111679.2	50.8	30.1	23.3	24.4	25.4	25.8
717.9	505.6	-32.1	16.0	28.4	-1.2	0.0
4664.3	16.0	11.0	30.5	14.4	9.3	16.0
5587.1	54.8	9.4	39.2	24.1	12.9	20.9
15213.5	-56.9	25.0	19.0	29.3	78.0	36.0

2011—2015 年全国国有企业

（按所在

项　　目	所有者权益总额（亿元）			
	2011 年	2012 年	2013 年	2014 年
全国合计	**272991.0**	**319754.7**	**369972.8**	**418759.1**
北京市	46754.8	46936.4	50479.6	56138.8
天津市	10507.9	11373.6	14049.4	15981.6
河北省	5286.2	6766.6	7435.7	7469.6
山西省	6880.6	7867.4	8383.6	8690.8
内蒙古自治区	4964.8	6399.2	6201.3	6422.1
辽宁省	7379.8	8559.0	9462.7	10622.8
其中：大连市	1477.0	1920.1	2075.6	2398.4
吉林省	2576.6	3099.5	3247.0	3870.3
黑龙江省	4722.9	5594.7	9207.4	9256.8
上海市	24473.8	26318.0	29322.8	32669.8
浙江省	12122.2	14560.6	17935.3	19376.5
其中：宁波市	2096.2	2624.7	3262.1	3619.0
江苏省	14839.8	22087.6	26258.8	30156.8
安徽省	6975.3	8784.6	10802.2	12367.4
福建省	6249.9	7761.2	9184.4	10013.2
其中：厦门市	1563.0	1901.8	2052.5	2344.1
江西省	4161.0	5939.1	6959.8	8360.2
山东省	10767.7	13234.4	15198.2	16388.6
其中：青岛市	1716.7	2147.1	2621.1	3186.7
河南省	5928.0	7214.0	8171.8	9594.1
湖北省	7683.3	8679.3	10257.5	12457.7
湖南省	5036.7	6411.7	7702.7	8741.0
广东省	18775.9	20725.8	24217.8	30331.2
其中：深圳市	5477.0	5666.8	6454.0	9036.8
海南省	1251.3	1660.9	1913.3	1688.3
广西壮族自治区	5340.7	6453.4	7466.4	8757.7
贵州省	4054.4	5801.4	7474.8	9187.0
四川省	11240.9	13854.8	15347.5	18438.5
重庆市	9106.3	11244.6	13422.7	15514.6
云南省	7629.1	8793.8	10557.0	11594.2
陕西省	7793.7	9132.8	10264.5	11704.4
甘肃省	3828.5	4793.2	5668.6	5947.6
青海省	1478.8	2221.4	2911.7	2914.1
西藏自治区	351.3	436.6	606.6	720.8
宁夏回族自治区	972.9	1081.5	1330.3	1692.6
新疆维吾尔自治区	3354.8	4436.6	5861.5	6691.2

所有者权益总额和增长指标

地区划分）

2015年	比上年增长（%）					平均增长（%）
	2011年	2012年	2013年	2014年	2015年	
482414.4	**16.6**	**17.1**	**15.7**	**13.2**	**15.2**	**15.3**
65609.3	2.6	0.4	7.5	11.2	16.9	8.8
17366.7	18.0	8.2	23.5	13.8	8.7	13.4
8187.9	6.3	28.0	9.9	0.5	9.6	11.6
8536.0	22.1	14.3	6.6	3.7	-1.8	5.5
7858.2	41.7	28.9	-3.1	3.6	22.4	12.2
11051.6	8.3	16.0	10.6	12.3	4.0	10.6
2585.3	24.2	30.0	8.1	15.6	7.8	15.0
4136.8	24.3	20.3	4.8	19.2	6.9	12.6
9419.9	10.1	18.5	64.6	0.5	1.8	18.8
42713.8	10.0	7.5	11.4	11.4	30.7	14.9
22328.2	25.1	20.1	23.2	8.0	15.2	16.5
4416.3	29.2	25.2	24.3	10.9	22.0	20.5
34186.6	22.9	48.8	18.9	14.8	13.4	23.2
13920.8	31.8	25.9	23.0	14.5	12.6	18.9
11885.5	23.2	24.2	18.3	9.0	18.7	17.4
2972.7	29.6	21.7	7.9	14.2	26.8	17.4
9085.7	28.1	42.7	17.2	20.1	8.7	21.6
18060.3	22.3	22.9	14.8	7.8	10.2	13.8
3850.9	28.0	25.1	22.1	21.6	20.8	22.4
10522.0	29.9	21.7	13.3	17.4	9.7	15.4
15018.4	4.4	13.0	18.2	21.5	20.6	18.2
9670.3	34.5	27.3	20.1	13.5	10.6	17.7
37999.7	20.9	10.4	16.8	25.2	25.3	19.3
14176.1	16.9	3.5	13.9	40.0	56.9	26.8
2235.7	21.5	32.7	15.2	-11.8	32.4	15.6
9329.0	28.0	20.8	15.7	17.3	6.5	15.0
10745.6	39.2	43.1	28.8	22.9	17.0	27.6
21025.7	24.8	23.3	10.8	20.1	14.0	16.9
18219.6	39.1	23.5	19.4	15.6	17.4	18.9
13584.0	21.0	15.3	20.1	9.8	17.2	15.5
12824.4	31.6	17.2	12.4	14.0	9.6	13.3
7194.7	56.4	25.2	18.3	4.9	21.0	17.1
3688.1	23.4	50.2	31.1	0.1	26.6	25.7
948.7	30.4	24.3	38.9	18.8	31.6	28.2
1660.5	18.3	11.2	23.0	27.2	-1.9	14.3
7051.8	47.2	32.2	32.1	14.2	5.4	20.4

2011—2015 年全国国有企业

（按隶属

项　　目	所有者权益总额（亿元）			
	2011 年	2012 年	2013 年	2014 年
全国合计	**272991.0**	**319754.7**	**369972.8**	**418759.1**
中央小计	**136996.5**	**151309.6**	**166097.8**	**185050.2**
地方小计	**135994.5**	**168445.1**	**203875.0**	**233708.9**
北京市	8505.6	9606.8	10986.0	13482.3
天津市	6930.9	7837.4	9533.7	10996.7
河北省	3002.6	3587.5	4612.0	4275.8
山西省	4327.5	4785.2	4933.7	5017.2
内蒙古自治区	1765.7	2490.4	2932.7	3000.4
辽宁省	3205.9	3867.5	4352.9	4901.8
其中：大连市	937.1	1245.8	1276.8	1357.5
吉林省	808.2	1067.0	887.7	1165.8
黑龙江省	1113.3	1349.1	4632.3	4320.2
上海市	14805.9	15988.5	18231.1	20273.9
浙江省	9354.1	10939.0	13024.5	14828.9
其中：宁波市	1553.1	1874.4	2319.2	2520.2
江苏省	10351.4	16571.6	19899.8	22795.6
安徽省	5479.1	6922.8	8642.7	9828.3
福建省	4246.1	5415.9	6680.9	7504.4
其中：厦门市	1279.9	1548.6	1693.3	1965.6
江西省	2129.7	3432.9	4807.2	5208.1
山东省	7091.5	8276.7	10014.8	11067.8
其中：青岛市	1302.3	1624.3	2026.6	2427.5
河南省	2962.9	3609.5	4190.3	4899.5
湖北省	2643.7	3184.6	3973.3	5548.0
湖南省	3101.6	4050.6	4858.9	5466.5
广东省	10751.1	12028.1	14446.5	18878.2
其中：深圳市	2550.4	2789.8	3195.9	4483.1
海南省	722.3	958.8	1096.4	755.6
广西壮族自治区	3339.4	4185.1	4958.6	5929.2
贵州省	2540.8	3993.3	5458.9	6893.5
四川省	5684.9	7552.4	8684.2	10893.9
重庆市	7802.7	10004.4	11999.8	13712.2
云南省	4685.7	5394.8	6533.6	7118.3
陕西省	4361.2	5368.3	5934.3	6865.2
甘肃省	2110.1	2814.5	3326.6	3199.3
青海省	680.2	1230.3	1743.4	1643.3
西藏自治区	151.9	146.2	280.4	335.8
宁夏回族自治区	258.7	277.4	386.1	743.9
新疆维吾尔自治区	1080.0	1508.7	1831.9	2159.4

所有者权益总额和增长指标

关系划分）

2015 年	比上年增长（%）					平均增长（%）
	2011 年	2012 年	2013 年	2014 年	2015 年	
482414.4	**16.6**	**17.1**	**15.7**	**13.2**	**15.2**	**15.3**
206807.0	**11.9**	**10.4**	**9.8**	**11.4**	**11.8**	**10.8**
275607.4	**21.7**	**23.9**	**21.0**	**14.6**	**17.9**	**19.3**
15347.6	16.9	12.9	14.4	22.7	13.8	15.9
12003.2	19.3	13.1	21.6	15.3	9.2	14.7
4984.1	-0.5	19.5	28.6	-7.3	16.6	13.5
5073.8	17.2	10.6	3.1	1.7	1.1	4.1
4164.0	22.9	41.0	17.8	2.3	38.8	23.9
5377.0	20.9	20.6	12.6	12.6	9.7	13.8
1538.6	34.0	32.9	2.5	6.3	13.3	13.2
1242.4	-1.1	32.0	-16.8	31.3	6.6	11.3
4467.0	31.6	21.2	243.4	-6.7	3.4	41.5
29198.8	11.6	8.0	14.0	11.2	44.0	18.5
17034.5	24.3	16.9	19.1	13.9	14.9	16.2
2831.1	27.3	20.7	23.7	8.7	12.3	16.2
25865.1	20.1	60.1	20.1	14.6	13.5	25.7
11080.9	31.2	26.3	24.8	13.7	12.7	19.3
9014.5	20.2	27.5	23.4	12.3	20.1	20.7
2474.2	28.7	21.0	9.3	16.1	25.9	17.9
5690.4	21.2	61.2	40.0	8.3	9.3	27.9
12242.5	16.2	16.7	21.0	10.5	10.6	14.6
2680.5	16.3	24.7	24.8	19.8	10.4	19.8
5631.0	5.6	21.8	16.1	16.9	14.9	17.4
7009.1	52.2	20.5	24.8	39.6	26.3	27.6
6039.3	38.0	30.6	20.0	12.5	10.5	18.1
22372.9	14.2	11.9	20.1	30.7	18.5	20.1
6146.5	-2.5	9.4	14.6	40.3	37.1	24.6
1285.6	17.3	32.7	14.3	-31.1	70.1	15.5
6918.2	32.8	25.3	18.5	19.6	16.7	20.0
8289.5	43.7	57.2	36.7	26.3	20.3	34.4
12698.9	21.1	32.8	15.0	25.4	16.6	22.3
15975.3	41.1	28.2	19.9	14.3	16.5	19.6
8223.6	25.2	15.1	21.1	8.9	15.5	15.1
7768.6	36.7	23.1	10.5	15.7	13.2	15.5
4310.7	67.3	33.4	18.2	-3.8	34.7	19.6
2453.0	18.8	80.9	41.7	-5.7	49.3	37.8
537.1	37.0	-3.8	91.8	19.8	59.9	37.1
765.1	5.8	7.2	39.2	92.7	2.8	31.1
2543.9	48.9	39.7	21.4	17.9	17.8	23.9

（七）2011—2015 年全国国有企业偿债能力指标

（按综合情况划分）

项　　目	资产负债率（%）				
	2011 年	2012 年	2013 年	2014 年	2015 年
全　　国	**64.0**	**64.3**	**64.5**	**64.7**	**65.7**
一、按企业规模分类					
（一）大型	63.8	65.4	65.7	65.9	68.9
（二）中型	67.1	65.2	65.9	65.7	65.6
（三）小型	61.8	60.9	61.6	62.1	61.3
二、按资本构成分类					
（一）国有独资企业公司	61.6	61.2	61.3	61.5	58.4
（二）国有控股企业	66.0	66.7	66.8	67.3	70.5
（三）企业化管理事业单位	57.4	51.8	53.8	53.5	54.5
三、按组织形式分类					
（一）公司制	62.5	62.1	62.4	62.8	66.1
（二）非公司制	73.6	79.0	80.5	79.2	55.7
四、按盈利或亏损分类					
（一）盈利	62.5	62.9	62.4	62.8	63.4
（二）亏损	68.8	68.1	70.3	70.0	72.3
五、按隶属关系分类					
（一）中央	64.3	65.2	65.8	65.7	68.1
其中：管理企业	62.0	62.7	63.3	63.0	66.3
（二）地方	63.7	63.4	63.3	63.8	63.7
六、按经济带分类					
（一）东部沿海地区	64.4	65.1	65.4	65.5	66.6
（二）中部内陆地区	63.9	63.1	62.3	62.9	63.8
（三）西部边远地区	63.0	62.8	63.4	63.9	64.7
七、按产业性质分类					
（一）垄断性行业	64.9	65.7	66.3	66.5	70.5
（二）竞争性行业	64.8	64.8	64.8	65.1	64.4
（三）公益性及其他行业	56.8	56.5	55.9	55.3	55.3
八、按产业作用分类					
（一）基础性行业	60.0	61.0	61.3	61.3	61.4
（二）一般生产加工行业	60.6	59.7	59.6	59.8	60.2
（三）商贸服务及其他行业	70.4	69.6	69.2	69.2	70.5

2011—2015 年全国国有企业偿债能力指标

（按基本行业划分）

项　　目	资产负债率（%）				
	2011 年	2012 年	2013 年	2014 年	2015 年
全　　国	**64.0**	**64.3**	**64.5**	**64.7**	**65.7**
一、农林牧渔业	66.0	64.6	63.5	63.8	64.4
其中：农业	68.9	67.0	65.9	66.4	66.2
林业	53.4	55.1	58.8	58.0	61.4
畜牧业	60.2	60.8	59.1	55.8	59.5
渔业	66.2	62.8	51.1	62.3	63.8
二、工业	59.1	59.5	59.5	59.1	59.0
1. 煤炭工业	57.8	61.0	63.6	67.3	70.5
2. 石油和石化工业	32.8	30.7	32.3	28.0	23.3
3. 冶金工业	65.0	68.0	68.7	69.8	73.4
4. 建材工业	66.2	67.5	67.4	66.3	65.5
5. 化学工业	68.8	68.4	70.4	71.2	70.5
6. 森林工业	89.5	89.8	90.5	95.8	87.5
7. 食品工业	69.8	70.1	71.0	69.7	67.9
8. 烟草工业	20.9	13.4	13.5	20.1	22.6
9. 纺织工业	74.3	71.6	69.6	67.1	65.3
10. 医药工业	48.7	50.6	45.0	43.2	41.4
11. 机械工业	60.3	59.4	59.8	59.4	58.7
其中：汽车工业	53.0	50.9	53.7	51.4	50.4
12. 电子工业	60.7	59.7	59.2	56.3	54.2
13. 电力工业	70.7	70.1	69.3	68.0	65.8
14. 市政公用工业	57.9	59.2	59.6	59.4	59.5
15. 其他工业	58.6	57.2	54.3	54.8	56.9
三、建筑业	74.4	72.9	71.7	72.2	71.0
四、地质勘查及水利业	41.8	41.5	39.6	40.7	41.0
五、交通运输仓储业	62.4	63.6	64.0	64.3	63.9
其中：铁路运输业	60.4	62.0	62.7	63.9	63.9
道路运输业	65.4	65.3	64.6	65.1	64.2
水上运输业	51.8	52.7	56.2	54.1	52.0
航空运输业	59.0	60.0	58.7	57.7	53.9
仓储业	82.3	83.5	85.5	85.8	86.0
六、邮电通信业	35.4	35.6	36.0	35.8	39.1
七、批发和零售、餐饮业	71.5	71.6	72.7	72.9	69.9
八、房地产业	71.7	70.4	70.2	71.7	72.2
九、信息技术服务业	52.3	52.0	56.2	58.4	56.6
十、社会服务业	55.6	54.7	54.1	53.6	52.8
十一、卫生体育福利业	54.5	56.0	55.5	54.4	59.0
十二、教育文化广播业	37.2	37.3	35.7	37.3	39.2
十三、科学研究和技术服务业	60.9	59.9	63.2	59.9	59.9
十四、机关社团及其他	93.9	93.7	93.7	93.3	92.8

2011—2015 年全国国有企业偿债能力指标

（按所在地区划分）

项　　目	资产负债率（%）				
	2011 年	2012 年	2013 年	2014 年	2015 年
全　　国	**64.0**	**64.3**	**64.5**	**64.7**	**65.7**
北京市	70.3	72.2	72.3	71.8	70.5
天津市	64.5	66.9	65.2	64.5	65.3
河北省	68.2	64.9	65.8	66.2	68.4
山西省	66.6	68.5	69.7	71.4	73.2
内蒙古自治区	63.8	63.0	67.0	68.2	67.8
辽宁省	64.4	63.7	64.4	63.6	64.6
其中：大连市	69.0	63.9	64.6	64.9	63.4
吉林省	64.9	63.7	66.7	65.8	66.6
黑龙江省	61.4	59.5	53.9	57.3	61.8
上海市	55.1	54.3	54.2	54.3	51.4
浙江省	58.0	57.8	58.1	59.4	59.9
其中：宁波市	64.7	64.4	63.9	63.7	61.8
江苏省	61.7	62.4	63.4	64.3	64.6
安徽省	62.7	61.5	60.5	60.7	61.3
福建省	61.6	60.9	61.5	63.1	62.1
其中：厦门市	67.0	66.3	67.5	66.8	64.0
江西省	53.0	51.7	51.8	53.8	55.9
山东省	65.6	65.2	65.7	66.1	66.7
其中：青岛市	69.4	67.4	66.5	65.1	66.0
河南省	68.5	67.3	66.5	65.3	66.4
湖北省	65.2	64.7	64.8	64.7	63.3
湖南省	61.3	60.5	59.6	59.5	60.3
广东省	60.1	61.0	60.8	60.0	72.9
其中：深圳市	56.1	59.4	59.0	59.5	82.3
海南省	63.3	60.0	61.5	65.8	64.7
广西壮族自治区	58.7	59.0	60.0	60.5	64.2
贵州省	68.0	64.1	64.2	64.5	66.6
四川省	61.6	61.5	62.7	61.7	61.7
重庆市	64.7	64.8	65.1	66.1	66.4
云南省	60.6	61.8	61.5	62.3	62.9
陕西省	62.9	63.6	63.9	64.4	65.6
甘肃省	59.3	57.9	58.4	59.5	58.8
青海省	59.3	53.0	52.3	57.4	56.2
西藏自治区	41.1	44.5	51.8	49.8	58.5
宁夏回族自治区	67.3	68.8	68.1	65.2	68.5
新疆维吾尔自治区	70.1	71.0	69.2	69.5	70.9

2011—2015 年全国国有企业偿债能力指标

（按隶属关系划分）

项　　目	资产负债率（%）				
	2011 年	2012 年	2013 年	2014 年	2015 年
全　　国	**64.0**	**64.3**	**64.5**	**64.7**	**65.7**
中　　央	**64.3**	**65.2**	**65.8**	**65.7**	**68.1**
地　　方	**63.7**	**63.4**	**63.3**	**63.8**	**63.7**
北京市	67.7	68.4	68.7	67.8	67.5
天津市	68.6	69.9	69.2	68.7	69.8
河北省	69.0	65.4	66.0	67.6	70.0
山西省	69.1	72.2	74.7	76.7	78.1
内蒙古自治区	59.9	60.5	60.8	63.6	62.5
辽宁省	65.5	64.7	65.7	64.8	63.5
其中：大连市	55.3	51.6	54.1	53.4	52.6
吉林省	65.0	64.6	69.0	69.5	69.8
黑龙江省	66.6	64.4	46.1	51.2	52.3
上海市	59.4	58.6	58.7	58.0	53.3
浙江省	58.2	58.3	58.7	60.0	59.9
其中：宁波市	63.8	64.6	64.5	65.6	66.2
江苏省	60.9	62.0	63.1	64.8	65.4
安徽省	61.7	60.5	58.9	59.0	60.0
福建省	63.3	62.2	62.3	63.4	62.7
其中：厦门市	70.0	69.3	70.9	70.0	67.3
江西省	57.1	55.4	54.1	56.8	58.6
山东省	67.3	68.1	68.5	68.7	69.5
其中：青岛市	63.9	62.1	61.6	61.1	64.4
河南省	70.7	70.3	69.6	68.2	69.2
湖北省	69.1	69.1	68.3	67.3	65.2
湖南省	60.3	58.2	57.0	57.8	59.0
广东省	62.1	61.4	60.3	59.2	57.8
其中：深圳市	48.7	50.1	51.4	50.4	46.2
海南省	63.2	59.5	60.4	65.4	61.1
广西壮族自治区	61.6	61.8	62.4	63.2	65.3
贵州省	66.8	61.0	60.8	61.3	64.5
四川省	61.1	59.8	59.9	58.9	59.9
重庆市	64.2	63.8	64.0	65.3	65.9
云南省	63.4	64.8	64.4	65.9	66.9
陕西省	65.0	65.7	67.1	67.7	68.8
甘肃省	62.3	60.3	60.6	63.2	61.5
青海省	62.4	55.9	54.5	61.5	56.8
西藏自治区	46.6	50.3	49.1	53.3	62.1
宁夏回族自治区	67.9	68.9	60.3	51.2	53.3
新疆维吾尔自治区	55.5	56.6	58.9	61.0	62.2

2011—2015 年全国国有企业偿债能力指标

（按综合情况划分）

项　　目	获利倍数（倍）				
	2011 年	2012 年	2013 年	2014 年	2015 年
全　　国	**4.3**	**3.4**	**3.3**	**3.1**	**2.9**
一、按企业规模分类					
（一）大型	4.5	3.7	3.8	3.6	3.3
（二）中型	4.2	3.6	3.1	2.8	2.7
（三）小型	3.1	2.4	2.3	2.3	2.2
二、按资本构成分类					
（一）国有独资企业公司	3.4	2.7	2.6	2.5	2.2
（二）国有控股企业	4.7	3.8	3.6	3.5	3.3
（三）企业化管理事业单位	8.4	6.0	3.9	3.9	2.8
三、按组织形式分类					
（一）公司制	4.3	3.4	3.3	3.1	2.8
（二）非公司制	3.9	3.3	2.8	2.8	4.4
四、按盈利或亏损分类					
（一）盈利	8.6	7.4	6.6	6.5	6.5
（二）亏损	-2.0	-1.6	-1.9	-1.9	-2.1
五、按隶属关系分类					
（一）中央	4.8	4.1	4.0	3.7	3.5
其中：管理企业	4.7	4.0	3.9	3.6	3.5
（二）地方	3.7	2.7	2.6	2.5	2.3
六、按经济带分类					
（一）东部沿海地区	5.0	3.9	3.7	3.6	3.5
（二）中部内陆地区	3.8	3.0	3.2	3.0	2.3
（三）西部边远地区	3.2	2.7	2.4	2.2	2.0
七、按产业性质分类					
（一）垄断性行业	4.2	3.9	3.7	3.7	3.6
（二）竞争性行业	4.3	3.1	2.9	2.7	2.4
（三）公益性及其他行业	4.5	4.2	4.4	4.2	4.1
八、按产业作用分类					
（一）基础性行业	3.3	2.6	2.4	2.2	1.8
（二）一般生产加工行业	6.9	5.0	5.0	4.9	4.9
（三）商贸服务及其他行业	6.4	5.7	5.5	5.1	4.8

2011—2015 年全国国有企业偿债能力指标

（按基本行业划分）

项　　目	获利倍数（倍）				
	2011 年	2012 年	2013 年	2014 年	2015 年
全　　国	**4.3**	**3.4**	**3.3**	**3.1**	**2.9**
一、农林牧渔业	2.2	2.3	2.5	1.8	1.3
其中：农业	1.8	2.5	3.0	1.7	1.4
林业	5.3	3.1	2.7	3.3	1.1
畜牧业	4.2	2.6	2.1	2.0	1.7
渔业	4.1	5.9	6.3	3.4	-0.2
二、工业	4.2	3.2	3.0	2.8	2.2
1. 煤炭工业	6.8	3.8	2.3	0.9	-0.1
2. 石油和石化工业	13.6	10.1	8.7	7.2	4.0
3. 冶金工业	2.2	0.9	0.9	0.7	-0.4
4. 建材工业	4.8	2.4	2.6	2.6	1.4
5. 化学工业	2.4	1.5	1.3	1.0	1.2
6. 森林工业	-1.1	-1.3	-0.8	9.5	1.1
7. 食品工业	2.3	2.1	1.0	1.5	2.4
8. 烟草工业	81.4	62.4	71.7	86.3	79.3
9. 纺织工业	2.5	1.4	2.7	1.2	1.5
10. 医药工业	8.0	7.3	9.3	10.1	10.2
11. 机械工业	9.9	6.2	5.8	6.0	5.7
其中：汽车工业	19.5	12.7	12.5	14.1	12.6
12. 电子工业	5.9	3.2	4.2	4.2	4.3
13. 电力工业	1.6	2.1	2.2	2.4	2.7
14. 市政公用工业	2.8	3.2	3.1	3.0	3.0
15. 其他工业	5.0	4.9	5.4	4.4	5.5
三、建筑业	3.4	2.6	2.8	2.9	3.4
四、地质勘查及水利业	3.3	3.5	2.0	3.9	1.6
五、交通运输仓储业	1.8	1.5	1.4	1.5	1.5
其中：铁路运输业	1.3	1.2	1.1	1.1	1.1
道路运输业	1.5	1.3	1.3	1.2	1.3
水上运输业	2.1	0.9	0.5	2.6	3.2
航空运输业	6.2	3.4	2.6	2.7	3.8
仓储业	1.6	1.6	1.4	1.3	1.3
六、邮电通信业	22.0	22.1	23.3	20.2	22.1
七、批发和零售、餐饮业	6.2	5.9	6.0	5.5	4.5
八、房地产业	7.8	6.7	6.4	5.3	4.3
九、信息技术服务业	8.4	5.9	6.8	5.0	4.6
十、社会服务业	3.9	3.1	2.8	2.7	2.8
十一、卫生体育福利业	9.1	5.5	3.5	2.6	2.1
十二、教育文化广播业	12.0	11.2	11.4	11.6	13.2
十三、科学研究和技术服务业	16.4	16.3	26.0	34.0	17.6
十四、机关社团及其他	-23.0	-13.1	-8.3	-10.1	-15.4

2011—2015 年全国国有企业偿债能力指标

（按所在地区划分）

项　目	获利倍数（倍）				
	2011 年	2012 年	2013 年	2014 年	2015 年
全　国	**4.3**	**3.4**	**3.3**	**3.1**	**2.9**
北京市	4.7	4.7	3.3	3.3	3.6
天津市	8.9	6.1	4.7	5.5	3.2
河北省	2.2	2.2	2.1	2.3	1.7
山西省	3.9	2.7	2.1	1.6	1.1
内蒙古自治区	4.4	3.1	1.0	0.9	0.6
辽宁省	2.3	1.4	2.0	1.9	0.8
其中：大连市	4.0	2.6	2.4	1.9	1.0
吉林省	6.2	5.3	5.1	6.1	3.9
黑龙江省	9.2	6.2	5.1	3.6	1.1
上海市	6.7	3.9	4.7	5.2	6.3
浙江省	4.9	4.0	4.4	3.5	3.4
其中：宁波市	4.3	3.5	4.3	3.7	4.3
江苏省	5.9	5.1	5.3	4.9	5.1
安徽省	4.2	3.4	3.5	3.1	2.8
福建省	3.9	3.3	3.4	3.1	3.2
其中：厦门市	7.6	4.3	5.5	4.8	7.1
江西省	2.8	2.3	4.0	3.6	3.4
山东省	4.5	3.6	3.3	3.1	3.0
其中：青岛市	3.9	4.0	4.8	3.8	3.8
河南省	2.1	1.9	2.1	2.1	1.7
湖北省	3.1	2.7	3.1	3.6	3.7
湖南省	4.6	3.7	4.4	3.7	2.8
广东省	5.0	3.3	4.2	4.1	5.4
其中：深圳市	7.4	4.5	5.6	6.0	10.0
海南省	5.1	4.4	4.5	3.5	2.0
广西壮族自治区	2.4	2.2	2.6	2.4	2.4
贵州省	2.8	3.1	2.7	2.6	2.5
四川省	2.7	2.3	2.1	2.0	2.1
重庆市	3.4	3.4	3.1	3.1	3.3
云南省	3.6	2.6	2.7	2.5	2.1
陕西省	3.7	2.9	2.7	2.5	2.3
甘肃省	2.5	1.9	2.3	1.9	0.6
青海省	2.3	2.3	1.9	1.6	1.0
西藏自治区	-0.4	1.8	1.3	3.5	4.8
宁夏回族自治区	3.2	2.4	2.6	1.9	0.8
新疆维吾尔自治区	3.3	2.9	2.8	2.0	1.5

2011—2015 年全国国有企业偿债能力指标

（按隶属关系划分）

项　　目	获利倍数（倍）				
	2011 年	2012 年	2013 年	2014 年	2015 年
全　　国	**4.3**	**3.4**	**3.3**	**3.1**	**2.9**
中　　央	**4.8**	**4.1**	**4.0**	**3.7**	**3.5**
地　　方	**3.7**	**2.7**	**2.6**	**2.5**	**2.3**
北京市	3.1	2.7	2.9	2.8	2.9
天津市	2.5	1.9	1.8	2.2	1.7
河北省	2.2	1.7	1.6	1.4	1.2
山西省	3.4	2.0	1.4	1.0	0.8
内蒙古自治区	4.9	2.6	1.3	1.2	0.2
辽宁省	2.9	2.1	2.3	2.1	0.7
其中：大连市	2.9	2.3	2.7	1.9	0.6
吉林省	2.9	2.1	1.7	2.0	1.0
黑龙江省	3.4	1.6	1.0	0.4	0.9
上海市	9.1	4.3	4.5	4.9	5.7
浙江省	3.7	2.8	3.0	2.5	2.3
其中：宁波市	3.0	2.5	2.2	1.7	1.5
江苏省	5.2	5.4	5.6	5.2	4.8
安徽省	4.1	3.1	3.1	2.7	2.4
福建省	4.0	2.9	3.1	2.9	2.9
其中：厦门市	7.2	3.7	5.2	4.3	6.3
江西省	4.1	2.4	3.7	3.3	3.2
山东省	4.0	2.5	2.0	2.1	2.2
其中：青岛市	6.7	5.2	5.1	4.2	4.2
河南省	1.8	1.3	1.3	1.2	0.8
湖北省	3.4	2.2	2.3	2.6	2.5
湖南省	4.1	2.8	3.3	2.4	1.5
广东省	4.0	3.0	3.6	3.6	3.8
其中：深圳市	8.2	5.2	6.4	6.7	8.6
海南省	5.8	4.3	3.6	7.0	1.1
广西壮族自治区	2.8	1.9	2.2	1.9	1.9
贵州省	3.9	4.0	3.3	3.3	3.2
四川省	3.2	3.0	2.2	2.0	2.0
重庆市	3.2	3.3	2.8	2.7	2.8
云南省	2.5	1.6	1.5	1.2	0.9
陕西省	3.8	2.7	2.1	1.9	1.6
甘肃省	2.7	2.1	1.7	1.5	-0.1
青海省	3.5	2.7	2.3	2.0	0.8
西藏自治区	13.0	19.3	11.9	16.7	16.1
宁夏回族自治区	1.5	1.1	2.0	2.1	0.3
新疆维吾尔自治区	2.7	2.7	2.2	1.4	1.3

2011—2015年全国国有企业偿债能力指标

（按综合情况划分）

项　　目	流动比率（%）				
	2011年	2012年	2013年	2014年	2015年
全　　国	**106.3**	**107.6**	**108.6**	**110.2**	**105.5**
一、按企业规模分类					
（一）大型	88.1	84.9	86.0	84.4	75.6
（二）中型	125.3	131.1	126.2	130.7	135.1
（三）小型	140.7	148.6	140.1	146.6	149.6
二、按资本构成分类					
（一）国有独资企业公司	110.7	115.4	119.2	120.3	162.9
（二）国有控股企业	103.0	102.3	101.7	103.4	86.9
（三）企业化管理事业单位	128.1	151.5	162.2	173.9	171.6
三、按组织形式分类					
（一）公司制	115.5	117.1	117.8	120.5	105.1
（二）非公司制	69.8	68.7	66.7	62.0	118.7
四、按盈利或亏损分类					
（一）盈利	109.6	110.6	111.6	113.0	107.9
（二）亏损	95.0	97.3	98.0	100.5	98.1
五、按隶属关系分类					
（一）中央	89.2	88.7	86.3	86.3	78.0
其中：管理企业	95.7	95.2	92.0	93.5	88.1
（二）地方	127.3	129.4	133.3	135.6	138.7
六、按经济带分类					
（一）东部沿海地区	105.2	106.0	106.9	108.7	100.5
（二）中部内陆地区	103.1	107.6	113.4	115.7	116.5
（三）西部边远地区	112.9	112.6	110.0	110.6	113.7
七、按产业性质分类					
（一）垄断性行业	65.6	63.5	59.6	60.3	54.1
（二）竞争性行业	126.8	128.1	131.7	133.7	139.5
（三）公益性及其他行业	164.4	168.2	169.3	180.2	187.1
八、按产业作用分类					
（一）基础性行业	82.8	81.6	78.6	78.6	79.4
（二）一般生产加工行业	129.2	130.4	135.5	135.2	136.6
（三）商贸服务及其他行业	117.8	119.7	121.4	122.8	111.7

2011—2015 年全国国有企业偿债能力指标

（按基本行业划分）

项　　目	流动比率（%）				
	2011 年	2012 年	2013 年	2014 年	2015 年
全　　国	**106.3**	**107.6**	**108.6**	**110.2**	**105.5**
一、农林牧渔业	102.9	102.7	105.9	107.4	107.8
其中：农业	95.1	93.2	96.9	97.9	100.2
林业	140.1	132.1	123.4	126.7	130.0
畜牧业	103.2	101.6	88.7	99.9	96.6
渔业	90.1	113.3	114.5	115.7	111.8
二、工业	91.8	88.0	82.8	83.0	82.2
1. 煤炭工业	105.7	94.0	78.0	72.6	63.0
2. 石油和石化工业	90.4	105.0	69.3	84.3	147.4
3. 冶金工业	79.2	68.4	63.1	55.5	50.1
4. 建材工业	85.9	75.2	69.7	68.5	67.8
5. 化学工业	84.1	79.7	73.9	67.9	67.8
6. 森林工业	72.0	74.9	69.4	64.7	71.9
7. 食品工业	88.8	88.7	90.8	92.6	92.8
8. 烟草工业	361.1	560.2	573.0	372.5	340.9
9. 纺织工业	78.8	79.0	85.4	84.7	87.6
10. 医药工业	135.8	141.2	167.2	175.5	182.3
11. 机械工业	128.1	128.4	129.3	128.6	129.0
其中：汽车工业	129.1	132.4	127.9	126.9	133.0
12. 电子工业	128.1	129.7	136.3	146.3	150.1
13. 电力工业	37.3	37.3	24.5	26.0	22.8
14. 市政公用工业	88.6	89.4	90.4	98.3	99.3
15. 其他工业	124.6	132.6	141.7	146.6	136.2
三、建筑业	113.9	123.0	132.1	131.7	140.7
四、地质勘查及水利业	190.7	184.3	254.5	271.5	263.5
五、交通运输仓储业	95.1	96.0	98.3	98.8	98.8
其中：铁路运输业	71.0	76.0	71.7	78.0	61.6
道路运输业	99.8	98.4	114.7	112.3	122.4
水上运输业	166.5	145.8	113.3	120.4	139.7
航空运输业	64.1	64.3	71.3	76.2	75.0
仓储业	103.6	106.0	105.1	102.0	100.7
六、邮电通信业	88.6	81.7	77.9	78.5	71.7
七、批发和零售、餐饮业	123.7	124.5	123.6	120.7	121.5
八、房地产业	175.1	179.1	179.0	182.5	185.7
九、信息技术服务业	193.3	191.4	175.8	167.2	180.4
十、社会服务业	208.0	213.7	224.8	243.9	262.2
十一、卫生体育福利业	157.3	160.8	186.6	244.3	210.9
十二、教育文化广播业	192.5	205.7	204.1	202.6	194.1
十三、科学研究和技术服务业	141.9	136.4	127.9	132.7	139.4
十四、机关社团及其他	60.7	59.2	57.9	57.1	50.3

2011—2015 年全国国有企业偿债能力指标

（按所在地区划分）

项　　目	流动比率（%）				
	2011 年	2012 年	2013 年	2014 年	2015 年
全　　国	**106.3**	**107.6**	**108.6**	**110.2**	**105.5**
北京市	81.0	79.9	78.0	76.3	62.4
天津市	142.2	140.0	141.9	147.2	158.5
河北省	98.9	94.4	94.7	92.1	94.0
山西省	97.9	91.2	89.1	86.2	77.7
内蒙古自治区	91.4	98.3	82.1	79.3	83.2
辽宁省	90.7	92.7	95.4	97.4	94.6
其中：大连市	115.8	125.1	129.9	129.8	134.0
吉林省	95.6	94.1	97.0	101.3	101.2
黑龙江省	100.3	100.6	110.2	115.0	113.1
上海市	134.5	139.5	144.5	141.5	135.0
浙江省	140.0	143.2	150.0	160.4	161.8
其中：宁波市	142.9	140.9	152.0	161.9	172.7
江苏省	128.0	124.5	128.0	133.5	133.7
安徽省	124.5	128.8	133.9	135.4	138.5
福建省	134.6	139.8	143.2	139.8	149.8
其中：厦门市	168.5	172.6	165.1	170.5	170.2
江西省	114.0	124.0	133.8	134.9	133.9
山东省	93.1	94.4	95.3	97.9	102.1
其中：青岛市	113.7	113.7	119.3	126.1	133.3
河南省	87.0	92.2	99.4	97.6	97.6
湖北省	86.5	100.7	104.2	114.2	127.0
湖南省	143.9	151.2	160.7	161.3	159.1
广东省	124.5	123.1	125.8	128.1	88.3
其中：深圳市	135.2	144.5	147.4	139.5	77.1
海南省	151.3	145.7	140.6	121.2	128.9
广西壮族自治区	138.8	133.9	136.8	142.4	128.9
贵州省	99.0	108.3	106.9	111.1	119.7
四川省	123.8	121.7	122.1	123.1	129.2
重庆市	118.0	115.6	117.9	115.8	117.2
云南省	136.6	136.2	129.8	132.1	133.8
陕西省	110.5	107.7	107.5	106.9	115.2
甘肃省	99.4	100.7	98.6	98.8	104.7
青海省	97.9	113.2	111.6	106.4	116.1
西藏自治区	126.3	148.8	162.3	173.2	102.1
宁夏回族自治区	82.8	75.2	68.9	71.5	72.6
新疆维吾尔自治区	86.5	84.3	77.8	76.8	79.1

2011—2015 年全国国有企业偿债能力指标

（按隶属关系划分）

项　　目	流动比率（%）				
	2011 年	2012 年	2013 年	2014 年	2015 年
全　　国	**106.3**	**107.6**	**108.6**	**110.2**	**105.5**
中　　央	**89.2**	**88.7**	**86.3**	**86.3**	**78.0**
地　　方	**127.3**	**129.4**	**133.3**	**135.6**	**138.7**
北京市	131.7	139.2	137.4	140.3	147.9
天津市	149.5	152.7	149.6	155.5	166.2
河北省	100.9	90.9	94.4	91.6	95.8
山西省	108.8	101.7	98.9	91.6	82.0
内蒙古自治区	147.1	147.5	137.4	128.7	122.5
辽宁省	93.3	94.9	97.2	97.8	102.8
其中：大连市	128.4	145.6	149.1	152.2	168.2
吉林省	94.4	98.5	104.9	108.5	103.9
黑龙江省	102.1	102.0	138.7	147.5	149.9
上海市	134.9	139.6	148.6	147.9	141.8
浙江省	150.7	157.1	164.8	176.0	175.8
其中：宁波市	183.7	176.2	181.6	187.0	197.5
江苏省	140.7	133.2	139.9	146.0	145.4
安徽省	136.5	142.0	150.9	151.9	155.6
福建省	145.9	153.3	159.1	156.5	167.8
其中：厦门市	167.9	171.0	164.1	170.6	173.8
江西省	126.8	140.4	148.6	153.3	155.5
山东省	100.4	97.9	99.8	104.0	107.1
其中：青岛市	126.0	126.8	126.4	136.4	144.4
河南省	88.6	92.5	104.8	106.0	106.3
湖北省	93.0	125.2	131.9	147.0	178.3
湖南省	163.8	187.5	209.0	210.0	199.0
广东省	134.2	138.0	142.1	141.4	151.3
其中：深圳市	169.1	192.7	180.4	181.0	238.6
海南省	178.6	170.0	176.4	140.5	160.7
广西壮族自治区	144.3	142.3	146.8	149.3	137.6
贵州省	106.8	120.7	119.5	124.9	137.0
四川省	168.4	164.6	160.0	166.3	174.3
重庆市	120.8	118.2	120.6	116.8	118.4
云南省	144.9	140.0	135.7	138.6	140.6
陕西省	113.5	105.3	103.1	101.9	117.4
甘肃省	104.5	105.6	103.3	104.0	109.6
青海省	119.3	127.0	131.2	126.0	139.9
西藏自治区	139.5	154.0	187.3	205.8	107.3
宁夏回族自治区	131.5	128.3	177.7	163.1	206.2
新疆维吾尔自治区	166.2	173.5	175.3	172.1	174.3

（八）2011—2015年全国国有企业资产周转率指标

（按综合情况划分）

项　　目	总资产周转率（次）				
	2011年	2012年	2013年	2014年	2015年
全　　国	**0.5**	**0.5**	**0.5**	**0.4**	**0.3**
一、按企业规模分类					
（一）大型	0.6	0.5	0.5	0.5	0.4
（二）中型	0.7	0.7	0.7	0.6	0.5
（三）小型	0.3	0.3	0.2	0.2	0.2
二、按资本构成分类					
（一）国有独资企业公司	0.4	0.4	0.3	0.3	0.2
（二）国有控股企业	0.6	0.6	0.6	0.6	0.4
（三）企业化管理事业单位	0.4	0.3	0.3	0.2	0.2
三、按组织形式分类					
（一）公司制	0.6	0.5	0.5	0.5	0.3
（二）非公司制	0.3	0.3	0.3	0.3	0.6
四、按盈利或亏损分类					
（一）盈利	0.6	0.6	0.5	0.5	0.4
（二）亏损	0.3	0.3	0.2	0.2	0.2
五、按隶属关系分类					
（一）中央	0.6	0.6	0.6	0.5	0.4
其中：管理企业	0.8	0.7	0.7	0.7	0.5
（二）地方	0.4	0.4	0.4	0.3	0.3
六、按经济带分类					
（一）东部沿海地区	0.5	0.5	0.5	0.4	0.3
（二）中部内陆地区	0.7	0.6	0.6	0.5	0.4
（三）西部边远地区	0.4	0.4	0.4	0.3	0.3
七、按产业性质分类					
（一）垄断性行业	0.3	0.3	0.2	0.2	0.2
（二）竞争性行业	0.7	0.7	0.7	0.6	0.5
（三）公益性及其他行业	0.2	0.2	0.2	0.2	0.2
八、按产业作用分类					
（一）基础性行业	0.5	0.4	0.4	0.4	0.3
（二）一般生产加工行业	0.7	0.6	0.6	0.7	0.6
（三）商贸服务及其他行业	0.5	0.5	0.5	0.4	0.3

2011—2015 年全国国有企业资产周转率指标

（按基本行业划分）

项　　目	总资产周转率（次）				
	2011 年	2012 年	2013 年	2014 年	2015 年
全　　国	**0.5**	**0.5**	**0.5**	**0.4**	**0.3**
一、农林牧渔业	0.4	0.3	0.3	0.3	0.3
其中：农业	0.3	0.3	0.3	0.2	0.3
林业	0.2	0.2	0.2	0.2	0.1
畜牧业	0.5	0.6	0.5	0.5	0.5
渔业	0.4	0.3	0.2	0.3	0.3
二、工业	0.6	0.5	0.5	0.5	0.4
1. 煤炭工业	0.6	0.5	0.4	0.3	0.2
2. 石油和石化工业	0.5	0.4	0.2	0.3	0.3
3. 冶金工业	0.7	0.6	0.5	0.5	0.4
4. 建材工业	0.7	0.6	0.6	0.6	0.5
5. 化学工业	0.7	0.7	0.5	0.5	0.4
6. 森林工业	0.4	0.4	0.3	0.3	0.3
7. 食品工业	1.1	1.1	1.1	1.2	1.1
8. 烟草工业	1.1	-0.2	-0.2	1.2	1.2
9. 纺织工业	0.6	0.6	0.6	0.6	0.6
10. 医药工业	0.6	0.6	0.5	0.5	0.4
11. 机械工业	0.8	0.7	0.7	0.7	0.7
其中：汽车工业	1.1	0.7	0.8	0.9	0.9
12. 电子工业	0.8	0.7	0.6	0.6	0.6
13. 电力工业	0.5	0.5	0.5	0.4	0.4
14. 市政公用工业	0.3	0.3	0.3	0.3	0.3
15. 其他工业	0.7	0.5	0.5	0.5	0.5
三、建筑业	0.8	0.7	0.7	0.6	0.6
四、地质勘查及水利业	0.2	0.2	0.1	0.1	0.1
五、交通运输仓储业	0.2	0.2	0.2	0.2	0.2
其中：铁路运输业	0.2	0.2	0.2	0.2	0.1
道路运输业	0.1	0.1	0.1	0.1	0.1
水上运输业	0.3	0.3	0.3	0.3	0.3
航空运输业	0.6	0.6	0.5	0.5	0.4
仓储业	0.7	0.6	0.6	0.5	0.3
六、邮电通信业	0.4	0.5	0.5	0.5	0.4
七、批发和零售、餐饮业	2.8	3.3	3.4	3.0	2.3
八、房地产业	0.1	0.1	0.1	0.1	0.1
九、信息技术服务业	0.7	0.6	0.6	0.5	0.5
十、社会服务业	0.1	0.1	0.1	0.1	0.1
十一、卫生体育福利业	0.5	0.7	0.6	0.4	0.3
十二、教育文化广播业	0.4	0.4	0.4	0.3	0.3
十三、科学研究和技术服务业	0.6	0.6	0.5	0.5	0.5
十四、机关社团及其他	-0.1	-0.1	-0.1	-0.1	0.0

2011—2015 年全国国有企业资产周转率指标

（按所在地区划分）

项　　目	总资产周转率（次）				
	2011 年	2012 年	2013 年	2014 年	2015 年
全　　国	**0.5**	**0.5**	**0.5**	**0.4**	**0.3**
北京市	0.3	0.2	0.2	0.1	0.1
天津市	0.5	0.5	0.5	0.5	0.4
河北省	0.9	0.8	0.7	0.7	0.6
山西省	0.8	0.8	0.8	0.7	0.5
内蒙古自治区	0.5	0.4	0.4	0.3	0.3
辽宁省	0.6	0.5	0.5	0.5	0.4
其中：大连市	0.4	0.5	0.5	0.4	0.4
吉林省	0.9	0.8	0.8	0.8	0.6
黑龙江省	0.6	0.6	0.4	0.4	0.3
上海市	0.6	0.6	0.6	0.7	0.5
浙江省	0.6	0.5	0.5	0.5	0.4
其中：宁波市	0.5	0.6	0.6	0.5	0.5
江苏省	0.5	0.4	0.4	0.4	0.3
安徽省	0.6	0.5	0.5	0.5	0.4
福建省	0.5	0.5	0.4	0.4	0.4
其中：厦门市	0.6	0.5	0.5	0.5	0.5
江西省	0.7	0.6	0.5	0.4	0.3
山东省	0.7	0.7	0.7	0.6	0.5
其中：青岛市	0.7	0.6	0.6	0.6	0.4
河南省	0.7	0.7	0.7	0.6	0.5
湖北省	0.5	0.5	0.5	0.5	0.5
湖南省	0.7	0.6	0.5	0.5	0.4
广东省	0.6	0.5	0.5	0.5	0.3
其中：深圳市	0.4	0.4	0.4	0.4	0.1
海南省	0.4	0.4	0.3	0.4	0.3
广西壮族自治区	0.5	0.5	0.5	0.5	0.4
贵州省	0.4	0.4	0.3	0.3	0.2
四川省	0.4	0.4	0.3	0.3	0.3
重庆市	0.3	0.3	0.2	0.2	0.2
云南省	0.4	0.4	0.4	0.4	0.3
陕西省	0.5	0.5	0.5	0.5	0.5
甘肃省	0.5	0.4	0.4	0.4	0.3
青海省	0.5	0.4	0.4	0.3	0.2
西藏自治区	0.2	0.2	0.1	0.1	0.1
宁夏回族自治区	0.5	0.5	0.4	0.4	0.3
新疆维吾尔自治区	0.4	0.4	0.4	0.3	0.3

2011—2015 年全国国有企业资产周转率指标

（按隶属关系划分）

项　　目	总资产周转率（次）				
	2011 年	2012 年	2013 年	2014 年	2015 年
全　　国	**0.5**	**0.5**	**0.5**	**0.4**	**0.3**
中　　央	**0.6**	**0.6**	**0.6**	**0.5**	**0.4**
地　　方	**0.4**	**0.4**	**0.4**	**0.3**	**0.3**
北京市	0.4	0.3	0.3	0.3	0.3
天津市	0.3	0.3	0.3	0.3	0.3
河北省	0.8	0.7	0.6	0.7	0.6
山西省	0.9	0.9	0.9	0.9	0.6
内蒙古自治区	0.4	0.3	0.2	0.2	0.2
辽宁省	0.4	0.4	0.4	0.3	0.3
其中：大连市	0.3	0.3	0.2	0.2	0.2
吉林省	0.4	0.3	0.2	0.2	0.2
黑龙江省	0.4	0.4	0.2	0.2	0.1
上海市	0.5	0.4	0.5	0.5	0.4
浙江省	0.4	0.4	0.3	0.3	0.2
其中：宁波市	0.1	0.1	0.1	0.1	0.1
江苏省	0.3	0.2	0.2	0.2	0.1
安徽省	0.5	0.4	0.4	0.4	0.3
福建省	0.5	0.4	0.4	0.4	0.3
其中：厦门市	0.7	0.6	0.6	0.6	0.6
江西省	0.7	0.6	0.5	0.4	0.4
山东省	0.6	0.6	0.5	0.5	0.4
其中：青岛市	0.4	0.4	0.4	0.4	0.3
河南省	0.7	0.6	0.6	0.5	0.4
湖北省	0.3	0.3	0.3	0.3	0.2
湖南省	0.4	0.3	0.3	0.3	0.2
广东省	0.4	0.4	0.4	0.4	0.3
其中：深圳市	0.2	0.2	0.2	0.2	0.1
海南省	0.2	0.2	0.2	0.2	0.1
广西壮族自治区	0.5	0.4	0.4	0.4	0.3
贵州省	0.3	0.3	0.2	0.2	0.2
四川省	0.3	0.2	0.2	0.2	0.2
重庆市	0.2	0.1	0.1	0.1	0.1
云南省	0.2	0.3	0.3	0.3	0.2
陕西省	0.4	0.4	0.4	0.4	0.4
甘肃省	0.6	0.6	0.6	0.6	0.5
青海省	0.4	0.3	0.3	0.3	0.2
西藏自治区	0.2	0.2	0.2	0.1	0.1
宁夏回族自治区	0.3	0.3	0.2	0.2	0.1
新疆维吾尔自治区	0.3	0.2	0.2	0.2	0.2

2011—2015 年全国国有企业资产周转率指标

（按综合情况划分）

项　目	存货周转率（次）				
	2011 年	2012 年	2013 年	2014 年	2015 年
全　国	**3.7**	**3.3**	**2.9**	**2.7**	**2.2**
一、按企业规模分类					
（一）大型	5.3	4.8	4.7	4.7	4.3
（二）中型	3.4	3.4	3.3	2.6	2.1
（三）小型	1.7	1.5	1.0	1.0	0.8
二、按资本构成分类					
（一）国有独资企业公司	3.5	2.9	1.9	1.9	1.3
（二）国有控股企业	3.8	3.5	3.7	3.3	2.9
（三）企业化管理事业单位	2.4	1.9	1.5	1.3	1.1
三、按组织形式分类					
（一）公司制	3.7	3.2	2.9	2.6	2.1
（二）非公司制	3.0	3.9	3.7	5.2	3.8
四、按盈利或亏损分类					
（一）盈利	4.1	3.9	3.5	3.3	2.6
（二）亏损	2.4	1.7	1.4	1.1	1.3
五、按隶属关系分类					
（一）中央	5.0	4.6	4.3	4.0	3.3
其中：管理企业	5.3	4.8	4.5	4.1	3.4
（二）地方	2.6	2.3	2.1	1.9	1.6
六、按经济带分类					
（一）东部沿海地区	3.8	3.4	3.1	2.8	2.3
（二）中部内陆地区	4.3	3.9	3.2	2.8	2.2
（三）西部边远地区	2.8	2.5	2.3	2.1	1.9
七、按产业性质分类					
（一）垄断性行业	5.5	4.3	3.7	4.4	4.8
（二）竞争性行业	3.5	3.3	3.0	2.7	2.1
（三）公益性及其他行业	1.9	1.5	1.3	1.2	1.1
八、按产业作用分类					
（一）基础性行业	5.3	4.8	4.1	3.9	3.6
（二）一般生产加工行业	3.2	2.4	2.3	2.7	2.4
（三）商贸服务及其他行业	2.9	2.8	2.6	2.2	1.6

2011—2015 年全国国有企业资产周转率指标

（按基本行业划分）

项　　目	存货周转率（次）				
	2011 年	2012 年	2013 年	2014 年	2015 年
全　　国	**3.7**	**3.3**	**2.9**	**2.7**	**2.2**
一、农林牧渔业	2.6	2.7	2.6	2.4	2.3
其中：农业	2.2	2.6	2.2	1.7	2.0
林业	1.4	1.1	1.0	1.4	0.8
畜牧业	3.6	3.9	3.4	3.4	4.0
渔业	3.4	2.9	3.0	2.5	2.6
二、工业	4.6	4.0	3.7	4.0	4.0
1. 煤炭工业	10.8	10.6	9.3	8.6	7.3
2. 石油和石化工业	2.1	0.6	-0.3	0.4	1.4
3. 冶金工业	3.9	3.8	3.8	3.8	3.9
4. 建材工业	5.6	5.0	5.4	5.5	4.7
5. 化学工业	5.5	6.4	4.9	4.8	4.1
6. 森林工业	2.4	2.4	2.1	2.2	2.0
7. 食品工业	4.6	4.4	4.6	4.6	4.7
8. 烟草工业	0.7	-3.8	-3.6	0.8	0.7
9. 纺织工业	4.0	3.9	3.5	3.5	3.6
10. 医药工业	2.4	2.4	1.8	1.8	1.3
11. 机械工业	3.7	3.0	3.3	3.4	3.3
其中：汽车工业	6.7	5.1	6.2	6.3	6.4
12. 电子工业	4.6	4.1	4.0	4.0	3.8
13. 电力工业	22.1	22.0	33.1	31.5	34.3
14. 市政公用工业	9.5	8.8	9.5	12.5	12.6
15. 其他工业	3.9	2.4	2.3	2.4	2.2
三、建筑业	4.0	3.3	2.6	2.5	2.2
四、地质勘查及水利业	2.4	3.1	1.0	0.9	0.8
五、交通运输仓储业	3.5	3.3	2.9	2.4	1.8
其中：铁路运输业	13.5	13.2	13.2	15.6	15.1
道路运输业	3.9	5.5	3.8	3.7	3.1
水上运输业	15.8	17.1	23.3	23.4	28.1
航空运输业	30.4	35.4	31.7	36.6	47.4
仓储业	1.2	1.0	0.9	0.7	0.4
六、邮电通信业	26.3	21.1	21.6	27.7	33.3
七、批发和零售、餐饮业	17.1	18.5	19.8	21.2	17.7
八、房地产业	0.2	0.2	0.2	0.2	0.2
九、信息技术服务业	6.1	5.0	5.1	4.3	3.1
十、社会服务业	0.7	0.7	0.4	0.4	0.3
十一、卫生体育福利业	3.3	4.8	2.8	1.5	1.1
十二、教育文化广播业	2.8	3.3	3.6	3.2	3.4
十三、科学研究和技术服务业	5.6	5.4	4.0	3.3	3.3
十四、机关社团及其他	-8.2	-8.2	-12.7	-7.3	-5.8

2011—2015 年全国国有企业资产周转率指标

（按所在地区划分）

项　　目	存货周转率（次）				
	2011 年	2012 年	2013 年	2014 年	2015 年
全　　国	**3.7**	**3.3**	**2.9**	**2.7**	**2.2**
北京市	3.8	2.0	1.2	0.3	0.5
天津市	2.4	2.0	2.0	2.2	1.8
河北省	6.0	5.7	5.4	5.0	4.1
山西省	8.4	8.9	9.3	8.6	6.8
内蒙古自治区	4.8	4.3	3.7	3.2	2.6
辽宁省	3.5	3.2	2.8	2.4	2.1
其中：大连市	2.7	2.4	2.0	1.8	1.4
吉林省	4.9	4.5	4.0	3.4	2.3
黑龙江省	3.0	2.8	2.2	1.7	1.0
上海市	3.4	3.1	2.9	3.3	2.9
浙江省	2.9	2.6	2.2	1.9	1.6
其中：宁波市	2.5	3.1	2.6	2.3	1.9
江苏省	2.7	2.3	2.1	1.8	1.4
安徽省	3.7	2.8	2.2	2.0	1.6
福建省	2.4	2.3	2.1	2.0	1.8
其中：厦门市	1.4	1.4	1.5	1.5	1.5
江西省	4.3	3.7	2.5	2.0	1.8
山东省	4.6	4.4	4.0	3.6	2.8
其中：青岛市	3.4	2.7	2.4	2.4	2.0
河南省	5.0	5.0	4.7	4.4	3.5
湖北省	3.7	3.0	2.8	2.8	2.4
湖南省	3.0	2.4	1.8	1.6	1.4
广东省	4.8	4.3	4.1	3.9	3.1
其中：深圳市	3.5	3.3	3.1	2.6	2.2
海南省	2.6	2.3	1.6	1.6	1.2
广西壮族自治区	4.1	3.7	3.4	2.9	2.5
贵州省	4.3	3.3	2.3	1.8	1.4
四川省	2.2	2.0	1.9	1.8	1.6
重庆市	1.3	1.2	1.0	0.8	0.8
云南省	1.9	1.8	1.8	1.8	1.6
陕西省	4.0	3.8	3.5	3.7	3.4
甘肃省	3.4	3.3	3.4	3.8	3.3
青海省	7.0	7.3	6.4	4.5	3.6
西藏自治区	4.6	5.2	3.2	2.3	2.2
宁夏回族自治区	4.8	4.8	4.9	4.4	3.6
新疆维吾尔自治区	3.6	3.4	4.1	3.6	3.3

2011—2015 年全国国有企业资产周转率指标

（按隶属关系划分）

项　　目	存货周转率（次）				
	2011 年	2012 年	2013 年	2014 年	2015 年
全　　国	**3.7**	**3.3**	**2.9**	**2.7**	**2.2**
中　　央	**5.0**	**4.6**	**4.3**	**4.0**	**3.3**
地　　方	**2.6**	**2.3**	**2.1**	**1.9**	**1.6**
北京市	1.6	1.4	1.3	1.2	1.1
天津市	1.6	1.4	1.5	1.5	1.3
河北省	7.1	6.9	6.7	8.2	7.0
山西省	9.9	11.7	12.5	11.7	9.2
内蒙古自治区	3.5	2.5	2.1	1.9	1.7
辽宁省	3.1	2.7	2.4	2.3	1.9
其中：大连市	3.4	2.6	1.7	1.4	1.1
吉林省	2.7	2.4	2.1	1.6	1.3
黑龙江省	2.6	3.0	1.0	0.7	0.6
上海市	2.4	2.1	2.1	2.4	1.9
浙江省	2.0	1.6	1.4	1.2	1.0
其中：宁波市	0.5	0.4	0.3	0.3	0.3
江苏省	1.8	1.4	1.0	0.8	0.6
安徽省	3.2	2.5	1.9	1.7	1.4
福建省	2.0	1.7	1.5	1.5	1.4
其中：厦门市	1.6	1.4	1.6	1.6	1.5
江西省	4.6	3.8	2.5	2.2	1.9
山东省	4.3	4.1	3.7	3.4	2.6
其中：青岛市	2.7	3.0	3.1	3.2	2.1
河南省	7.8	6.8	5.9	5.1	3.8
湖北省	2.6	2.2	1.9	1.6	1.0
湖南省	2.4	1.7	1.1	1.0	0.9
广东省	3.5	3.2	3.0	2.5	2.0
其中：深圳市	1.3	1.0	0.8	0.6	0.6
海南省	2.3	2.4	2.1	2.4	1.7
广西壮族自治区	3.5	3.1	2.7	2.4	1.9
贵州省	4.5	3.0	1.7	1.4	1.0
四川省	1.4	1.3	1.3	1.2	1.1
重庆市	0.8	0.8	0.6	0.5	0.4
云南省	1.5	1.6	1.6	1.5	1.4
陕西省	3.9	3.9	3.6	3.6	3.2
甘肃省	3.7	3.8	4.0	4.5	5.0
青海省	4.4	4.5	4.0	2.9	2.7
西藏自治区	3.0	3.4	2.1	1.2	1.6
宁夏回族自治区	3.8	2.7	2.4	1.9	1.5
新疆维吾尔自治区	1.9	1.4	1.3	1.2	1.1

2011—2015 年全国国有企业资产周转率指标

（按综合情况划分）

项　　目	应收账款周转率（次）				
	2011 年	2012 年	2013 年	2014 年	2015 年
全　　国	**14.0**	**12.6**	**11.5**	**10.7**	**9.0**
一、按企业规模分类					
（一）大型	18.7	17.5	14.8	12.6	10.5
（二）中型	10.7	9.7	10.9	10.8	9.3
（三）小型	8.8	8.4	6.2	6.5	5.7
二、按资本构成分类					
（一）国有独资企业公司	13.2	12.8	11.7	12.6	9.5
（二）国有控股企业	14.6	12.6	11.5	10.1	9.0
（三）企业化管理事业单位	6.4	4.9	4.6	4.0	3.5
三、按组织形式分类					
（一）公司制	13.6	12.2	11.2	10.0	8.7
（二）非公司制	21.7	19.7	18.7	40.3	18.7
四、按盈利或亏损分类					
（一）盈利	14.0	12.2	11.6	10.7	9.3
（二）亏损	13.9	15.5	10.7	10.8	7.8
五、按隶属关系分类					
（一）中央	15.8	14.6	13.6	12.7	11.0
其中：管理企业	15.4	14.1	13.2	12.3	10.5
（二）地方	11.9	10.4	9.4	8.8	7.3
六、按经济带分类					
（一）东部沿海地区	15.9	14.3	12.8	12.1	10.4
（二）中部内陆地区	12.8	11.6	10.8	9.9	8.3
（三）西部边远地区	10.4	9.4	9.0	8.2	6.8
七、按产业性质分类					
（一）垄断性行业	36.0	35.1	38.5	32.5	28.2
（二）竞争性行业	12.7	11.8	10.9	10.1	8.3
（三）公益性及其他行业	5.6	4.9	4.2	3.7	3.5
八、按产业作用分类					
（一）基础性行业	18.7	17.0	14.8	13.3	11.2
（二）一般生产加工行业	8.2	6.2	5.8	6.4	5.6
（三）商贸服务及其他行业	14.8	14.1	13.5	12.1	10.4

2011—2015 年全国国有企业资产周转率指标

（按基本行业划分）

项　　目	应收账款周转率（次）				
	2011 年	2012 年	2013 年	2014 年	2015 年
全　　国	**14.0**	**12.6**	**11.5**	**10.7**	**9.0**
一、农林牧渔业	15.6	12.8	10.1	9.9	9.0
其中：农业	19.4	14.8	9.9	8.7	10.1
林业	6.9	5.1	4.7	6.6	4.4
畜牧业	16.1	17.1	15.7	20.9	15.1
渔业	16.8	14.6	10.6	12.9	15.5
二、工业	17.9	14.7	12.5	12.4	10.4
1. 煤炭工业	27.0	23.0	18.0	16.5	10.0
2. 石油和石化工业	-37.9	-22.0	-23.3	-99.6	200.7
3. 冶金工业	128.6	114.9	107.6	143.5	72.6
4. 建材工业	10.7	8.1	6.9	6.4	4.8
5. 化学工业	21.1	21.8	16.4	15.8	12.3
6. 森林工业	5.3	6.2	5.3	5.1	5.4
7. 食品工业	20.9	20.6	26.0	26.2	19.6
8. 烟草工业	31.4	13.0	14.1	27.8	18.7
9. 纺织工业	12.8	11.3	10.2	11.0	10.8
10. 医药工业	8.9	8.4	7.8	7.7	7.2
11. 机械工业	6.7	4.6	4.3	4.5	4.2
其中：汽车工业	19.4	12.0	12.7	15.2	12.9
12. 电子工业	5.5	5.0	4.8	5.0	4.8
13. 电力工业	23.8	21.2	25.2	25.4	26.4
14. 市政公用工业	14.1	13.9	13.3	14.3	13.9
15. 其他工业	11.4	8.7	10.4	10.1	7.1
三、建筑业	5.7	5.3	4.9	4.6	4.1
四、地质勘查及水利业	4.9	4.7	3.8	3.9	3.3
五、交通运输仓储业	16.9	17.7	18.3	16.4	14.8
其中：铁路运输业	33.7	34.6	30.1	25.8	31.0
道路运输业	17.1	17.3	15.7	11.0	9.6
水上运输业	12.2	11.1	9.2	9.5	9.8
航空运输业	18.7	18.3	16.5	17.6	19.9
仓储业	17.5	19.1	22.9	23.4	15.3
六、邮电通信业	20.4	20.5	19.0	18.0	17.7
七、批发和零售、餐饮业	21.1	20.2	19.7	18.9	16.1
八、房地产业	9.7	9.1	8.7	8.6	8.7
九、信息技术服务业	5.4	5.8	4.8	4.2	4.1
十、社会服务业	4.5	3.9	3.0	2.5	2.2
十一、卫生体育福利业	22.8	21.3	13.3	6.8	5.9
十二、教育文化广播业	9.2	8.8	8.0	7.2	7.1
十三、科学研究和技术服务业	6.2	5.9	4.8	4.5	4.0
十四、机关社团及其他	24.5	21.4	14.8	15.5	9.7

2011—2015 年全国国有企业资产周转率指标

（按所在地区划分）

项　　目	应收账款周转率（次）				
	2011 年	2012 年	2013 年	2014 年	2015 年
全　　国	**14.0**	**12.6**	**11.5**	**10.7**	**9.0**
北京市	33.1	73.8	-85.9	-20.6	-31.5
天津市	10.1	9.0	8.3	7.8	6.9
河北省	15.6	14.1	11.9	11.8	9.4
山西省	12.4	11.8	12.2	10.9	8.2
内蒙古自治区	12.8	10.2	7.9	6.7	4.8
辽宁省	9.9	9.8	8.9	8.3	7.1
其中：大连市	5.2	6.4	6.2	6.2	5.0
吉林省	23.4	20.1	18.1	17.7	15.4
黑龙江省	9.1	8.5	8.5	8.0	6.0
上海市	18.9	17.6	17.8	17.9	13.6
浙江省	26.1	21.5	19.0	16.1	13.9
其中：宁波市	24.0	18.8	17.5	13.8	11.2
江苏省	10.3	8.3	7.3	6.8	6.1
安徽省	11.3	10.3	10.1	9.4	8.4
福建省	15.1	12.9	11.9	12.2	11.2
其中：厦门市	14.9	12.4	11.5	10.3	10.2
江西省	16.7	15.2	15.0	12.4	8.6
山东省	17.1	15.8	13.4	12.3	9.8
其中：青岛市	9.4	10.1	8.0	7.9	6.5
河南省	15.1	13.2	11.5	9.9	8.7
湖北省	11.9	11.3	9.6	9.8	8.5
湖南省	12.2	9.7	8.1	7.2	6.8
广东省	19.6	17.6	15.1	16.2	13.8
其中：深圳市	14.2	14.8	13.0	12.3	11.3
海南省	30.5	28.1	22.4	27.0	20.5
广西壮族自治区	21.7	20.4	18.9	14.5	12.6
贵州省	12.0	11.4	9.6	8.3	7.2
四川省	7.8	6.9	6.6	6.4	6.1
重庆市	8.9	7.1	6.8	6.4	5.6
云南省	12.1	11.4	11.7	11.3	8.3
陕西省	8.4	8.0	7.7	7.6	6.7
甘肃省	11.9	11.4	11.8	10.9	6.8
青海省	13.2	14.0	15.2	12.9	5.5
西藏自治区	6.6	6.1	4.8	5.5	6.3
宁夏回族自治区	14.4	12.9	11.5	9.2	7.3
新疆维吾尔自治区	10.1	9.6	10.1	8.0	7.3

2011—2015 年全国国有企业资产周转率指标

（按隶属关系划分）

项　　目	应收账款周转率（次）				
	2011 年	2012 年	2013 年	2014 年	2015 年
全　　国	**14.0**	**12.6**	**11.5**	**10.7**	**9.0**
中　　央	**15.8**	**14.6**	**13.6**	**12.7**	**11.0**
地　　方	**11.9**	**10.4**	**9.4**	**8.8**	**7.3**
北京市	12.9	11.5	8.6	8.1	7.7
天津市	10.0	8.6	8.2	6.5	5.8
河北省	16.9	15.7	12.6	17.1	12.8
山西省	14.6	14.8	15.6	14.6	10.8
内蒙古自治区	11.4	7.8	6.3	5.1	3.9
辽宁省	7.7	7.4	6.3	6.4	4.9
其中：大连市	3.3	3.7	3.5	3.7	3.8
吉林省	11.7	8.1	5.8	6.1	5.5
黑龙江省	5.3	5.0	4.1	3.7	3.0
上海市	17.1	15.3	15.1	15.1	10.6
浙江省	20.4	15.3	14.1	12.0	10.4
其中：宁波市	11.9	5.0	4.3	3.4	3.1
江苏省	6.9	5.3	3.7	3.4	3.2
安徽省	10.0	9.3	9.4	8.9	8.1
福建省	12.7	11.7	10.8	10.6	9.9
其中：厦门市	17.4	14.2	13.7	15.4	18.6
江西省	16.1	15.4	13.6	11.2	8.3
山东省	13.9	12.3	10.6	9.8	8.1
其中：青岛市	8.5	7.4	5.7	6.3	5.3
河南省	20.5	16.6	14.2	11.9	10.6
湖北省	9.3	8.5	9.1	8.8	5.7
湖南省	7.2	5.4	4.7	4.1	3.9
广东省	13.3	11.7	10.6	12.0	10.7
其中：深圳市	9.2	8.3	8.5	9.5	9.1
海南省	20.7	18.4	14.4	12.8	10.3
广西壮族自治区	14.5	13.0	12.2	10.3	8.2
贵州省	11.4	10.5	8.0	7.3	6.4
四川省	7.5	7.0	6.9	6.4	5.8
重庆市	6.3	5.0	4.7	4.2	3.5
云南省	6.8	7.4	7.8	6.9	5.2
陕西省	10.6	9.9	9.7	9.1	7.9
甘肃省	19.1	18.5	18.2	16.0	11.8
青海省	9.3	8.8	9.7	9.3	4.6
西藏自治区	3.5	2.9	2.7	2.8	4.4
宁夏回族自治区	6.8	5.4	7.1	6.0	4.7
新疆维吾尔自治区	9.8	9.2	8.5	5.9	5.3

五、全国国有企业国有资产指标

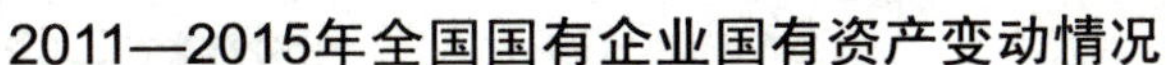

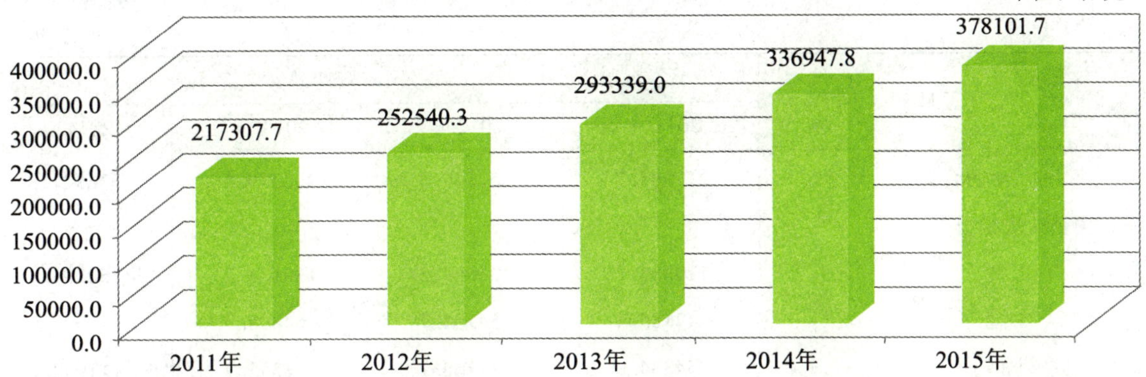

2011年全国国有企业国有资产区域分布情况

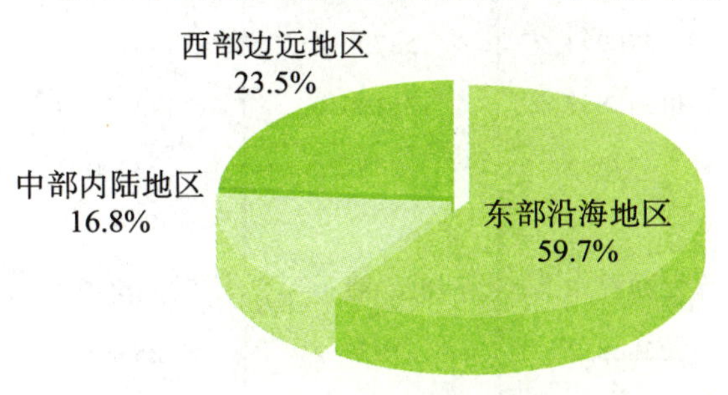

2015年全国国有企业国有资产区域分布情况

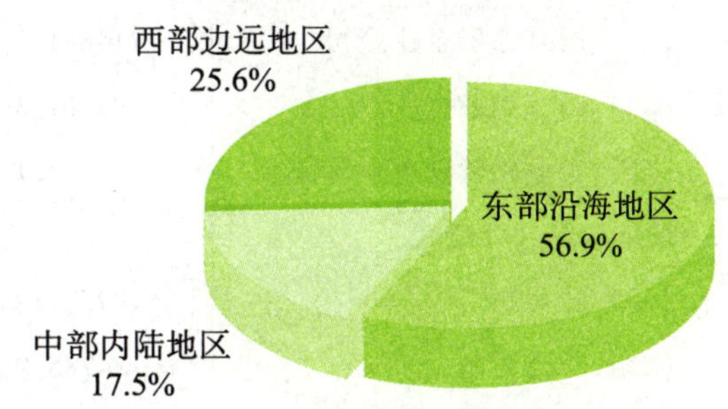

2011年全国国有企业国有资产产业分布情况

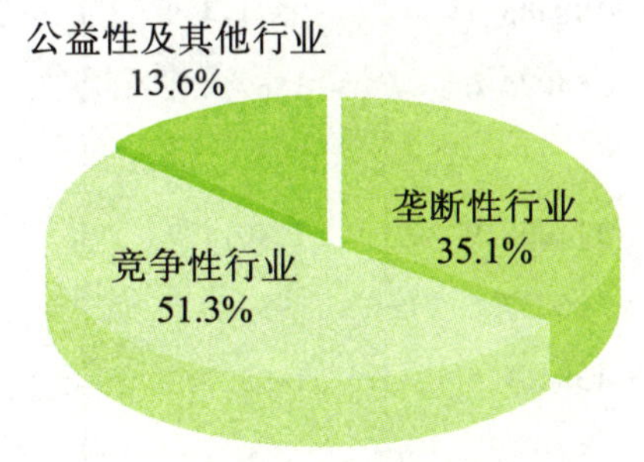

2015年全国国有企业国有资产产业分布情况

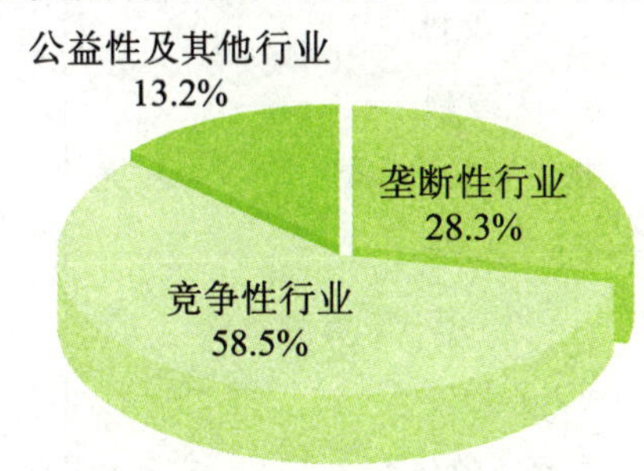

2011年、2015年中央管理、部门企业、地方国有资产情况

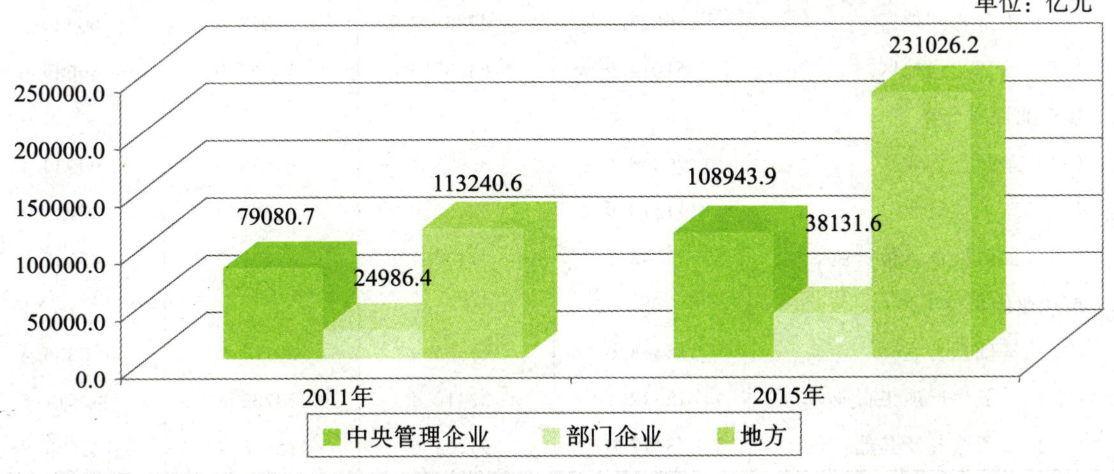

2011—2015年全国国有

（按综合

项　　目	国有资产总额（亿元）			
	2011年	2012年	2013年	2014年
全国合计	**217307.7**	**252540.3**	**293339.0**	**336947.8**
一、按企业规模分类				
（一）大型	120288.2	126663.5	130174.2	150005.2
（二）中型	42185.4	54708.7	64808.9	75909.0
（三）小型	54834.0	71168.1	98355.9	111033.6
二、按资本构成分类				
（一）国有独资企业公司	114881.3	132709.3	153790.6	189779.8
（二）国有控股企业	98507.3	115458.7	136196.0	143877.8
（三）企业化管理事业单位	3919.1	4372.3	3352.5	3290.2
三、按组织形式分类				
（一）公司制	192571.8	229872.0	272283.9	311085.7
（二）非公司制	24735.9	22668.3	21055.2	25862.0
四、按盈利或亏损分类				
（一）盈利	169439.4	198445.7	237124.9	266859.5
（二）亏损	47868.3	54094.6	56214.1	70088.3
五、按隶属关系分类				
（一）中央	104067.1	114078.9	124011.7	138036.0
其中：管理企业	79080.7	86027.5	93418.7	103075.1
（二）地方	113240.6	138461.4	169327.3	198911.8
六、按经济带分类				
（一）东部沿海地区	129769.7	145469.4	166499.7	189541.5
（二）中部内陆地区	36523.1	42833.7	52071.4	60720.7
（三）西部边远地区	51014.9	64237.3	74768.0	86685.6
七、按产业性质分类				
（一）垄断性行业	76248.6	82923.4	89435.6	99939.1
（二）竞争性行业	111510.9	132482.9	162866.2	187923.7
（三）公益性及其他行业	29548.2	37134.1	41037.2	49085.0
八、按产业作用分类				
（一）基础性行业	115368.6	125865.9	139197.9	152806.4
（二）一般生产加工行业	28522.1	32410.4	38232.8	42517.5
（三）商贸服务及其他行业	73417.0	94264.0	115908.4	141623.9

企业国有资产总额和增长指标

情况划分）

2015年	比上年增长（%）2011年	2012年	2013年	2014年	2015年	平均增长（%）
378101.7	**17.2**	**16.2**	**16.2**	**14.9**	**12.2**	**14.9**
154558.1	5.0	5.3	2.8	15.2	3.0	6.5
84322.6	35.3	29.7	18.5	17.1	11.1	18.9
139221.0	38.4	29.8	38.2	12.9	25.4	26.2
206568.9	55.3	15.5	15.9	23.4	8.8	15.8
167685.2	-9.6	17.2	18.0	5.6	16.5	14.2
3847.6	62.6	11.6	-23.3	-1.9	16.9	-0.5
353813.3	19.0	19.4	18.5	14.3	13.7	16.4
24288.4	5.2	-8.4	-7.1	22.8	-6.1	-0.5
306052.8	17.7	17.1	19.5	12.5	14.7	15.9
72048.9	15.6	13.0	3.9	24.7	2.8	10.8
147075.5	11.4	9.6	8.7	11.3	6.5	9.0
108943.9	11.2	8.8	8.6	10.3	5.7	8.3
231026.2	23.1	22.3	22.3	17.5	16.1	19.5
215007.9	10.0	12.1	14.5	13.8	13.4	13.5
66303.6	29.3	17.3	21.6	16.6	9.2	16.1
96790.1	30.3	25.9	16.4	15.9	11.7	17.4
107027.9	10.4	8.8	7.9	11.7	7.1	8.8
221202.1	32.8	18.8	22.9	15.4	17.7	18.7
49871.7	-8.6	25.7	10.5	19.6	1.6	14.0
161883.8	14.2	9.1	10.6	9.8	5.9	8.8
45461.0	26.8	13.6	18.0	11.2	6.9	12.4
170757.0	18.8	28.4	23.0	22.2	20.6	23.5

2011—2015 年全国国有企业

（按基本

项　　目	国有资产总额（亿元）			
	2011 年	2012 年	2013 年	2014 年
全国合计	**217307.7**	**252540.3**	**293339.0**	**336947.8**
一、农林牧渔业	2097.6	2549.1	2847.8	3371.3
其中：农业	1032.0	1344.0	1426.8	1730.3
林业	567.9	631.9	636.0	880.2
畜牧业	116.9	113.7	134.1	168.3
渔业	51.0	67.8	114.9	70.1
二、工业	88493.1	93051.8	101299.1	112258.4
1. 煤炭工业	8118.0	7774.9	8476.0	7760.7
2. 石油和石化工业	23333.0	25131.6	26408.8	28834.8
3. 冶金工业	11964.1	9235.6	9886.3	9912.1
4. 建材工业	1003.5	1403.3	1667.7	1437.4
5. 化学工业	2384.9	3114.8	3056.3	3309.0
6. 森林工业	7.4	13.4	7.1	－14.3
7. 食品工业	479.7	589.3	581.2	600.6
8. 烟草工业	4594.8	4856.5	5676.6	6409.9
9. 纺织工业	139.6	228.6	226.1	302.3
10. 医药工业	596.3	659.0	651.4	777.1
11. 机械工业	7725.2	7647.5	9803.1	11208.5
其中：汽车工业	3450.0	3403.3	4480.5	4963.1
12. 电子工业	1137.4	1341.2	1554.3	2146.8
13. 电力工业	17048.0	18975.6	19677.7	22608.5
14. 市政公用工业	4270.4	4702.3	5830.3	8467.2
15. 其他工业	5690.8	7378.3	7796.0	8498.0
三、建筑业	10785.9	13550.3	17739.6	19728.8
四、地质勘查及水利业	1779.7	2432.8	3058.9	3493.6
五、交通运输仓储业	28886.0	34803.4	40791.5	44303.8
其中：铁路运输业	10332.8	11636.8	12939.1	14141.9
道路运输业	10324.3	13924.4	17291.0	17359.1
水上运输业	2677.1	3017.8	2691.7	3229.6
航空运输业	2190.5	2403.2	3045.0	3686.3
仓储业	1198.1	1429.8	1621.7	1806.1
六、邮电通信业	14333.4	15224.7	15899.8	16802.6
七、批发和零售、餐饮业	10112.5	11159.0	12547.2	14387.1
八、房地产业	11808.8	17797.7	23094.8	27232.4
九、信息技术服务业	293.5	366.4	513.2	776.5
十、社会服务业	40123.0	53197.5	64504.8	81087.9
十一、卫生体育福利业	917.6	460.5	515.8	669.7
十二、教育文化广播业	2397.0	2575.0	3392.1	3845.1
十三、科学研究和技术服务业	2522.9	2674.5	3438.4	4184.2
十四、机关社团及其他	2756.7	2697.7	3696.1	4806.6

国有资产总额和增长指标

行业划分）

2015年	比上年增长（%） 2011年	2012年	2013年	2014年	2015年	平均增长（%）
378101.7	**17.2**	**16.2**	**16.2**	**14.9**	**12.2**	**14.9**
3377.1	25.0	21.5	11.7	18.4	0.2	12.6
1921.8	31.0	30.2	6.2	21.3	11.1	16.8
699.5	4.2	11.3	0.7	38.4	-20.5	5.3
175.6	54.0	-2.7	18.0	25.5	4.4	10.7
71.0	58.4	33.0	69.4	-39.0	1.4	8.6
111918.2	16.6	5.2	8.9	10.8	-0.3	6.0
7217.6	7.7	-4.2	9.0	-8.4	-7.0	-2.9
27791.5	10.4	7.7	5.1	9.2	-3.6	4.5
7739.2	28.1	-22.8	7.0	0.3	-21.9	-10.3
1370.5	32.2	39.8	18.8	-13.8	-4.7	8.1
3548.7	13.0	30.6	-1.9	8.3	7.2	10.4
2.1	-43.1	81.1	-47.0	-301.8	-114.5	-27.2
646.1	7.8	22.8	-1.4	3.3	7.6	7.7
6612.2	11.4	5.7	16.9	12.9	3.2	9.5
288.5	-36.7	63.8	-1.1	33.7	-4.6	19.9
902.2	27.0	10.5	-1.2	19.3	16.1	10.9
11492.1	37.3	-1.0	28.2	14.3	2.5	10.4
5454.9	52.5	-1.4	31.7	10.8	9.9	12.1
2211.0	-7.4	17.9	15.9	38.1	3.0	18.1
25816.9	12.5	11.3	3.7	14.9	14.2	10.9
7345.8	53.9	10.1	24.0	45.2	-13.2	14.5
8934.2	15.6	29.7	5.7	9.0	5.1	11.9
23767.1	49.4	25.6	30.9	11.2	20.5	21.8
4454.0	9.3	36.7	25.7	14.2	27.5	25.8
52760.5	11.0	20.5	17.2	8.6	19.1	16.3
15269.1	9.7	12.6	11.2	9.3	8.0	10.3
21710.7	79.4	34.9	24.2	0.4	25.1	20.4
3598.5	0.2	12.7	-10.8	20.0	11.4	7.7
4339.6	2.6	9.7	26.7	21.1	17.7	18.6
2659.9	37.0	19.3	13.4	11.4	47.3	22.1
17118.9	10.3	6.2	4.4	5.7	1.9	4.5
15555.8	7.1	10.3	12.4	14.7	8.1	11.4
31370.1	14.9	50.7	29.8	17.9	15.2	27.7
958.5	-45.1	24.8	40.1	51.3	23.4	34.4
99756.0	48.7	32.6	21.3	25.7	23.0	25.6
643.4	885.6	-49.8	12.0	29.8	-3.9	-8.5
4171.5	12.5	7.4	31.7	13.4	8.5	14.9
4735.8	67.4	6.0	28.6	21.7	13.2	17.1
7514.9	-69.3	-2.1	37.0	30.0	56.3	28.5

2011—2015 年全国国有企业

（按所在

项　　目	国有资产总额（亿元）			
	2011 年	2012 年	2013 年	2014 年
全国合计	**217307.7**	**252540.3**	**293339.0**	**336947.8**
北京市	34518.4	32125.3	34061.0	39732.0
天津市	9371.6	9864.4	12277.0	14757.5
河北省	4139.7	5514.7	6113.9	6050.9
山西省	4930.8	5481.9	5640.2	5703.2
内蒙古自治区	3885.4	5171.0	4829.1	6866.4
辽宁省	6104.1	7667.6	7848.2	8962.6
其中：大连市	1149.5	1692.9	1685.2	2116.4
吉林省	1977.4	2397.3	2535.7	3005.7
黑龙江省	4123.1	4802.4	8248.3	8379.7
上海市	19349.4	21854.7	22889.5	25822.4
浙江省	10408.0	12531.9	15596.1	16941.9
其中：宁波市	1762.8	2236.9	2872.4	3188.5
江苏省	12994.7	19855.1	23205.0	26121.0
安徽省	5203.7	6973.9	8347.1	9944.5
福建省	5059.6	6257.4	7736.5	8334.0
其中：厦门市	1262.3	1565.6	1654.7	1833.5
江西省	5091.6	4932.3	5779.4	7328.0
山东省	8552.0	7874.5	12202.6	13626.7
其中：青岛市	1441.6	1831.6	2339.1	2891.6
河南省	4855.2	5961.7	6812.7	8796.4
湖北省	6277.7	6865.0	8395.3	10043.0
湖南省	4063.6	5419.1	6312.7	7520.3
广东省	13874.3	15543.0	18261.1	22450.4
其中：深圳市	3366.4	3597.4	4187.3	5157.4
海南省	1027.5	1418.9	1458.1	1410.4
广西壮族自治区	4640.4	5629.3	6500.6	7628.6
贵州省	3367.4	4959.6	6488.5	8016.8
四川省	9522.1	11945.9	13143.3	15913.3
重庆市	8047.2	10184.3	11974.5	13590.8
云南省	6757.5	7749.0	9335.4	10290.4
陕西省	6438.1	7424.1	8395.3	9756.6
甘肃省	3059.3	3922.4	4608.9	4003.2
青海省	1223.1	1950.1	2626.0	2604.0
西藏自治区	318.4	404.0	563.8	643.5
宁夏回族自治区	861.4	921.1	1141.5	1534.9
新疆维吾尔自治区	2894.6	3976.5	5161.0	5837.2

国有资产总额和增长指标

地区划分）

	比上年增长（%）					平均增长（%）
2015 年	2011 年	2012 年	2013 年	2014 年	2015 年	
378101.7	**17.2**	**16.2**	**16.2**	**14.9**	**12.2**	**14.9**
42721.8	6.5	-6.9	6.0	16.6	7.5	5.5
15435.7	30.0	5.3	24.5	20.2	4.6	13.3
6497.3	2.4	33.2	10.9	-1.0	7.4	11.9
6837.1	19.5	11.2	2.9	1.1	19.9	8.5
6396.3	32.5	33.1	-6.6	42.2	-6.8	13.3
9186.2	15.4	25.6	2.4	14.2	2.5	10.8
2128.7	29.2	47.3	-0.5	25.6	0.6	16.7
3328.5	27.4	21.2	5.8	18.5	10.7	13.9
8469.8	10.7	16.5	71.8	1.6	1.1	19.7
36006.7	8.4	12.9	4.7	12.8	39.4	16.8
18655.5	24.9	20.4	24.5	8.6	10.1	15.7
3871.6	31.6	26.9	28.4	11.0	21.4	21.7
29779.7	13.7	52.8	16.9	12.6	14.0	23.0
11217.2	36.0	34.0	19.7	19.1	12.8	21.2
9669.8	21.4	23.7	23.6	7.7	16.0	17.6
2265.2	29.2	24.0	5.7	10.8	23.5	15.7
7413.1	98.2	-3.1	17.2	26.8	1.2	9.8
13863.1	33.3	-7.9	55.0	11.7	1.7	12.8
2985.6	32.1	27.1	27.7	23.6	3.3	20.0
8830.7	39.9	22.8	14.3	29.1	0.4	16.1
11899.1	2.1	9.4	22.3	19.6	18.5	17.3
8308.1	43.9	33.4	16.5	19.1	10.5	19.6
27525.8	18.5	12.0	17.5	22.9	22.6	18.7
8791.7	9.0	6.9	16.4	23.2	70.5	27.1
1869.7	23.4	38.1	2.8	-3.3	32.6	16.1
7416.6	25.9	21.3	15.5	17.4	-2.8	12.4
9005.5	39.3	47.3	30.8	23.6	12.3	27.9
18201.7	23.3	25.5	10.0	21.1	14.4	17.6
15707.6	37.7	26.6	17.6	13.5	15.6	18.2
11442.7	21.6	14.7	20.5	10.2	11.2	14.1
10615.1	28.2	15.3	13.1	16.2	8.8	13.3
5969.6	54.9	28.2	17.5	-13.1	49.1	18.2
3350.1	24.6	59.4	34.7	-0.8	28.6	28.6
847.8	33.8	26.9	39.5	14.1	31.8	27.7
1516.9	19.0	6.9	23.9	34.5	-1.2	15.2
6320.3	41.4	37.4	29.8	13.1	8.3	21.6

2011—2015 年全国国有企业

（按隶属

项　目	国有资产总额（亿元）			
	2011 年	2012 年	2013 年	2014 年
全国合计	**217307.7**	**252540.3**	**293339.0**	**336947.8**
中央小计	**104067.1**	**114078.9**	**124011.7**	**138036.0**
地方小计	**113240.6**	**138461.4**	**169327.3**	**198911.8**
北京市	6154.1	6935.5	7794.9	9350.0
天津市	6846.3	6910.6	8269.2	10429.0
河北省	2221.7	2861.8	3650.9	3187.7
山西省	3097.2	3331.5	3258.6	3427.9
内蒙古自治区	1582.1	2302.6	2659.0	4563.0
辽宁省	2570.1	3556.6	3481.5	4150.5
其中：大连市	768.7	1162.7	1088.1	1308.4
吉林省	586.6	805.5	719.5	872.7
黑龙江省	941.6	1140.5	4184.8	4132.6
上海市	11724.0	13843.6	14072.8	15887.3
浙江省	8107.2	9540.6	11396.9	13181.4
其中：宁波市	1340.4	1662.9	2099.3	2279.0
江苏省	9198.3	15165.2	17832.5	19970.9
安徽省	3965.4	5402.9	6740.4	7861.5
福建省	3410.2	4389.6	5636.1	6312.4
其中：厦门市	1031.5	1266.7	1354.3	1545.4
江西省	3959.8	2847.4	4206.9	4738.1
山东省	4828.0	3342.0	7686.6	9019.7
其中：青岛市	1061.5	1339.6	1807.4	2223.1
河南省	2221.2	2709.8	3206.5	4783.3
湖北省	2396.9	2647.6	3295.0	4517.6
湖南省	2380.5	3319.1	4060.4	4661.5
广东省	8017.9	8917.2	10966.2	15106.7
其中：深圳市	1716.0	1899.2	2263.4	3441.9
海南省	663.7	921.2	885.2	726.3
广西壮族自治区	2970.2	3806.2	4466.8	5339.6
贵州省	2170.3	3515.8	4926.8	6330.8
四川省	4892.8	6566.2	7631.1	9710.6
重庆市	7018.7	9320.2	10860.4	12194.9
云南省	4137.6	4790.8	5834.9	6350.4
陕西省	3551.8	4300.8	4805.0	5722.5
甘肃省	1803.9	2426.9	2873.4	1926.0
青海省	458.9	973.4	1496.9	1375.4
西藏自治区	121.5	143.9	268.6	294.3
宁夏回族自治区	246.3	266.2	376.7	722.9
新疆维吾尔自治区	995.9	1460.2	1782.7	2064.5

国有资产总额和增长指标

关系划分）

	比上年增长（%）					平均增长（%）
2015 年	2011 年	2012 年	2013 年	2014 年	2015 年	
378101.7	**17.2**	**16.2**	**16.2**	**14.9**	**12.2**	**14.9**
147075.5	**11.4**	**9.6**	**8.7**	**11.3**	**6.5**	**9.0**
231026.2	**23.1**	**22.3**	**22.3**	**17.5**	**16.1**	**19.5**
10354.0	21.3	12.7	12.4	19.9	10.7	13.9
10865.9	22.8	0.9	19.7	26.1	4.2	12.2
3641.9	-7.1	28.8	27.6	-12.7	14.2	13.2
4530.6	15.1	7.6	-2.2	5.2	32.2	10.0
3777.4	22.7	45.5	15.5	71.6	-17.2	24.3
4312.9	13.7	38.4	-2.1	19.2	3.9	13.8
1314.9	33.9	51.3	-6.4	20.2	0.5	14.4
874.6	-3.7	37.3	-10.7	21.3	0.2	10.5
4281.3	35.4	21.1	266.9	-1.2	3.6	46.0
25401.2	9.8	18.1	1.7	12.9	59.9	21.3
14625.1	25.6	17.7	19.5	15.7	11.0	15.9
2525.9	30.4	24.1	26.2	8.6	10.8	17.2
22781.1	7.8	64.9	17.6	12.0	14.1	25.4
8866.1	36.0	36.3	24.8	16.6	12.8	22.3
7467.3	18.8	28.7	28.4	12.0	18.3	21.6
1884.7	27.3	22.8	6.9	14.1	22.0	16.3
4673.0	212.7	-28.1	47.7	12.6	-1.4	4.2
8878.3	18.2	-30.8	130.0	17.3	-1.6	16.5
2113.6	26.0	26.2	34.9	23.0	-4.9	18.8
4566.2	9.9	22.0	18.3	49.2	-4.5	19.7
5576.2	38.9	10.5	24.5	37.1	23.4	23.5
5167.1	41.2	39.4	22.3	14.8	10.8	21.4
17457.2	12.2	11.2	23.0	37.8	15.6	21.5
4922.0	-3.0	10.7	19.2	52.1	43.0	30.1
1214.9	15.2	38.8	-3.9	-18.0	67.3	16.3
5590.3	30.6	28.1	17.4	19.5	4.7	17.1
7208.5	43.5	62.0	40.1	28.5	13.9	35.0
11614.7	20.8	34.2	16.2	27.2	19.6	24.1
14150.3	36.4	32.8	16.5	12.3	16.0	19.2
7026.0	26.4	15.8	21.8	8.8	10.6	14.2
6386.1	29.2	21.1	11.7	19.1	11.6	15.8
3854.2	71.5	34.5	18.4	-33.0	100.1	20.9
2155.5	21.0	112.1	53.8	-8.1	56.7	47.2
475.1	31.6	18.4	86.7	9.6	61.4	40.6
754.9	7.9	8.1	41.5	91.9	4.4	32.3
2498.4	48.2	46.6	22.1	15.8	21.0	25.9

六、全国国有企业基本情况指标

2011—2015年全国国有企业职工人数变动情况

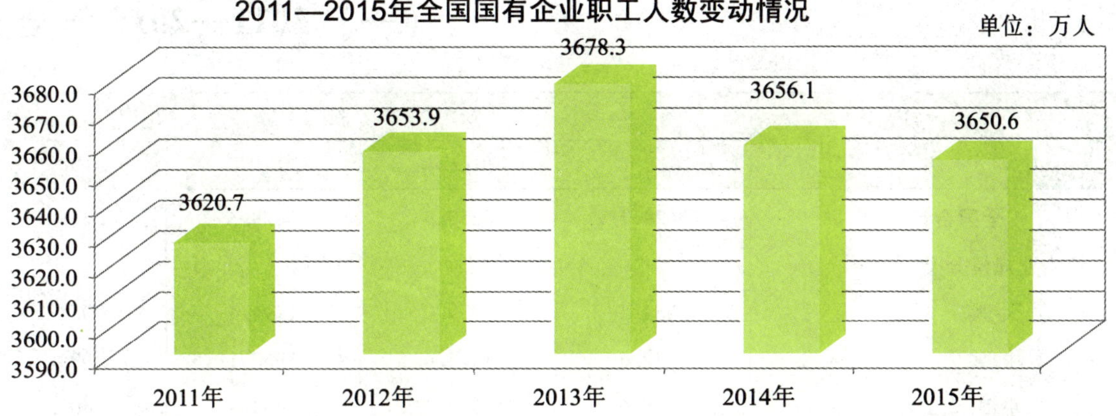

2011年全国国有企业职工人数区域分布情况

2015年全国国有企业职工人数区域分布情况

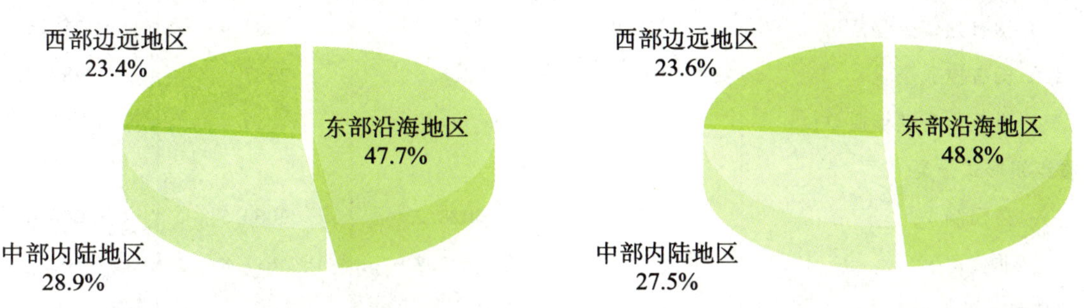

2011年全国国有企业职工人数产业分布情况

2015年全国国有企业职工人数产业分布情况

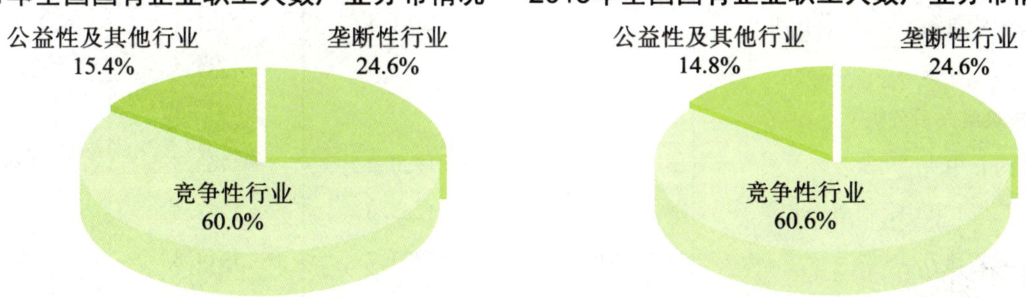

2011年、2015年中央管理、部门企业、地方职工人数情况

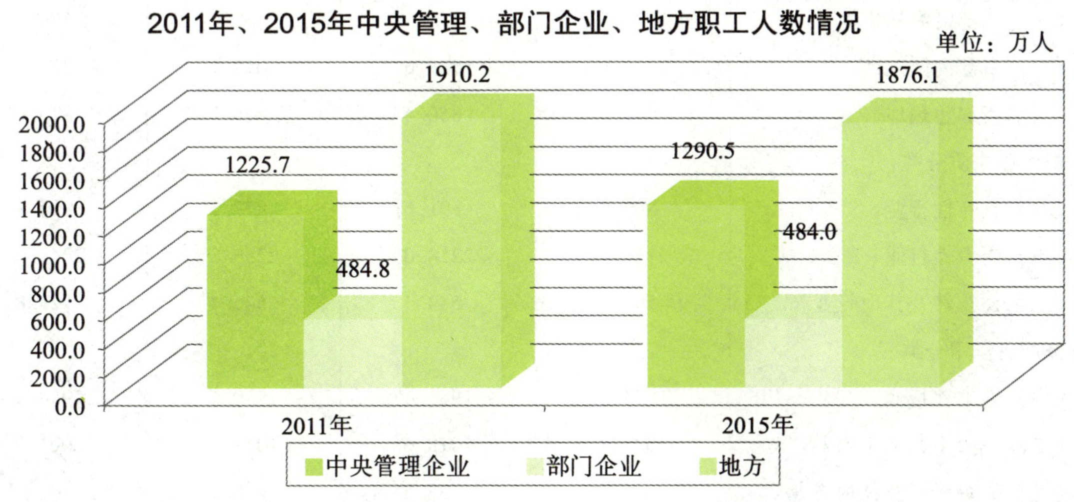

（一）2011—2015 年全国

（按综合

项　目	职工人数（万人）			
	2011 年	2012 年	2013 年	2014 年
全国合计	**3620.7**	**3653.9**	**3678.3**	**3656.1**
一、按企业规模分类				
（一）大型	2061.5	2059.0	1994.4	2054.9
（二）中型	982.6	1005.6	1050.1	994.1
（三）小型	576.6	589.2	633.8	607.0
二、按资本构成分类				
（一）国有独资企业公司	1418.8	1297.5	1284.9	1315.5
（二）国有控股企业	2104.0	2268.6	2327.0	2282.9
（三）企业化管理事业单位	98.0	87.8	66.4	57.7
三、按组织形式分类				
（一）公司制	2932.7	3028.2	3060.5	3054.0
（二）非公司制	688.0	625.7	617.8	602.1
四、按盈利或亏损分类				
（一）盈利	2511.4	2401.4	2421.1	2394.3
（二）亏损	1109.3	1252.4	1257.2	1261.7
五、按隶属关系分类				
（一）中央	1710.5	1750.2	1763.5	1758.0
其中：直管企业	1225.7	1265.0	1278.5	1280.2
（二）地方	1910.2	1903.7	1914.8	1898.1
六、按经济带分类				
（一）东部沿海地区	1727.6	1755.9	1750.0	1750.1
（二）中部内陆地区	1045.6	1037.6	1052.1	1033.0
（三）西部边远地区	847.5	860.4	876.2	873.0
七、按产业性质分类				
（一）垄断性行业	889.5	891.6	877.2	884.9
（二）竞争性行业	2174.1	2218.0	2255.8	2241.3
（三）公益性及其他行业	557.1	544.3	545.4	529.8
八、按产业作用分类				
（一）基础性行业	1954.0	1981.4	1970.6	1954.1
（二）一般生产加工行业	1025.4	1018.6	1019.7	1001.0
（三）商贸服务及其他行业	641.3	653.8	688.1	701.0

国有企业职工人数情况

情况划分）

	比上年增长（%）					平均增长（%）
2015 年	2011 年	2012 年	2013 年	2014 年	2015 年	
3650.6	**2.3**	**0.9**	**0.7**	**-0.6**	**-0.1**	**0.2**
1985.6	3.4	-0.1	-3.1	3.0	-3.4	-0.9
984.1	2.3	2.3	4.4	-5.3	-1.0	0.0
681.0	-1.9	2.2	7.6	-4.2	12.2	4.2
1381.6	22.4	-8.5	-1.0	2.4	5.0	-0.7
2211.1	-8.5	7.8	2.6	-1.9	-3.1	1.2
57.9	18.4	-10.4	-24.4	-13.2	0.3	-12.3
3204.8	9.1	3.3	1.1	-0.2	4.9	2.2
445.8	-19.2	-9.1	-1.3	-2.5	-26.0	-10.3
2290.1	-1.6	-4.4	0.8	-1.1	-4.4	-2.3
1360.5	12.1	12.9	0.4	0.4	7.8	5.2
1774.5	3.4	2.3	0.8	-0.3	0.9	0.9
1290.5	4.1	3.2	1.1	0.1	0.8	1.3
1876.1	1.2	-0.3	0.6	-0.9	-1.2	-0.4
1782.8	-0.2	1.6	-0.3	0.0	1.9	0.8
1005.0	4.5	-0.8	1.4	-1.8	-2.7	-1.0
862.8	4.8	1.5	1.8	-0.4	-1.2	0.4
898.3	-7.4	0.2	-1.6	0.9	1.5	0.2
2211.4	13.3	2.0	1.7	-0.6	-1.3	0.4
541.0	-15.8	-2.3	0.2	-2.9	2.1	-0.7
1937.8	-0.9	1.4	-0.5	-0.8	-0.8	-0.2
988.3	4.8	-0.7	0.1	-1.8	-1.3	-0.9
724.6	8.5	2.0	5.2	1.9	3.4	3.1

2011—2015 年全国

（按基本

项　　目	职工人数（万人）			
	2011 年	2012 年	2013 年	2014 年
全国合计	**3620.7**	**3653.9**	**3678.3**	**3656.1**
一、农林牧渔业	301.2	281.3	271.5	261.6
其中：农业	204.5	192.2	184.5	166.2
林业	67.7	64.2	61.5	70.4
畜牧业	12.9	10.2	9.4	9.1
渔业	4.5	3.1	4.0	3.2
二、工业	1848.3	1868.0	1849.6	1813.5
1. 煤炭工业	330.4	336.2	326.7	324.9
2. 石油和石化工业	207.7	201.1	196.0	197.9
3. 冶金工业	230.7	230.0	229.0	216.5
4. 建材工业	58.1	63.2	67.8	64.0
5. 化学工业	120.3	122.7	121.0	114.4
6. 森林工业	2.5	2.7	2.1	2.3
7. 食品工业	32.2	33.0	33.8	30.0
8. 烟草工业	24.2	23.1	21.9	22.0
9. 纺织工业	25.4	26.0	23.4	21.4
10. 医药工业	26.6	28.9	30.4	29.8
11. 机械工业	262.2	257.0	278.7	272.5
其中：汽车工业	78.4	77.8	91.8	90.4
12. 电子工业	57.1	57.6	57.4	60.0
13. 电力工业	228.5	230.8	212.7	214.0
14. 市政公用工业	68.7	74.2	77.2	79.7
15. 其他工业	173.7	181.6	171.5	164.3
三、建筑业	246.4	255.5	261.3	269.0
四、地质勘查及水利业	12.3	14.1	15.3	15.4
五、交通运输仓储业	459.2	468.7	484.0	486.4
其中：铁路运输业	191.8	191.7	198.8	198.3
道路运输业	156.7	166.8	175.3	179.8
水上运输业	22.2	22.1	20.5	20.3
航空运输业	27.2	29.5	32.2	32.9
仓储业	36.6	34.2	32.1	31.4
六、邮电通信业	143.1	148.8	149.1	149.0
七、批发和零售、餐饮业	229.2	213.6	213.5	220.5
八、房地产业	49.0	58.1	67.1	72.4
九、信息技术服务业	14.4	15.4	19.2	18.4
十、社会服务业	188.1	197.3	200.1	193.1
十一、卫生体育福利业	12.6	10.6	10.6	11.0
十二、教育文化广播业	38.8	40.3	42.9	43.3
十三、科学研究和技术服务业	50.2	52.6	63.9	69.0
十四、机关社团及其他	27.9	29.6	30.4	33.6

国有企业职工人数情况

行业划分）

2015年	比上年增长（%） 2011年	2012年	2013年	2014年	2015年	平均增长（%）
3650.6	**2.3**	**0.9**	**0.7**	**-0.6**	**-0.1**	**0.2**
261.4	-3.4	-6.6	-3.5	-3.7	-0.1	-3.5
172.5	-2.9	-6.0	-4.0	-9.9	3.8	-4.2
65.8	-5.2	-5.2	-4.2	14.4	-6.5	-0.7
8.2	24.0	-21.1	-7.6	-2.7	-10.9	-10.8
3.3	-13.5	-30.1	27.2	-19.0	2.8	-7.3
1765.3	2.8	1.1	-1.0	-2.0	-2.7	-1.1
304.0	2.4	1.8	-2.8	-0.6	-6.4	-2.1
194.0	-8.3	-3.2	-2.5	1.0	-2.0	-1.7
200.4	-0.4	-0.3	-0.4	-5.5	-7.4	-3.5
60.9	10.7	8.7	7.4	-5.6	-4.9	1.2
111.9	5.1	2.0	-1.4	-5.4	-2.2	-1.8
2.0	-10.7	8.3	-22.4	9.1	-13.1	-5.5
30.2	2.2	2.4	2.5	-11.4	0.9	-1.6
20.6	15.8	-4.7	-5.1	0.3	-6.4	-4.0
18.5	-14.8	2.5	-10.2	-8.4	-13.9	-7.7
30.1	2.3	8.5	5.3	-1.9	0.9	3.1
268.7	7.2	-2.0	8.5	-2.2	-1.4	0.6
91.4	12.3	-0.8	18.0	-1.5	1.1	3.9
64.1	5.7	0.9	-0.4	4.5	6.9	2.9
212.4	1.4	1.0	-7.9	0.6	-0.7	-1.8
86.3	35.2	8.0	4.0	3.2	8.3	5.9
161.3	6.0	4.5	-5.6	-4.2	-1.8	-1.8
270.0	2.4	3.7	2.3	3.0	0.3	2.3
15.5	3.4	14.8	8.4	0.4	0.7	5.9
490.3	-3.5	2.1	3.3	0.5	0.8	1.7
196.2	-8.3	-0.1	3.7	-0.2	-1.1	0.6
185.5	131.8	6.4	5.1	2.5	3.2	4.3
20.2	-0.9	-0.6	-7.1	-0.9	-0.5	-2.3
32.9	1.9	8.3	9.3	2.2	0.0	4.9
31.7	-0.5	-6.6	-6.1	-2.3	1.0	-3.6
166.2	3.8	4.0	0.2	-0.1	11.5	3.8
214.7	3.2	-6.8	0.0	3.3	-2.6	-1.6
78.8	5.2	18.6	15.4	7.9	8.9	12.6
21.3	-27.3	6.6	25.0	-4.4	16.1	10.3
199.0	14.2	4.9	1.4	-3.5	3.0	1.4
11.6	129.1	-15.9	0.0	3.8	5.0	-2.2
44.2	6.6	3.8	6.5	0.9	2.1	3.3
73.6	20.4	4.8	21.5	8.0	6.7	10.0
38.9	-0.7	6.1	2.7	10.5	15.8	8.7

2011—2015 年全国

（按所在

项　　目	职工人数（万人）			
	2011 年	2012 年	2013 年	2014 年
全国合计	**3620.7**	**3653.9**	**3678.3**	**3656.1**
北京市	409.5	410.9	408.0	404.6
天津市	66.4	68.1	68.4	66.0
河北省	125.9	129.3	129.2	123.5
山西省	181.4	189.5	190.6	192.4
内蒙古自治区	71.9	74.7	76.4	75.5
辽宁省	169.5	178.4	177.8	174.6
其中：大连市	12.0	18.3	18.7	18.9
吉林省	63.0	61.3	59.8	59.0
黑龙江省	210.4	209.4	200.7	195.5
上海市	165.3	154.8	151.7	148.9
浙江省	83.6	87.9	91.5	100.5
其中：宁波市	11.4	11.6	12.4	14.5
江苏省	125.7	149.8	148.2	147.0
安徽省	106.2	110.5	111.8	109.2
福建省	59.9	62.9	64.6	65.3
其中：厦门市	14.9	16.7	17.7	19.0
江西省	77.2	72.2	78.7	77.6
山东省	232.2	240.5	232.8	232.4
其中：青岛市	26.6	22.9	26.6	29.8
河南省	183.2	177.6	178.8	172.0
湖北省	137.0	125.9	139.5	138.4
湖南省	87.0	91.3	92.3	88.8
广东省	200.5	212.3	217.4	222.0
其中：深圳市	47.5	52.1	51.6	53.1
海南省	26.6	26.0	25.5	23.1
广西壮族自治区	71.1	71.8	70.8	69.6
贵州省	70.1	71.8	71.7	71.6
四川省	144.0	146.0	147.6	144.9
重庆市	72.0	74.9	77.5	77.1
云南省	75.9	78.5	83.7	82.2
陕西省	131.1	136.7	137.3	142.2
甘肃省	59.9	58.9	59.6	58.1
青海省	15.5	15.4	15.7	17.0
西藏自治区	3.2	2.9	3.0	3.3
宁夏回族自治区	17.6	17.2	17.0	17.3
新疆维吾尔自治区	115.4	111.5	116.0	114.3

国有企业职工人数情况

地区划分）

	比上年增长（%）					平均增长（%）
2015年	2011年	2012年	2013年	2014年	2015年	
3650.6	**2.3**	**0.9**	**0.7**	**-0.6**	**-0.1**	**0.2**
452.5	-11.1	0.3	-0.7	-0.8	11.8	2.5
66.2	0.3	2.6	0.4	-3.5	0.2	-0.1
118.5	0.6	2.7	-0.1	-4.4	-4.1	-1.5
181.5	4.6	4.5	0.6	0.9	-5.7	0.0
84.5	5.0	4.0	2.2	-1.1	11.9	4.1
166.0	-8.3	5.3	-0.3	-1.8	-4.9	-0.5
17.2	-35.1	52.5	2.2	0.8	-9.0	9.3
57.1	4.0	-2.7	-2.4	-1.3	-3.3	-2.4
189.7	-1.5	-0.5	-4.2	-2.6	-3.0	-2.6
147.3	-0.4	-6.4	-2.0	-1.8	-1.1	-2.8
97.9	12.4	5.2	4.1	9.8	-2.6	4.0
15.4	14.0	1.6	7.1	16.5	6.8	7.9
145.8	7.4	19.2	-1.1	-0.8	-0.8	3.8
108.1	13.8	4.1	1.2	-2.4	-1.0	0.4
65.5	5.1	5.1	2.6	1.1	0.3	2.3
20.4	-2.6	12.1	6.0	7.2	7.3	8.1
73.9	-0.8	-6.5	9.0	-1.4	-4.8	-1.1
226.5	10.2	3.6	-3.2	-0.2	-2.5	-0.6
34.1	9.0	-13.8	16.0	11.9	14.7	6.4
171.9	11.4	-3.1	0.7	-3.8	-0.1	-1.6
138.3	2.6	-8.1	10.8	-0.8	-0.1	0.2
84.6	3.0	4.9	1.1	-3.7	-4.8	-0.7
231.4	8.0	5.9	2.4	2.1	4.2	3.6
59.5	12.6	9.7	-1.0	3.0	12.0	5.8
21.4	-3.3	-2.3	-1.9	-9.6	-7.3	-5.3
66.9	1.0	0.9	-1.3	-1.7	-3.9	-1.5
69.1	2.5	2.4	-0.1	-0.1	-3.6	-0.4
141.6	6.5	1.4	1.1	-1.8	-2.3	-0.4
76.8	5.9	4.0	3.5	-0.6	-0.3	1.6
81.9	7.8	3.5	6.6	-1.8	-0.3	1.9
136.3	5.8	4.3	0.4	3.6	-4.2	1.0
58.2	1.5	-1.6	1.1	-2.5	0.1	-0.7
16.1	13.1	-0.7	2.0	8.0	-5.2	0.9
3.7	14.3	-8.9	2.9	10.1	11.1	3.5
16.4	1.7	-2.3	-1.2	1.6	-4.9	-1.7
111.4	4.2	-3.3	4.0	-1.4	-2.6	-0.9

2011—2015 年全国

（按隶属

项　目	职工人数（万人）			
	2011 年	2012 年	2013 年	2014 年
全国合计	**3620.7**	**3653.9**	**3678.3**	**3656.1**
中央小计	**1710.5**	**1750.2**	**1763.5**	**1758.0**
地方小计	**1910.2**	**1903.7**	**1914.8**	**1898.1**
北京市	113.2	113.0	118.0	120.2
天津市	39.7	40.5	39.7	39.5
河北省	70.1	67.0	69.7	65.2
山西省	140.5	148.5	150.2	151.0
内蒙古自治区	31.9	31.3	31.0	30.2
辽宁省	85.4	91.0	91.0	90.6
其中：大连市	9.2	9.1	9.2	9.2
吉林省	32.7	31.1	28.8	28.9
黑龙江省	85.5	84.0	81.0	77.4
上海市	104.2	95.8	95.1	91.0
浙江省	62.3	59.9	60.7	70.2
其中：宁波市	5.5	5.6	5.9	6.3
江苏省	68.9	78.7	76.9	75.9
安徽省	76.2	76.6	77.3	74.0
福建省	45.3	45.5	47.1	47.9
其中：厦门市	12.5	13.4	14.1	13.4
江西省	49.5	42.5	47.8	46.2
山东省	158.5	164.1	157.2	161.1
其中：青岛市	17.2	13.4	16.8	20.5
河南省	115.6	107.4	107.3	97.1
湖北省	62.9	52.4	54.5	59.1
湖南省	49.9	51.0	51.9	49.1
广东省	116.1	118.0	120.7	121.8
其中：深圳市	18.6	19.3	18.7	17.8
海南省	21.0	19.9	18.8	16.3
广西壮族自治区	46.3	46.7	45.3	44.5
贵州省	37.8	38.7	37.7	37.8
四川省	62.1	64.3	66.2	62.4
重庆市	47.6	48.5	50.6	50.6
云南省	41.5	44.5	46.9	46.8
陕西省	67.6	70.2	71.8	74.3
甘肃省	36.3	36.4	36.4	32.2
青海省	8.7	9.0	9.0	9.4
西藏自治区	2.2	1.8	1.8	1.9
宁夏回族自治区	5.9	5.6	4.6	4.9
新疆维吾尔自治区	25.0	19.5	20.0	20.6

国有企业职工人数情况

关系划分）

	比上年增长（%）					平均增长（%）
2015 年	2011 年	2012 年	2013 年	2014 年	2015 年	
3650.6	**2.3**	**0.9**	**0.7**	**-0.6**	**-0.1**	**0.2**
1774.5	**3.4**	**2.3**	**0.8**	**-0.3**	**0.9**	**0.9**
1876.1	**1.2**	**-0.3**	**0.6**	**-0.9**	**-1.2**	**-0.4**
122.3	5.7	-0.2	4.4	1.8	1.7	1.9
38.6	-7.9	2.1	-2.1	-0.4	-2.4	-0.7
62.4	-7.9	-4.4	4.0	-6.5	-4.4	-2.9
143.4	4.9	5.7	1.1	0.6	-5.1	0.5
41.0	-4.5	-1.9	-1.0	-2.5	35.6	6.5
84.4	-6.8	6.5	0.0	-0.4	-6.8	-0.3
8.8	-7.1	-1.1	1.1	0.3	-4.8	-1.2
28.8	-3.5	-4.8	-7.5	0.3	-0.5	-3.2
75.8	0.8	-1.8	-3.6	-4.4	-2.1	-3.0
91.8	0.4	-8.0	-0.8	-4.3	0.9	-3.1
67.6	8.0	-3.8	1.3	15.7	-3.7	2.1
6.7	7.8	1.9	5.3	5.9	6.5	4.9
75.4	-2.7	14.2	-2.3	-1.4	-0.6	2.3
73.6	10.1	0.6	0.9	-4.2	-0.6	-0.9
48.6	2.3	0.5	3.4	1.7	1.6	1.8
14.2	5.9	7.3	5.1	-4.9	6.0	3.3
44.5	-8.7	-14.0	12.3	-3.3	-3.7	-2.6
155.3	3.1	3.5	-4.2	2.5	-3.6	-0.5
19.8	0.6	-22.2	25.5	22.1	-3.7	3.5
97.6	1.9	-7.1	-0.1	-9.5	0.5	-4.1
60.6	0.8	-16.7	4.0	8.4	2.7	-0.9
46.1	-4.0	2.2	1.7	-5.4	-6.2	-2.0
121.8	10.0	1.6	2.3	0.9	0.0	1.2
21.5	0.5	3.6	-2.9	-4.8	20.8	3.7
14.5	-5.8	-5.2	-5.6	-13.4	-11.0	-8.9
42.8	-0.6	0.9	-3.0	-1.9	-3.8	-2.0
38.6	-0.8	2.5	-2.7	0.3	2.1	0.5
62.1	2.0	3.6	2.9	-5.7	-0.6	0.0
49.9	9.2	1.8	4.4	0.0	-1.5	1.2
46.7	-1.2	7.3	5.3	-0.3	-0.1	3.0
72.9	5.3	3.8	2.3	3.5	-2.0	1.9
33.6	-1.6	0.2	0.0	-11.5	4.2	-2.0
9.5	4.8	3.1	0.3	4.9	0.1	2.1
2.5	4.8	-18.8	0.7	3.1	33.2	2.9
4.6	-7.8	-5.7	-17.4	5.6	-4.5	-5.8
19.1	1.2	-21.9	2.4	3.2	-7.5	-6.5

（二）2011—2015 年全国国有

（按综合

项　目	离退休人数（万人）			
	2011 年	2012 年	2013 年	2014 年
全国合计	**1636.1**	**1710.2**	**1742.7**	**1923.1**
一、按企业规模分类				
（一）大型	848.3	894.8	858.8	897.8
（二）中型	439.0	460.1	469.2	458.6
（三）小型	348.8	355.3	414.7	566.7
二、按资本构成分类				
（一）国有独资企业公司	919.3	896.4	900.7	1114.3
（二）国有控股企业	670.2	764.4	807.1	780.9
（三）企业化管理事业单位	46.6	49.4	34.9	27.9
三、按组织形式分类				
（一）公司制	1180.9	1251.7	1280.7	1451.7
（二）非公司制	455.2	458.6	462.0	471.4
四、按盈利或亏损分类				
（一）盈利	954.5	967.5	977.7	966.8
（二）亏损	681.5	742.7	765.1	956.3
五、按隶属关系分类				
（一）中央	751.2	788.3	816.3	845.9
其中：管理企业	522.9	556.7	573.0	588.6
（二）地方	884.9	921.9	926.4	1077.2
六、按经济带分类				
（一）东部沿海地区	716.4	770.9	784.9	791.8
（二）中部内陆地区	498.7	506.4	523.6	685.4
（三）西部边远地区	421.0	433.0	434.2	445.9
七、按产业性质分类				
（一）垄断性行业	327.0	343.6	354.8	372.2
（二）竞争性行业	983.4	1039.5	1054.5	1230.5
（三）公益性及其他行业	325.7	327.2	333.4	320.4
八、按产业作用分类				
（一）基础性行业	787.9	830.5	851.0	855.6
（二）一般生产加工行业	631.5	648.0	647.1	822.5
（三）商贸服务及其他行业	216.7	231.8	244.6	245.0

企业离退休人数情况

情况划分）

	比上年增长（%）					平均增长（%）
2015 年	2011 年	2012 年	2013 年	2014 年	2015 年	
1765.3	**0.3**	**4.5**	**1.9**	**10.4**	**-8.2**	**1.9**
893.6	-1.2	5.5	-4.0	4.5	-0.5	1.3
476.8	-2.7	4.8	2.0	-2.3	4.0	2.1
394.8	8.7	1.9	16.7	36.6	-30.3	3.1
996.8	16.2	-2.5	0.5	23.7	-10.5	2.0
737.0	-16.9	14.1	5.6	-3.2	-5.6	2.4
31.5	40.8	6.1	-29.4	-20.0	12.6	-9.4
1383.0	5.0	6.0	2.3	13.4	-4.7	4.0
382.3	-9.9	0.7	0.7	2.0	-18.9	-4.3
964.0	-4.7	1.4	1.0	-1.1	-0.3	0.2
801.3	8.4	9.0	3.0	25.0	-16.2	4.1
860.7	2.4	4.9	3.5	3.6	1.8	3.5
605.3	1.8	6.5	2.9	2.7	2.8	3.7
904.5	-1.3	4.2	0.5	16.3	-16.0	0.6
785.1	-3.5	7.6	1.8	0.9	-0.8	2.3
531.7	4.9	1.5	3.4	30.9	-22.4	1.6
448.4	2.0	2.8	0.3	2.7	0.6	1.6
380.4	-12.6	5.1	3.3	4.9	2.2	3.9
1043.4	6.7	5.7	1.4	16.7	-15.2	1.5
341.4	-2.7	0.5	1.9	-3.9	6.6	1.2
884.9	-4.2	5.4	2.5	0.5	3.4	2.9
651.2	2.7	2.6	-0.1	27.1	-20.8	0.8
229.2	11.9	7.0	5.5	0.2	-6.4	1.4

2011—2015 年全国

（按基本

项　目	离退休人数（万人）			
	2011 年	2012 年	2013 年	2014 年
全国合计	**1636.1**	**1710.2**	**1742.7**	**1923.1**
一、农林牧渔业	236.8	244.5	246.8	236.1
其中：农业	152.9	158.1	164.0	138.9
林业	64.8	64.1	64.7	80.2
畜牧业	5.7	8.6	3.8	3.8
渔业	3.0	2.2	3.2	2.1
二、工业	818.9	853.8	852.1	860.1
1. 煤炭工业	149.5	152.6	146.6	153.1
2. 石油和石化工业	69.0	75.4	78.0	80.0
3. 冶金工业	106.5	118.8	123.6	117.4
4. 建材工业	21.8	22.9	25.1	22.8
5. 化学工业	55.9	60.2	52.7	51.9
6. 森林工业	2.0	2.1	2.4	2.0
7. 食品工业	13.2	14.8	13.4	10.1
8. 烟草工业	8.9	9.1	9.6	10.4
9. 纺织工业	21.3	20.7	19.8	19.6
10. 医药工业	8.8	8.9	9.9	17.2
11. 机械工业	145.7	147.0	147.1	144.7
其中：汽车工业	23.6	23.3	24.8	27.8
12. 电子工业	22.2	20.3	21.7	25.9
13. 电力工业	64.0	68.6	67.1	72.5
14. 市政公用工业	14.4	16.8	18.6	19.1
15. 其他工业	115.7	115.6	116.5	113.3
三、建筑业	141.5	149.7	153.2	332.2
四、地质勘查及水利业	6.8	8.1	8.5	9.7
五、交通运输仓储业	182.2	190.4	205.0	204.9
其中：铁路运输业	90.3	91.9	102.7	106.1
道路运输业	39.8	43.0	47.6	46.8
水上运输业	14.8	16.8	17.3	17.2
航空运输业	1.9	2.1	2.5	2.8
仓储业	27.2	26.1	26.9	23.4
六、邮电通信业	51.1	52.2	52.7	56.3
七、批发和零售、餐饮业	79.5	78.2	78.3	76.9
八、房地产业	16.2	29.5	36.0	36.2
九、信息技术服务业	0.8	0.7	0.6	0.6
十、社会服务业	57.6	66.7	67.6	68.9
十一、卫生体育福利业	4.2	3.3	5.4	3.4
十二、教育文化广播业	17.3	10.3	10.4	11.0
十三、科学研究和技术服务业	19.5	19.8	23.4	24.1
十四、机关社团及其他	3.7	3.0	2.8	2.6

国有企业离退休人数情况

行业划分）

2015年	比上年增长（%） 2011年	2012年	2013年	2014年	2015年	平均增长（%）
1765.3	**0.3**	**4.5**	**1.9**	**10.4**	**-8.2**	**1.9**
255.9	0.1	3.2	1.0	-4.3	8.4	2.0
170.4	-0.3	3.4	3.8	-15.3	22.7	2.7
68.2	1.6	-1.0	0.9	24.0	-15.0	1.3
3.8	21.3	50.8	-55.3	-1.9	0.7	-9.7
2.4	7.1	-26.1	46.1	-35.6	16.1	-5.2
866.8	-2.2	4.3	-0.2	0.9	0.8	1.4
155.3	-0.7	2.0	-3.9	4.4	1.4	0.9
86.4	-15.1	9.3	3.5	2.5	8.0	5.8
124.8	-8.3	11.6	4.0	-5.0	6.3	4.0
21.6	-1.8	5.2	9.2	-9.0	-5.2	-0.2
48.0	13.8	7.8	-12.5	-1.5	-7.6	-3.8
2.5	-9.1	4.9	12.0	-12.8	22.9	5.9
10.2	-14.3	11.8	-9.1	-24.5	0.8	-6.2
10.6	9.9	2.6	5.5	7.9	2.4	4.6
20.8	-12.3	-3.0	-4.3	-1.0	6.1	-0.6
9.6	-4.3	1.1	10.9	74.4	-44.3	2.2
148.8	-0.5	0.9	0.1	-1.7	2.9	0.5
26.5	-10.6	-1.3	6.7	11.8	-4.6	2.9
20.8	-12.3	-8.6	7.1	19.3	-19.6	-1.6
73.9	-1.8	7.2	-2.1	8.0	2.0	3.7
21.1	48.5	16.9	10.6	2.8	10.3	10.0
112.3	3.4	-0.1	0.8	-2.7	-0.9	-0.8
156.1	0.9	5.8	2.3	116.9	-53.0	2.5
9.6	-6.8	19.8	4.7	14.2	-1.7	8.9
212.2	-1.8	4.5	7.7	0.0	3.5	3.9
106.5	1.3	1.8	11.7	3.3	0.3	4.2
49.4	61.8	8.1	10.8	-1.8	5.5	5.5
17.7	2.1	13.3	2.9	-0.3	2.6	4.5
3.2	0.0	8.7	20.6	12.2	13.8	13.7
27.0	-0.7	-3.9	3.0	-13.0	15.2	-0.2
57.6	3.2	2.1	1.0	6.8	2.3	3.0
79.9	-2.6	-1.6	0.1	-1.7	3.8	0.1
22.9	20.9	81.8	22.1	0.7	-36.6	9.1
0.6	33.3	-10.6	-20.3	7.1	-0.1	-6.6
63.4	25.2	15.8	1.3	1.8	-8.0	2.4
3.9	100.0	-21.4	63.6	-37.1	14.5	-1.9
10.8	80.2	-40.7	1.6	5.0	-1.8	-11.2
24.2	14.7	1.7	18.0	3.1	0.4	5.6
1.5	-14.0	-18.4	-6.6	-7.7	-42.4	-20.2

2011—2015 年全国

（按所在

项　目	离退休人数（万人）			
	2011 年	2012 年	2013 年	2014 年
全国合计	**1636.1**	**1710.2**	**1742.7**	**1923.1**
北京市	138.5	148.5	151.5	158.5
天津市	41.4	42.0	40.8	38.3
河北省	62.2	66.5	72.1	70.5
山西省	61.2	67.6	62.5	65.9
内蒙古自治区	32.2	32.6	34.2	31.4
辽宁省	106.7	115.6	119.1	119.9
其中：大连市	5.3	9.8	9.9	10.5
吉林省	29.6	29.6	30.4	31.6
黑龙江省	142.0	138.2	146.3	330.8
上海市	105.9	125.9	129.7	131.6
浙江省	20.9	20.7	22.2	22.7
其中：宁波市	1.9	1.6	1.7	2.1
江苏省	55.7	63.3	64.9	67.4
安徽省	43.4	45.6	45.4	46.8
福建省	18.9	20.3	19.8	19.4
其中：厦门市	1.3	1.1	1.0	0.9
江西省	36.4	34.1	36.0	37.9
山东省	77.1	74.8	73.9	74.2
其中：青岛市	6.4	6.6	5.7	6.2
河南省	72.5	71.5	76.4	77.4
湖北省	74.6	76.1	81.4	51.3
湖南省	39.1	43.9	45.3	43.7
广东省	63.8	65.0	66.4	66.8
其中：深圳市	3.7	4.1	4.4	4.9
海南省	21.3	23.8	24.3	22.4
广西壮族自治区	34.9	35.5	36.3	35.3
贵州省	31.7	31.5	32.7	33.5
四川省	79.8	78.6	76.0	78.6
重庆市	40.2	43.0	40.7	37.4
云南省	32.9	38.7	39.8	41.0
陕西省	64.4	63.7	66.9	69.0
甘肃省	30.0	34.3	31.8	42.5
青海省	5.7	5.3	4.8	5.0
西藏自治区	1.3	1.3	1.3	1.2
宁夏回族自治区	7.1	7.9	7.2	7.5
新疆维吾尔自治区	60.5	60.5	62.3	63.7

国有企业离退休人数情况

地区划分）

2015年	比上年增长（%）2011年	2012年	2013年	2014年	2015年	平均增长（%）
1765.3	**0.3**	**4.5**	**1.9**	**10.4**	**-8.2**	**1.9**
181.4	-16.9	7.2	2.0	4.6	14.5	7.0
35.9	-6.5	1.5	-2.9	-6.2	-6.1	-3.5
77.4	0.0	6.9	8.4	-2.2	9.8	5.6
65.4	-1.4	10.4	-7.5	5.5	-0.8	1.7
40.5	9.2	1.3	4.9	-8.4	29.1	5.9
121.3	-10.9	8.3	3.1	0.7	1.2	3.3
9.6	-50.0	84.3	1.3	5.8	-8.5	16.0
30.4	-3.0	-0.1	2.9	3.7	-3.5	0.7
153.9	4.0	-2.7	5.8	126.2	-53.5	2.0
101.0	2.7	18.9	3.0	1.4	-23.3	-1.2
21.5	6.6	-0.9	7.0	2.3	-4.9	0.8
1.9	35.7	-16.1	8.6	23.9	-13.7	-0.7
67.2	4.9	13.7	2.4	3.9	-0.4	4.8
46.6	10.4	5.0	-0.3	3.0	-0.3	1.8
19.3	-4.1	7.3	-2.2	-2.2	-0.2	0.6
1.0	0.0	-13.2	-7.9	-17.1	10.2	-7.5
38.0	-0.8	-6.3	5.4	5.5	0.3	1.1
72.9	14.9	-2.9	-1.2	0.3	-1.6	-1.4
6.3	1.6	3.0	-14.1	9.1	1.2	-0.6
79.5	13.8	-1.4	6.9	1.3	2.7	2.3
76.3	7.2	2.0	7.0	-36.9	48.6	0.6
41.6	4.8	12.2	3.2	-3.4	-4.9	1.6
64.4	6.5	1.9	2.1	0.6	-3.6	0.2
5.1	0.0	9.6	7.8	12.9	3.2	8.3
22.6	-6.6	11.8	2.2	-7.8	0.6	1.5
34.2	5.4	1.9	2.2	-3.0	-3.0	-0.5
31.3	6.7	-0.7	4.0	2.3	-6.4	-0.3
78.1	3.0	-1.6	-3.3	3.4	-0.6	-0.5
44.6	3.1	6.9	-5.3	-8.1	19.2	2.6
40.5	-6.0	17.7	2.8	2.9	-1.1	5.3
68.3	-2.4	-1.0	5.0	3.0	-0.9	1.5
31.4	-6.8	14.5	-7.3	33.5	-26.0	1.2
5.1	29.5	-6.2	-10.0	4.0	2.1	-2.7
1.1	18.2	-3.8	7.1	-11.7	-10.5	-5.0
7.4	-6.6	11.1	-8.5	4.0	-1.0	1.1
65.9	4.9	0.0	3.0	2.2	3.5	2.2

2011—2015 年全国

（按隶属

项　目	离退休人数（万人）			
	2011 年	2012 年	2013 年	2014 年
全国合计	**1636.1**	**1710.2**	**1742.7**	**1923.1**
中央小计	**751.2**	**788.3**	**816.3**	**845.9**
地方小计	**884.9**	**921.9**	**926.4**	**1077.2**
北京市	77.5	78.9	80.2	82.8
天津市	28.4	28.4	26.7	24.1
河北省	32.4	35.1	39.6	37.9
山西省	42.4	47.8	42.0	44.1
内蒙古自治区	16.6	17.1	18.2	14.4
辽宁省	50.7	52.0	52.9	54.3
其中：大连市	5.8	5.8	5.1	5.6
吉林省	12.1	13.1	12.7	13.5
黑龙江省	66.8	64.7	66.9	248.7
上海市	68.3	85.6	89.1	90.1
浙江省	14.2	13.1	14.3	14.2
其中：宁波市	0.7	0.7	0.7	1.0
江苏省	29.6	36.0	35.0	36.1
安徽省	32.2	33.7	33.5	34.6
福建省	14.5	15.6	15.1	14.9
其中：厦门市	0.5	0.5	0.4	0.5
江西省	23.6	20.8	21.8	22.9
山东省	52.4	46.0	43.5	42.5
其中：青岛市	3.1	3.2	2.2	2.5
河南省	39.5	37.3	40.0	38.8
湖北省	30.3	33.0	31.7	0.3
湖南省	20.6	22.3	22.7	21.8
广东省	34.3	32.5	33.1	32.5
其中：深圳市	0.5	0.7	0.8	1.2
海南省	20.1	22.6	23.1	21.2
广西壮族自治区	24.3	24.6	25.2	24.3
贵州省	17.3	16.9	17.5	17.8
四川省	28.7	28.3	27.9	26.0
重庆市	24.8	26.9	26.9	21.7
云南省	20.3	25.9	26.0	26.1
陕西省	29.9	27.7	29.8	30.7
甘肃省	17.4	21.4	18.3	27.8
青海省	3.1	2.6	1.9	2.0
西藏自治区	1.2	1.1	1.1	0.9
宁夏回族自治区	2.2	2.7	2.1	2.1
新疆维吾尔自治区	9.1	8.1	7.9	8.1

国有企业离退休人数情况

关系划分）

2015 年	比上年增长（%）					平均增长（%）
	2011 年	2012 年	2013 年	2014 年	2015 年	
1765.3	**0.3**	**4.5**	**1.9**	**10.4**	**-8.2**	**1.9**
860.7	**2.4**	**4.9**	**3.5**	**3.6**	**1.8**	**3.5**
904.5	**-1.3**	**4.2**	**0.5**	**16.3**	**-16.0**	**0.6**
83.3	0.9	1.9	1.5	3.3	0.6	1.8
22.4	-13.1	0.0	-6.1	-9.6	-7.1	-5.8
45.1	-9.0	8.4	12.7	-4.3	19.1	8.6
44.1	-0.7	12.6	-12.1	5.2	0.0	1.0
23.7	9.2	2.9	6.5	-21.1	65.1	9.3
54.9	-19.1	2.6	1.7	2.7	1.1	2.0
4.9	-9.4	0.3	-12.2	10.2	-13.4	-4.2
13.5	-2.4	8.4	-3.2	6.0	0.1	2.7
71.8	5.0	-3.1	3.4	271.6	-71.1	1.8
61.2	-2.6	25.3	4.1	1.1	-32.1	-2.7
14.0	2.9	-7.7	8.9	-0.2	-2.0	-0.4
0.7	-12.5	-6.8	10.4	34.2	-30.7	-1.1
36.7	0.3	21.7	-2.9	3.2	1.6	5.5
35.0	8.8	4.6	-0.7	3.5	1.1	2.1
15.1	-7.1	7.9	-3.4	-1.4	1.6	1.1
0.5	-16.7	-9.8	-11.3	16.9	11.2	1.0
23.7	-6.3	-12.0	5.1	4.8	3.7	0.1
40.9	15.7	-12.2	-5.4	-2.3	-3.8	-6.0
2.4	-16.2	4.6	-31.5	13.2	-4.9	-6.3
42.1	0.0	-5.4	7.0	-2.9	8.3	1.6
25.8	-0.3	8.9	-3.8	-99.0	7799.4	-4.0
19.4	-1.4	8.2	1.8	-3.9	-10.8	-1.5
30.6	2.4	-5.4	1.9	-1.6	-6.0	-2.8
1.2	-28.6	48.1	5.3	56.1	-2.2	24.2
21.5	-8.2	12.7	2.1	-8.5	1.4	1.6
23.8	3.4	1.1	2.7	-3.5	-2.3	-0.6
15.6	5.5	-2.5	3.6	1.6	-12.1	-2.5
26.0	4.4	-1.3	-1.4	-6.9	0.0	-2.4
28.2	6.0	8.6	-0.1	-19.4	30.0	3.2
26.0	-7.7	27.7	0.1	0.6	-0.6	6.3
30.7	-2.9	-7.2	7.2	3.2	-0.1	0.6
16.4	-16.7	23.0	-14.6	52.3	-41.3	-1.5
2.2	34.8	-15.5	-29.4	7.2	8.9	-8.6
0.9	20.0	-11.0	4.0	-15.2	-0.1	-5.9
2.0	-18.5	21.7	-21.9	1.7	-6.3	-2.5
8.2	-3.2	-10.7	-2.5	2.1	1.8	-2.5

七、全国国有企业职工工资指标

2011—2015年全国国有企业职工工资变动情况

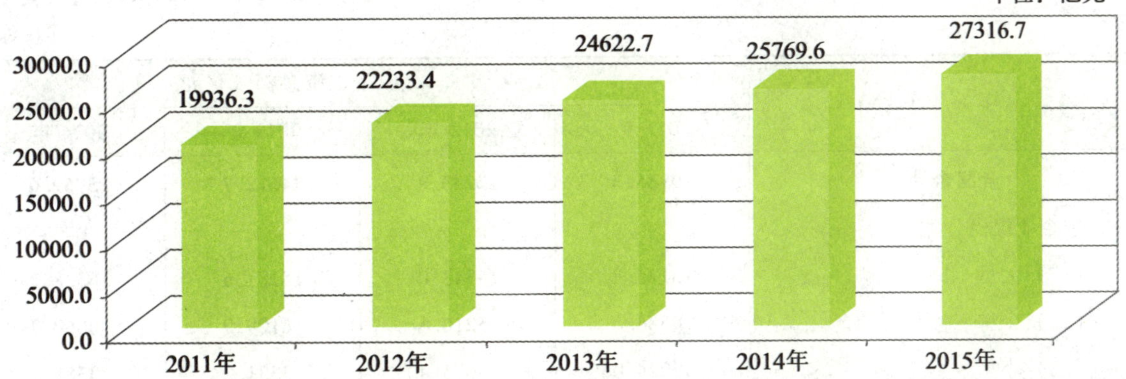

2011年全国国有企业职工工资区域分布情况

2015年全国国有企业职工工资区域分布情况

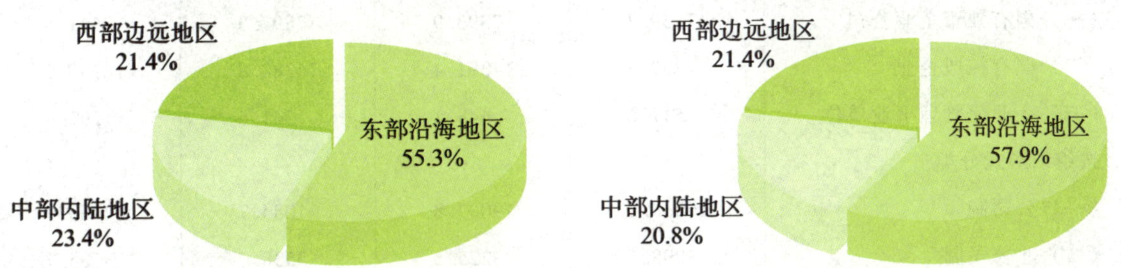

2011年全国国有企业职工工资产业分布情况

2015年全国国有企业职工工资产业分布情况

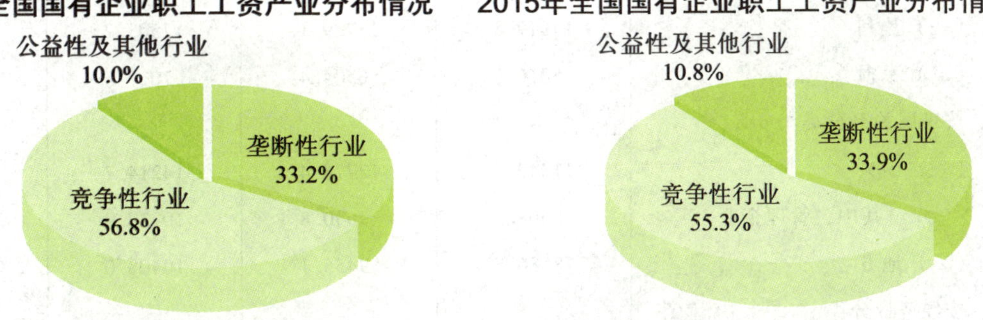

2011年、2015年中央管理、部门企业、地方职工工资情况

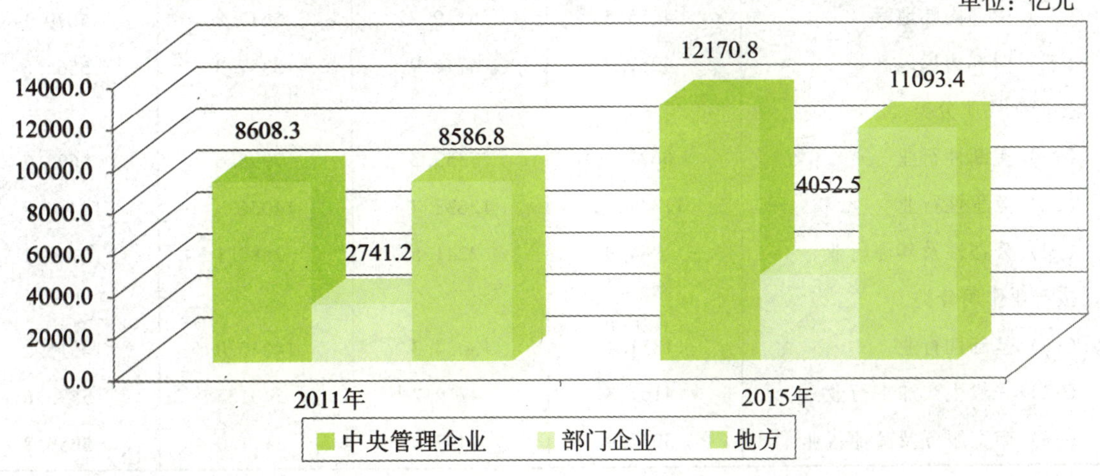

（一）2011—2015 年全国

（按综合

项　　目	职工工资总额（亿元）			
	2011 年	2012 年	2013 年	2014 年
全国合计	**19936.3**	**22233.4**	**24622.7**	**25769.6**
一、按企业规模分类				
（一）大型	13125.8	14348.0	15181.6	16328.2
（二）中型	4586.6	5210.1	6109.9	6060.2
（三）小型	2224.0	2675.4	3331.2	3381.3
二、按资本构成分类				
（一）国有独资企业公司	7159.2	7393.9	7897.3	8541.5
（二）国有控股企业	12259.5	14391.4	16383.8	16930.2
（三）企业化管理事业单位	517.6	448.1	341.6	297.9
三、按组织形式分类				
（一）公司制	16838.2	19007.8	21084.7	22063.9
（二）非公司制	3098.1	3225.6	3538.0	3705.7
四、按盈利或亏损分类				
（一）盈利	14919.8	15729.1	17593.2	18411.3
（二）亏损	5016.5	6504.4	7029.5	7358.3
五、按隶属关系分类				
（一）中央	11349.5	12778.4	14214.7	15166.2
其中：管理企业	8608.3	9640.8	10727.9	11416.2
（二）地方	8586.8	9455.1	10408.0	10603.5
六、按经济带分类				
（一）东部沿海地区	11021.6	12337.3	13647.6	14524.7
（二）中部内陆地区	4655.5	5119.2	5617.8	5679.1
（三）西部边远地区	4259.2	4776.9	5357.3	5565.8
七、按产业性质分类				
（一）垄断性行业	6622.9	7353.2	7998.6	8603.7
（二）竞争性行业	11328.5	12638.7	14036.0	14460.8
（三）公益性及其他行业	1984.9	2241.5	2588.1	2705.1
八、按产业作用分类				
（一）基础性行业	11831.1	13084.3	14030.0	14516.2
（二）一般生产加工行业	4167.3	4712.2	5401.7	5593.6
（三）商贸服务及其他行业	3937.9	4437.0	5191.0	5659.8

国有企业职工工资总额情况

情况划分）

2015 年	比上年增长（%）					平均增长（%）
	2011 年	2012 年	2013 年	2014 年	2015 年	
27316.7	**19.4**	**11.5**	**10.7**	**4.7**	**6.0**	**8.2**
16716.3	18.7	9.3	5.8	7.6	2.4	6.2
6392.1	20.0	13.6	17.3	-0.8	5.5	8.7
4208.4	21.9	20.3	24.5	1.5	24.5	17.3
9285.7	48.6	3.3	6.8	8.2	8.7	6.7
17708.5	5.5	17.4	13.8	3.3	4.6	9.6
322.5	97.6	-13.4	-23.8	-12.8	8.3	-11.2
24799.5	25.5	12.9	10.9	4.6	12.4	10.2
2517.2	-5.6	4.1	9.7	4.7	-32.1	-5.1
19018.3	14.4	5.4	11.9	4.7	3.3	6.3
8298.5	36.9	29.7	8.1	4.7	12.8	13.4
16223.4	18.6	12.6	11.2	6.7	7.0	9.3
12170.8	18.7	12.0	11.3	6.4	6.6	9.0
11093.4	20.3	10.1	10.1	1.9	4.6	6.6
15807.8	16.2	11.9	10.6	6.4	8.8	9.4
5673.8	24.2	10.0	9.7	1.1	-0.1	5.1
5835.2	22.8	12.2	12.1	3.9	4.8	8.2
9260.2	8.4	11.0	8.8	7.6	7.6	8.7
15098.1	31.7	11.6	11.1	3.0	4.4	7.4
2958.5	-0.3	12.9	15.5	4.5	9.4	10.5
14783.2	15.3	10.6	7.2	3.5	1.8	5.7
6004.4	26.0	13.1	14.6	3.6	7.3	9.6
6529.1	25.7	12.7	17.0	9.0	15.4	13.5

2011—2015 年全国

（按基本

项　目	职工工资总额（亿元）			
	2011 年	2012 年	2013 年	2014 年
全国合计	**19936.3**	**22233.4**	**24622.7**	**25769.6**
一、农林牧渔业	351.6	408.7	445.2	468.9
其中：农业	211.2	250.8	271.0	262.6
林业	90.4	100.4	107.3	135.8
畜牧业	18.4	21.5	23.2	23.1
渔业	9.0	9.8	12.8	13.4
二、工业	10584.0	11702.3	12487.9	12869.7
1. 煤炭工业	2004.2	2183.4	2120.7	2004.6
2. 石油和石化工业	1443.6	1548.0	1723.8	1694.2
3. 冶金工业	1159.1	1243.6	1291.1	1307.7
4. 建材工业	207.8	248.4	300.4	306.6
5. 化学工业	505.1	604.8	638.9	663.1
6. 森林工业	5.5	6.6	5.7	6.5
7. 食品工业	90.1	119.4	136.6	141.4
8. 烟草工业	266.1	283.8	303.8	324.2
9. 纺织工业	50.9	64.1	63.6	63.7
10. 医药工业	116.9	143.8	163.6	182.7
11. 机械工业	1390.7	1450.3	1791.7	1925.8
其中：汽车工业	471.1	488.6	684.2	762.2
12. 电子工业	321.4	356.6	393.8	454.3
13. 电力工业	1871.6	2044.9	2054.4	2233.8
14. 市政公用工业	287.6	350.1	410.3	461.6
15. 其他工业	863.4	1054.5	1089.6	1099.6
三、建筑业	1592.9	1740.6	2038.6	1917.4
四、地质勘查及水利业	77.2	93.4	109.7	115.1
五、交通运输仓储业	2511.9	2885.5	3305.5	3610.2
其中：铁路运输业	1131.1	1320.6	1531.6	1660.6
道路运输业	596.8	702.6	830.7	921.3
水上运输业	192.1	201.7	203.1	223.2
航空运输业	327.2	370.3	420.7	466.8
仓储业	103.2	110.6	121.9	130.6
六、邮电通信业	1022.0	1152.7	1262.4	1364.4
七、批发和零售、餐饮业	1217.8	1300.1	1430.3	1567.5
八、房地产业	307.1	398.9	499.6	588.8
九、信息技术服务业	115.9	121.8	168.5	179.8
十、社会服务业	964.2	1089.0	1211.2	1169.7
十一、卫生体育福利业	68.4	63.8	69.3	74.6
十二、教育文化广播业	263.0	297.7	352.7	389.9
十三、科学研究和技术服务业	561.3	628.1	811.4	913.5
十四、机关社团及其他	299.1	350.8	430.1	540.4

国有企业职工工资总额情况

行业划分）

2015 年	比上年增长（%）					平均增长（%）
	2011 年	2012 年	2013 年	2014 年	2015 年	
27316.7	**19.4**	**11.5**	**10.7**	**4.7**	**6.0**	**8.2**
509.0	20.4	16.2	8.9	5.3	8.6	9.7
305.9	18.5	18.8	8.0	-3.1	16.5	9.7
130.2	22.2	11.1	6.9	26.5	-4.1	9.6
22.7	32.4	16.6	8.0	-0.2	-1.6	5.4
14.2	8.4	8.8	31.2	4.5	5.8	12.1
12924.2	19.2	10.6	6.7	3.1	0.4	5.1
1691.5	22.0	8.9	-2.9	-5.5	-15.6	-4.2
1619.3	5.7	7.2	11.4	-1.7	-4.4	2.9
1207.6	14.8	7.3	3.8	1.3	-7.7	1.0
317.9	38.5	19.5	20.9	2.1	3.7	11.2
683.6	29.2	19.7	5.6	3.8	3.1	7.9
6.4	12.2	20.5	-13.6	13.4	-2.2	3.7
155.5	17.8	32.5	14.4	3.6	10.0	14.6
331.8	24.8	6.7	7.0	6.7	2.4	5.7
62.7	7.4	25.8	-0.7	0.1	-1.6	5.3
192.7	11.8	23.0	13.8	11.7	5.5	13.3
2056.2	23.6	4.3	23.5	7.5	6.8	10.3
827.2	19.2	3.7	40.0	11.4	8.5	15.1
523.1	23.0	11.0	10.4	15.4	15.1	12.9
2375.6	17.0	9.3	0.5	8.7	6.3	6.1
518.3	70.1	21.7	17.2	12.5	12.3	15.9
1182.0	19.9	22.1	3.3	0.9	7.5	8.2
2075.3	22.7	9.3	17.1	-5.9	8.2	6.8
116.5	57.2	21.0	17.4	4.9	1.2	10.8
3889.0	12.4	14.9	14.6	9.2	7.7	11.5
1728.6	9.6	16.8	16.0	8.4	4.1	11.2
1050.9	171.1	17.7	18.2	10.9	14.1	15.2
229.2	13.8	5.0	0.7	9.9	2.7	4.5
506.9	14.6	13.2	13.6	11.0	8.6	11.6
150.1	24.2	7.2	10.2	7.1	14.9	9.8
1560.9	15.9	12.8	9.5	8.1	14.4	11.2
1689.4	15.3	6.8	10.0	9.6	7.8	8.5
686.2	16.8	29.9	25.3	17.9	16.5	22.3
249.4	-11.2	5.1	38.4	6.7	38.7	21.1
1303.6	39.7	12.9	11.2	-3.4	11.4	7.8
88.6	152.4	-6.7	8.5	7.7	18.8	6.7
428.3	22.8	13.2	18.5	10.5	9.9	13.0
1005.7	29.9	11.9	29.2	12.6	10.1	15.7
790.8	18.1	17.3	22.6	25.6	46.3	27.5

2011—2015 年全国

（按所在

项　　目	职工工资总额（亿元）			
	2011 年	2012 年	2013 年	2014 年
全国合计	**19936.3**	**22233.4**	**24622.7**	**25769.6**
北京市	2990.9	3399.8	3740.5	3981.2
天津市	439.7	480.2	545.7	566.8
河北省	610.5	696.8	730.8	731.0
山西省	960.1	1108.4	1153.1	1114.9
内蒙古自治区	363.7	428.6	474.5	482.2
辽宁省	782.4	835.3	921.6	976.4
其中：大连市	84.9	117.3	125.5	134.1
吉林省	274.1	293.0	336.1	349.3
黑龙江省	672.9	728.3	773.0	790.8
上海市	1363.0	1371.7	1480.5	1525.5
浙江省	540.4	646.1	747.0	802.6
其中：宁波市	81.5	102.5	103.8	120.1
江苏省	734.7	908.9	1009.5	1126.9
安徽省	557.9	636.1	668.4	688.9
福建省	339.6	394.6	432.7	455.3
其中：厦门市	107.1	123.4	137.6	157.6
江西省	339.0	403.6	468.4	410.4
山东省	1203.0	1342.6	1428.9	1477.7
其中：青岛市	141.8	161.5	185.6	198.7
河南省	853.1	856.1	940.3	949.1
湖北省	612.0	656.1	786.9	867.4
湖南省	386.4	437.7	491.6	508.4
广东省	1417.9	1583.0	1764.2	1965.0
其中：深圳市	382.2	433.8	486.9	556.3
海南省	80.0	84.9	95.2	93.6
广西壮族自治区	377.0	349.6	404.2	410.1
贵州省	368.2	424.4	469.0	445.7
四川省	769.6	850.4	948.3	991.8
重庆市	370.1	432.7	504.4	528.5
云南省	387.3	434.5	492.1	538.0
陕西省	701.3	798.7	878.2	944.7
甘肃省	298.1	331.7	374.6	374.4
青海省	80.3	89.1	102.8	115.0
西藏自治区	19.8	20.7	25.0	27.7
宁夏回族自治区	101.7	111.2	116.3	122.2
新疆维吾尔自治区	422.2	505.3	568.0	585.6

国有企业职工工资总额情况

地区划分）

2015年	比上年增长（%）					平均增长（%）
	2011年	2012年	2013年	2014年	2015年	
27316.7	**19.4**	**11.5**	**10.7**	**4.7**	**6.0**	**8.2**
4611.6	4.7	13.7	10.0	6.4	15.8	11.4
610.8	23.2	9.2	13.7	3.9	7.8	8.6
744.6	14.5	14.1	4.9	0.0	1.9	5.1
996.4	27.0	15.4	4.0	-3.3	-10.6	0.9
522.4	28.0	17.9	10.7	1.6	8.3	9.5
951.6	6.9	6.8	10.3	5.9	-2.5	5.0
127.6	-12.2	38.1	7.0	6.9	-4.9	10.7
360.5	18.9	6.9	14.7	4.0	3.2	7.1
790.8	18.4	8.2	6.1	2.3	0.0	4.1
1664.1	13.1	0.6	7.9	3.0	9.1	5.1
857.1	23.0	19.6	15.6	7.4	6.8	12.2
139.3	31.5	25.8	1.3	15.7	16.0	14.3
1163.6	30.7	23.7	11.1	11.6	3.3	12.2
689.4	27.3	14.0	5.1	3.1	0.1	5.4
485.6	22.3	16.2	9.7	5.2	6.7	9.4
171.2	19.5	15.2	11.5	14.6	8.6	12.4
450.6	26.0	19.1	16.1	-12.4	9.8	7.4
1515.4	29.6	11.6	6.4	3.4	2.6	5.9
259.9	26.6	13.9	14.9	7.1	30.8	16.4
976.2	33.1	0.4	9.8	0.9	2.9	3.4
879.5	16.5	7.2	19.9	10.2	1.4	9.5
530.4	21.5	13.3	12.3	3.4	4.3	8.2
2245.7	23.2	11.6	11.4	11.4	14.3	12.2
733.0	23.9	13.5	12.3	14.2	31.8	17.7
98.4	69.1	6.1	12.2	-1.7	5.1	5.3
441.7	23.8	-7.3	15.6	1.5	7.7	4.0
466.8	29.5	15.3	10.5	-5.0	4.7	6.1
1031.6	22.6	10.5	11.5	4.6	4.0	7.6
580.3	29.2	16.9	16.6	4.8	9.8	11.9
563.8	14.9	12.2	13.2	9.3	4.8	9.8
954.0	20.5	13.9	10.0	7.6	1.0	8.0
394.2	13.4	11.3	12.9	-0.1	5.3	7.2
113.3	25.1	11.0	15.3	11.8	-1.5	9.0
32.3	20.0	4.6	20.9	10.5	16.8	13.0
120.0	18.1	9.3	4.6	5.1	-1.8	4.2
614.7	26.4	19.7	12.4	3.1	5.0	9.8

2011—2015 年全国

（按隶属

项　　目	职工工资总额（亿元）			
	2011 年	2012 年	2013 年	2014 年
全国合计	**19936.3**	**22233.4**	**24622.7**	**25769.6**
中央小计	**11349.5**	**12778.4**	**14214.7**	**15166.2**
地方小计	**8586.8**	**9455.1**	**10408.0**	**10603.5**
北京市	599.1	679.4	784.8	874.4
天津市	204.9	227.7	261.8	282.9
河北省	301.3	314.5	339.1	315.7
山西省	719.6	851.1	871.4	811.8
内蒙古自治区	115.9	133.7	141.4	141.8
辽宁省	290.1	304.2	346.0	366.4
其中：大连市	42.5	47.5	49.8	54.5
吉林省	82.6	83.8	92.4	92.0
黑龙江省	213.0	204.7	210.3	195.4
上海市	685.2	684.9	759.0	758.1
浙江省	348.0	391.4	452.3	487.0
其中：宁波市	35.1	36.9	41.7	48.8
江苏省	326.2	419.7	439.2	495.4
安徽省	376.7	426.3	441.3	441.2
福建省	213.4	248.0	272.4	283.9
其中：厦门市	78.5	91.1	99.1	102.1
江西省	162.9	202.3	246.6	172.9
山东省	751.8	847.9	910.5	964.1
其中：青岛市	73.4	89.1	107.4	123.7
河南省	477.4	441.3	482.6	427.4
湖北省	136.6	147.2	164.5	211.4
湖南省	166.8	190.7	215.0	213.9
广东省	696.0	752.3	836.6	936.8
其中：深圳市	144.3	147.6	161.2	179.9
海南省	41.7	41.5	44.0	37.3
广西壮族自治区	228.4	188.0	218.9	219.3
贵州省	192.9	225.7	251.7	212.2
四川省	268.4	302.8	346.8	334.4
重庆市	222.8	260.3	297.1	310.5
云南省	171.4	194.5	221.1	250.1
陕西省	320.1	371.9	411.9	427.3
甘肃省	151.8	182.5	203.6	176.2
青海省	35.1	40.4	47.1	50.8
西藏自治区	9.2	8.1	10.9	9.7
宁夏回族自治区	20.7	24.6	18.2	22.2
新疆维吾尔自治区	56.7	63.3	69.4	81.0

国有企业职工工资总额情况

关系划分）

2015年	比上年增长（%） 2011年	2012年	2013年	2014年	2015年	平均增长（%）
27316.7	**19.4**	**11.5**	**10.7**	**4.7**	**6.0**	**8.2**
16223.4	**18.6**	**12.6**	**11.2**	**6.7**	**7.0**	**9.3**
11093.4	**20.3**	**10.1**	**10.1**	**1.9**	**4.6**	**6.6**
968.1	22.4	13.4	15.5	11.4	10.7	12.7
295.5	18.3	11.1	15.0	8.0	4.5	9.6
328.0	3.3	4.4	7.8	-6.9	3.9	2.1
696.5	29.6	18.3	2.4	-6.8	-14.2	-0.8
179.5	18.5	15.4	5.8	0.3	26.5	11.5
338.0	17.1	4.9	13.7	5.9	-7.8	3.9
56.4	16.1	11.7	5.0	9.4	3.3	7.3
98.6	13.6	1.4	10.2	-0.4	7.2	4.5
201.6	30.4	-3.9	2.7	-7.1	3.2	-1.4
859.8	8.0	0.0	10.8	-0.1	13.4	5.8
518.4	14.2	12.5	15.6	7.7	6.4	10.5
54.9	19.4	5.0	13.1	16.9	12.7	11.8
516.9	15.4	28.7	4.6	12.8	4.3	12.2
434.6	24.0	13.2	3.5	0.0	-1.5	3.6
312.4	21.8	16.2	9.8	4.2	10.0	10.0
111.3	27.6	16.0	8.9	3.0	9.0	9.1
201.0	19.3	24.2	21.9	-29.9	16.2	5.4
980.2	21.7	12.8	7.4	5.9	1.7	6.9
137.8	13.6	21.4	20.6	15.1	11.4	17.1
427.3	20.1	-7.6	9.4	-11.4	0.0	-2.7
211.2	8.9	7.8	11.8	28.5	-0.1	11.5
218.4	13.5	14.3	12.8	-0.5	2.1	7.0
1021.2	25.2	8.1	11.2	12.0	9.0	10.1
243.8	13.0	2.3	9.2	11.6	35.5	14.0
38.3	127.9	-0.6	6.2	-15.2	2.7	-2.1
234.9	25.4	-17.7	16.4	0.2	7.1	0.7
235.9	34.7	17.0	11.5	-15.7	11.2	5.2
358.0	25.7	12.8	14.5	-3.6	7.0	7.5
347.8	39.3	16.8	14.1	4.5	12.0	11.8
265.0	15.5	13.5	13.7	13.1	5.9	11.5
441.8	21.6	16.2	10.7	3.7	3.4	8.4
189.5	11.7	20.2	11.5	-13.5	7.6	5.7
52.5	22.3	15.1	16.5	7.8	3.3	10.6
16.5	15.0	-11.8	34.5	-11.3	70.9	15.8
22.0	13.1	19.0	-26.2	22.1	-1.1	1.5
83.9	27.4	11.7	9.5	16.7	3.7	10.3

（二）2011—2015 年全国国有企业人均工资情况

（按综合情况划分）

项　　目	人均工资（万元）				
	2011 年	2012 年	2013 年	2014 年	2015 年
全　　国	**5.5**	**6.1**	**6.7**	**7.0**	**7.5**
一、按企业规模分类					
（一）大型	6.4	7.0	7.6	7.9	8.4
（二）中型	4.7	5.2	5.8	6.1	6.5
（三）小型	3.9	4.5	5.3	5.6	6.2
二、按资本构成分类					
（一）国有独资企业公司	5.0	5.7	6.2	6.5	6.7
（二）国有控股企业	5.8	6.3	7.0	7.4	8.0
（三）企业化管理事业单位	5.3	5.1	5.1	5.2	5.6
三、按组织形式分类					
（一）公司制	5.7	6.3	6.9	7.2	7.7
（二）非公司制	4.5	5.2	5.7	6.2	5.6
四、按盈利或亏损分类					
（一）盈利	5.9	6.5	7.3	7.7	8.3
（二）亏损	4.5	5.2	5.6	5.8	6.1
五、按隶属关系分类					
（一）中央	6.6	7.3	8.1	8.6	9.1
其中：管理企业	7.0	7.6	8.4	8.9	9.4
（二）地方	4.5	5.0	5.4	5.6	5.9
六、按经济带分类					
（一）东部沿海地区	6.4	7.0	7.8	8.3	8.9
（二）中部内陆地区	4.5	4.9	5.3	5.5	5.6
（三）西部边远地区	5.0	5.6	6.1	6.4	6.8
七、按产业性质分类					
（一）垄断性行业	7.4	8.2	9.1	9.7	10.3
（二）竞争性行业	5.2	5.7	6.2	6.5	6.8
（三）公益性及其他行业	3.6	4.1	4.8	5.1	5.5
八、按产业作用分类					
（一）基础性行业	6.1	6.6	7.1	7.4	7.6
（二）一般生产加工行业	4.1	4.6	5.3	5.6	6.1
（三）商贸服务及其他行业	6.1	6.8	7.5	8.1	9.0

2011—2015 年全国国有企业人均工资情况

（按基本行业划分）

项　目	人均工资（万元）				
	2011 年	2012 年	2013 年	2014 年	2015 年
全　国	**5.5**	**6.1**	**6.7**	**7.0**	**7.5**
一、农林牧渔业	1.2	1.5	1.6	1.8	1.9
其中：农业	1.0	1.3	1.5	1.6	1.8
林业	1.3	1.6	1.7	1.9	2.0
畜牧业	1.4	2.1	2.5	2.5	2.8
渔业	2.0	3.1	3.2	4.1	4.3
二、工业	5.7	6.3	6.8	7.1	7.3
1. 煤炭工业	6.1	6.5	6.5	6.2	5.6
2. 石油和石化工业	7.0	7.7	8.8	8.6	8.3
3. 冶金工业	5.0	5.4	5.6	6.0	6.0
4. 建材工业	3.6	3.9	4.4	4.8	5.2
5. 化学工业	4.2	4.9	5.3	5.8	6.1
6. 森林工业	2.2	2.4	2.8	2.8	3.2
7. 食品工业	2.8	3.6	4.0	4.7	5.1
8. 烟草工业	11.0	12.3	13.9	14.8	16.1
9. 纺织工业	2.0	2.5	2.7	3.0	3.4
10. 医药工业	4.4	5.0	5.4	6.1	6.4
11. 机械工业	5.3	5.6	6.4	7.1	7.7
其中：汽车工业	6.0	6.3	7.5	8.4	9.0
12. 电子工业	5.6	6.2	6.9	7.6	8.2
13. 电力工业	8.2	8.9	9.7	10.4	11.2
14. 市政公用工业	4.2	4.7	5.3	5.8	6.0
15. 其他工业	3.7	5.8	6.4	6.7	7.3
三、建筑业	6.5	6.8	7.8	7.1	7.7
四、地质勘查及水利业	6.3	6.6	7.2	7.5	7.5
五、交通运输仓储业	5.5	6.2	6.8	7.4	7.9
其中：铁路运输业	5.9	6.9	7.7	8.4	8.8
道路运输业	3.8	4.2	4.7	5.1	5.7
水上运输业	8.6	9.1	9.9	11.0	11.3
航空运输业	12.0	12.6	13.1	14.2	15.4
仓储业	2.8	3.2	3.8	4.2	4.7
六、邮电通信业	7.1	7.7	8.5	9.2	9.4
七、批发和零售、餐饮业	5.3	6.1	6.7	7.1	7.9
八、房地产业	6.3	6.9	7.5	8.1	8.7
九、信息技术服务业	8.1	7.9	8.8	9.8	11.7
十、社会服务业	5.1	5.5	6.1	6.1	6.6
十一、卫生体育福利业	5.4	6.0	6.6	6.8	7.7
十二、教育文化广播业	6.8	7.4	8.2	9.0	9.7
十三、科学研究和技术服务业	11.2	11.9	12.7	13.2	13.7
十四、机关社团及其他	10.7	11.9	14.1	16.1	20.3

2011—2015 年全国国有企业人均工资情况

（按所在地区划分）

项目	人均工资（万元）				
	2011 年	2012 年	2013 年	2014 年	2015 年
全　国	**5.5**	**6.1**	**6.7**	**7.0**	**7.5**
北京市	7.3	8.3	9.2	9.8	10.2
天津市	6.6	7.0	8.0	8.6	9.2
河北省	4.8	5.4	5.7	5.9	6.3
山西省	5.3	5.8	6.1	5.8	5.5
内蒙古自治区	5.1	5.7	6.2	6.4	6.2
辽宁省	4.6	4.7	5.2	5.6	5.7
其中：大连市	7.1	6.4	6.7	7.1	7.4
吉林省	4.3	4.8	5.6	5.9	6.3
黑龙江省	3.2	3.5	3.9	4.0	4.2
上海市	8.2	8.9	9.8	10.2	11.3
浙江省	6.5	7.3	8.2	8.0	8.8
其中：宁波市	7.2	8.9	8.4	8.3	9.0
江苏省	5.8	6.1	6.8	7.7	8.0
安徽省	5.3	5.8	6.0	6.3	6.4
福建省	5.7	6.3	6.7	7.0	7.4
其中：厦门市	7.2	7.4	7.8	8.3	8.4
江西省	4.4	5.6	6.0	5.3	6.1
山东省	5.2	5.6	6.1	6.4	6.7
其中：青岛市	5.3	7.0	7.0	6.7	7.6
河南省	4.7	4.8	5.3	5.5	5.7
湖北省	4.5	5.2	5.6	6.3	6.4
湖南省	4.4	4.8	5.3	5.7	6.3
广东省	7.1	7.5	8.1	8.9	9.7
其中：深圳市	8.1	8.3	9.4	10.5	12.3
海南省	3.0	3.3	3.7	4.1	4.6
广西壮族自治区	5.3	4.9	5.7	5.9	6.6
贵州省	5.3	5.9	6.5	6.2	6.8
四川省	5.3	5.8	6.4	6.8	7.3
重庆市	5.1	5.8	6.5	6.9	7.6
云南省	5.1	5.5	5.9	6.5	6.9
陕西省	5.3	5.8	6.4	6.6	7.0
甘肃省	5.0	5.6	6.3	6.4	6.8
青海省	5.2	5.8	6.5	6.8	7.0
西藏自治区	6.2	7.1	8.4	8.4	8.8
宁夏回族自治区	5.8	6.5	6.9	7.1	7.3
新疆维吾尔自治区	3.7	4.5	4.9	5.1	5.5

2011—2015 年全国国有企业人均工资情况

（按隶属关系划分）

项　　目	人均工资（万元）				
	2011 年	2012 年	2013 年	2014 年	2015 年
全　　国	**5.5**	**6.1**	**6.7**	**7.0**	**7.5**
中　　央	**6.6**	**7.3**	**8.1**	**8.6**	**9.1**
地　　方	**4.5**	**5.0**	**5.4**	**5.6**	**5.9**
北京市	5.3	6.0	6.7	7.3	7.9
天津市	5.2	5.6	6.6	7.2	7.7
河北省	4.3	4.7	4.9	4.8	5.3
山西省	5.1	5.7	5.8	5.4	4.9
内蒙古自治区	3.6	4.3	4.6	4.7	4.4
辽宁省	3.4	3.3	3.8	4.0	4.0
其中：大连市	4.6	5.2	5.5	5.9	6.4
吉林省	2.5	2.7	3.2	3.2	3.4
黑龙江省	2.5	2.4	2.6	2.5	2.7
上海市	6.6	7.1	8.0	8.3	9.4
浙江省	5.6	6.5	7.5	6.9	7.7
其中：宁波市	6.4	6.6	7.1	7.8	8.2
江苏省	4.7	5.3	5.7	6.5	6.9
安徽省	4.9	5.6	5.7	6.0	5.9
福建省	4.7	5.4	5.8	5.9	6.4
其中：厦门市	6.3	6.8	7.0	7.6	7.8
江西省	3.3	4.8	5.2	3.7	4.5
山东省	4.7	5.2	5.8	6.0	6.3
其中：青岛市	4.3	6.7	6.4	6.0	7.0
河南省	4.1	4.1	4.5	4.4	4.4
湖北省	2.2	2.8	3.0	3.6	3.5
湖南省	3.3	3.7	4.2	4.4	4.7
广东省	6.0	6.4	6.9	7.7	8.4
其中：深圳市	7.7	7.7	8.6	10.1	11.3
海南省	2.0	2.1	2.4	2.3	2.6
广西壮族自治区	4.9	4.0	4.8	4.9	5.5
贵州省	5.1	5.8	6.7	5.6	6.1
四川省	4.3	4.7	5.2	5.4	5.8
重庆市	4.7	5.4	5.9	6.1	7.0
云南省	4.1	4.4	4.7	5.3	5.7
陕西省	4.7	5.3	5.7	5.7	6.1
甘肃省	4.2	5.0	5.6	5.5	5.6
青海省	4.0	4.5	5.3	5.4	5.6
西藏自治区	4.2	4.5	5.9	5.2	6.7
宁夏回族自治区	3.5	4.4	4.0	4.6	4.7
新疆维吾尔自治区	2.3	3.2	3.5	3.9	4.4

第二部分

全国集体企业主要指标表

一、全国集体企业户数情况

2011—2015 年全国集体

（按综合

项　　目	户数（户）			
	2011 年	2012 年	2013 年	2014 年
按综合情况划分	**31576**	**28698**	**27521**	**25397**
一、按企业规模分类				
（一）大型	225	189	193	174
（二）中型	1595	1504	1557	1459
（三）小型	29756	27005	25771	23764
二、按组织形式分类				
（一）国有独资企业公司	741	2577	497	469
（二）国有控股企业	30461	25814	26704	24653
（三）企业化管理事业单位	373	307	320	274
三、按企业类型分类				
（一）公司制	7224	6759	6704	6176
（二）非公司制	24352	21939	20817	19221
四、按盈利或亏损分类				
（一）盈利	24667	22663	21607	19996
（二）亏损	6909	6035	5914	5401
五、按经济带分类				
（一）东部沿海地区	12935	11799	11447	10783
（二）中部内陆地区	11251	10063	9596	8784
（三）西部边远地区	7390	6836	6478	5830
六、按产业性质分类				
（一）垄断性行业	354	286	257	221
（二）竞争性行业	27231	24648	23790	21683
（三）公益性及其他行业	3991	3764	3474	3493
七、按产业作用分类				
（一）基础性行业	2715	2257	2153	1824
（二）一般生产加工行业	6860	5878	5588	4822
（三）商贸服务及其他行业	22001	20563	19780	18751

企业户数情况

情况划分）

2015 年	比上年增长（%）					平均增长（%）
	2011 年	2012 年	2013 年	2014 年	2015 年	
24234.0	**8.6**	**-9.1**	**-4.1**	**-7.7**	**-4.6**	**-6.4**
172.0	61.9	-16.0	2.1	-9.8	-1.1	-6.5
1381.0	48.1	-5.7	3.5	-6.3	-5.3	-3.5
22680.0	6.8	-9.2	-4.6	-7.8	-4.6	-6.6
491.0	-47.5	247.8	-80.7	-5.6	4.7	-9.8
23467.0	11.9	-15.3	3.4	-7.7	-4.8	-6.3
275.0	-18.2	-17.7	4.2	-14.4	0.4	-7.3
6306.0	-12.3	-6.4	-0.8	-7.9	2.1	-3.3
17927.0	16.8	-9.9	-5.1	-7.7	-6.7	-7.4
18897.0	9.8	-8.1	-4.7	-7.5	-5.5	-6.4
5337.0	4.4	-12.7	-2.0	-8.7	-1.2	-6.3
10450.0	-3.7	-8.8	-3.0	-5.8	-3.1	-5.2
8128.0	34.5	-10.6	-4.6	-8.5	-7.5	-7.8
5656.0	1.5	-7.5	-5.2	-10.0	-3.0	-6.5
221.0	40.5	-19.2	-10.1	-14.0	0.0	-11.1
20736.0	4.9	-9.5	-3.5	-8.9	-4.4	-6.6
3276.0	39.2	-5.7	-7.7	0.5	-6.2	-4.8
1677.0	24.5	-16.9	-4.6	-15.3	-8.1	-11.3
4545.0	31.9	-14.3	-4.9	-13.7	-5.7	-9.8
18011.0	1.4	-6.5	-3.8	-5.2	-3.9	-4.9

2011—2015 年全国集体

（按基本

项　目	户数（户）			
	2011 年	2012 年	2013 年	2014 年
全国合计	**31576**	**28698**	**27521**	**25397**
一、农林牧渔业	1019	1140	1152	1126
其中：农业	325	407	414	416
林业	43	41	27	23
畜牧业	64	79	82	79
渔业	13	12	11	16
二、工业	7056	5755	5432	4569
1. 煤炭工业	221	153	131	120
2. 石油和石化工业	31	22	23	18
3. 冶金工业	215	186	183	143
4. 建材工业	373	257	260	185
5. 化学工业	643	536	508	433
6. 森林工业	155	111	120	86
7. 食品工业	590	493	488	434
8. 烟草工业	12	9	8	8
9. 纺织工业	420	339	315	258
10. 医药工业	113	95	80	65
11. 机械工业	1615	1311	1217	999
其中：汽车工业	146	109	97	82
12. 军工工业	12	12	8	7
13. 电子工业	173	130	116	89
14. 电力工业	83	100	90	83
15. 市政公用工业	121	92	88	92
16. 其他工业	2279	1909	1797	1549
三、建筑业	1078	979	936	847
四、地质勘查及水利业	29	20	18	17
五、交通运输仓储业	949	848	807	690
其中：铁路运输业	37	29	24	16
道路运输业	318	284	278	238
水上运输业	37	30	25	23
航空运输业	0	0	0	0
仓储业	414	381	362	313
六、邮电通信业	97	47	52	14
七、批发和零售、餐饮业	15418	14618	14329	13582
八、房地产业	412	390	402	468
九、信息技术服务业	621	429	319	203
十、社会服务业	4016	3762	3548	3260
十一、卫生体育福利业	238	138	107	216
十二、教育文化广播业	106	82	69	60
十三、科学研究和技术服务业	316	273	212	160
十四、机关社团及其他	221	217	138	185

企业户数情况

行业划分）

	比上年增长（%）					平均增长（%）
2015 年	2011 年	2012 年	2013 年	2014 年	2015 年	
24234	**8.6**	**-9.1**	**-4.1**	**-7.7**	**-4.6**	**-6.4**
1165	74.8	11.9	1.1	-2.3	3.5	3.4
430	277.9	25.2	1.7	0.5	3.4	7.2
23	138.9	-4.7	-34.1	-14.8	0.0	-14.5
84	60.0	23.4	3.8	-3.7	6.3	7.0
18	160.0	-7.7	-8.3	45.5	12.5	8.5
4201	29.4	-18.4	-5.6	-15.9	-8.1	-12.2
98	61.3	-30.8	-14.4	-8.4	-18.3	-18.4
17	-6.1	-29.0	4.5	-21.7	-5.6	-13.9
133	8.6	-13.5	-1.6	-21.9	-7.0	-11.3
167	11.3	-31.1	1.2	-28.8	-9.7	-18.2
398	5.9	-16.6	-5.2	-14.8	-8.1	-11.3
69	66.7	-28.4	8.1	-28.3	-19.8	-18.3
397	50.5	-16.4	-1.0	-11.1	-8.5	-9.4
6	9.1	-25.0	-11.1	0.0	-25.0	-15.9
221	14.8	-19.3	-7.1	-18.1	-14.3	-14.8
59	59.2	-15.9	-15.8	-18.8	-9.2	-15.0
943	5.7	-18.8	-7.2	-17.9	-5.6	-12.6
79	18.7	-25.3	-11.0	-15.5	-3.7	-14.2
7	-60.0	0.0	-33.3	-12.5	0.0	-12.6
74	58.7	-24.9	-10.8	-23.3	-16.9	-19.1
71	29.7	20.5	-10.0	-7.8	-14.5	-3.8
90	95.2	-24.0	-4.3	4.5	-2.2	-7.1
1451	60.7	-16.2	-5.9	-13.8	-6.3	-10.7
817	13.5	-9.2	-4.4	-9.5	-3.5	-6.7
18	93.3	-31.0	-10.0	-5.6	5.9	-11.2
642	15.3	-10.6	-4.8	-14.5	-7.0	-9.3
14	-27.5	-21.6	-17.2	-33.3	-12.5	-21.6
206	28.7	-10.7	-2.1	-14.4	-13.4	-10.3
20	2.8	-18.9	-16.7	-8.0	-13.0	-14.3
0						
312	34.9	-8.0	-5.0	-13.5	-0.3	-6.8
22	1285.7	-51.5	10.6	-73.1	57.1	-31.0
13095	-10.6	-5.2	-2.0	-5.2	-3.6	-4.0
490	-17.9	-5.3	3.1	16.4	4.7	4.4
170	935.0	-30.9	-25.6	-36.4	-16.3	-27.7
3180	36.7	-6.3	-5.7	-8.1	-2.5	-5.7
69	453.5	-42.0	-22.5	101.9	-68.1	-26.6
62	41.3	-22.6	-15.9	-13.0	3.3	-12.5
134	102.6	-13.6	-22.3	-24.5	-16.3	-19.3
169	-2.6	-13.6	-22.3	-24.5	-8.6	-6.5

2011—2015 年全国集体

（按隶属

项　　目	户数（户）			
	2011 年	2012 年	2013 年	2014 年
全　　国	**31576**	**28698**	**27521**	**25397**
北京市	634	694	708	724
天津市	779	709	663	569
河北省	1370	1167	1069	865
山西省	2018	1828	1696	1637
内蒙古自治区	89	65	60	45
辽宁省	1507	1368	1360	1300
吉林省	2523	2451	2449	2301
黑龙江省	1446	765	725	617
上海市	3663	3006	2858	2515
浙江省	571	536	540	524
江苏省	101	100	98	90
安徽省	523	535	529	528
福建省	1142	1198	1178	1181
江西省	1181	1113	1078	972
山东省	598	578	589	535
河南省	2226	2149	1976	1770
湖北省	653	579	567	406
湖南省	650	599	529	497
广东省	1965	1938	1910	1997
海南省	251	213	196	185
广西壮族自治区	878	836	800	780
贵州省	917	904	890	859
四川省	689	668	629	606
重庆市	352	285	276	260
云南省	1027	928	869	843
陕西省	1824	1529	1491	1360
甘肃省	978	1027	893	532
青海省	142	78	66	65
西藏自治区	31	25	26	19
宁夏回族自治区	80	84	63	62
新疆维吾尔自治区	376	386	385	373
大连市	67	67	66	66
宁波市	64	68	78	98
青岛市	65	26	27	29
深圳市	196	196	184	187

企业户数情况

关系划分）

	比上年增长（%）					平均增长（%）
2015 年	2011 年	2012 年	2013 年	2014 年	2015 年	
24234	**8.6**	**-9.1**	**-4.1**	**-7.7**	**-4.6**	**-6.4**
777	4.6	9.5	2.0	2.3	7.3	5.2
512	-15.9	-9.0	-6.5	-14.2	-10.0	-10.0
733	-8.8	-14.8	-8.4	-19.1	-15.3	-14.5
1657	-8.1	-9.4	-7.2	-3.5	1.2	-4.8
40	-21.9	-27.0	-7.7	-25.0	-11.1	-18.1
1232	17.0	-9.2	-0.6	-4.4	-5.2	-4.9
1986	960.1	-2.9	-0.1	-6.0	-13.7	-5.8
593	4.3	-47.1	-5.2	-14.9	-3.9	-20.0
2541	-9.2	-17.9	-4.9	-12.0	1.0	-8.7
528	0.5	-6.1	0.7	-3.0	0.8	-1.9
85	11.0	-1.0	-2.0	-8.2	-5.6	-4.2
534	8.1	2.3	-1.1	-0.2	1.1	0.5
1087	2.6	4.9	-1.7	0.3	-8.0	-1.2
964	0.8	-5.8	-3.1	-9.8	-0.8	-4.9
502	-6.1	-3.3	1.9	-9.2	-6.2	-4.3
1675	2.5	-3.5	-8.1	-10.4	-5.4	-6.9
387	32.2	-11.3	-2.1	-28.4	-4.7	-12.3
275	215.5	-7.8	-11.7	-6.0	-44.7	-19.3
2004	-2.1	-1.4	-1.4	4.6	0.4	0.5
176	-1.6	-15.1	-8.0	-5.6	-4.9	-8.5
759	0.5	-4.8	-4.3	-2.5	-2.7	-3.6
842	-4.0	-1.4	-1.5	-3.5	-2.0	-2.1
574	-3.2	-3.0	-5.8	-3.7	-5.3	-4.5
255	-9.3	-19.0	-3.2	-5.8	-1.9	-7.7
803	-8.8	-9.6	-6.4	-3.0	-4.7	-6.0
1333	24.1	-16.2	-2.5	-8.8	-2.0	-7.5
496	0.6	5.0	-13.0	-40.4	-6.8	-15.6
53	-13.9	-45.1	-15.4	-1.5	-18.5	-21.8
25	3.3	-19.4	4.0	-26.9	31.6	-5.2
59	0.0	5.0	-25.0	-1.6	-4.8	-7.3
382	-7.4	2.7	-0.3	-3.1	2.4	0.4
66	-4.3	0.0	-1.5	0.0	0.0	-0.4
96	0.0	6.3	14.7	25.6	-2.0	10.7
18	-19.8	-60.0	3.8	7.4	-37.9	-27.5
185	-2.5	0.0	-6.1	1.6	-1.1	-1.4

二、全国集体企业效益指标

(一) 2011—2015 年全国

项　目	金额（亿元）			
	2011 年	2012 年	2013 年	2014 年
一、营业总收入	10497.0	10852.7	11777.7	11488.5
其中：营业收入	10496.1	10851.4	11773.2	11486.4
其中：主营业务收入	10265.8	10628.1	11498.3	
其他业务收入	230.4	223.2	274.9	
△利息收入				2.1
△已赚保费				0.0
△手续费及佣金收入				0.0
二、营业总成本	10293.6	10670.7	11606.4	11340.9
其中：营业成本	9379.6	9736.5	10642.9	10355.9
其中：主营业务成本	9258.3	9612.9	10479.7	
其他业务成本	121.3	123.6	163.2	
△利息支出				0.1
△手续费及佣金支出				0.0
△退保金				0.0
△赔付支出净额				0.0
△提取保险合同准备金净额				0.0
△保单红利支出				0.0
△分保费用				0.0
营业税金及附加	77.1	79.2	88.2	82.7
销售费用	263.0	283.3	299.9	308.1
管理费用	476.9	468.5	472.8	471.1
其中：研究与开发费	16.6	18.3	16.2	14.6
财务费用	89.0	95.2	94.5	109.8
其中：利息支出	92.2	78.1	98.4	107.9
利息收入	18.7	20.4	24.6	27.3
汇兑净损失（净收益以“－”号填列）	－1.0	0.0	－0.8	1.1
资产减值损失	7.9	7.9	7.4	12.6
其他	0.1	0.1	－0.1	0.5
加：公允价值变动收益（损失以“－”号填列）	－0.5	0.9	1.9	4.4
投资收益（损失以“－”号填列）	80.6	76.9	86.5	80.9
其中：对联营企业和合营企业的投资收益	1.3	2.0	2.0	0.8
△汇兑收益（损失以“－”号填列）				0.0
三、营业利润（亏损以“－”号填列）	283.5	259.8	259.7	233.0
加：营业外收入	110.8	110.9	125.2	110.7
其中：非流动资产处置利得	7.1	7.4	15.5	6.5
非货币性资产交换利得	0.2	0.4	0.2	0.5
政府补助	46.7	32.0	36.4	43.3
债务重组利得	0.7	0.2	0.1	0.2
减：营业外支出	25.6	20.8	23.1	20.7
其中：非流动资产处置损失	3.3	2.2	2.4	1.3
非货币性资产交换损失	0.1	0.1	0.1	0.1
债务重组损失	0.2	0.1	0.2	0.0
四、利润总额（亏损总额以“－”号填列）	368.7	349.8	361.7	322.9
减：所得税费用	68.4	65.1	63.1	63.0
五、净利润（净亏损以“－”号填列）	300.2	284.8	298.6	259.9
归属于母公司所有者的净利润	284.4	270.1	274.9	229.7
＊少数股东损益	15.8	14.6	23.7	30.2

集体企业效益指标

单位：亿元

	比上年增长（%）					平均增长（%）
2015 年	2011 年	2012 年	2013 年	2014 年	2015 年	
10981.3	19.3	3.4	8.5	-2.5	-4.4	1.1
10978.2	19.3	3.4	8.5	-2.4	-4.4	1.1
	19.0	3.5	8.2			
	33.3	-3.1	23.2			
3.0					44.3	
0.0						
0.0						
10868.6	19.1	3.7	8.8	-2.3	-4.2	1.4
9867.6	19.0	3.8	9.3	-2.7	-4.7	1.3
	18.8	3.8	9.0			
	33.1	1.9	32.0			
0.3					150.0	
0.0						
0.0						
0.0						
0.0						
0.0						
0.0						
86.1	6.6	2.7	11.4	-6.2	4.1	2.8
305.4	29.5	7.7	5.9	2.7	-0.9	3.8
470.1	14.5	-1.8	0.9	-0.4	-0.2	-0.4
13.3	39.3	10.1	-11.5	-9.9	-8.7	-5.4
118.1	38.4	7.0	-0.7	16.2	7.6	7.3
106.2	61.2	-15.3	26.0	9.7	-1.6	3.6
29.8	38.2	9.0	20.6	11.0	9.3	12.4
0.2	73.9	-100.0		-237.5	-84.5	
19.5	790.4	0.0	-6.3	70.3	54.6	25.3
1.5	-20.3	47.1	-200.0	-600.0	194.0	115.6
-1.5	978.9	-268.9	111.1	131.6		29.7
115.4	30.7	-4.6	12.5	-6.5	42.6	9.4
2.1	-58.3	48.6	0.0	-60.0	162.5	11.8
0.0						
226.5	26.7	-8.4	0.0	-10.3	-2.8	-5.5
121.2	-9.8	0.1	12.9	-11.6	9.5	2.3
7.2	24.3	3.7	109.5	-58.1	10.3	0.1
0.2	-59.2	95.4	-50.0	150.0	-58.0	0.6
55.9	-35.4	-31.5	13.8	19.0	29.0	4.6
0.1	-51.2	-71.8	-50.0	100.0	-45.0	-37.3
24.5	18.1	-18.7	11.1	-10.4	18.6	-1.0
2.9	-14.9	-32.5	9.1	-45.8	119.2	-3.3
0.0	-49.1	68.8	0.0	0.0	-60.0	-9.4
0.0	154.7	-46.7	100.0	-100.0		-100.0
323.2	13.5	-5.1	3.4	-10.7	0.1	-3.2
70.3	15.3	-4.9	-3.1	-0.2	11.6	0.7
252.9	13.1	-5.1	4.8	-13.0	-2.7	-4.2
220.9	13.4	-5.0	1.8	-16.4	-3.8	-6.1
32.0	7.6	-7.7	62.3	27.4	5.9	19.2

（二）2011—2015 年全国集体

（按综合

项　目	利润（亿元）			
	2011 年	2012 年	2013 年	2014 年
按综合情况划分	**368.7**	**349.8**	**361.7**	**322.9**
一、按企业规模分类				
（一）大型	191.3	166.6	158.5	141.6
（二）中型	103.3	108.3	115.9	84.3
（三）小型	74.0	75.0	87.3	97.0
二、按组织形式分类				
（一）国有独资企业公司	1.1	4.5	0.8	-0.1
（二）国有控股企业	366.2	342.8	359.7	319.7
（三）企业化管理事业单位	1.3	2.6	1.2	3.4
三、按企业类型分类				
（一）公司制	332.6	293.7	315.9	278.8
（二）非公司制	36.1	56.1	45.8	44.1
四、按盈利或亏损分类				
（一）盈利	455.6	435.3	457.2	446.4
（二）亏损	-86.9	-85.5	-95.5	-123.4
五、按经济带分类				
（一）东部沿海地区	299.3	293.1	314.9	280.5
（二）中部内陆地区	50.4	36.6	22.4	25.3
（三）西部边远地区	18.9	20.1	24.3	17.2
六、按产业性质分类				
（一）垄断性行业	4.9	5.7	7.2	9.2
（二）竞争性行业	346.0	322.1	326.4	280.5
（三）公益性及其他行业	17.8	22.0	28.1	33.3
七、按产业作用分类				
（一）基础性行业	161.0	141.2	110.1	94.7
（二）一般生产加工行业	93.6	87.5	120.8	81.4
（三）商贸服务及其他行业	114.1	121.1	130.9	146.8

企业利润总额和增长指标

情况划分）

	比上年增长（%）					平均增长（%）
2015 年	2011 年	2012 年	2013 年	2014 年	2015 年	
323.2	**13.5**	**-5.1**	**3.4**	**-10.7**	**0.1**	**-3.2**
129.8	54.4	-12.9	-4.8	-10.6	-8.4	-9.2
92.7	20.0	4.8	7.1	-27.3	9.9	-2.7
100.8	-35.6	1.4	16.4	11.1	3.9	8.0
2.2	-8.3	304.5	-82.2	-113.9		18.6
319.3	13.7	-6.4	4.9	-11.1	-0.1	-3.4
1.8	-23.5	96.9	-53.5	182.4	-47.9	7.7
277.0	23.9	-11.7	7.6	-11.7	-0.6	-4.5
46.2	-36.1	55.5	-18.4	-3.7	4.6	6.3
452.5	18.2	-4.5	5.0	-2.4	1.4	-0.2
-129.3	43.9	-1.6	11.7	29.2	4.8	10.4
285.7	17.2	-2.1	7.4	-10.9	1.8	-1.2
25.9	25.4	-27.4	-38.6	12.6	2.3	-15.4
11.7	-35.7	6.3	21.2	-29.4	-32.1	-11.4
14.1	32.4	16.1	25.8	28.2	53.9	30.3
279.5	16.7	-6.9	1.4	-14.1	-0.4	-5.2
29.6	-27.9	23.8	27.6	18.3	-11.1	13.5
83.5	18.4	-12.3	-22.0	-13.9	-11.8	-15.1
91.2	17.0	-6.5	38.1	-32.6	12.0	-0.7
148.5	4.8	6.2	8.0	12.2	1.2	6.8

2011—2015 年全国集体企业

（按基本

项　　目	利润（亿元）			
	2011 年	2012 年	2013 年	2014 年
全国合计	**368.7**	**349.8**	**361.7**	**322.9**
一、农林牧渔业	4.6	8.3	9.3	10.6
其中：农业	2.1	3.3	4.2	5.2
林业	-0.1	0.2	0.1	0.0
畜牧业	0.0	0.3	0.5	0.3
渔业	0.0	0.5	0.5	0.5
二、工业	228.4	196.1	190.9	148.2
1. 煤炭工业	32.8	12.2	-0.8	-0.6
2. 石油和石化工业	0.9	0.3	-0.7	-0.8
3. 冶金工业	96.4	91.2	82.5	76.7
4. 建材工业	4.3	5.6	5.1	3.2
5. 化学工业	3.6	3.7	4.8	4.6
6. 森林工业	-0.1	0.0	-0.1	0.1
7. 食品工业	7.4	5.8	6.9	-9.3
8. 烟草工业	0.8	0.5	0.4	0.4
9. 纺织工业	0.7	0.6	1.1	1.3
10. 医药工业	14.7	19.5	20.1	22.5
11. 机械工业	40.6	25.4	48.0	33.8
其中：汽车工业	4.2	3.0	4.1	4.3
12. 军工工业	0.1	0.0	0.0	0.0
13. 电子工业	11.5	18.0	14.1	14.7
14. 电力工业	1.2	2.8	-0.3	1.3
15. 市政公用工业	3.2	4.7	5.1	2.6
16. 其他工业	10.4	5.9	4.5	-2.4
三、建筑业	18.1	21.2	23.9	14.6
四、地质勘查及水利业	0.0	0.0	0.0	0.0
五、交通运输仓储业	5.9	6.8	10.6	7.3
其中：铁路运输业	0.2	0.0	0.0	0.0
道路运输业	1.4	1.4	3.3	3.2
水上运输业	0.3	0.7	0.2	0.4
航空运输业	0.0	0.0	0.0	0.0
仓储业	4.0	5.0	7.1	3.9
六、邮电通信业	0.2	0.3	0.2	0.0
七、批发和零售、餐饮业	64.2	65.7	67.1	67.1
八、房地产业	12.2	16.3	13.6	19.0
九、信息技术服务业	1.3	1.9	1.1	1.2
十、社会服务业	28.5	28.3	35.4	43.2
十一、卫生体育福利业	0.5	0.2	0.1	0.1
十二、教育文化广播业	0.3	0.3	0.0	0.3
十三、科学研究和技术服务业	1.7	1.8	1.2	1.5
十四、机关社团及其他	2.6	2.5	8.3	9.9

利润总额和增长指标

行业划分）

	比上年增长（%）					平均增长（%）
2015年	2011年	2012年	2013年	2014年	2015年	
323.2	**13.5**	**-5.1**	**3.4**	**-10.7**	**0.1**	**-3.2**
4.3	9.5	80.9	11.4	14.6	-59.4	-1.6
-1.4	90.9	59.0	25.7	24.5		
0.1		-250.0	-66.7	-60.0	550.0	
0.4			67.7	-42.3	33.3	
1.9			4.1	5.9	246.3	
151.5	25.2	-14.1	-2.7	-22.4	2.2	-9.8
-5.6	28.6	-62.8	-106.6	-28.8	875.4	
-0.9	-67.9	-65.6	-309.7	23.1	11.3	
73.1	31.2	-5.4	-9.6	-7.0	-4.6	-6.7
0.7	65.4	30.5	-8.7	-38.5	-78.4	-36.9
6.3	-42.9	1.4	31.0	-2.9	35.3	14.9
0.0	0.0	-60.0	50.0			-43.8
6.2	12.1	-22.2	20.1	-234.1		-4.5
0.0	700.0	-42.5	-15.2	-5.1	-89.2	-52.7
1.0	-66.7	-15.7	86.4	19.1	-27.5	7.9
18.6	258.5	32.4	3.4	11.7	-17.2	6.1
45.3	-13.6	-37.4	88.9	-29.6	33.8	2.7
4.6	-41.7	-28.6	35.0	6.2	6.7	2.2
0.0	-125.0	-100.0			-75.0	
1.3	173.8	56.9	-21.8	4.5	-91.2	-42.1
1.6	200.0	136.7	-109.5		22.5	7.1
2.9	300.0	47.2	7.9	-48.2	10.3	-2.4
1.1	50.7	-43.4	-23.6			-43.4
15.8	-27.0	17.2	12.4	-38.9	8.4	-3.4
0.0			0.0			
6.3	-20.3	15.9	55.1	-31.3	-13.4	1.7
0.0			-33.3			
1.5	-53.3	2.9	131.3	-3.9	-52.5	2.1
0.6	-250.0	143.3	-67.1	62.5	64.1	20.9
0.0						
4.5	2.6	25.3	41.7	-45.4	16.5	3.1
0.1		70.0	-35.3	-86.4	166.7	-20.5
63.3	13.8	2.4	2.0	0.0	-5.6	-0.3
17.4	-30.7	33.6	-16.4	39.4	-8.7	9.2
0.5	18.2	48.5	-42.5	6.3	-56.8	-20.9
47.6	4.0	-0.6	25.0	22.0	10.1	13.7
0.2	400.0	-68.0	-25.0	8.3	53.8	-20.5
0.6	-57.1	-16.7	-96.0	2900.0	106.7	19.9
1.2	0.0	5.3	-34.6	31.6	-24.7	-9.1
14.5	136.4	5.3	-34.6	31.6	47.2	53.8

2011—2015 年全国集体企业

（按隶属

项　　目	利润（亿元）			
	2011 年	2012 年	2013 年	2014 年
全　　国	**368.7**	**349.8**	**361.7**	**322.9**
北京市	16.5	20.1	23.1	25.0
天津市	14.4	17.4	17.5	19.8
河北省	2.5	4.4	5.3	4.6
山西省	29.2	15.4	1.3	-1.7
内蒙古自治区	0.6	0.9	1.2	0.2
辽宁省	-1.8	1.3	-1.4	-2.8
吉林省	0.4	0.7	-0.1	0.9
黑龙江省	-0.3	-0.5	-0.3	0.7
上海市	60.0	50.9	47.6	53.0
浙江省	23.7	20.7	25.9	27.2
江苏省	7.9	7.8	8.6	3.1
安徽省	8.3	12.0	11.9	12.5
福建省	9.6	12.9	13.0	12.0
江西省	0.6	1.0	1.0	1.9
山东省	111.5	104.6	106.1	80.6
河南省	6.1	0.6	2.0	2.8
湖北省	3.7	4.3	2.3	3.6
湖南省	0.6	0.3	1.9	1.0
广东省	4.8	5.9	5.8	9.4
海南省	0.0	0.0	0.0	-0.1
广西壮族自治区	1.4	1.5	1.9	1.7
贵州省	0.3	0.5	0.6	-0.1
四川省	1.6	2.8	4.1	4.4
重庆市	2.7	1.2	1.9	2.8
云南省	2.8	1.2	0.5	0.2
陕西省	-2.7	1.0	0.4	0.8
甘肃省	8.9	5.6	7.2	2.1
青海省	2.1	0.2	0.1	0.1
西藏自治区	0.2	0.2	0.1	0.1
宁夏回族自治区	0.5	0.5	0.4	-0.2
新疆维吾尔自治区	-0.2	3.8	5.0	3.2
大连市	0.1	0.2	0.2	0.3
宁波市	4.5	8.4	4.9	5.3
青岛市	40.7	30.8	53.8	41.8
深圳市	7.6	11.3	8.1	6.6

利润总额和增长指标

关系划分）

	比上年增长（%）					平均增长（%）
2015 年	2011 年	2012 年	2013 年	2014 年	2015 年	
323.2	**13.5**	**-5.1**	**3.4**	**-10.7**	**0.1**	**-3.2**
28.1	-7.3	21.8	15.2	8.2	12.2	14.2
16.8	213.0	20.6	0.8	13.2	-15.1	4.0
8.9	-16.7	74.4	22.0	-14.5	95.4	37.3
-6.2	33.9	-47.1	-91.8	-234.1	263.9	
0.4	100.0	53.3	25.0	-79.1	58.3	-10.8
-3.8	-172.0	-174.4	-200.7	105.9	37.8	20.8
1.0	33.3	65.0	-115.2	-1040.0	3.2	24.8
0.8	-400.0	60.0	-31.3	-303.0	14.9	
56.7	-13.2	-15.2	-6.4	11.4	7.0	-1.4
26.2	0.0	-12.7	25.0	5.2	-3.7	2.5
-2.0	315.8	-1.8	11.0	-63.5		
14.4	10.7	44.2	-0.8	5.3	15.2	14.8
8.4	65.5	34.6	0.3	-7.6	-30.0	-3.3
1.8	0.0	66.7	1.0	87.1	-2.6	32.3
84.0	30.9	-6.2	1.5	-24.0	4.2	-6.8
5.5	103.3	-89.7	223.8	38.7	94.3	-2.6
5.5	131.3	17.0	-48.0	60.0	51.4	10.2
2.1	-87.0	-46.7	493.8	-47.4	113.0	37.3
10.1	128.6	23.1	-2.5	63.9	6.5	20.3
-0.1	-100.0		-33.3	-350.0	60.0	
0.5	600.0	7.1	24.0	-8.1	-69.0	-21.6
0.0	-400.0	63.3	18.4			-49.2
3.5	-5.9	74.4	45.2	9.4	-21.4	21.4
1.3	42.1	-56.3	60.2	47.1	-54.0	-17.0
1.7	-53.3	-58.6	-53.4	-72.2	1033.3	-11.7
1.1	-2800.0	-137.4	-59.4	82.9	49.3	
0.7	29.0	-37.6	29.7	-70.8	-67.6	-47.4
0.1	-46.2	-88.6	-79.2	0.0	40.0	-57.3
0.0	100.0	10.0	-45.5	-41.7		
-0.3	400.0	-8.0	-10.9	-141.5	70.6	
3.1	-102.6	-2005.0	31.0	-36.1	-4.4	
0.3	0.0	100.0	5.0	47.6	6.5	34.8
5.2	-4.3	86.2	-41.5	8.6	-2.1	3.7
37.4	38.4	-24.2	74.4	-22.2	-10.6	-2.1
10.1	15.2	48.3	-28.1	-18.8	54.0	7.4

（三）2011—2015 年全国集体

（按综合

项　　目	营业总收入（亿元）			
	2011 年	2012 年	2013 年	2014 年
按综合情况划分	**10497.0**	**10852.7**	**11777.7**	**11488.5**
一、按企业规模分类				
（一）大型	3881.6	4087.2	4381.0	4103.0
（二）中型	3221.1	3288.7	3583.1	3657.9
（三）小型	3394.2	3476.8	3813.7	3727.7
二、按组织形式分类				
（一）国有独资企业公司	58.1	541.1	21.0	9.2
（二）国有控股企业	10310.0	10125.8	11584.3	11264.9
（三）企业化管理事业单位	128.8	185.8	172.5	214.4
三、按企业类型分类				
（一）公司制	7702.3	7682.1	8463.9	8125.3
（二）非公司制	2794.7	3170.6	3313.8	3363.3
四、按盈利或亏损分类				
（一）盈利	9874.1	10191.9	11116.7	10368.4
（二）亏损	622.8	660.8	661.0	1120.2
五、按经济带分类				
（一）东部沿海地区	6727.7	7137.8	7770.4	7608.3
（二）中部内陆地区	2367.7	2317.1	2501.2	2631.6
（三）西部边远地区	1401.6	1397.7	1506.1	1248.7
六、按产业性质分类				
（一）垄断性行业	149.9	140.4	111.0	102.1
（二）竞争性行业	9680.3	9986.8	10903.8	10537.4
（三）公益性及其他行业	666.8	725.5	762.9	849.0
七、按产业作用分类				
（一）基础性行业	1796.1	1691.8	1682.5	1519.6
（二）一般生产加工行业	2086.1	2050.6	2178.4	2129.9
（三）商贸服务及其他行业	6614.7	7110.4	7916.9	7839.0

企业营业总收入和增长指标

情况划分）

2015年	比上年增长（%）					平均增长（%）
	2011年	2012年	2013年	2014年	2015年	
10981.3	**19.3**	**3.4**	**8.5**	**-2.5**	**-4.4**	**1.1**
3973.4	40.2	5.3	7.2	-6.3	-3.2	0.6
3390.8	45.1	2.1	9.0	2.1	-7.3	1.3
3617.1	-11.0	2.4	9.7	-2.3	-3.0	1.6
7.7	-70.2	831.3	-96.1	-56.2	-16.1	-39.7
10755.1	21.4	-1.8	14.4	-2.8	-4.5	1.1
218.5	11.4	44.3	-7.2	24.3	1.9	14.1
7891.8	21.2	-0.3	10.2	-4.0	-2.9	0.6
3089.5	14.3	13.5	4.5	1.5	-8.1	2.5
9857.4	20.3	3.2	9.1	-6.7	-4.9	0.0
1123.9	5.3	6.1	0.0	69.5	0.3	15.9
7163.5	18.4	6.1	8.9	-2.1	-5.8	1.6
2620.4	25.8	-2.1	7.9	5.2	-0.4	2.6
1197.4	13.4	-0.3	7.8	-17.1	-4.1	-3.9
99.9	7.5	-6.4	-20.9	-8.0	-2.2	-9.6
10066.0	18.1	3.2	9.2	-3.4	-4.5	1.0
815.4	43.9	8.8	5.2	11.3	-4.0	5.2
1373.5	10.6	-5.8	-0.6	-9.7	-9.6	-6.5
1975.5	0.0	-1.7	6.2	-2.2	-7.2	-1.4
7632.3	29.9	7.5	11.3	-1.0	-2.6	3.6

2011—2015 年全国集体企业

（按基本

项　　目	营业总收入（亿元）			
	2011 年	2012 年	2013 年	2014 年
全国合计	**10497.0**	**10852.7**	**11777.7**	**11488.5**
一、农林牧渔业	226.5	360.0	371.2	370.9
其中：农业	113.0	160.7	141.6	200.7
林业	0.5	0.8	0.7	0.3
畜牧业	10.3	14.4	21.3	25.6
渔业	1.3	5.8	6.1	7.2
二、工业	3025.4	2836.7	2782.4	2590.3
1. 煤炭工业	93.3	57.9	23.8	36.1
2. 石油和石化工业	79.2	79.0	64.3	67.0
3. 冶金工业	913.2	981.2	954.3	844.7
4. 建材工业	67.4	72.7	79.7	65.6
5. 化学工业	199.0	205.5	184.1	150.2
6. 森林工业	1.9	1.2	1.1	1.3
7. 食品工业	140.3	124.8	163.2	143.4
8. 烟草工业	13.6	19.5	12.5	12.2
9. 纺织工业	98.4	77.3	77.9	84.2
10. 医药工业	139.7	175.8	145.0	153.9
11. 机械工业	560.4	454.8	521.6	492.8
其中：汽车工业	118.2	93.6	107.6	165.8
12. 军工工业	5.5	3.7	4.7	4.8
13. 电子工业	178.5	134.3	66.8	57.1
14. 电力工业	35.0	26.2	22.2	15.1
15. 市政公用工业	32.4	27.6	25.4	23.8
16. 其他工业	467.8	395.1	435.9	438.2
三、建筑业	536.2	575.7	719.1	665.6
四、地质勘查及水利业	1.8	2.0	1.8	0.2
五、交通运输仓储业	189.6	143.0	184.3	159.1
其中：铁路运输业	2.3	1.0	0.8	0.3
道路运输业	63.7	58.7	73.3	61.2
水上运输业	5.1	3.7	3.5	3.4
航空运输业	0.0	0.0	0.0	0.0
仓储业	91.2	72.0	96.8	90.2
六、邮电通信业	18.4	15.5	8.9	1.0
七、批发和零售、餐饮业	5678.0	6172.6	6849.9	6795.8
八、房地产业	99.0	95.0	141.5	165.1
九、信息技术服务业	49.6	49.0	25.0	15.3
十、社会服务业	594.4	529.8	630.6	610.9
十一、卫生体育福利业	12.8	9.0	7.1	9.1
十二、教育文化广播业	3.2	3.0	3.7	2.3
十三、科学研究和技术服务业	30.0	34.5	26.1	16.9
十四、机关社团及其他	32.2	26.8	26.3	86.0

营业总收入和增长指标

行业划分）

	比上年增长（%）					平均增长（%）
2015 年	2011 年	2012 年	2013 年	2014 年	2015 年	
10981. 3	**19. 3**	**3. 4**	**8. 5**	**-2. 5**	**-4. 4**	**1. 1**
328. 4	70. 4	58. 9	3. 1	-0. 1	-11. 5	9. 7
156. 0	140. 9	42. 2	-11. 9	41. 8	-22. 3	8. 4
1. 2	0. 0	50. 0	-12. 0	-59. 1	337. 0	23. 9
20. 0	53. 7	39. 3	48. 4	20. 0	-21. 9	18. 0
12. 6	85. 7	348. 5	5. 0	16. 8	76. 5	76. 5
2370. 4	2. 4	-6. 2	-1. 9	-6. 9	-8. 5	-5. 9
24. 3	-1. 8	-38. 0	-58. 9	51. 9	-32. 7	-28. 6
49. 2	-7. 9	-0. 2	-18. 6	4. 1	-26. 6	-11. 2
794. 1	25. 6	7. 4	-2. 7	-11. 5	-6. 0	-3. 4
57. 6	-17. 9	7. 9	9. 5	-17. 6	-12. 2	-3. 8
136. 3	8. 8	3. 3	-10. 4	-18. 4	-9. 2	-9. 0
0. 3	18. 8	-34. 7	-8. 9	18. 6	-76. 9	-36. 4
143. 5	-13. 3	-11. 1	30. 8	-12. 1	0. 1	0. 6
4. 2	518. 2	43. 0	-35. 7	-2. 5	-65. 8	-25. 6
81. 0	2. 2	-21. 4	0. 8	8. 0	-3. 7	-4. 7
152. 9	447. 8	25. 8	-17. 5	6. 1	-0. 6	2. 3
429. 3	-48. 4	-18. 8	14. 7	-5. 5	-12. 9	-6. 4
144. 1	-2. 0	-20. 9	15. 1	54. 0	-13. 1	5. 1
3. 4	5. 8	-32. 4	25. 5	3. 4	-29. 8	-11. 4
48. 2	142. 9	-24. 8	-50. 3	-14. 5	-15. 7	-27. 9
16. 4	-11. 4	-25. 1	-15. 3	-31. 9	8. 3	-17. 3
24. 7	163. 4	-14. 8	-8. 2	-6. 2	3. 8	-6. 6
405. 0	69. 6	-15. 5	10. 3	0. 5	-7. 6	-3. 5
664. 3	-9. 8	7. 4	24. 9	-7. 4	-0. 2	5. 5
0. 1	200. 0	9. 4	-9. 6	-88. 8	-60. 0	-54. 1
123. 7	77. 7	-24. 6	28. 9	-13. 7	-22. 3	-10. 1
0. 7	27. 8	-58. 3	-13. 5	-63. 9	116. 7	-27. 1
45. 9	10. 0	-7. 8	24. 9	-16. 5	-25. 1	-7. 9
3. 4	-12. 1	-28. 2	-4. 1	-4. 3	-0. 3	-10. 0
0. 0						
70. 7	231. 6	-21. 1	34. 4	-6. 8	-21. 6	-6. 2
14. 3	9100. 0	-15. 8	-42. 8	-88. 6	1314. 9	-6. 1
6530. 2	27. 0	8. 7	11. 0	-0. 8	-3. 9	3. 6
154. 7	-16. 0	-4. 0	48. 9	16. 7	-6. 3	11. 8
9. 4	687. 3	-1. 1	-49. 0	-39. 0	-38. 8	-34. 1
702. 7	58. 2	-10. 9	19. 0	-3. 1	15. 0	4. 3
5. 8	753. 3	-29. 4	-21. 8	29. 1	-36. 0	-17. 8
2. 9	10. 3	-5. 3	23. 4	-39. 3	26. 4	-2. 7
15. 6	215. 8	15. 0	-24. 3	-35. 2	-7. 8	-15. 1
59. 0	11. 8	15. 0	-24. 3	-35. 2	-31. 4	16. 4

2011—2015 年全国集体企业

（按隶属

项目	营业总收入（亿元）			
	2011 年	2012 年	2013 年	2014 年
全国	**10497.0**	**10852.7**	**11777.7**	**11488.5**
北京市	1329.0	1454.9	1596.3	1634.8
天津市	330.6	426.5	424.1	449.7
河北省	195.8	173.2	236.3	232.6
山西省	336.3	320.9	341.5	334.8
内蒙古自治区	46.3	46.5	51.6	33.8
辽宁省	202.2	213.9	217.3	168.9
吉林省	37.2	41.2	53.0	38.7
黑龙江省	185.9	195.4	184.8	182.1
上海市	853.3	831.5	812.1	837.6
浙江省	691.1	713.4	825.9	825.2
江苏省	432.2	455.7	546.6	566.1
安徽省	483.2	507.2	544.4	531.6
福建省	275.4	307.3	245.9	282.7
江西省	123.6	131.9	133.2	192.5
山东省	1459.9	1682.9	1886.7	1611.0
河南省	694.7	631.2	659.1	752.1
湖北省	215.5	239.6	302.2	290.6
湖南省	159.9	169.6	188.3	194.8
广东省	255.9	291.4	393.8	445.7
海南省	8.6	10.0	7.5	6.4
广西壮族自治区	96.9	100.1	96.9	112.9
贵州省	58.6	68.7	65.4	57.0
四川省	109.1	121.3	166.6	164.3
重庆市	76.6	55.7	63.4	71.6
云南省	157.5	116.3	110.9	110.7
陕西省	155.7	144.0	124.1	93.9
甘肃省	271.6	301.4	396.7	220.6
青海省	69.6	19.8	16.4	15.0
西藏自治区	2.1	1.4	1.3	1.4
宁夏回族自治区	15.0	17.8	19.3	13.3
新疆维吾尔自治区	291.7	327.0	341.8	302.5
大连市	3.4	3.9	4.5	4.6
宁波市	104.2	95.5	116.0	168.2
青岛市	719.1	585.6	558.6	493.0
深圳市	49.3	50.0	45.7	47.9

营业总收入和增长指标

关系划分）

2015 年	比上年增长（%） 2011 年	2012 年	2013 年	2014 年	2015 年	平均增长（%）
10981.3	**19.3**	**3.4**	**8.5**	**-2.5**	**-4.4**	**1.1**
1685.4	18.6	9.5	9.7	2.4	3.1	6.1
399.9	81.6	29.0	-0.6	6.0	-11.1	4.9
272.6	-0.9	-11.5	36.4	-1.6	17.2	8.6
313.4	12.8	-4.6	6.4	-2.0	-6.4	-1.8
40.3	-5.3	0.3	11.0	-34.4	19.2	-3.4
138.3	19.3	5.8	1.6	-22.3	-18.1	-9.1
42.7	20.8	10.6	28.7	-26.9	10.1	3.5
189.6	23.8	5.1	-5.4	-1.5	4.1	0.5
719.2	0.2	-2.6	-2.3	3.1	-14.1	-4.2
835.4	15.2	3.2	15.8	-0.1	1.2	4.9
546.7	287.6	5.4	20.0	3.6	-3.4	6.1
585.6	60.4	5.0	7.3	-2.3	10.2	4.9
275.9	17.0	11.6	-20.0	14.9	-2.4	0.0
158.5	4.8	6.7	1.0	44.5	-17.7	6.4
1408.8	10.0	15.3	12.1	-14.6	-12.5	-0.9
749.1	29.6	-9.1	4.4	14.1	-0.4	1.9
281.2	32.0	11.2	26.1	-3.9	-3.2	6.9
173.4	-0.9	6.0	11.1	3.5	-11.0	2.0
456.2	31.9	13.9	35.1	13.2	2.4	15.5
5.7	14.7	16.7	-25.2	-14.5	-11.8	-9.9
63.8	28.3	3.3	-3.1	16.5	-43.5	-9.9
55.4	37.2	17.2	-4.7	-12.9	-2.7	-1.4
131.4	28.7	11.2	37.4	-1.4	-20.0	4.8
71.4	3.4	-27.3	13.8	13.0	-0.4	-1.8
120.3	-17.1	-26.2	-4.7	-0.2	8.7	-6.5
100.9	68.9	-7.5	-13.8	-24.3	7.4	-10.3
247.0	26.4	11.0	31.6	-44.4	12.0	-2.3
14.7	-12.9	-71.6	-17.4	-8.1	-2.4	-32.2
1.5	10.5	-34.3	-7.2	6.3	11.0	-7.9
17.5	47.1	18.8	8.1	-30.8	31.1	3.9
268.1	5.4	12.1	4.5	-11.5	-11.4	-2.1
4.9	6.2	15.3	13.8	2.2	7.9	9.7
162.6	13.5	-8.4	21.5	45.0	-3.3	11.8
398.8	2.3	-18.6	-4.6	-11.7	-19.1	-13.7
45.4	-11.8	1.4	-8.7	5.0	-5.3	-2.0

（四）2011—2015 年全国集体企业效益比率指标

（按综合情况划分）

项　　目	净资产收益率（%）				
	2011 年	2012 年	2013 年	2014 年	2015 年
按综合情况划分	**11.1**	**10.1**	**9.8**	**7.7**	**7.1**
一、按企业规模分类					
（一）大型	19.3	14.9	17.4	15.1	11.6
（二）中型	11.0	11.5	9.6	5.8	6.3
（三）小型	5.0	5.1	5.3	5.1	4.9
二、按组织形式分类					
（一）国有独资企业公司	4.3	5.1	2.3	-2.5	5.6
（二）国有控股企业	11.2	10.3	9.9	7.8	7.1
（三）企业化管理事业单位	3.0	5.4	2.6	5.0	2.8
三、按企业类型分类					
（一）公司制	13.0	11.4	11.2	8.7	7.8
（二）非公司制	4.2	6.1	4.9	4.1	4.3
四、按盈利或亏损分类					
（一）盈利	14.2	13.1	13.0	12.1	11.4
（二）亏损	901.3	-5372.0	-385.9	-67.6	-60.9
五、按经济带分类					
（一）东部沿海地区	12.3	11.2	11.1	8.5	7.9
（二）中部内陆地区	12.7	8.6	5.0	4.8	4.5
（三）西部边远地区	3.5	4.5	5.3	4.3	2.5
六、按产业性质分类					
（一）垄断性行业	4.3	5.5	5.6	7.0	8.9
（二）竞争性行业	12.1	10.7	10.3	8.1	7.2
（三）公益性及其他行业	4.7	6.2	6.7	5.5	5.3
七、按产业作用分类					
（一）基础性行业	17.0	14.4	12.7	11.4	8.7
（二）一般生产加工行业	11.8	10.9	13.3	7.8	9.4
（三）商贸服务及其他行业	6.9	7.0	6.6	6.2	5.5

2011—2015 年全国集体企业效益比率指标

（按基本行业划分）

项　目	净资产收益率（%）				
	2011 年	2012 年	2013 年	2014 年	2015 年
全国合计	**11.1**	**10.1**	**9.8**	**7.7**	**7.1**
一、农林牧渔业	7.6	11.7	10.8	9.5	10.5
其中：农业	7.9	9.8	12.5	9.1	6.4
林业	-122.5	59.3	23.4	8.8	1.4
畜牧业	-0.6	7.6	7.4	3.6	7.3
渔业	1.5	28.7	25.8	15.2	33.5
二、工业	16.3	13.8	14.4	10.8	10.0
1. 煤炭工业	40.7	14.4	-4.1	-2.2	-10.4
2. 石油和石化工业	4.3	1.2	-6.4	-5.3	-6.0
3. 冶金工业	22.1	17.1	19.0	17.7	13.4
4. 建材工业	15.7	15.7	9.5	6.5	1.2
5. 化学工业	1.8	2.7	4.4	4.3	6.9
6. 森林工业	142.1	-203.0	32.2	-29.8	2.8
7. 食品工业	11.1	12.7	12.6	-24.5	12.9
8. 烟草工业	8.9	5.4	5.0	4.8	1.8
9. 纺织工业	1.0	1.8	2.8	3.8	1.5
10. 医药工业	12.9	14.5	19.2	19.5	13.1
11. 机械工业	17.7	10.8	18.1	10.7	13.6
其中：汽车工业	8.1	5.9	8.6	8.7	7.8
12. 军工工业	6.5	-0.9	0.2	-3.6	-1.1
13. 电子工业	28.5	36.2	44.0	42.8	4.3
14. 电力工业	1.2	8.9	-2.4	5.7	14.2
15. 市政公用工业	6.1	9.0	9.2	5.6	5.7
16. 其他工业	7.4	4.3	2.0	-6.7	-1.2
三、建筑业	8.9	9.6	7.9	4.0	4.2
四、地质勘查及水利业	2.3	1.6	2.3	-6.1	-5.9
五、交通运输仓储业	5.4	6.6	9.2	6.5	5.3
其中：铁路运输业	9.8	-9.4	-7.5	-2.0	-5.4
道路运输业	3.9	4.7	10.9	10.7	5.6
水上运输业	2.9	25.4	4.2	9.6	13.9
航空运输业	0.0	0.0	0.0	0.0	0.0
仓储业	6.4	7.5	9.2	4.9	5.4
六、邮电通信业	6.8	7.4	5.5	4.2	3.5
七、批发和零售、餐饮业	8.9	8.0	7.4	6.6	5.4
八、房地产业	6.3	8.7	5.8	5.5	5.0
九、信息技术服务业	7.2	13.1	9.3	21.4	15.4
十、社会服务业	4.7	4.9	5.1	5.2	5.0
十一、卫生体育福利业	4.0	4.5	7.1	3.5	7.0
十二、教育文化广播业	10.8	11.3	-2.6	21.2	28.6
十三、科学研究和技术服务业	8.2	10.8	10.0	12.5	8.4
十四、机关社团及其他	7.5	3.5	10.8	9.0	9.9

2011—2015 年全国集体企业效益比率指标

（按隶属关系划分）

项　　目	净资产收益率（%）				
	2011 年	2012 年	2013 年	2014 年	2015 年
全　　国	**11.1**	**10.1**	**9.8**	**7.7**	**7.1**
北京市	7.6	7.0	7.3	6.6	5.8
天津市	10.7	11.3	14.0	14.3	9.8
河北省	2.9	5.4	5.2	4.0	6.5
山西省	26.4	13.9	-0.3	-4.0	-9.9
内蒙古自治区	6.6	14.3	16.1	2.9	5.6
辽宁省	35.2	-1.4	19.1	24.8	70.6
吉林省	-14.5	-17.3	6.1	17.7	120.8
黑龙江省	-135.4	-18.2	-26.7	-2.6	-6.7
上海市	7.8	7.5	6.7	6.4	6.5
浙江省	11.8	9.6	10.7	10.1	8.6
江苏省	14.0	11.4	10.9	2.2	-7.8
安徽省	9.1	11.1	8.8	8.6	9.2
福建省	10.5	10.3	10.2	8.5	6.9
江西省	3.0	4.8	5.2	7.6	7.4
山东省	21.2	16.4	15.6	11.3	10.4
河南省	7.8	-0.1	1.9	3.5	9.2
湖北省	6.7	12.0	4.8	5.9	7.7
湖南省	1.6	-0.7	8.1	2.7	7.6
广东省	4.3	5.2	3.7	3.3	3.6
海南省	-4.8	1.4	0.7	-3.8	-7.0
广西壮族自治区	6.4	6.6	8.9	9.8	2.8
贵州省	1.6	1.3	1.4	-0.8	-0.4
四川省	4.4	7.4	9.8	10.7	8.3
重庆市	8.3	4.4	6.5	7.9	3.3
云南省	2.0	1.4	0.3	-0.6	2.6
陕西省	-23.9	3.5	1.4	4.8	4.4
甘肃省	8.1	4.7	5.8	4.2	1.2
青海省	6.2	4.6	1.9	1.8	2.2
西藏自治区	5.0	8.2	3.6	2.4	-0.6
宁夏回族自治区	10.0	5.8	3.8	-3.2	-5.6
新疆维吾尔自治区	-1.5	4.3	5.3	2.7	2.6
大连市	2.9	3.7	3.4	4.5	4.3
宁波市	12.2	20.8	8.0	7.6	7.3
青岛市	26.8	19.2	26.0	18.9	15.4
深圳市	4.1	6.5	4.3	2.8	4.9

2011—2015 年全国集体企业效益比率指标

（按综合情况划分）

项　　目	总资产报酬率（%）				
	2011 年	2012 年	2013 年	2014 年	2015 年
按综合情况划分	**4.7**	**4.3**	**4.2**	**3.6**	**3.5**
一、按企业规模分类					
（一）大型	8.8	6.7	6.3	6.0	5.4
（二）中型	4.8	5.1	4.8	3.6	3.7
（三）小型	2.2	2.3	2.4	2.3	2.3
二、按组织形式分类					
（一）国有独资企业公司	1.7	1.8	1.4	0.0	4.6
（二）国有控股企业	4.8	4.4	4.2	3.6	3.5
（三）企业化管理事业单位	1.6	2.9	1.8	3.1	1.9
三、按企业类型分类					
（一）公司制	6.1	5.3	5.0	4.3	4.0
（二）非公司制	1.7	2.3	2.1	1.9	1.9
四、按盈利或亏损分类					
（一）盈利	6.1	5.9	5.5	5.3	5.0
（二）亏损	-5.1	-6.6	-5.0	-5.0	-6.6
五、按经济带分类					
（一）东部沿海地区	5.4	5.0	4.9	4.1	3.9
（二）中部内陆地区	4.1	3.0	2.2	2.3	2.4
（三）西部边远地区	2.4	2.7	2.8	2.4	1.9
六、按产业性质分类					
（一）垄断性行业	3.8	3.9	3.6	4.1	5.0
（二）竞争性行业	5.0	4.5	4.3	3.7	3.5
（三）公益性及其他行业	2.7	3.1	3.4	2.8	2.9
七、按产业作用分类					
（一）基础性行业	8.9	7.7	5.4	5.3	4.9
（二）一般生产加工行业	5.3	5.2	6.3	4.4	4.8
（三）商贸服务及其他行业	3.0	2.8	3.0	2.9	2.8

2011—2015 年全国集体企业效益比率指标

（按基本行业划分）

项　　目	总资产报酬率（%）				
	2011 年	2012 年	2013 年	2014 年	2015 年
全国合计	**4.7**	**4.3**	**4.2**	**3.6**	**3.5**
一、农林牧渔业	3.7	4.8	5.1	4.8	9.1
其中：农业	4.3	5.0	6.3	5.2	-4.9
林业	-10.9	12.3	4.7	2.2	1.3
畜牧业	1.3	5.1	3.9	3.4	5.1
渔业	2.9	7.8	7.2	5.1	10.6
二、工业	8.4	7.4	6.6	5.6	5.5
1. 煤炭工业	23.3	10.0	0.3	0.9	-1.7
2. 石油和石化工业	3.4	2.5	-1.0	-0.6	-0.7
3. 冶金工业	14.9	11.2	8.4	9.2	9.4
4. 建材工业	5.6	6.5	4.2	3.5	0.9
5. 化学工业	2.7	3.3	3.4	3.7	4.5
6. 森林工业	-3.0	-1.2	-1.9	3.9	-0.1
7. 食品工业	6.0	6.1	6.5	-2.4	4.1
8. 烟草工业	8.1	5.6	4.9	4.6	1.1
9. 纺织工业	1.7	1.7	2.1	2.5	1.6
10. 医药工业	7.6	8.6	11.3	10.5	6.8
11. 机械工业	7.9	5.7	9.3	6.4	8.0
其中：汽车工业	5.4	4.5	5.7	5.6	5.0
12. 军工工业	4.5	1.6	0.6	0.2	0.2
13. 电子工业	7.9	15.6	16.6	16.6	2.1
14. 电力工业	3.4	4.7	2.2	4.4	7.6
15. 市政公用工业	4.3	5.4	6.7	3.5	3.5
16. 其他工业	3.4	2.3	1.9	0.3	1.4
三、建筑业	3.0	3.6	3.3	2.2	2.3
四、地质勘查及水利业	1.9	2.1	2.4	-1.2	-0.9
五、交通运输仓储业	2.8	3.3	3.9	3.1	2.7
其中：铁路运输业	7.9	-2.6	-2.2	-0.5	-2.0
道路运输业	2.3	2.7	4.5	4.7	2.8
水上运输业	4.9	14.3	5.5	4.9	7.9
航空运输业	0.0	0.0	0.0	0.0	0.0
仓储业	3.0	3.5	3.9	2.7	2.7
六、邮电通信业	2.6	3.6	2.2	2.3	2.3
七、批发和零售、餐饮业	3.2	2.7	3.0	3.0	2.8
八、房地产业	2.2	3.3	2.5	2.1	1.9
九、信息技术服务业	3.2	5.6	4.5	7.2	4.8
十、社会服务业	2.8	2.8	2.9	2.8	2.7
十一、卫生体育福利业	2.1	1.7	1.9	1.4	2.8
十二、教育文化广播业	7.3	4.3	3.3	9.6	15.8
十三、科学研究和技术服务业	4.4	6.0	4.1	5.4	4.4
十四、机关社团及其他	2.9	2.5	5.6	4.8	5.4

2011—2015 年全国集体企业效益比率指标

（按隶属关系划分）

项　　目	总资产报酬率（%）				
	2011 年	2012 年	2013 年	2014 年	2015 年
全　　国	**4.7**	**4.3**	**4.2**	**3.6**	**3.5**
北京市	3.7	2.2	3.8	3.8	4.2
天津市	5.0	5.3	6.1	5.7	4.1
河北省	1.8	2.7	2.2	2.1	3.1
山西省	9.4	5.3	1.1	0.2	-0.6
内蒙古自治区	2.9	4.1	4.7	2.2	1.5
辽宁省	-0.1	1.4	-0.1	-1.1	-1.7
吉林省	1.5	1.8	1.1	3.2	2.9
黑龙江省	1.2	1.2	1.1	2.0	1.4
上海市	3.8	3.6	3.3	3.0	3.0
浙江省	6.2	5.4	5.8	5.5	5.1
江苏省	4.7	4.1	3.8	1.8	-0.2
安徽省	5.7	5.4	4.6	3.9	4.1
福建省	4.0	4.3	4.1	3.7	3.2
江西省	1.3	1.7	1.7	2.5	2.5
山东省	11.8	9.1	7.0	5.9	5.6
河南省	2.5	0.9	1.4	1.9	2.9
湖北省	2.5	2.4	1.8	2.4	3.0
湖南省	1.9	1.6	2.9	1.9	3.3
广东省	1.9	2.2	2.2	2.0	1.8
海南省	-0.5	0.4	0.3	-0.6	-0.9
广西壮族自治区	2.2	2.7	3.1	3.1	1.0
贵州省	1.2	1.4	1.3	0.4	0.4
四川省	2.6	3.4	4.6	4.2	3.5
重庆市	4.5	3.1	2.8	3.9	1.8
云南省	2.9	2.2	1.8	1.5	2.4
陕西省	-1.2	1.3	0.8	1.1	1.1
甘肃省	4.2	3.2	3.4	2.9	2.2
青海省	3.0	2.6	2.0	2.1	2.3
西藏自治区	3.5	5.0	2.5	2.1	-0.2
宁夏回族自治区	3.8	3.9	3.0	0.7	2.0
新疆维吾尔自治区	1.5	2.9	2.8	2.1	2.4
大连市	1.4	1.8	1.8	2.7	2.6
宁波市	5.9	9.5	3.7	3.9	3.7
青岛市	8.4	7.5	11.9	9.6	8.4
深圳市	3.1	4.6	3.2	2.5	3.5

2011—2015年全国集体企业效益比率指标

（按综合情况划分）

项　　目	成本费用利润率（%）				
	2011年	2012年	2013年	2014年	2015年
按综合情况划分	3.6	3.3	3.2	2.9	3.0
一、按企业规模分类					
（一）大型	5.2	4.3	3.7	3.5	3.3
（二）中型	3.3	3.4	3.4	2.3	2.8
（三）小型	2.2	2.2	2.3	2.6	2.8
二、按组织形式分类					
（一）国有独资企业公司	1.9	0.9	3.9	-1.2	25.8
（二）国有控股企业	3.7	3.5	3.2	2.9	3.0
（三）企业化管理事业单位	1.0	1.4	0.7	1.6	0.8
三、按企业类型分类					
（一）公司制	4.5	4.0	3.9	3.5	3.6
（二）非公司制	1.3	1.8	1.4	1.3	1.5
四、按盈利或亏损分类					
（一）盈利	4.8	4.4	4.3	4.4	4.7
（二）亏损	-12.8	-11.8	-13.0	-10.0	-10.6
五、按经济带分类					
（一）东部沿海地区	4.6	4.3	4.2	3.8	4.1
（二）中部内陆地区	2.2	1.6	0.9	1.0	1.0
（三）西部边远地区	1.4	1.5	1.6	1.4	1.0
六、按产业性质分类					
（一）垄断性行业	3.8	5.1	9.0	9.9	16.3
（二）竞争性行业	3.7	3.3	3.1	2.7	2.8
（三）公益性及其他行业	2.7	3.2	3.9	4.0	3.7
七、按产业作用分类					
（一）基础性行业	10.0	9.2	7.2	6.6	6.4
（二）一般生产加工行业	4.7	4.5	5.9	3.9	4.7
（三）商贸服务及其他行业	1.7	1.7	1.7	1.9	2.0

2011—2015 年全国集体企业效益比率指标

（按基本行业划分）

项　　目	成本费用利润率（%）				
	2011 年	2012 年	2013 年	2014 年	2015 年
全国合计	**3.6**	**3.3**	**3.2**	**2.9**	**3.0**
一、农林牧渔业	2.0	2.3	2.5	2.9	1.3
其中：农业	1.9	2.1	2.9	2.7	-0.9
林业	-21.9	23.0	8.1	7.8	11.8
畜牧业	0.0	2.2	2.5	1.2	2.0
渔业	1.8	8.9	8.4	7.8	15.7
二、工业	8.3	7.5	7.5	6.0	6.7
1. 煤炭工业	55.9	28.3	-3.5	-1.6	-18.7
2. 石油和石化工业	1.6	0.6	-1.7	-1.2	-1.8
3. 冶金工业	12.0	10.3	9.6	10.0	10.1
4. 建材工业	6.8	8.2	6.9	5.0	1.2
5. 化学工业	2.0	1.9	2.8	3.1	4.8
6. 森林工业	-5.6	-3.0	-4.9	7.3	-1.6
7. 食品工业	5.5	4.8	4.4	-6.0	4.4
8. 烟草工业	6.1	2.4	3.3	3.1	1.0
9. 纺织工业	0.8	0.8	1.5	1.6	1.2
10. 医药工业	11.4	12.2	15.7	16.3	13.2
11. 机械工业	7.7	5.9	9.8	7.1	11.0
其中：汽车工业	3.8	3.4	4.0	2.7	3.3
12. 军工工业	1.6	0.0	0.1	-0.8	-0.4
13. 电子工业	6.7	14.3	22.4	26.7	2.7
14. 电力工业	3.0	9.7	-1.1	8.6	10.0
15. 市政公用工业	10.6	19.5	23.0	11.8	12.3
16. 其他工业	2.4	1.5	1.1	-0.5	0.3
三、建筑业	3.5	3.8	3.4	2.2	2.4
四、地质勘查及水利业	1.3	1.0	1.2	-3.7	-3.6
五、交通运输仓储业	3.2	4.9	6.1	4.7	5.2
其中：铁路运输业	9.2	-3.4	-2.8	-1.1	-2.3
道路运输业	2.3	2.5	4.8	5.3	3.3
水上运输业	6.1	21.6	7.3	11.6	20.9
航空运输业	0.0	0.0	0.0	0.0	0.0
仓储业	4.4	7.2	7.8	4.4	6.6
六、邮电通信业	1.1	2.2	2.7	2.6	0.5
七、批发和零售、餐饮业	1.1	1.1	1.0	1.0	1.0
八、房地产业	13.7	19.6	10.4	12.1	10.6
九、信息技术服务业	2.8	4.1	4.7	8.2	5.7
十、社会服务业	4.9	5.6	5.9	7.1	6.8
十一、卫生体育福利业	4.7	2.0	2.1	1.4	3.4
十二、教育文化广播业	10.5	8.6	0.2	14.5	25.1
十三、科学研究和技术服务业	6.0	5.4	4.7	9.6	7.8
十四、机关社团及其他	8.0	9.6	48.5	13.1	32.8

2011—2015 年全国集体

（按隶属

项　　目	成本费用	
	2011 年	2012 年
全　　国	**3.6**	**3.3**
北京市	1.2	1.4
天津市	4.5	4.2
河北省	1.3	2.6
山西省	10.0	5.5
内蒙古自治区	1.2	2.0
辽宁省	1.0	0.7
吉林省	0.9	1.6
黑龙江省	-0.1	-0.3
上海市	7.3	6.3
浙江省	3.5	3.0
江苏省	1.8	1.7
安徽省	1.7	2.4
福建省	3.6	4.3
江西省	0.5	0.8
山东省	8.3	6.7
河南省	0.9	0.1
湖北省	1.7	1.8
湖南省	0.3	0.2
广东省	1.9	2.0
海南省	-0.5	0.3
广西壮族自治区	1.5	1.5
贵州省	0.6	0.7
四川省	1.5	2.4
重庆市	3.6	2.2
云南省	1.8	1.0
陕西省	-1.7	0.7
甘肃省	3.4	1.9
青海省	3.2	1.2
西藏自治区	9.4	12.1
宁夏回族自治区	3.2	2.6
新疆维吾尔自治区	-0.1	1.2
大连市	4.1	5.0
宁波市	4.6	9.2
青岛市	5.8	5.4
深圳市	16.6	26.0

企业效益比率指标

关系划分）

利润率（%）		
2013 年	2014 年	2015 年
3.2	**2.9**	**3.0**
1.5	1.5	1.7
4.3	4.6	4.4
2.3	2.0	3.3
0.4	-0.5	-1.9
2.3	0.7	0.9
-0.7	-1.6	-2.7
-0.2	2.5	2.3
-0.2	0.4	0.4
6.1	6.4	7.9
3.2	3.4	3.2
1.6	0.6	-0.4
2.2	2.4	2.5
5.4	4.3	3.1
0.8	1.0	1.2
6.0	5.3	6.3
0.3	0.4	0.7
0.8	1.2	1.9
1.0	0.5	1.2
1.5	2.1	2.2
0.3	-0.8	-1.4
1.9	1.5	0.8
0.9	-0.2	0.0
2.5	2.7	2.7
3.1	4.0	1.8
0.5	0.1	1.4
0.3	0.8	1.1
1.9	1.0	0.3
0.3	0.4	0.5
6.6	3.4	-0.6
2.1	-1.2	-1.6
1.5	1.1	1.1
4.6	6.6	6.6
4.4	3.2	3.2
10.0	8.8	9.7
20.3	14.7	25.2

2011—2015 年全国集体企业

（按综合

项　目	人均利润（元）			
	2011 年	2012 年	2013 年	2014 年
按综合情况划分	**21606.6**	**24257.6**	**20136.7**	**23388.4**
一、按企业规模分类				
（一）大型	70661.0	61453.5	62194.5	60862.4
（二）中型	20685.4	28011.8	28873.5	24045.4
（三）小型	7910.7	9560.6	7659.4	12165.1
二、按组织形式分类				
（一）国有独资企业公司	3157.8	4547.3	13096.1	-2528.9
（二）国有控股企业	22382.9	26183.3	20290.6	23770.6
（三）企业化管理事业单位	3865.4	7331.9	6873.8	10677.6
三、按企业类型分类				
（一）公司制	40752.2	42819.4	47275.2	45064.4
（二）非公司制	4054.2	7421.9	4061.2	5790.8
四、按盈利或亏损分类				
（一）盈利	33832.9	38093.1	30276.9	41955.6
（二）亏损	-24150.3	-28557.9	-33369.9	-38947.1
五、按经济带分类				
（一）东部沿海地区	36888.4	39728.4	43671.4	33168.5
（二）中部内陆地区	8811.8	8185.3	5904.0	7310.5
（三）西部边远地区	5868.9	7807.1	3502.1	9062.9
六、按产业性质分类				
（一）垄断性行业	14823.8	19217.8	30650.7	47585.5
（二）竞争性行业	23487.7	25741.8	19920.5	22956.3
（三）公益性及其他行业	8888.2	13664.8	20947.1	23825.7
七、按产业作用分类				
（一）基础性行业	45732.8	50459.2	46297.6	45313.6
（二）一般生产加工行业	16649.0	20511.9	28735.6	22837.0
（三）商贸服务及其他行业	14405.5	16464.1	11497.7	18008.0

效益比率指标

情况划分）

2015 年	比上年增长（%）					平均增长（%）
	2011 年	2012 年	2013 年	2014 年	2015 年	
17972.1	**11.8**	**12.3**	**-17.0**	**16.1**	**-23.2**	**-4.5**
57040.4	-2.9	-13.0	1.2	-2.1	-6.3	-5.2
14285.3	-0.3	35.4	3.1	-16.7	-40.6	-8.8
10926.6	-24.6	20.9	-19.9	58.8	-10.2	8.4
47513.2	78.5	44.0	188.0			97.0
18069.0	9.8	17.0	-22.5	17.2	-24.0	-5.2
6507.6	-22.8	89.7	-6.2	55.3	-39.1	13.9
30497.5	22.0	5.1	10.4	-4.7	-32.3	-7.0
5186.4	-37.1	83.1	-45.3	42.6	-10.4	6.4
31618.4	18.0	12.6	-20.5	38.6	-24.6	-1.7
-35210.0	34.6	18.3	16.8	16.7	-9.6	9.9
31903.9	10.8	7.7	9.9	-24.0	-3.8	-3.6
3537.3	24.1	-7.1	-27.9	23.8	-51.6	-20.4
6782.8	-30.6	33.0	-55.1	158.8	-25.2	3.7
72560.3	39.2	29.6	59.5	55.3	52.5	48.7
16979.7	16.2	9.6	-22.6	15.2	-26.0	-7.8
22259.5	-35.8	53.7	53.3	13.7	-6.6	25.8
41600.1	21.0	10.3	-8.2	-2.1	-8.2	-2.3
12907.9	-1.7	23.2	40.1	-20.5	-43.5	-6.2
16664.3	12.2	14.3	-30.2	56.6	-7.5	3.7

2011—2015年全国集体企业

（按基本

项　　目	人均利润（元）			
	2011年	2012年	2013年	2014年
全国合计	**21606.6**	**24257.6**	**20136.7**	**23388.4**
一、农林牧渔业	12176.3	22612.7	27193.1	32754.1
其中：农业	13981.6	22262.6	30875.3	37309.5
林业	-7195.8	23036.6	10157.7	8421.6
畜牧业	121.7	13874.0	16827.1	9851.5
渔业	4890.1	35522.7	39748.6	45400.5
二、工业	35321.2	39762.9	45118.4	40753.9
1. 煤炭工业	74184.3	42317.9	-3607.7	-1760.9
2. 石油和石化工业	6423.8	1971.3	-4068.4	-5147.1
3. 冶金工业	118624.8	113121.9	162499.0	212368.7
4. 建材工业	13187.1	26530.8	25694.0	21387.3
5. 化学工业	7540.5	8182.7	12467.5	16090.3
6. 森林工业	-1847.1	-1681.1	-3319.6	3562.2
7. 食品工业	21932.4	28297.2	33460.0	-59914.1
8. 烟草工业	48114.8	32826.1	31733.9	33103.7
9. 纺织工业	2130.6	2817.3	4407.5	6532.8
10. 医药工业	75275.5	108196.9	117905.9	135917.6
11. 机械工业	31410.1	26086.0	54365.8	43695.5
其中：汽车工业	19351.5	18605.5	28751.7	35147.1
12. 军工工业	1455.8	-96.2	656.0	-5303.8
13. 电子工业	82186.4	167578.4	173126.0	247770.6
14. 电力工业	18736.1	60160.5	-7352.1	38820.1
15. 市政公用工业	25279.0	73061.1	79446.1	46257.3
16. 其他工业	6381.5	4976.2	4381.5	-2722.1
三、建筑业	10403.1	15322.6	14568.9	10123.9
四、地质勘查及水利业	2389.0	2549.5	2582.8	-1896.5
五、交通运输仓储业	8537.6	13145.1	21505.7	18447.5
其中：铁路运输业	10712.7	-2413.1	-2680.8	-647.1
道路运输业	3861.6	5626.9	12776.1	15143.9
水上运输业	8173.0	23633.2	7399.3	14588.4
航空运输业	0.0	0.0	0.0	0.0
仓储业	24950.7	38646.5	57651.0	38913.7
六、邮电通信业	3192.9	5304.4	6136.8	13065.7
七、批发和零售、餐饮业	12634.3	13568.3	7263.7	10870.6
八、房地产业	92031.3	109302.3	98820.5	100092.4
九、信息技术服务业	9021.5	8848.9	16833.2	14770.9
十、社会服务业	14382.2	17115.0	22001.7	30999.4
十一、卫生体育福利业	4832.3	1957.4	2072.7	2244.7
十二、教育文化广播业	10980.3	16046.9	443.2	25948.0
十三、科学研究和技术服务业	13309.1	15355.6	16664.4	31902.1
十四、机关社团及其他	27493.4	39427.3	357050.4	169333.6

效益比率指标

行业划分）

2015 年	比上年增长（%）					平均增长（%）
	2011 年	2012 年	2013 年	2014 年	2015 年	
17972.1	**11.8**	**12.3**	**-17.0**	**16.1**	**-23.2**	**-4.5**
12966.0	-27.2	85.7	20.3	20.5	-60.4	1.6
-8552.0	16.0	59.2	38.7	20.8		
20363.1	209.2	-420.1	-55.9	-17.1	141.8	
17607.1	-99.5	11300.2	21.3	-41.5	78.7	246.8
139797.3	-68.4	626.4	11.9	14.2	207.9	131.2
20438.1	11.4	12.6	13.5	-9.7	-49.8	-12.8
-18371.5	35.9	-43.0		-51.2	943.3	
-5961.4	-66.2	-69.3		26.5	15.8	
168122.0	22.6	-4.6	43.6	30.7	-20.8	9.1
6039.2	55.5	101.2	-3.2	-16.8	-71.8	-17.7
24952.3	-33.9	8.5	52.4	29.1	55.1	34.9
-1847.2	-57.6	-9.0	97.5	-207.3		0.0
42700.9	29.2	29.0	18.2	-279.1		18.1
5570.4	204.5	-31.8	-3.3	4.3	-83.2	-41.7
5323.2	-63.9	32.2	56.4	48.2	-18.5	25.7
88570.8	82.7	43.7	9.0	15.3	-34.8	4.1
10834.7	2.0	-17.0	108.4	-19.6	-75.2	-23.4
41335.2	-42.3	-3.9	54.5	22.2	17.6	20.9
-2055.1	-133.5	-106.6	-782.1	-908.5	-61.3	
33874.5	17.9	103.9	3.3	43.1	-86.3	-19.9
43325.6	231.2	221.1	-112.2	-628.0	11.6	23.3
51940.3	53.1	189.0	8.7	-41.8	12.3	19.7
821.7	-21.0	-22.0	-12.0	-162.1		-40.1
14031.6	-22.3	47.3	-4.9	-30.5	38.6	7.8
-6347.8	-357.4	6.7	1.3	-173.4	234.7	
18964.1	-29.7	54.0	63.6	-14.2	2.8	22.1
-2271.7	599.1	-122.5	11.1	-75.9	251.1	
9506.0	-66.9	45.7	127.1	18.5	-37.2	25.3
32309.4	-233.8	189.2	-68.7	97.2	121.5	41.0
0.0	-100.0					
45109.9	-19.0	54.9	49.2	-32.5	15.9	16.0
22281.4	-44.6	66.1	15.7	112.9	70.5	62.5
8947.4	36.4	7.4	-46.5	49.7	-17.7	-8.3
103029.4	12.5	18.8	-9.6	1.3	2.9	2.9
6937.0	-82.9	-1.9	90.2	-12.3	-53.0	-6.4
35807.3	-7.3	19.0	28.6	40.9	15.5	25.6
4522.4	166.6	-59.5	5.9	8.3	101.5	-1.6
54314.4	-71.2	46.1	-97.2	5754.7	109.3	49.1
29306.7	-49.9	15.4	8.5	91.4	-8.1	21.8
383194.1	219.6	15.4	8.5	91.4	126.3	93.2

2011—2015 年全国集体企业

（按隶属

项　　目	人均利润（元）			
	2011 年	2012 年	2013 年	2014 年
全　　国	**21606.6**	**24257.6**	**20136.7**	**23388.4**
北京市	31392.5	37479.8	43851.4	43987.3
天津市	48701.3	59856.6	58002.7	73186.9
河北省	3871.3	10133.1	12742.1	2117.1
山西省	23699.0	14747.4	1452.1	-1919.8
内蒙古自治区	8925.4	41485.1	73020.3	19529.0
辽宁省	-1472.8	1462.4	-1434.7	-3902.6
吉林省	1928.7	6625.1	-1000.1	9964.1
黑龙江省	-383.4	-2243.3	-1788.7	2686.2
上海市	42949.4	43745.5	42286.8	60505.2
浙江省	59846.6	55699.9	72135.0	74542.4
江苏省	12588.9	11822.8	12993.6	5371.7
安徽省	12214.3	23794.9	23076.7	25827.6
福建省	21428.7	29393.6	35140.6	21747.9
江西省	955.8	1436.1	2279.5	4979.1
山东省	72079.9	64751.6	74250.1	59620.3
河南省	5122.9	698.8	2583.1	4030.7
湖北省	6631.9	8735.6	4801.8	12220.8
湖南省	1050.0	688.9	4636.7	3037.3
广东省	8240.9	10316.8	8300.1	14177.8
海南省	-786.3	533.9	420.6	-1438.2
广西壮族自治区	7328.8	8086.5	11187.6	8869.3
贵州省	1743.3	3033.7	3676.7	-920.8
四川省	6100.0	10655.4	14560.5	19005.2
重庆市	13936.6	8707.5	406.2	23424.9
云南省	4992.2	2792.4	1267.8	349.3
陕西省	-4690.2	2067.6	1184.0	2889.9
甘肃省	12410.8	10202.4	12744.9	9341.9
青海省	19322.6	15198.4	4768.3	5176.7
西藏自治区	5534.7	7355.8	4515.2	2988.4
宁夏回族自治区	19557.5	20052.4	23054.8	-10390.9
新疆维吾尔自治区	-878.7	13988.2	19770.6	13469.4
大连市	16430.6	23869.7	24213.0	36362.0
宁波市	39634.0	73017.5	39582.5	42842.7
青岛市	219945.6	209811.0	448025.6	351867.7
深圳市	51249.4	84976.0	63359.1	52997.8

效益比率指标

关系划分）

	比上年增长（%）					平均增长（%）
2015 年	2011 年	2012 年	2013 年	2014 年	2015 年	
17972.1	**11.8**	**12.3**	**-17.0**	**16.1**	**-23.2**	**-4.5**
51608.8	-8.4	19.4	17.0	0.3	17.3	13.2
51059.6	177.9	22.9	-3.1	26.2	-30.2	1.2
25314.5	-22.4	161.8	25.7	-83.4	1095.7	59.9
-1225.2	118.1	-37.8	-90.2	-232.2	-36.2	
32585.2	576.8	364.8	76.0	-73.3	66.9	38.2
-6611.7	-149.4	-199.3	-198.1	172.0	69.4	45.6
18908.1	-56.0	243.5	-115.1	-1096.4	89.8	76.9
3532.7	-414.3	485.1	-20.3	-250.2	31.5	
73074.0	-2.1	1.9	-3.3	43.1	20.8	14.2
76039.6	2.6	-6.9	29.5	3.3	2.0	6.2
-3568.5	-7.5	-6.1	9.9	-58.7		
34546.1	-52.5	94.8	-3.0	11.9	33.8	29.7
2450.7	71.7	37.2	19.6	-38.1	-88.7	-41.8
5504.5	27.2	50.3	58.7	118.4	10.6	54.9
64521.6	41.4	-10.2	14.7	-19.7	8.2	-2.7
7947.6	90.2	-86.4	269.6	56.0	97.2	11.6
21067.4	80.0	31.7	-45.0	154.5	72.4	33.5
8951.8	-93.5	-34.4	573.1	-34.5	194.7	70.9
23488.7	132.2	25.2	-19.5	70.8	65.7	29.9
-2146.8	-35.7	-167.9	-21.2	-441.9	49.3	28.5
3540.7	657.0	10.3	38.3	-20.7	-60.1	-16.6
165.1	-606.0	74.0	21.2			-44.5
16629.9	-3.8	74.7	36.6	30.5	-12.5	28.5
11153.4	118.0	-37.5	-95.3	5666.8	-52.4	-5.4
4472.0	-39.9	-44.1	-54.6	-72.5	1180.4	-2.7
4557.6	-1863.2	-144.1	-42.7	144.1	57.7	
3535.6	13.6	-17.8	24.9	-26.7	-62.2	-26.9
6924.7	-34.0	-21.3	-68.6	8.6	33.8	-22.6
-1000.5	18.6	32.9	-38.6	-33.8		
-18802.3	490.0	2.5	15.0	-145.1	81.0	
13790.2	-103.4	-1691.9	41.3	-31.9	2.4	
38955.3	26.0	45.3	1.4	50.2	7.1	24.1
41686.1	3.4	84.2	-45.8	8.2	-2.7	1.3
321114.2	98.6	-4.6	113.5	-21.5	-8.7	9.9
86697.8	45.2	65.8	-25.4	-16.4	63.6	14.0

三、全国集体企业税收指标

（一）2011—2015年全国集体企业

项　　目	金　额（亿元）			
	2011年	2012年	2013年	2014年
一、增值税：				
本年应交数	156.1	119.0	126.1	206.8
本年已交数	165.4	126.7	125.1	206.1
二、消费税：				
本年应交数	4.2	5.2	4.6	5.1
本年已交数	4.1	4.2	4.5	5.1
三、营业税：				
本年应交数	47.6	51.6	53.7	51.9
本年已交数	46.9	52.0	54.0	51.0
四、资源税：				
本年应交数	1.8	2.2	1.9	1.6
本年已交数	1.8	2.2	1.8	1.4
五、城建税：				
本年应交数	11.2	10.1	10.0	9.4
本年已交数	11.6	9.7	10.0	9.5
六、烟叶税：				
本年应交数	0.1	0.0	0.0	0.0
本年已交数	0.3	0.0	0.0	0.0
七、关税：				
本年已交进口关税	4.8	5.6	9.1	4.4
本年已交出口关税	5.3	3.5	3.3	1.3
八、企业所得税：				
本年应交数	69.3	64.3	61.9	67.5
本年已交数	63.6	69.8	59.7	60.1
九、教育费附加：				
本年应交数	7.5	6.4	6.3	6.1
本年已交数	7.6	6.4	6.3	6.0
十、石油特别收益金：				
本年应交数				
本年已交数				
十一、其他税费：				
本年应交数	34.7	35.0	49.8	34.6
本年已交数	34.0	36.1	49.3	35.3
补充资料：				
一、本年应交税费总额	342.6	303.7	326.7	388.6
二、本年实际上交税费总额	345.5	319.0	323.0	380.2

税收指标

单位：亿元

	比上年增长（%）					平均增长（%）
2015 年	2011 年	2012 年	2013 年	2014 年	2015 年	
106.9	16.6	-23.8	6.0	64.0	-48.3	-9.0
104.5	27.4	-23.4	-1.3	64.7	-49.3	-10.8
8.1	-22.2	25.2	-11.5	10.9	59.2	18.2
7.5	-24.3	2.5	7.1	13.3	46.9	16.3
48.0	5.1	8.5	4.1	-3.4	-7.6	0.2
48.4	6.0	10.8	3.8	-5.6	-5.0	0.8
3.0	10.3	23.9	-13.6	-15.8	88.1	14.1
2.9	7.8	20.6	-18.2	-22.2	105.7	12.1
9.2	18.3	-9.9	-1.0	-6.0	-1.9	-4.8
9.1	34.3	-16.1	3.1	-5.0	-3.8	-5.7
0.0						
0.0						
6.1	12.7	17.0	62.5	-51.6	37.5	6.0
5.4	105.7	-34.4	-5.7	-60.6	314.6	0.2
65.9	24.2	-7.3	-3.7	9.0	-2.4	-1.3
59.4	21.9	9.8	-14.5	0.7	-1.2	-1.7
6.1	33.7	-14.4	-1.6	-3.2	0.5	-4.9
6.4	47.4	-15.8	-1.6	-4.8	6.2	-4.3
39.7	15.8	0.7	42.3	-30.5	14.8	3.4
38.5	25.3	6.0	36.6	-28.4	8.9	3.1
298.4	16.6	-11.4	7.6	18.9	-23.2	-3.4
288.1	22.9	-7.7	1.3	17.7	-24.2	-4.4

（二）2011—2015 年全国集体企业

（按综合

项　目	应交税金（亿元）			
	2011 年	2012 年	2013 年	2014 年
按综合情况划分	**342.6**	**303.7**	**326.7**	**388.7**
一、按企业规模分类				
（一）大型	128.5	114.0	110.7	187.0
（二）中型	106.5	94.3	117.0	102.2
（三）小型	107.7	95.4	99.0	99.5
二、按组织形式分类				
（一）国有独资企业公司	2.7	8.9	1.0	0.5
（二）国有控股企业	338.1	292.7	324.5	385.8
（三）企业化管理事业单位	1.8	2.1	1.3	2.4
三、按企业类型分类				
（一）公司制	269.7	224.6	250.5	316.2
（二）非公司制	72.9	79.1	76.2	72.4
四、按盈利或亏损分类				
（一）盈利	314.3	276.8	291.2	339.8
（二）亏损	28.3	26.9	35.5	48.9
五、按经济带分类				
（一）东部沿海地区	223.3	208.1	237.6	309.4
（二）中部内陆地区	79.5	62.6	54.6	53.9
（三）西部边远地区	39.7	33.0	34.6	25.3
六、按产业性质分类				
（一）垄断性行业	7.0	7.9	7.0	7.8
（二）竞争性行业	317.5	280.3	301.5	359.0
（三）公益性及其他行业	18.2	15.5	18.2	21.8
七、按产业作用分类				
（一）基础性行业	94.1	90.7	70.9	64.0
（二）一般生产加工行业	97.1	79.5	95.3	101.1
（三）商贸服务及其他行业	151.4	133.5	160.6	223.5

应交税金总额和增长指标

情况划分）

2015年	比上年增长（%）					平均增长（%）
	2011年	2012年	2013年	2014年	2015年	
298.4	**16.6**	**-11.4**	**7.6**	**19.0**	**-23.2**	**-3.4**
101.0	98.6	-11.3	-3.0	69.0	-46.0	-5.9
102.4	26.8	-11.5	24.1	-12.7	0.2	-1.0
95.0	-25.8	-11.5	3.8	0.5	-4.5	-3.1
2.2	-44.9	228.9	-89.1	-49.5	353.1	-4.8
294.6	17.6	-13.4	10.9	18.9	-23.6	-3.4
1.5	28.6	15.6	-39.9	88.0	-36.2	-4.5
234.6	30.0	-16.7	11.5	26.2	-25.8	-3.4
63.8	-15.5	8.5	-3.6	-5.0	-11.9	-3.3
248.3	16.6	-11.9	5.2	16.7	-26.9	-5.7
50.1	16.5	-4.9	31.9	37.8	2.5	15.3
224.7	24.3	-6.8	14.2	30.2	-27.4	0.2
48.3	17.4	-21.3	-12.8	-1.2	-10.4	-11.7
25.4	-14.4	-16.9	4.7	-26.7	0.2	-10.6
10.0	-38.1	12.6	-10.7	11.2	28.1	9.4
268.4	20.4	-11.7	7.6	19.1	-25.2	-4.1
20.0	-3.7	-15.1	17.7	19.9	-8.6	2.3
57.9	10.1	-3.7	-21.8	-9.7	-9.6	-11.4
87.2	19.0	-18.1	19.8	6.2	-13.8	-2.7
153.3	19.5	-11.8	20.3	39.2	-31.4	0.3

2011—2015 年全国集体企业

（按基本

项　　目	应交税金（亿元）			
	2011 年	2012 年	2013 年	2014 年
全国合计	**342.6**	**303.7**	**326.7**	**388.7**
一、农林牧渔业	1.7	2.6	3.2	4.9
其中：农业	1.0	1.2	1.6	3.0
林业	0.1	0.1	0.0	0.0
畜牧业	0.2	0.0	0.1	0.1
渔业	0.0	0.0	0.0	0.1
二、工业	155.9	132.4	121.7	119.4
1. 煤炭工业	26.8	14.5	6.0	7.9
2. 石油和石化工业	3.2	3.4	2.9	3.6
3. 冶金工业	27.9	36.8	28.3	24.7
4. 建材工业	4.8	5.7	5.4	4.0
5. 化学工业	8.5	11.1	10.1	7.8
6. 森林工业	0.0	0.0	0.0	0.1
7. 食品工业	4.3	2.6	2.9	2.9
8. 烟草工业	1.3	1.8	1.1	1.1
9. 纺织工业	3.0	2.0	2.7	2.9
10. 医药工业	12.1	7.8	16.7	18.5
11. 机械工业	21.2	18.4	20.7	26.2
其中：汽车工业	4.0	3.5	3.7	4.5
12. 军工工业	0.7	0.2	0.2	0.2
13. 电子工业	12.3	6.5	3.7	2.4
14. 电力工业	1.8	1.9	1.3	1.1
15. 市政公用工业	2.0	2.0	2.2	1.9
16. 其他工业	25.9	17.7	17.4	14.3
三、建筑业	26.3	28.5	34.8	35.5
四、地质勘查及水利业	0.1	0.1	0.1	0.0
五、交通运输仓储业	7.6	7.7	7.9	7.1
其中：铁路运输业	0.2	0.1	0.0	0.0
道路运输业	3.6	3.1	3.8	3.5
水上运输业	0.4	0.4	0.6	0.2
航空运输业	0.0	0.0	0.0	0.0
仓储业	2.7	3.8	3.1	3.2
六、邮电通信业	0.3	0.3	0.2	0.0
七、批发和零售、餐饮业	111.4	95.3	107.9	178.4
八、房地产业	10.5	11.1	22.4	11.5
九、信息技术服务业	0.9	1.3	0.9	0.6
十、社会服务业	23.8	21.6	23.7	26.0
十一、卫生体育福利业	0.8	0.3	0.3	0.4
十二、教育文化广播业	0.3	0.2	0.3	0.2
十三、科学研究和技术服务业	1.5	1.1	0.9	1.1
十四、机关社团及其他	1.5	1.3	2.7	3.6

应交税金总额和增长指标

行业划分）

	比上年增长（%）					平均增长
2015 年	2011 年	2012 年	2013 年	2014 年	2015 年	（%）
298.4	**16.6**	**-11.4**	**7.6**	**19.0**	**-23.2**	**-3.4**
3.6	41.7	51.8	22.5	55.1	-27.1	20.4
2.6	400.0	19.0	31.9	90.4	-14.0	26.6
0.1	0.0	-20.0	-50.0	-100.0		-15.9
0.1		-80.0	75.0	71.4	-58.3	-29.3
0.0			-33.3	150.0	-20.0	#DIV/0!
106.2	18.9	-15.1	-8.1	-1.8	-11.1	-9.2
6.9	25.2	-45.8	-58.5	30.5	-11.9	-28.7
4.5	-45.8	5.3	-13.4	21.9	26.7	9.0
20.5	56.7	32.0	-23.1	-12.9	-16.8	-7.4
4.1	6.7	18.5	-4.4	-26.5	1.3	-4.2
7.5	-10.5	30.7	-9.5	-22.7	-4.0	-3.2
0.0	-100.0		-33.3	150.0	-80.0	
2.7	2.4	-40.0	13.2	-0.3	-8.6	-11.3
0.2	550.0	41.5	-39.7	0.9	-81.3	-36.6
3.0	0.0	-33.0	36.3	4.4	3.8	-0.3
19.5	278.1	-36.0	115.0	11.2	5.2	12.7
20.2	-40.6	-13.2	12.4	26.5	-22.7	-1.2
4.0	-21.6	-13.8	7.8	21.5	-11.9	-0.1
0.2	16.7	-70.0	4.8	-13.6	5.3	-26.9
1.7	392.0	-47.0	-43.3	-34.6	-28.5	-38.8
1.4	-53.8	3.9	-32.1	-14.2	25.7	-6.6
1.8	100.0	0.0	11.5	-14.8	-5.3	-2.6
12.0	48.0	-31.8	-1.8	-17.6	-15.9	-17.5
30.5	-11.4	8.4	21.9	2.0	-14.0	3.8
0.0		20.0	-41.7	-85.7	-100.0	-100.0
5.7	28.8	1.3	2.5	-9.6	-20.6	-7.1
0.0	100.0	-65.0	-42.9	-75.0	200.0	-37.8
2.6	50.0	-14.2	21.7	-6.9	-26.0	-7.9
0.3	-20.0	7.5	32.6	-63.2	19.0	-11.1
0.0						
2.6	50.0	40.0	-18.3	1.9	-18.1	-1.1
0.0		6.7	-46.9	-94.1	100.0	-49.2
104.4	25.7	-14.5	13.3	65.3	-41.5	-1.6
13.6	-33.5	5.4	102.7	-49.0	19.0	6.7
0.3	50.0	38.9	-27.2	-31.9	-50.0	-23.4
27.9	29.3	-9.5	9.8	10.0	7.0	4.0
0.2	700.0	-65.0	-10.7	56.0	-43.6	-27.6
0.2	200.0	-23.3	8.7	-36.0	25.0	-9.6
0.8	50.0	-26.0	-16.2	16.1	-26.9	-14.8
5.1	25.0	-26.0	-16.2	16.1	39.8	35.7

2011—2015 年全国集体企业

（按隶属

项　目	应交税金（亿元）			
	2011 年	2012 年	2013 年	2014 年
全　国	**342.6**	**303.7**	**326.7**	**388.7**
北京市	32.6	27.3	35.8	35.0
天津市	18.8	12.6	22.4	24.4
河北省	4.3	3.9	4.2	3.9
山西省	30.9	20.8	10.4	11.2
内蒙古自治区	0.6	0.6	0.6	0.3
辽宁省	7.2	11.5	11.0	7.9
吉林省	1.8	2.2	3.1	0.7
黑龙江省	3.1	3.8	3.3	3.8
上海市	40.1	34.9	33.6	36.2
浙江省	19.7	21.9	22.4	21.1
江苏省	15.6	13.6	15.7	11.8
安徽省	21.0	14.6	18.0	15.1
福建省	9.9	11.2	10.5	11.8
江西省	2.8	1.9	1.8	2.0
山东省	39.9	44.8	50.6	45.0
河南省	8.7	8.3	8.7	9.0
湖北省	3.8	4.3	3.5	4.3
湖南省	2.7	2.7	2.9	3.0
广东省	11.7	8.7	12.1	14.0
海南省	0.2	0.1	0.2	0.1
广西壮族自治区	2.4	2.2	2.4	2.7
贵州省	1.9	2.4	2.0	1.7
四川省	2.5	2.7	2.7	3.1
重庆市	2.8	1.4	2.2	1.3
云南省	7.7	4.4	3.8	3.3
陕西省	3.5	3.8	3.4	2.5
甘肃省	8.9	7.5	10.0	3.5
青海省	3.2	0.2	0.1	0.2
西藏自治区	0.1	0.1	0.1	0.1
宁夏回族自治区	0.5	0.7	0.7	0.2
新疆维吾尔自治区	4.0	5.9	6.0	5.5
大连市	0.1	0.1	0.1	0.1
宁波市	2.7	2.9	3.2	3.6
青岛市	21.2	13.2	13.9	94.8
深圳市	5.6	6.8	5.6	5.7

应交税金总额和增长指标

关系划分）

2015 年	比上年增长（%） 2011 年	2012 年	2013 年	2014 年	2015 年	平均增长（%）
298.4	**16.6**	**-11.4**	**7.6**	**19.0**	**-23.2**	**-3.4**
33.8	156.7	-16.2	31.0	-2.1	-3.6	0.9
28.8	52.8	-32.9	77.1	9.2	17.8	11.2
6.3	4.9	-10.0	9.6	-7.5	59.7	9.8
11.3	19.8	-32.7	-50.0	7.7	1.1	-22.2
0.3	-50.0	-8.3	9.1	-55.0	-3.7	-18.9
5.8	-24.2	59.3	-4.4	-27.6	-27.2	-5.3
0.5	100.0	22.2	39.1	-77.8	-29.4	-28.1
2.8	29.2	21.0	-12.8	14.7	-26.7	-3.0
42.7	-7.0	-13.0	-3.8	7.8	18.0	1.6
22.6	-14.3	11.1	2.5	-6.1	7.1	3.5
9.1	403.2	-12.9	15.2	-24.5	-23.2	-12.7
13.1	17.3	-30.3	23.2	-16.5	-12.8	-11.1
13.1	17.9	12.6	-5.5	12.3	10.6	7.2
2.0	-57.6	-32.1	-7.4	11.4	2.0	-8.1
32.6	13.7	12.2	13.0	-11.1	-27.6	-5.0
9.0	42.6	-4.6	5.2	3.0	0.0	0.8
4.0	58.3	11.8	-17.6	24.0	-8.5	1.1
2.3	-15.6	-1.5	10.2	1.4	-23.2	-4.1
13.2	64.8	-25.6	38.7	15.5	-5.4	3.0
0.1	100.0	-50.0	50.0	-40.0	-11.1	-20.5
1.3	14.3	-9.6	12.4	9.8	-51.1	-14.0
2.1	46.2	24.7	-16.5	-15.7	25.1	2.4
3.0	19.0	8.0	0.0	13.0	-3.3	4.2
1.9	0.0	-49.3	57.0	-41.7	47.7	-9.0
3.5	-31.3	-43.1	-13.5	-13.2	6.1	-17.9
2.5	52.2	7.4	-8.8	-27.4	1.2	-7.9
2.5	14.1	-15.8	33.4	-64.6	-29.9	-27.3
0.1	-22.0	-92.8	-60.9	88.9	-41.2	-58.0
0.1	0.0	20.0	-33.3	25.0	0.0	0.0
0.3	400.0	48.0	-8.1	-67.6	27.3	-13.5
6.6	-49.4	47.3	1.7	-8.0	20.5	13.5
0.1	0.0	-20.0	-12.5	14.3	12.5	-2.6
5.1	8.0	5.6	13.3	12.7	40.9	17.4
10.3	14.6	-37.6	4.7	584.3	-89.1	-16.5
6.0	-1.8	22.0	-18.6	3.1	4.9	1.8

（三）2011—2015 年全国集体企业

（按综合

项　　目	上交税金（亿元）			
	2011 年	2012 年	2013 年	2014 年
按综合情况划分	**345.5**	**319.0**	**323.0**	**380.2**
一、按企业规模分类				
（一）大型	132.4	117.6	110.3	184.1
（二）中型	108.3	99.1	116.2	102.7
（三）小型	104.9	102.2	96.5	93.3
二、按组织形式分类				
（一）国有独资企业公司	2.8	9.0	0.9	0.5
（二）国有控股企业	340.1	307.9	320.9	377.3
（三）企业化管理事业单位	2.7	2.0	1.2	2.4
三、按企业类型分类				
（一）公司制	273.4	235.3	246.9	311.4
（二）非公司制	72.1	83.7	76.1	68.8
四、按盈利或亏损分类				
（一）盈利	314.9	291.1	287.1	330.3
（二）亏损	30.6	27.9	35.9	49.9
五、按经济带分类				
（一）东部沿海地区	222.4	210.5	234.7	302.2
（二）中部内陆地区	81.0	65.9	54.4	51.3
（三）西部边远地区	42.2	42.6	33.9	26.7
六、按产业性质分类				
（一）垄断性行业	7.6	7.3	6.7	7.3
（二）竞争性行业	320.0	296.6	298.3	352.2
（三）公益性及其他行业	18.0	15.1	18.0	20.6
七、按产业作用分类				
（一）基础性行业	92.5	91.3	72.6	63.6
（二）一般生产加工行业	98.7	84.2	97.3	95.8
（三）商贸服务及其他行业	154.3	143.5	153.1	220.8

上交税金总额和增长指标

情况划分）

	比上年增长（%）					平均增长（%）
2015年	2011年	2012年	2013年	2014年	2015年	
288.1	**22.8**	**-7.7**	**1.3**	**17.7**	**-24.2**	**-4.4**
98.5	124.8	-11.2	-6.2	66.9	-46.5	-7.1
98.0	32.6	-8.5	17.2	-11.6	-4.6	-2.5
91.6	-25.4	-2.5	-5.6	-3.3	-1.9	-3.3
0.6	-41.7	222.9	-90.5	-41.9	16.0	-32.5
286.4	23.6	-9.5	4.2	17.6	-24.1	-4.2
1.1	92.9	-24.4	-39.7	92.7	-52.3	-19.6
225.9	38.6	-14.0	4.9	26.1	-27.5	-4.7
62.3	-14.3	16.1	-9.1	-9.7	-9.5	-3.6
237.9	22.6	-7.6	-1.4	15.0	-28.0	-6.8
50.3	24.9	-8.9	28.8	38.9	0.8	13.2
218.0	30.0	-5.4	11.5	28.8	-27.9	-0.5
45.9	26.2	-18.6	-17.5	-5.7	-10.5	-13.2
24.3	-8.1	0.9	-20.4	-21.4	-9.0	-12.9
8.4	-31.5	-4.2	-7.8	8.8	14.7	2.4
260.6	26.9	-7.3	0.6	18.1	-26.0	-5.0
19.1	0.0	-16.0	19.2	14.4	-7.2	1.5
56.0	9.6	-1.3	-20.5	-12.4	-11.9	-11.8
83.9	28.9	-14.7	15.6	-1.6	-12.4	-4.0
148.2	28.3	-7.0	6.7	44.2	-32.9	-1.0

2011—2015年全国集体企业

（按基本

项　　目	上交税金（亿元）			
	2011年	2012年	2013年	2014年
全国合计	**345.5**	**319.0**	**323.0**	**380.2**
一、农林牧渔业	2.0	2.8	2.8	4.8
其中：农业	0.8	1.2	1.4	2.7
林业	0.1	0.1	0.0	0.0
畜牧业	0.2	0.0	0.1	0.1
渔业	0.0	0.0	0.0	0.0
二、工业	156.6	138.0	125.5	114.8
1. 煤炭工业	25.2	15.8	7.2	7.7
2. 石油和石化工业	3.2	3.1	2.9	3.4
3. 冶金工业	27.9	36.9	28.4	24.6
4. 建材工业	4.4	5.9	5.4	4.7
5. 化学工业	8.7	8.6	10.0	7.0
6. 森林工业	0.0	0.0	0.0	0.1
7. 食品工业	4.2	3.2	3.1	2.9
8. 烟草工业	1.3	1.8	1.1	1.1
9. 纺织工业	2.9	1.9	2.8	2.8
10. 医药工业	11.9	14.9	16.6	17.6
11. 机械工业	21.8	18.2	20.9	24.4
其中：汽车工业	4.2	3.1	3.6	4.5
12. 军工工业	0.7	0.2	0.2	0.2
13. 电子工业	13.1	6.1	4.8	2.0
14. 电力工业	2.7	1.9	1.4	1.1
15. 市政公用工业	2.1	1.7	2.2	1.5
16. 其他工业	26.4	17.9	18.5	13.7
三、建筑业	26.1	29.2	35.1	35.1
四、地质勘查及水利业	0.1	0.1	0.1	0.0
五、交通运输仓储业	7.4	6.8	7.6	6.7
其中：铁路运输业	0.1	0.1	0.0	0.0
道路运输业	3.3	3.2	3.7	3.4
水上运输业	0.8	0.4	0.6	0.2
航空运输业	0.0	0.0	0.0	0.0
仓储业	2.4	2.8	2.9	2.9
六、邮电通信业	0.3	0.3	0.2	0.0
七、批发和零售、餐饮业	114.9	97.7	102.4	176.5
八、房地产业	10.6	11.3	21.6	13.0
九、信息技术服务业	0.9	9.4	0.9	0.7
十、社会服务业	23.2	20.7	23.4	23.8
十一、卫生体育福利业	0.7	0.3	0.2	0.4
十二、教育文化广播业	0.3	0.2	0.3	0.2
十三、科学研究和技术服务业	1.4	1.1	1.0	1.1
十四、机关社团及其他	1.3	1.0	2.0	3.2

上交税金总额和增长指标

行业划分）

	比上年增长（%）					平均增长（%）
2015 年	2011 年	2012 年	2013 年	2014 年	2015 年	
288.1	**22.8**	**-7.7**	**1.3**	**17.7**	**-24.2**	**-4.4**
3.3	25.0	41.0	-2.5	76.0	-32.6	13.0
2.4	33.3	45.0	23.3	86.7	-11.2	31.2
0.1	0.0	-30.0	-42.9	-100.0		-15.9
0.0		-85.0	166.7	-12.5	-42.9	-33.1
0.0			-33.3	50.0	33.3	
101.8	24.6	-11.9	-9.0	-8.5	-11.3	-10.2
5.7	16.7	-37.5	-54.5	7.5	-25.8	-31.0
4.0	-43.9	-3.1	-5.2	14.3	19.6	5.9
20.5	55.0	32.4	-23.2	-13.2	-16.7	-7.4
4.2	0.0	33.6	-8.8	-11.8	-12.1	-1.4
7.8	-9.4	-1.6	17.2	-30.7	12.2	-2.7
0.0	-100.0		-33.3	150.0	-80.0	
2.9	-2.3	-23.3	-5.3	-5.9	-0.3	-9.2
0.2	550.0	40.0	-39.0	-0.9	-80.9	-36.6
2.8	3.6	-33.4	45.6	0.7	-0.7	-0.8
17.1	296.7	25.0	11.7	6.0	-3.2	9.4
20.0	-34.1	-16.7	14.9	17.2	-18.4	-2.2
4.1	-8.7	-25.2	14.6	24.7	-8.5	-0.5
0.2	0.0	-71.4	5.0	-4.8	5.0	-26.0
1.8	555.0	-53.4	-20.8	-57.9	-14.2	-39.5
1.3	-30.8	-31.5	-23.2	-21.1	15.2	-16.9
1.4	162.5	-19.0	29.4	-34.1	-4.8	-10.0
12.1	68.2	-32.3	3.8	-26.1	-11.8	-17.8
30.1	-8.7	12.0	20.0	-0.1	-14.2	3.6
0.0		20.0	-33.3	-87.5	-100.0	-100.0
5.5	25.4	-8.8	12.3	-11.3	-18.0	-7.1
0.0	0.0	-40.0	-33.3	-50.0	100.0	-20.5
2.6	43.5	-3.9	16.4	-8.7	-24.0	-6.2
0.3	14.3	-47.5	35.7	-63.2	61.9	-19.3
0.0						
2.4	41.2	15.0	5.1	-0.7	-17.7	-0.3
0.0		3.3	-38.7	-100.0		-49.2
100.9	38.8	-15.0	4.8	72.4	-42.8	-3.2
14.7	-29.3	7.0	90.6	-39.8	12.8	8.5
0.4	80.0	944.4	-90.0	-28.7	-44.8	-19.9
26.4	22.1	-10.9	13.4	1.5	11.1	3.3
0.2	600.0	-55.7	-25.8	56.5	-47.2	-27.8
0.2	200.0	-20.0	8.3	-34.6	11.8	-10.8
0.8	27.3	-20.0	-15.2	12.6	-29.9	-14.4
3.9	44.4	-20.0	-15.2	12.6	21.1	31.7

2011—2015 年全国集体企业

（按隶属

项　　目	上交税金（亿元）			
	2011 年	2012 年	2013 年	2014 年
全　　国	**345.5**	**319.0**	**323.0**	**380.2**
北京市	32.7	25.7	34.8	32.6
天津市	18.6	19.9	22.3	23.4
河北省	4.6	4.4	3.9	3.8
山西省	29.6	21.7	12.0	11.2
内蒙古自治区	0.6	0.5	0.5	0.4
辽宁省	7.0	8.6	10.9	7.9
吉林省	1.9	2.2	3.1	0.7
黑龙江省	2.7	3.6	3.2	3.3
上海市	38.1	34.0	31.7	32.9
浙江省	19.8	21.1	21.7	20.8
江苏省	14.3	14.6	15.4	13.1
安徽省	25.0	16.9	16.0	14.1
福建省	10.5	11.3	11.6	13.0
江西省	3.3	1.9	1.8	2.0
山东省	41.6	46.2	50.5	44.6
河南省	8.3	8.5	8.5	8.8
湖北省	3.6	4.3	3.6	4.3
湖南省	2.2	3.0	3.0	2.5
广东省	11.7	8.3	11.9	12.6
海南省	0.2	0.1	0.2	0.1
广西壮族自治区	2.4	2.0	2.2	2.6
贵州省	1.8	2.2	2.0	2.2
四川省	2.4	2.9	2.8	3.0
重庆市	2.7	9.6	2.2	1.1
云南省	8.6	4.9	3.9	3.2
陕西省	3.4	3.8	3.3	2.4
甘肃省	8.5	7.7	9.4	3.5
青海省	3.1	0.2	0.1	0.2
西藏自治区	0.1	0.1	0.1	0.1
宁夏回族自治区	0.6	0.6	0.8	0.2
新疆维吾尔自治区	6.2	6.3	6.2	7.0
大连市	0.1	0.1	0.1	0.1
宁波市	2.7	2.7	3.2	3.8
青岛市	22.2	13.2	15.6	93.7
深圳市	4.8	6.1	4.7	5.0

上交税金总额和增长指标

关系划分）

	比上年增长（%）					平均增长（%）
2015 年	2011 年	2012 年	2013 年	2014 年	2015 年	
288.1	**22.8**	**-7.7**	**1.3**	**17.7**	**-24.2**	**-4.4**
32.3	179.5	-21.4	35.4	-6.3	-1.0	-0.3
26.3	59.0	7.2	11.8	4.9	12.4	9.0
6.5	12.2	-5.4	-11.3	-1.3	70.9	9.1
10.1	14.7	-26.8	-44.5	-7.1	-9.9	-23.6
0.2	-50.0	-15.0	-9.8	-10.9	-51.2	-24.0
6.0	-26.3	22.1	28.0	-27.6	-24.2	-3.8
0.5	111.1	13.2	45.1	-78.5	-22.4	-27.7
2.8	17.4	33.0	-11.1	3.8	-14.5	1.2
39.9	-12.4	-10.7	-6.7	3.7	21.2	1.2
22.6	-4.8	6.5	3.1	-4.5	9.0	3.4
9.1	361.3	2.0	5.3	-14.5	-30.6	-10.7
12.4	71.2	-32.6	-5.2	-11.9	-11.6	-16.0
13.6	31.3	7.4	2.7	12.4	4.2	6.6
1.8	-54.8	-41.2	-6.2	8.2	-9.6	-14.3
32.8	32.9	11.1	9.3	-11.7	-26.5	-5.8
9.0	38.3	1.9	0.8	3.2	2.4	2.1
4.0	71.4	19.2	-16.8	20.7	-7.4	2.6
2.0	-38.9	35.9	-0.3	-15.1	-19.4	-1.9
11.8	69.6	-29.1	43.4	6.0	-6.3	0.3
0.1	100.0	-50.0	50.0	-40.0	-11.1	-20.5
1.5	14.3	-15.4	7.4	17.4	-42.6	-11.5
2.2	38.5	24.4	-10.3	7.5	0.5	4.8
2.9	14.3	20.8	-2.4	6.0	-4.3	4.6
1.9	-6.9	254.8	-77.2	-48.2	66.4	-8.7
3.3	-18.9	-43.0	-20.4	-18.7	4.1	-21.3
2.4	54.5	12.1	-14.7	-25.8	-2.1	-8.7
2.6	18.1	-8.9	21.7	-62.5	-26.1	-25.6
0.1	-16.2	-94.2	-50.0	77.8	-37.5	-57.6
0.1	0.0	10.0	-18.2	-22.2	28.6	-2.6
0.3	500.0	6.7	17.2	-68.0	8.3	-18.9
5.9	-36.1	1.0	-1.0	13.1	-16.5	-1.4
0.1	0.0	-10.0	-22.2	14.3	12.5	-2.6
5.3	3.8	-1.5	20.7	18.1	38.5	18.1
10.5	35.4	-40.7	18.4	501.6	-88.8	-17.1
5.4	-14.3	27.1	-22.8	6.4	8.2	3.1

四、全国集体企业资产负债指标

（一）2011—2015 年全国集体

项目	金额（亿元）			
	2011 年	2012 年	2013 年	2014 年
流动资产：				
货币资金	1209.3	1249.7	1421.6	1435.2
△结算备付金	0.0	0.0	0.0	0.0
△拆出资金	0.0	0.3	0.0	0.0
以公允价值计量且其变动计入当期损益的金融资产	41.7	35.1	42.9	46.2
衍生金融资产				3.9
应收票据	228.4	190.5	176.7	135.8
应收账款	868.0	913.7	963.1	952.4
预付款项	641.3	707.4	720.4	783.5
△应收保费	0.0	0.0	0.3	0.0
△应收分保账款	0.0	0.0	0.0	0.0
△应收分保准备金	0.0	0.0	0.0	0.0
应收利息	2.1	3.8	5.2	5.0
应收股利	16.7	13.7	17.3	22.8
其他应收款	1469.7	1511.9	1633.3	1909.4
△买入返售金融资产	0.0	0.0	0.0	0.0
存货	1745.9	1694.8	1852.1	1700.6
其中：原材料	222.2	149.4	153.9	137.8
库存商品（产成品）	861.5	621.4	700.4	674.0
划分为持有待售的资产				298.1
一年内到期的非流动资产	33.1	35.8	64.2	68.3
其他流动资产	394.1	370.0	382.3	372.7
流动资产合计	**6650.3**	**6726.8**	**7279.3**	**7733.8**
非流动资产：				
△发放贷款及垫款	1.0	5.4	51.9	52.7
可供出售金融资产	4.2	24.6	14.3	110.1
持有至到期投资	17.4	27.7	26.8	21.9
长期应收款	39.2	45.5	42.0	66.4
长期股权投资	865.0	848.4	1097.4	1064.1
投资性房地产	35.2	59.5	110.9	154.3
固定资产原价	2718.8	2660.6	2853.7	2920.3
减：累计折旧	906.6	884.4	944.6	950.8
固定资产净值	1812.2	1776.2	1909.1	1969.5
减：固定资产减值准备	1.7	1.2	1.6	3.4
固定资产净额	1810.5	1775.0	1907.5	1966.1
在建工程	415.2	452.2	523.8	618.9
工程物资	6.7	3.5	5.8	3.3
固定资产清理	8.4	7.0	7.5	9.1
生产性生物资产	1.5	3.1	3.8	2.5
油气资产	0.1	0.0	0.0	0.0
无形资产	252.3	296.1	318.7	319.1
开发支出	2.6	2.6	2.3	6.8
商誉	2.6	2.6	5.4	5.4
长期待摊费用	101.6	112.2	113.0	111.8
递延所得税资产	5.4	7.2	8.9	12.9
其他非流动资产	54.5	47.7	56.0	56.7
其中：特准储备物资	4.1	10.0	3.0	3.4
非流动资产合计	**3623.4**	**3720.4**	**4296.0**	**4582.0**
资　产　总　计	**10273.8**	**10447.2**	**11575.3**	**12315.8**

企业资产负债指标

单位：亿元

	比上年增长（%）					平均增长（%）
2015年	2011年	2012年	2013年	2014年	2015年	
1455.8	4.0	3.3	13.8	1.0	1.4	4.7
0.0	-96.5					-100.0
0.0	-100.0		-100.0			
71.1	29.1	-15.9	22.2	7.7	53.8	14.2
7.1					82.6	
129.5	27.9	-16.6	-7.2	-23.1	-4.6	-13.2
1040.7	6.1	5.3	5.4	-1.1	9.3	4.6
649.0	6.1	10.3	1.8	8.8	-17.2	0.3
0.0	-100.0		747.2	-100.0		
0.0	-100.0					
0.0	-100.0					
4.3	-58.9	84.1	35.6	-3.8	-14.0	19.9
12.2		-18.0	26.1	31.8	-46.6	-7.6
2015.4	3.9	2.9	8.0	16.9	5.6	8.2
0.0	-100.0	-100.0				-100.0
1879.7	13.4	-2.9	9.3	-8.2	10.5	1.9
148.2	25.1	-32.8	3.0	-10.5	7.5	-9.6
862.8	42.6	-27.9	12.7	-3.8	28.0	0.0
0.9					-99.7	
65.4	39.8	8.1	79.3	6.4	-4.2	18.6
313.8	-3.6	-6.1	3.3	-2.5	-15.8	-5.5
7644.8	**7.5**	**1.1**	**8.2**	**6.2**	**-1.2**	**3.5**
19.7	318.7	441.7	854.2	1.5	-62.5	110.6
272.7	-27.7	483.6	-41.9	669.9	147.7	183.6
23.7		59.6	-3.3	-18.3	8.4	8.1
106.2	291.8	16.2	-7.7	58.1	59.9	28.3
1225.6		-1.9	29.4	-3.0	15.2	9.1
167.6	42.3	69.2	86.4	39.1	8.6	47.8
3048.1	7.9	-2.1	7.3	2.3	4.4	2.9
1032.8	9.7	-2.4	6.8	0.7	8.6	3.3
2015.4	7.1	-2.0	7.5	3.2	2.3	2.7
4.1	42.0	-30.1	30.9	112.5	21.8	24.0
2011.2	7.1	-2.0	7.5	3.1	2.3	2.7
654.3	24.8	8.9	15.8	18.2	5.7	12.0
5.9	47.6	-48.0	65.6	-43.1	77.3	-3.5
9.7	0.0	-16.9	7.2	21.3	6.0	3.4
2.8	-5.1	104.9	20.8	-34.2	13.2	16.5
0.0	9445.7	-92.5	-100.0			-40.0
299.7	8.5	17.3	7.6	0.1	-6.1	4.4
7.7	636.5	1.6	-12.7	195.7	13.5	31.4
5.6	-24.2	-0.1	108.6	0.0	4.3	21.4
131.8	5.2	10.4	0.7	-1.1	17.9	6.7
13.9	8.8	33.3	23.3	44.9	7.7	26.6
56.1	-2.5	-12.4	17.3	1.3	-1.0	0.7
2.9	-61.4	143.4	-69.9	13.3	-14.7	-8.3
5014.4	**12.1**	**2.7**	**15.5**	**6.7**	**9.4**	**8.5**
12659.2	**9.1**	**1.7**	**10.8**	**6.4**	**2.8**	**5.4**

项　　目	金额（亿元）			
	2011 年	2012 年	2013 年	2014 年
流动负债：				
短期借款	1696.4	1657.3	1713.9	1825.2
△向中央银行借款	0.0	0.0	5.0	1.0
△吸收存款及同业存放	0.0	0.0	53.8	36.4
△拆入资金	0.0	0.0	0.0	0.0
以公允价值计量且其变动计入当期损益的金融负债	0.0	23.4	35.0	34.6
衍生金融负债				0.0
应付票据	335.3	422.7	476.4	546.4
应付账款	1136.6	1153.6	1267.4	1236.5
预收款项	861.0	873.1	875.3	821.5
△卖出回购金融资产款	0.0	0.0	0.0	0.0
△应付手续费及佣金	0.0	0.0	0.0	0.0
应付职工薪酬	113.8	105.1	106.5	102.6
其中：应付工资	65.6	58.7	53.1	59.0
应付福利费	16.3	14.2	13.5	11.5
#其中：职工奖励及福利基金	-0.7	0.7	0.0	-0.1
应交税费	33.8	16.2	9.6	3.4
其中：应交税金	16.7	-0.3	-19.0	-13.6
应付利息	15.8	16.0	15.7	18.1
应付股利	43.2	47.6	44.1	59.5
其他应付款	2149.6	2065.8	2422.3	2532.4
△应付分保账款	0.0	0.0	0.0	0.0
△保险合同准备金	0.0	0.0	0.0	0.0
△代理买卖证券款	0.0	0.0	0.0	0.0
△代理承销证券款	0.0	0.0	0.0	0.0
划分为持有待售的负债				0.0
一年内到期的非流动负债	33.1	15.2	105.4	63.5
其他流动负债	109.2	99.2	110.1	98.6
流动负债合计	6527.7	6495.3	7240.6	7379.8
非流动负债：				
长期借款	561.2	520.7	641.0	767.9
应付债券	62.3	134.7	167.9	196.7
长期应付款	138.7	188.8	158.9	167.9
长期应付职工薪酬				
专项应付款	67.0	65.0	71.2	165.6

企业资产负债指标（续表）

单位：亿元

	比上年增长（%）					平均增长
2015 年	2011 年	2012 年	2013 年	2014 年	2015 年	（%）
1778.4	10.9	-2.3	3.4	6.5	-2.6	1.2
0.5				-80.0	-50.0	
0.0				-32.3	-100.0	
0.0						
38.7	-97.2	388734.7	49.8	-1.1	12.0	796.0
0.1						
525.4	-6.2	26.1	12.7	14.7	-3.8	11.9
1210.3	11.6	1.5	9.9	-2.4	-2.1	1.6
750.1	8.9	1.4	0.3	-6.1	-8.7	-3.4
0.0	-100.0					
0.0	-100.0		-100.0			
104.3	33.4	-7.6	1.3	-3.7	1.6	-2.2
56.4	46.2	-10.5	-9.5	11.1	-4.4	-3.7
10.3	-7.0	-13.3	-4.6	-14.8	-10.2	-10.8
0.8	-809.4	-200.1	-100.0		-900.0	
10.8	-40.4	-52.1	-40.7	-64.6	217.4	-24.8
-12.6	-53.4	-102.0	5628.5	-28.4	-7.4	
23.5	-43.2	1.3	-2.0	15.3	29.9	10.4
43.5		10.3	-7.4	34.9	-26.9	0.2
2817.4	8.4	-3.9	17.3	4.5	11.3	7.0
0.0	-100.0		-100.0			
0.0			-100.0			
0.0						
0.0						
0.0						
99.8	101.9	-54.1	592.5	-39.8	57.2	31.7
91.2	-9.3	-9.1	10.9	-10.4	-7.5	-4.4
7494.0	9.0	-0.5	11.5	1.9	1.5	3.5
740.9	3.7	-7.2	23.1	19.8	-3.5	7.2
188.6	103.0	116.0	24.7	17.2	-4.1	31.9
212.3	26.5	36.1	-15.8	5.7	26.5	11.2
0.42						
174.9	73.8	-3.0	9.6	132.6	5.6	27.1

项　　目	金额（亿元）			
	2011 年	2012 年	2013 年	2014 年
预计负债	4.7	3.9	2.7	3.3
递延收益				38.2
递延所得税负债	1.3	5.0	4.1	14.5
其他非流动负债	30.4	33.4	37.1	19.1
其中：特准储备基金	3.7	0.9	1.1	3.6
非流动负债合计	865.6	951.4	1082.8	1373.2
负　债　合　计	7393.3	7446.7	8323.4	8753.0
所有者权益（或股东权益）：				
实收资本（股本）	1453.7	1400.9	1503.3	1391.9
国有资本	49.3	26.9	37.1	27.4
其中：国有法人资本	31.2	15.8	16.7	17.6
集体资本	1140.4	1127.7	1217.6	1176.8
民营资本	245.6	228.5	224.9	172.5
其中：个人资本	162.6	140.3	134.8	112.6
外商资本	18.5	17.7	23.8	15.2
#减：已归还投资	0.1	0.2	0.0	0.0
实收资本（或股本）净额	1453.6	1400.7	1503.3	1391.8
其他权益工具				0.1
其中：优先股				0.0
永续债				0.0
资本公积	721.2	740.3	921.9	882.2
减：库存股	0.1	0.1	0.0	0.0
其他综合收益				45.2
其中：外币报表折算差额	-0.3	-0.2	-0.3	-0.2
专项储备	5.8	3.0	3.3	6.5
盈余公积	410.0	398.4	364.9	395.4
其中：法定公积金	125.8	123.3	131.0	124.9
任意公积金	87.1	93.7	84.1	75.3
#储备基金	12.2	4.5	14.2	5.9
#企业发展基金	11.5	4.4	13.9	3.9
#利润归还投资	-0.1	-0.1	-0.1	-0.1
△一般风险准备	0.0	0.0	0.6	0.1
未分配利润	161.2	302.7	236.7	508.4
归属于母公司所有者权益合计	2751.4	2844.8	3030.4	3229.7
*少数股东权益	129.2	155.8	221.5	333.1
所有者权益合计	2880.6	3000.5	3251.9	3562.8
负债和所有者权益总计	10273.9	10447.2	11575.3	12315.8

企业资产负债指标（续表）

单位：亿元

2015年	比上年增长（%） 2011年	2012年	2013年	2014年	2015年	平均增长（%）
11.5	101.5	-17.6	-29.9	22.2	247.0	25.1
84.8					121.9	
24.1	62.9	298.5	-18.8	253.7	65.9	108.7
26.6	58.6	9.8	11.0	-48.5	39.0	-3.3
0.6	16.7	-74.7	18.6	227.3	-82.5	-35.6
1464.0	16.6	9.9	13.8	26.8	6.6	14.0
8958.0	9.9	0.7	11.8	5.2	2.3	4.9
1437.5	9.1	-3.6	7.3	-7.4	3.3	-0.3
25.2	58.8	-45.3	37.8	-26.1	-8.1	-15.4
15.9	105.9	-49.5	5.9	5.4	-9.9	-15.6
1213.5	4.5	-1.1	8.0	-3.4	3.1	1.6
183.1	26.2	-7.0	-1.6	-23.3	6.1	-7.1
117.4	8.7	-13.7	-3.9	-16.5	4.3	-7.8
15.7	18.0	-4.2	34.6	-36.1	3.3	-4.0
0.0	192.5	86.6	-100.0			-33.9
1437.5	9.0	-3.6	7.3	-7.4	3.3	-0.3
0.2					110.0	
0.1						
0.0						
916.1	6.0	2.6	24.5	-4.3	3.8	6.2
0.8	-16.9	-21.6	-100.0			55.8
73.02					61.5	
0.0	3828.1	-17.0	43.2	-33.3	-110.0	
7.2	-15.4	-48.0	8.6	97.0	10.2	5.2
393.5	-2.2	-2.8	-8.4	8.4	-0.5	-1.0
138.5	2.7	-2.0	6.2	-4.7	10.9	2.4
75.3	17.0	7.5	-10.2	-10.5	0.0	-3.6
6.7	-18.7	-62.9	213.3	-58.5	13.9	-13.9
5.3	-58.6	-61.7	216.1	-71.9	36.4	-17.5
-0.1	-204.6	-0.2	21.7	0.0	30.0	12.1
0.1	-100.0		1516.1	-83.3	-30.0	
498.0	8.7	87.8	-21.8	114.8	-2.0	32.6
3324.8	6.3	3.4	6.5	6.6	2.9	4.8
376.4	23.8	20.5	42.2	50.4	13.0	30.6
3701.2	7.0	4.2	8.4	9.6	3.9	6.5
12659.2	9.1	1.7	10.8	6.4	2.8	5.4

（二）2011—2015 年全国集体

（按综合

项　　目	资产总额（亿元）			
	2011 年	2012 年	2013 年	2014 年
按综合情况划分	**10273.8**	**10447.2**	**11575.3**	**12315.8**
一、按企业规模分类				
（一）大型	2863.5	3055.3	3293.2	3030.1
（二）中型	2790.9	2773.4	3179.4	3625.7
（三）小型	4619.4	4618.6	5102.8	5660.0
二、按组织形式分类				
（一）国有独资企业公司	102.6	370.3	72.0	35.1
（二）国有控股企业	10047.0	9954.1	11385.8	12110.3
（三）企业化管理事业单位	124.0	122.9	117.5	168.3
三、按企业类型分类				
（一）公司制	7194.7	7190.2	8402.4	8994.0
（二）非公司制	3079.1	3257.0	3172.9	3321.8
四、按盈利或亏损分类				
（一）盈利	9053.4	9195.9	10166.3	10316.9
（二）亏损	1220.3	1251.4	1409.1	1998.9
五、按经济带分类				
（一）东部沿海地区	6875.4	7297.6	8261.8	8990.0
（二）中部内陆地区	1787.7	1758.0	1801.2	1945.2
（三）西部边远地区	1610.7	1391.6	1512.3	1380.6
六、按产业性质分类				
（一）垄断性行业	287.7	231.5	308.4	291.3
（二）竞争性行业	9030.4	9198.1	10144.8	10460.4
（三）公益性及其他行业	955.6	1017.6	1122.1	1564.2
七、按产业作用分类				
（一）基础性行业	2188.6	2277.5	2461.4	2009.5
（二）一般生产加工行业	2150.7	2080.6	2260.0	2414.5
（三）商贸服务及其他行业	5934.5	6089.1	6853.9	7891.8

企业资产总额和增长指标

情况划分）

	比上年增长（%）					平均增长
2015 年	2011 年	2012 年	2013 年	2014 年	2015 年	（%）
12659.2	**9.1**	**1.7**	**10.8**	**6.4**	**2.8**	**5.4**
2947.7	39.3	6.7	7.8	-8.0	-2.7	0.7
3722.2	24.9	-0.6	14.6	14.0	2.7	7.5
5989.3	-10.0	0.0	10.5	10.9	5.8	6.7
62.6	-47.9	260.9	-80.6	-51.2	78.3	-11.6
12442.8	10.6	-0.9	14.4	6.4	2.7	5.5
153.8	-12.0	-0.9	-4.3	43.1	-8.6	5.5
9293.8	11.1	-0.1	16.9	7.0	3.3	6.6
3365.3	4.6	5.8	-2.6	4.7	1.3	2.2
11138.0	12.5	1.6	10.6	1.5	8.0	5.3
1521.2	-11.2	2.5	12.6	41.9	-23.9	5.7
9397.9	8.7	6.1	13.2	8.8	4.5	8.1
1917.3	13.9	-1.7	2.5	8.0	-1.4	1.8
1344.0	5.5	-13.6	8.7	-8.7	-2.7	-4.4
397.2	8.9	-19.5	33.2	-5.5	36.4	8.4
10774.9	9.2	1.9	10.3	3.1	3.0	4.5
1487.1	7.4	6.5	10.3	39.4	-4.9	11.7
1922.9	4.8	4.1	8.1	-18.4	-4.3	-3.2
2325.4	4.6	-3.3	8.6	6.8	-3.7	2.0
8410.9	12.5	2.6	12.6	15.1	6.6	9.1

2011—2015 年全国集体

（按基本

项　　目	资产总额（亿元）			
	2011 年	2012 年	2013 年	2014 年
全国合计	**10273.8**	**10447.2**	**11575.3**	**12315.8**
一、农林牧渔业	210.1	262.5	273.0	328.0
其中：农业	71.0	98.4	90.6	138.7
林业	1.2	1.3	1.2	1.0
畜牧业	15.8	8.4	18.3	20.9
渔业	1.6	8.7	8.3	15.3
二、工业	3297.8	3290.6	3458.8	3169.3
1. 煤炭工业	164.9	149.0	120.1	150.9
2. 石油和石化工业	37.4	29.6	34.5	41.8
3. 冶金工业	780.1	1050.1	1164.5	827.1
4. 建材工业	96.3	105.3	143.2	125.7
5. 化学工业	227.2	210.4	231.6	204.2
6. 森林工业	3.5	3.2	2.8	2.7
7. 食品工业	175.0	137.6	156.1	207.4
8. 烟草工业	9.7	8.4	7.9	8.6
9. 纺织工业	140.7	99.5	122.0	114.3
10. 医药工业	219.0	254.4	198.5	250.7
11. 机械工业	575.8	505.6	570.6	595.8
其中：汽车工业	107.1	95.2	98.6	102.8
12. 军工工业	2.5	6.4	10.5	10.1
13. 电子工业	152.4	124.8	87.1	94.9
14. 电力工业	192.8	109.5	103.3	59.7
15. 市政公用工业	95.0	106.1	88.7	83.6
16. 其他工业	425.6	390.7	417.4	391.8
三、建筑业	657.5	661.5	803.7	778.3
四、地质勘查及水利业	1.3	0.9	1.2	0.7
五、交通运输仓储业	288.1	282.9	330.8	299.8
其中：铁路运输业	2.7	1.3	1.1	0.7
道路运输业	78.7	69.5	84.7	80.4
水上运输业	9.8	6.7	7.4	8.6
航空运输业	0.0	0.0	0.0	0.0
仓储业	183.3	197.1	228.8	202.7
六、邮电通信业	13.6	11.2	11.3	1.5
七、批发和零售、餐饮业	3588.7	3815.3	4099.8	4284.4
八、房地产业	658.4	593.6	764.3	1204.9
九、信息技术服务业	49.5	40.6	30.0	17.3
十、社会服务业	1330.5	1313.1	1573.0	1942.0
十一、卫生体育福利业	32.8	13.0	8.6	15.0
十二、教育文化广播业	4.9	5.9	14.6	3.5
十三、科学研究和技术服务业	40.9	32.8	31.8	32.8
十四、机关社团及其他	99.7	123.3	174.5	238.3

企业资产总额和增长指标

行业划分）

2015 年	比上年增长（%）					平均增长（%）
	2011 年	2012 年	2013 年	2014 年	2015 年	
12659.2	**9.1**	**1.7**	**10.8**	**6.4**	**2.8**	**5.4**
117.8	64.3	25.0	4.0	20.1	-64.1	-13.5
-78.5	104.6	38.6	-8.0	53.2	-156.6	
10.5	0.0	8.3	-8.5	-17.6	972.4	72.0
9.7	143.1	-47.0	118.0	14.5	-53.5	-11.4
23.7	220.0	445.6	-4.7	84.4	54.6	96.2
3234.6	6.9	-0.2	5.1	-8.4	2.1	-0.5
154.3	-7.0	-9.6	-19.4	25.6	2.2	-1.7
40.5	-16.7	-21.0	16.6	21.3	-3.3	2.0
797.5	19.9	34.6	10.9	-29.0	-3.6	0.6
127.9	1.8	9.4	36.0	-12.2	1.7	7.3
200.7	-0.7	-7.4	10.1	-11.9	-1.7	-3.1
1.8	-16.7	-9.7	-10.1	-5.3	-31.6	-14.8
178.5	-18.7	-21.3	13.4	32.9	-14.0	0.5
5.0	259.3	-13.6	-5.4	8.4	-42.1	-15.4
120.9	4.8	-29.3	22.7	-6.4	5.8	-3.7
345.0	282.2	16.2	-22.0	26.3	37.6	12.0
605.8	-34.0	-12.2	12.9	4.4	1.7	1.3
111.3	6.6	-11.1	3.6	4.3	8.3	1.0
10.4	8.7	157.6	62.7	-3.8	3.3	42.8
91.8	89.6	-18.1	-30.3	9.1	-3.3	-11.9
32.5	9.1	-43.2	-5.7	-42.2	-45.6	-35.9
94.0	105.6	11.7	-16.4	-5.7	12.4	-0.3
428.2	43.7	-8.2	6.9	-6.1	9.3	0.2
726.7	-14.6	0.6	21.5	-3.2	-6.6	2.5
0.5	550.0	-29.2	25.0	-39.1	-25.7	-20.5
320.7	16.6	-1.8	16.9	-9.4	7.0	2.7
0.7	0.0	-52.6	-14.1	-37.3	7.2	-27.6
72.2	-4.6	-11.7	21.9	-5.1	-10.1	-2.1
8.4	11.4	-32.1	10.7	16.7	-2.3	-3.8
0.0						
230.4	43.1	7.5	16.1	-11.4	13.7	5.9
5.0	3300.0	-17.6	0.4	-86.3	226.0	-22.1
4272.9	11.5	6.3	7.5	4.5	-0.3	4.5
1182.0	-10.9	-9.8	28.8	57.7	-1.9	15.8
12.1	415.6	-18.0	-26.2	-42.2	-30.0	-29.6
2391.0	22.6	-1.3	19.8	23.5	23.1	15.8
8.6	1722.2	-60.3	-34.1	74.6	-42.3	-28.4
4.0	-43.0	20.4	148.1	-76.2	16.1	-4.7
27.2	205.2	-19.9	-2.8	2.9	-16.9	-9.7
356.1	-13.0	-19.9	-2.8	2.9	49.4	37.5

2011—2015 年全国集体

（按隶属

项 目	资产总额（亿元）			
	2011 年	2012 年	2013 年	2014 年
全 国	**10273.8**	**10447.2**	**11575.3**	**12315.8**
北京市	835.8	1065.1	1218.2	1345.6
天津市	320.3	357.2	340.9	419.6
河北省	247.7	252.3	336.1	350.4
山西省	354.9	348.0	321.2	349.3
内蒙古自治区	45.0	43.9	42.9	40.1
辽宁省	219.5	186.9	199.8	163.7
吉林省	57.4	43.2	37.2	38.6
黑龙江省	194.7	192.3	179.6	217.5
上海市	1820.1	1597.5	1677.9	2097.2
浙江省	516.4	570.0	619.0	682.8
江苏省	223.1	247.9	283.7	278.8
安徽省	265.7	309.8	390.8	419.8
福建省	312.2	381.1	403.2	414.3
江西省	90.3	97.3	97.4	105.6
山东省	1176.8	1513.2	1891.6	1707.4
河南省	407.3	343.6	328.8	317.1
湖北省	245.5	231.0	250.4	266.0
湖南省	105.4	116.8	105.1	106.7
广东省	405.0	423.5	450.2	705.3
海南省	7.6	8.4	15.1	8.0
广西壮族自治区	101.3	90.9	85.9	97.4
贵州省	71.5	86.8	95.4	94.4
四川省	104.1	116.5	126.8	124.2
重庆市	79.7	58.8	86.0	91.8
云南省	294.9	145.2	144.8	155.7
陕西省	152.6	151.9	144.1	147.3
甘肃省	286.6	273.2	339.8	144.9
青海省	95.2	17.8	11.9	11.4
西藏自治区	6.0	4.7	4.7	3.9
宁夏回族自治区	18.0	22.1	28.6	19.5
新疆维吾尔自治区	314.3	336.0	369.0	400.3
大连市	10.6	12.0	11.3	12.5
宁波市	100.6	110.9	185.4	197.6
青岛市	514.4	413.7	464.6	469.5
深圳市	273.4	278.1	288.1	312.0

企业资产总额和增长指标

关系划分）

	比上年增长（%）					平均增长（%）
2015 年	2011 年	2012 年	2013 年	2014 年	2015 年	
12659.2	**9.1**	**1.7**	**10.8**	**6.4**	**2.8**	**5.4**
1450.3	6.9	27.4	14.4	10.5	7.8	14.8
495.5	112.8	11.5	-4.6	23.1	18.1	11.5
406.1	-0.3	1.8	33.2	4.3	15.9	13.2
371.4	-5.2	-2.0	-7.7	8.8	6.3	1.1
27.3	13.1	-2.4	-2.3	-6.6	-31.8	-11.7
187.7	18.0	-14.9	6.9	-18.1	14.6	-3.8
40.9	49.1	-24.8	-13.9	3.8	6.0	-8.1
178.9	11.6	-1.2	-6.6	21.1	-17.8	-2.1
2231.8	-2.3	-12.2	5.0	25.0	6.4	5.2
770.1	13.7	10.4	8.6	10.3	12.8	10.5
253.3	254.7	11.1	14.4	-1.7	-9.1	3.2
445.9	61.1	16.6	26.2	7.4	6.2	13.8
342.1	26.8	22.1	5.8	2.8	-17.4	2.3
99.7	2.6	7.7	0.2	8.4	-5.7	2.5
1643.4	9.5	28.6	25.0	-9.7	-3.7	8.7
285.2	13.6	-15.6	-4.3	-3.6	-10.1	-8.5
291.1	23.6	-5.9	8.4	6.2	9.5	4.4
87.5	-17.6	10.8	-10.1	1.6	-18.1	-4.6
742.2	-1.2	4.6	6.3	56.7	5.2	16.3
7.8	-7.3	10.1	79.9	-46.8	-3.0	0.6
85.6	18.3	-10.3	-5.4	13.3	-12.1	-4.1
114.8	14.6	21.4	9.9	-1.1	21.6	12.6
121.6	7.2	11.9	8.8	-2.0	-2.1	4.0
99.4	13.5	-26.2	46.3	6.7	8.3	5.7
150.4	-16.2	-50.8	-0.3	7.5	-3.4	-15.5
170.5	18.3	-0.4	-5.2	2.2	15.8	2.8
130.7	20.4	-4.7	24.4	-57.4	-9.8	-17.8
9.6	7.0	-81.3	-33.2	-4.5	-15.2	-43.6
4.8	30.4	-22.5	0.9	-16.6	22.0	-5.6
17.7	34.3	22.7	29.5	-31.8	-9.6	-0.5
365.4	-2.0	6.9	9.8	8.5	-8.7	3.8
13.3	0.0	12.7	-5.2	9.9	7.0	5.9
208.7	1.3	10.2	67.2	6.6	5.7	20.0
465.2	1.9	-19.6	12.3	1.1	-0.9	-2.5
343.4	-6.7	1.7	3.6	8.3	10.1	5.9

（三）2011—2015 年全国集体

（按综合

项　　目	负债总额（亿元）			
	2011 年	2012 年	2013 年	2014 年
按综合情况划分	**7393.3**	**7446.7**	**8323.4**	**8753.0**
一、按企业规模分类				
（一）大型	1936.2	2047.9	2442.4	2156.3
（二）中型	2028.3	1977.1	2135.1	2501.9
（三）小型	3428.9	3421.7	3745.9	4094.9
二、按组织形式分类				
（一）国有独资企业公司	84.7	299.7	43.9	26.4
（二）国有控股企业	7223.5	7065.0	8203.4	8609.1
（三）企业化管理事业单位	85.1	81.9	76.1	115.5
三、按企业类型分类				
（一）公司制	4931.1	4934.3	5893.2	6213.1
（二）非公司制	2462.2	2512.4	2430.2	2539.9
四、按盈利或亏损分类				
（一）盈利	6123.6	6161.7	6915.5	6883.8
（二）亏损	1269.6	1285.0	1407.9	1869.2
五、按经济带分类				
（一）东部沿海地区	4717.9	4982.5	5713.8	6137.0
（二）中部内陆地区	1470.8	1435.1	1482.1	1566.2
（三）西部边远地区	1204.6	1029.1	1127.4	1049.8
六、按产业性质分类				
（一）垄断性行业	200.7	150.1	212.6	179.6
（二）竞争性行业	6531.8	6599.6	7366.8	7540.0
（三）公益性及其他行业	660.7	697.0	743.9	1033.4
七、按产业作用分类				
（一）基础性行业	1323.3	1388.1	1649.1	1212.4
（二）一般生产加工行业	1458.2	1385.1	1458.5	1570.6
（三）商贸服务及其他行业	4611.8	4673.4	5215.8	5970.0

企业负债总额和增长指标

情况划分）

2015年	比上年增长（%）2011年	2012年	2013年	2014年	2015年	平均增长（%）
8958.0	**9.9**	**0.7**	**11.8**	**5.2**	**2.3**	**4.9**
2043.7	39.9	5.8	19.3	-11.7	-5.2	1.4
2557.6	28.5	-2.5	8.0	17.2	2.2	6.0
4356.7	-9.0	-0.2	9.5	9.3	6.4	6.2
35.6	-48.9	253.8	-85.4	-39.8	34.7	-19.5
8826.5	11.9	-2.2	16.1	4.9	2.5	5.1
95.9	-21.6	-3.7	-7.1	51.7	-17.0	3.0
6408.0	9.8	0.1	19.4	5.4	3.1	6.8
2550.0	10.1	2.0	-3.3	4.5	0.4	0.9
7554.7	13.1	0.6	12.2	-0.5	9.7	5.4
1403.3	-3.3	1.2	9.6	32.8	-24.9	2.5
6444.5	9.6	5.6	14.7	7.4	5.0	8.1
1525.6	14.3	-2.4	3.3	5.7	-2.6	0.9
987.8	5.9	-14.6	9.6	-6.9	-5.9	-4.8
267.3	15.2	-25.2	41.7	-15.5	48.8	7.4
7674.4	8.6	1.0	11.6	2.4	1.8	4.1
1016.3	22.1	5.5	6.7	38.9	-1.7	11.4
1127.1	1.8	4.9	18.8	-26.5	-7.0	-3.9
1510.9	1.3	-5.0	5.3	7.7	-3.8	0.9
6319.9	15.6	1.3	11.6	14.5	5.9	8.2

2011—2015 年全国集体

（按基本

项　目	负债总额（亿元）			
	2011 年	2012 年	2013 年	2014 年
全国合计	**7393.3**	**7446.7**	**8323.4**	**8753.0**
一、农林牧渔业	157.1	188.9	189.5	219.3
其中：农业	44.5	64.8	59.2	87.4
林业	1.2	1.0	0.9	0.7
畜牧业	12.1	3.5	10.4	13.0
渔业	0.7	6.7	6.1	11.4
二、工业	2014.7	2005.2	2236.9	1923.2
1. 煤炭工业	95.1	89.0	80.0	93.6
2. 石油和石化工业	20.3	17.5	21.9	24.5
3. 冶金工业	337.2	528.8	717.4	371.2
4. 建材工业	75.6	71.9	101.5	86.6
5. 化学工业	137.7	141.7	160.3	142.2
6. 森林工业	3.7	3.1	3.0	3.0
7. 食品工业	108.9	92.7	101.2	172.2
8. 烟草工业	2.4	1.9	1.8	2.9
9. 纺织工业	116.8	82.8	99.5	91.6
10. 医药工业	120.6	131.8	112.2	145.9
11. 机械工业	355.2	295.5	321.0	301.4
其中：汽车工业	64.6	57.1	60.2	62.9
12. 军工工业	1.5	5.6	9.5	8.9
13. 电子工业	115.6	73.2	52.8	67.2
14. 电力工业	143.1	83.8	82.4	40.4
15. 市政公用工业	50.5	60.1	41.3	44.7
16. 其他工业	330.5	325.9	331.1	327.0
三、建筑业	506.4	489.9	559.7	538.6
四、地质勘查及水利业	0.8	0.6	0.8	0.6
五、交通运输仓储业	196.9	198.4	227.8	208.3
其中：铁路运输业	1.4	0.9	0.8	0.5
道路运输业	55.1	47.7	58.9	54.9
水上运输业	5.9	4.2	4.5	5.4
航空运输业	0.0	0.0	0.0	0.0
仓储业	124.8	138.5	156.2	140.7
六、邮电通信业	11.1	6.9	7.6	0.9
七、批发和零售、餐饮业	3011.5	3162.5	3371.7	3494.9
八、房地产业	503.0	432.7	578.5	935.3
九、信息技术服务业	32.5	27.9	19.3	12.6
十、社会服务业	840.8	831.9	982.8	1247.6
十一、卫生体育福利业	23.0	10.4	7.0	12.6
十二、教育文化广播业	2.8	4.2	12.7	2.1
十三、科学研究和技术服务业	24.7	19.0	22.2	20.7
十四、机关社团及其他	68.0	68.2	107.0	136.5

企业负债总额和增长指标

行业划分）

	比上年增长（%）					平均增长（%）
2015 年	2011 年	2012 年	2013 年	2014 年	2015 年	
8958.0	**9.9**	**0.7**	**11.8**	**5.2**	**2.3**	**4.9**
80.2	71.3	20.3	0.3	15.7	-63.4	-15.5
-45.9	86.2	45.6	-8.7	47.7	-152.5	
1.0	-95.0	-18.3	-7.1	-18.7	31.1	-5.2
4.3	245.7	-71.0	196.0	24.9	-66.6	-22.6
15.5	133.3	861.4	-9.7	87.8	35.6	116.9
1900.2	2.8	-0.5	11.6	-14.0	-1.2	-1.5
101.6	2.9	-6.4	-10.2	17.0	8.6	1.7
25.0	0.0	-13.7	25.2	11.8	2.0	5.3
311.3	13.9	56.8	35.7	-48.3	-16.1	-2.0
85.7	6.5	-4.9	41.2	-14.6	-1.1	3.2
138.0	-3.0	2.9	13.2	-11.3	-3.0	0.0
2.0	0.0	-15.7	-2.9	-1.7	-32.6	-14.1
128.2	-21.4	-14.9	9.1	70.2	-25.5	4.2
3.2	200.0	-21.3	-4.8	60.6	10.0	7.3
94.7	4.8	-29.1	20.2	-7.9	3.4	-5.1
202.5	500.0	9.3	-14.8	30.0	38.8	13.8
293.8	-41.5	-16.8	8.6	-6.1	-2.5	-4.6
64.1	14.5	-11.6	5.4	4.4	1.9	-0.2
9.0	-74.6	270.0	71.9	-6.5	1.0	56.6
67.1	49.9	-36.7	-27.9	27.3	-0.2	-12.7
23.8	9.0	-41.4	-1.7	-50.9	-41.1	-36.1
52.8	109.5	19.0	-31.3	8.3	18.1	1.1
361.5	51.3	-1.4	1.6	-1.3	10.6	2.3
539.5	-13.0	-3.3	14.2	-3.8	0.2	1.6
0.4	300.0	-27.5	31.0	-27.6	-21.8	-14.4
222.9	17.1	0.8	14.8	-8.6	7.0	3.1
0.5	0.0	-34.3	-18.5	-33.3	-10.0	-24.7
51.7	-2.0	-13.4	23.5	-6.9	-5.8	-1.6
4.3	-30.6	-29.0	6.2	21.8	-21.6	-7.9
0.0						
158.5	44.6	11.0	12.8	-10.0	12.7	6.2
1.9	5450.0	-37.6	9.2	-88.6	123.3	-35.5
3457.1	13.4	5.0	6.6	3.7	-1.1	3.5
917.4	-7.3	-14.0	33.7	61.7	-1.9	16.2
9.6	712.5	-14.1	-31.0	-34.8	-23.7	-26.3
1574.4	30.1	-1.1	18.1	26.9	26.2	17.0
6.2	1816.7	-55.0	-32.1	78.8	-50.4	-27.8
1.9	-3.4	49.6	202.9	-83.1	-10.3	-9.0
16.5	341.1	-23.2	16.9	-6.8	-20.3	-9.6
229.8	1.0	-23.2	16.9	-6.8	68.3	35.6

2011—2015 年全国集体

（按隶属

项　　目	负债总额（亿元）			
	2011 年	2012 年	2013 年	2014 年
全　　国	**7393.3**	**7446.7**	**8323.4**	**8753.0**
北京市	666.9	848.4	972.8	1042.0
天津市	210.1	227.2	242.2	299.2
河北省	191.2	191.9	249.6	261.9
山西省	267.4	268.2	261.4	279.6
内蒙古自治区	38.0	38.3	36.9	34.7
辽宁省	226.5	199.0	213.5	177.5
吉林省	59.3	45.3	40.5	32.4
黑龙江省	194.2	187.5	176.7	212.2
上海市	1169.9	1036.9	1070.1	1435.5
浙江省	355.1	390.4	415.3	460.6
江苏省	181.5	198.8	227.3	221.0
安徽省	190.0	216.9	277.1	302.5
福建省	235.4	275.5	287.5	294.4
江西省	76.9	80.1	81.5	81.1
山东省	654.1	889.5	1212.4	1003.1
河南省	336.0	282.3	271.5	259.8
湖北省	203.5	197.5	211.9	214.4
湖南省	90.5	97.5	86.8	85.1
广东省	334.1	346.2	371.8	526.2
海南省	6.6	6.0	12.9	6.5
广西壮族自治区	82.0	72.1	68.1	81.6
贵州省	54.2	59.1	66.4	64.9
四川省	76.4	84.4	91.2	85.8
重庆市	47.8	36.5	58.5	61.2
云南省	205.8	100.0	99.0	109.3
陕西省	141.7	129.2	127.2	133.5
甘肃省	193.0	180.2	238.4	105.6
青海省	64.4	12.7	9.6	8.8
西藏自治区	2.4	2.2	2.1	1.5
宁夏回族自治区	13.0	16.0	21.6	13.5
新疆维吾尔自治区	252.9	262.6	285.0	312.0
大连市	5.9	6.0	5.2	5.4
宁波市	68.7	69.2	134.2	138.6
青岛市	363.4	260.2	256.0	249.4
深圳市	134.6	133.1	141.3	152.6

企业负债总额和增长指标

关系划分）

2015 年	比上年增长（%）2011 年	2012 年	2013 年	2014 年	2015 年	平均增长（%）
8958.0	**9.9**	**0.7**	**11.8**	**5.2**	**2.3**	**4.9**
1143.2	8.7	27.2	14.7	7.1	9.7	14.4
349.5	99.0	8.2	6.6	23.5	16.8	13.6
294.8	0.2	0.4	30.0	4.9	12.6	11.4
304.9	-5.2	0.3	-2.5	7.0	9.1	3.3
22.0	15.2	0.7	-3.6	-6.1	-36.6	-12.8
190.8	31.4	-12.1	7.3	-16.9	7.5	-4.2
39.4	55.2	-23.6	-10.6	-20.0	21.7	-9.7
173.8	14.5	-3.5	-5.7	20.1	-18.1	-2.7
1531.7	0.1	-11.4	3.2	34.2	6.7	7.0
504.0	16.3	9.9	6.4	10.9	9.4	9.2
210.1	276.6	9.5	14.3	-2.8	-5.0	3.7
318.6	53.8	14.2	27.8	9.2	5.3	13.8
257.0	25.4	17.0	4.4	2.4	-12.7	2.2
77.2	-0.5	4.1	1.7	-0.4	-4.8	0.1
958.0	5.8	36.0	36.3	-17.3	-4.5	10.0
233.2	10.3	-16.0	-3.8	-4.3	-10.2	-8.7
225.1	16.7	-3.0	7.3	1.2	5.0	2.5
64.2	12.6	7.7	-11.0	-1.9	-24.6	-8.2
553.4	-3.5	3.6	7.4	41.5	5.2	13.4
6.5	-8.3	-9.4	115.4	-49.7	0.8	-0.3
70.8	17.8	-12.1	-5.4	19.8	-13.2	-3.6
74.5	10.4	9.1	12.3	-2.3	14.8	8.3
84.6	8.2	10.5	8.0	-6.0	-1.3	2.6
62.1	3.7	-23.6	60.2	4.5	1.6	6.8
101.5	-20.4	-51.4	-1.0	10.4	-7.1	-16.2
148.3	31.0	-8.8	-1.5	4.9	11.1	1.1
95.2	15.6	-6.6	32.3	-55.7	-9.8	-16.2
6.9	12.0	-80.3	-24.6	-7.6	-21.9	-42.8
1.7	20.0	-7.9	-5.0	-29.5	14.9	-8.3
11.5	34.0	23.0	35.1	-37.6	-15.0	-3.1
277.8	3.3	3.8	8.5	9.5	-11.0	2.4
6.1	-1.7	1.4	-12.4	3.8	12.3	0.9
151.6	-2.4	0.7	94.0	3.3	9.4	21.9
225.7	-2.4	-28.4	-1.6	-2.6	-9.5	-11.2
182.3	-9.7	-1.1	6.2	8.0	19.5	7.9

（四）2011—2015 年全国集体

（按综合

项　　目	所有者权益总额（亿元）			
	2011 年	2012 年	2013 年	2014 年
按综合情况划分	**2880.6**	**3000.5**	**3251.9**	**3562.8**
一、按企业规模分类				
（一）大型	927.3	1007.4	850.8	873.9
（二）中型	762.7	796.2	1044.3	1123.8
（三）小型	1190.6	1196.9	1356.9	1565.2
二、按组织形式分类				
（一）国有独资企业公司	17.9	70.6	28.1	8.7
（二）国有控股企业	2823.6	2889.0	3182.4	3501.2
（三）企业化管理事业单位	39.0	40.9	41.4	52.7
三、按企业类型分类				
（一）公司制	2263.6	2255.9	2509.3	2780.9
（二）非公司制	617.1	744.6	742.7	781.9
四、按盈利或亏损分类				
（一）盈利	2929.9	3034.2	3250.7	3433.1
（二）亏损	-49.3	-33.6	1.2	129.6
五、按经济带分类				
（一）东部沿海地区	2157.5	2315.1	2547.9	2853.0
（二）中部内陆地区	317.0	322.9	319.1	379.0
（三）西部边远地区	406.1	362.5	384.9	330.8
六、按产业性质分类				
（一）垄断性行业	87.0	81.4	95.8	111.7
（二）竞争性行业	2498.7	2598.4	2778.0	2920.4
（三）公益性及其他行业	294.9	320.7	378.2	530.7
七、按产业作用分类				
（一）基础性行业	865.4	889.4	812.3	797.1
（二）一般生产加工行业	692.5	695.5	801.5	843.9
（三）商贸服务及其他行业	1322.7	1415.7	1638.2	1921.8

企业所有者权益总额和增长指标

情况划分）

2015 年	比上年增长（%） 2011 年	2012 年	2013 年	2014 年	2015 年	平均增长（%）
3701.2	**7.0**	**4.2**	**8.4**	**9.6**	**3.9**	**6.5**
904.0	37.9	8.6	-15.5	2.7	3.4	-0.6
1164.6	16.3	4.4	31.2	7.6	3.6	11.2
1632.6	-12.7	0.5	13.4	15.4	4.3	8.2
27.1	-42.1	294.2	-60.1	-69.0	210.3	10.9
3616.3	7.4	2.3	10.2	10.0	3.3	6.4
57.9	20.7	5.0	1.1	27.4	9.7	10.4
2885.8	14.0	-0.3	11.2	10.8	3.8	6.3
815.4	-12.7	20.7	-0.3	5.3	4.3	7.2
3583.4	11.4	3.6	7.1	5.6	4.4	5.2
117.9	-180.2	-31.8	-103.6		-9.1	
2953.4	6.8	7.3	10.1	12.0	3.5	8.2
391.7	12.3	1.9	-1.2	18.8	3.4	5.4
356.2	4.4	-10.7	6.2	-14.0	7.7	-3.2
129.9	-3.3	-6.4	17.6	16.6	16.3	10.5
3100.4	10.9	4.0	6.9	5.1	6.2	5.5
470.8	-15.5	8.7	17.9	40.3	-11.3	12.4
795.8	9.8	2.8	-8.7	-1.9	-0.2	-2.1
814.5	12.1	0.4	15.2	5.3	-3.5	4.1
2091.0	2.8	7.0	15.7	17.3	8.8	12.1

2011—2015 年全国集体

（按基本

项　　目	所有者权益总额（亿元）			
	2011 年	2012 年	2013 年	2014 年
全国合计	**2880.6**	**3000.5**	**3251.9**	**3562.8**
一、农林牧渔业	53.0	73.6	83.5	108.7
其中：农业	26.6	33.6	31.4	51.4
林业	0.0	0.3	0.3	0.2
畜牧业	3.7	4.9	7.9	7.9
渔业	0.9	2.0	2.2	3.9
二、工业	1283.2	1285.4	1221.9	1246.1
1. 煤炭工业	69.9	60.0	40.1	57.3
2. 石油和石化工业	17.1	12.0	12.6	17.3
3. 冶金工业	442.8	521.3	447.1	456.0
4. 建材工业	20.7	33.5	41.7	39.1
5. 化学工业	89.5	68.7	71.3	61.9
6. 森林工业	-0.1	0.0	-0.2	-0.3
7. 食品工业	66.0	45.0	54.9	35.3
8. 烟草工业	7.3	6.5	6.1	5.7
9. 纺织工业	23.9	16.7	22.6	22.7
10. 医药工业	98.4	122.7	86.3	104.8
11. 机械工业	220.5	210.1	249.6	294.4
其中：汽车工业	42.6	38.1	38.4	39.9
12. 军工工业	0.9	0.9	0.9	1.2
13. 电子工业	36.8	51.7	34.3	27.7
14. 电力工业	49.8	25.7	20.9	19.3
15. 市政公用工业	44.5	46.0	47.4	38.9
16. 其他工业	95.1	64.7	86.4	64.8
三、建筑业	151.1	171.6	244.0	239.7
四、地质勘查及水利业	0.5	0.3	0.4	0.1
五、交通运输仓储业	91.2	84.5	103.0	91.5
其中：铁路运输业	1.4	0.4	0.4	0.2
道路运输业	23.5	21.8	25.8	25.5
水上运输业	3.9	2.5	2.9	3.2
航空运输业	0.0	0.0	0.0	0.0
仓储业	58.5	58.6	72.6	62.1
六、邮电通信业	2.6	4.3	3.7	0.7
七、批发和零售、餐饮业	577.4	652.8	728.1	789.4
八、房地产业	155.4	160.9	185.8	269.7
九、信息技术服务业	16.9	12.7	10.7	4.8
十、社会服务业	489.7	481.2	590.2	694.5
十一、卫生体育福利业	9.8	2.7	1.6	2.4
十二、教育文化广播业	2.1	1.7	2.0	1.3
十三、科学研究和技术服务业	16.3	13.8	9.6	12.1
十四、机关社团及其他	31.6	55.1	67.5	101.8

企业所有者权益总额和增长指标

行业划分）

2015 年	比上年增长（%）					平均增长（%）
	2011 年	2012 年	2013 年	2014 年	2015 年	
3701.2	**7.0**	**4.2**	**8.4**	**9.6**	**3.9**	**6.5**
37.7	46.0	38.9	13.4	30.2	-65.4	-8.2
-32.6	146.3	26.5	-6.6	63.4	-163.5	
9.5	-100.0		-12.5	-17.9	4047.8	
5.4	19.4	31.4	61.7	0.6	-32.0	9.8
8.2	200.0	121.1	12.6	75.0	109.9	73.9
1334.3	14.1	0.2	-4.9	2.0	7.1	1.0
52.6	-17.8	-14.1	-33.1	42.7	-8.2	-6.9
15.5	-30.8	-29.6	4.2	37.8	-10.7	-2.5
486.2	24.9	17.7	-14.2	2.0	6.6	2.4
42.2	-12.3	61.6	24.8	-6.4	7.9	19.5
62.7	2.9	-23.2	3.7	-13.1	1.2	-8.5
-0.2	-120.0	-140.0	-575.0	52.6	-44.8	12.5
50.2	-14.1	-31.9	22.1	-35.8	42.5	-6.6
1.8	284.2	-11.1	-5.5	-6.9	-68.3	-29.4
26.2	4.8	-30.3	35.3	0.5	15.4	2.3
142.4	164.5	24.7	-29.7	21.5	35.9	9.7
312.0	-17.0	-4.7	18.8	18.0	6.0	9.1
47.3	-3.4	-10.7	0.8	4.0	18.4	2.6
1.4	-125.0	-1.1	5.6	23.4	20.7	11.7
24.7	1015.2	40.4	-33.6	-19.1	-10.8	-9.5
8.7	9.7	-48.3	-18.8	-7.9	-55.0	-35.4
41.2	101.4	3.3	3.1	-17.9	5.8	-1.9
66.8	22.4	-31.9	33.4	-24.9	3.0	-8.5
187.2	-19.4	13.5	42.2	-1.8	-21.9	5.5
0.1	400.0	-32.0	14.7	-64.1	-35.7	-34.9
97.8	15.6	-7.4	21.9	-11.1	6.9	1.8
0.3	7.7	-74.3	-2.8	-45.7	52.6	-32.5
20.5	-10.6	-7.2	18.3	-1.1	-19.5	-3.3
4.1	1850.0	-36.9	18.7	8.6	30.6	1.5
0.0						
71.9	40.0	0.2	23.9	-14.5	15.8	5.3
3.1	2500.0	64.6	-13.8	-81.6	354.4	4.4
815.8	2.6	13.1	11.5	8.4	3.3	9.0
264.5	-20.7	3.6	15.5	45.1	-1.9	14.2
2.6	201.8	-25.1	-15.6	-55.3	-46.4	-37.6
816.6	11.7	-1.7	22.6	17.7	17.6	13.6
2.4	1533.3	-72.8	-41.9	54.8	0.0	-29.7
2.1	-63.2	-18.6	14.0	-31.3	59.0	0.4
10.8	111.7	-15.5	-30.0	25.3	-11.0	-9.9
126.3	-33.2	-15.5	-30.0	25.3	24.1	41.4

2011—2015 年全国集体

（按隶属

项　　目	所有者权益总额（亿元）			
	2011 年	2012 年	2013 年	2014 年
全　　国	**2880.6**	**3000.5**	**3251.9**	**3562.8**
北京市	168.9	216.8	245.4	303.6
天津市	110.3	130.0	98.7	120.4
河北省	56.5	60.3	86.5	88.5
山西省	87.5	79.8	59.8	69.8
内蒙古自治区	7.0	5.7	6.0	5.4
辽宁省	-7.0	-12.2	-13.7	-13.8
吉林省	-1.9	-2.1	-3.3	6.2
黑龙江省	0.5	4.8	2.9	5.4
上海市	650.2	560.6	607.9	661.7
浙江省	161.3	179.6	203.7	222.2
江苏省	41.6	49.2	56.4	57.8
安徽省	75.6	92.9	113.7	117.3
福建省	76.7	105.6	115.7	119.9
江西省	13.4	17.2	16.0	24.5
山东省	522.7	623.7	679.1	704.3
河南省	71.3	61.4	57.4	57.3
湖北省	42.1	33.5	38.5	51.5
湖南省	15.0	19.4	18.3	21.6
广东省	70.9	77.3	78.4	179.1
海南省	1.0	2.4	2.2	1.5
广西壮族自治区	19.3	18.8	17.8	15.8
贵州省	17.4	27.7	29.0	29.5
四川省	27.7	32.1	35.6	38.5
重庆市	31.9	22.3	27.5	30.6
云南省	89.1	45.2	45.8	46.3
陕西省	11.0	22.7	16.8	13.8
甘肃省	93.6	93.0	101.4	39.3
青海省	30.8	5.1	2.3	2.5
西藏自治区	3.6	2.4	2.6	2.4
宁夏回族自治区	4.9	6.1	7.0	6.1
新疆维吾尔自治区	61.3	73.4	84.0	88.3
大连市	4.7	6.0	6.1	7.0
宁波市	31.9	41.7	51.2	59.0
青岛市	151.0	153.5	208.6	220.1
深圳市	138.8	145.0	146.8	159.4

企业所有者权益总额和增长指标

关系划分）

2015 年	比上年增长（%） 2011 年	2012 年	2013 年	2014 年	2015 年	平均增长（%）
3701.2	**7.0**	**4.2**	**8.4**	**9.6**	**3.9**	**6.5**
307.1	0.2	28.3	13.2	23.7	1.2	16.1
146.0	145.7	17.8	-24.0	21.9	21.3	7.3
111.3	-1.7	6.7	43.4	2.3	25.7	18.5
66.5	-5.2	-8.8	-25.1	16.7	-4.7	-6.6
5.3	2.9	-19.1	5.8	-9.3	-1.7	-6.5
-3.1	-151.5	74.0	12.6	0.3	-77.2	-18.2
1.5	-733.3	11.6	57.5	-285.3	-76.4	
5.1	-89.6	858.0	-39.7	85.8	-4.3	79.1
700.1	-6.2	-13.8	8.4	8.9	5.8	1.9
266.1	8.3	11.3	13.5	9.1	19.8	13.3
43.3	183.0	18.2	14.7	2.4	-25.1	1.0
127.3	82.6	22.9	22.4	3.2	8.5	13.9
85.1	30.9	37.7	9.5	3.7	-29.0	2.6
22.4	25.2	28.1	-7.0	53.6	-8.5	13.8
685.4	14.6	19.3	8.9	3.7	-2.7	7.0
51.9	32.5	-13.9	-6.5	-0.1	-9.4	-7.6
66.1	73.3	-20.5	14.9	33.9	28.2	11.9
23.3	-68.4	29.0	-5.5	18.2	7.6	11.6
188.7	11.3	9.1	1.3	128.6	5.4	27.7
1.2	0.0	139.0	-8.8	-29.8	-19.0	5.5
14.8	19.9	-2.5	-5.3	-11.2	-6.5	-6.5
40.3	30.8	59.0	4.8	1.7	36.7	23.4
37.0	4.1	15.8	10.9	8.2	-3.7	7.5
37.3	32.4	-30.1	23.4	11.2	21.8	4.0
48.9	-4.5	-49.3	1.4	1.0	5.5	-13.9
22.2	-47.1	106.6	-26.0	-18.2	61.6	19.2
35.5	31.6	-0.7	9.1	-61.3	-9.7	-21.5
2.7	-2.5	-83.4	-54.8	9.1	8.3	-45.4
3.1	33.3	-32.2	6.1	-6.2	26.3	-3.9
6.2	32.4	24.5	14.9	-13.7	2.3	6.0
87.6	-19.1	19.7	14.4	5.2	-0.9	9.3
7.2	2.2	27.0	2.2	14.9	3.0	11.3
57.2	10.4	30.8	22.7	15.2	-3.0	15.7
239.5	14.0	1.6	35.9	5.5	8.8	12.2
161.1	-3.6	4.5	1.2	8.6	1.1	3.8

（五）2011—2015 年全国集体企业偿债能力指标

（按综合情况划分）

项　　目	资产负债率（%）				
	2011 年	2012 年	2013 年	2014 年	2015 年
按综合情况划分	**72.0**	**71.3**	**71.9**	**71.1**	**70.8**
一、按企业规模分类					
（一）大型	67.6	67.0	74.2	71.2	69.3
（二）中型	72.7	71.3	67.2	69.0	68.7
（三）小型	74.2	74.1	73.4	72.4	72.7
二、按组织形式分类					
（一）国有独资企业公司	82.5	80.9	60.9	75.2	56.8
（二）国有控股企业	71.9	71.0	72.1	71.1	70.9
（三）企业化管理事业单位	68.6	66.7	64.8	68.7	62.4
三、按企业类型分类					
（一）公司制	68.5	68.6	70.1	69.1	69.0
（二）非公司制	80.0	77.1	76.6	76.5	75.8
四、按盈利或亏损分类					
（一）盈利	67.6	67.0	68.0	70.8	67.8
（二）亏损	104.0	102.7	99.9	48.9	92.3
五、按经济带分类					
（一）东部沿海地区	68.6	68.3	69.2	68.3	68.6
（二）中部内陆地区	82.3	81.6	82.3	80.5	79.6
（三）西部边远地区	74.8	74.0	74.6	76.0	73.5
六、按产业性质分类					
（一）垄断性行业	69.8	64.8	69.0	61.7	67.3
（二）竞争性行业	72.3	71.8	72.6	72.1	71.2
（三）公益性及其他行业	69.1	68.5	66.3	66.1	68.3
七、按产业作用分类					
（一）基础性行业	60.5	61.0	67.0	60.3	58.6
（二）一般生产加工行业	67.8	66.6	64.5	65.1	65.0
（三）商贸服务及其他行业	77.7	76.8	76.1	75.7	75.1

2011—2015 年全国集体企业偿债能力指标

（按基本行业划分）

项　　目	资产负债率（%）				
	2011 年	2012 年	2013 年	2014 年	2015 年
全国合计	**72.0**	**71.3**	**71.9**	**71.1**	**70.8**
一、农林牧渔业	74.8	72.0	69.4	66.9	68.1
其中：农业	62.6	65.8	65.3	63.0	58.5
林业	97.6	75.5	76.2	76.3	9.2
畜牧业	76.6	41.9	56.9	62.1	44.7
渔业	45.5	77.2	73.1	74.5	65.3
二、工业	61.1	60.9	64.7	60.7	58.8
1. 煤炭工业	57.6	59.7	66.6	62.0	65.9
2. 石油和石化工业	54.2	59.3	63.6	58.6	61.8
3. 冶金工业	43.2	50.4	61.6	44.9	39.0
4. 建材工业	78.5	68.3	70.9	68.9	67.0
5. 化学工业	60.6	67.3	69.2	69.7	68.8
6. 森林工业	103.5	98.7	106.7	110.6	108.8
7. 食品工业	62.3	67.3	64.8	83.0	71.9
8. 烟草工业	24.8	22.6	22.7	33.6	63.8
9. 纺织工业	83.0	83.3	81.5	80.2	78.4
10. 医药工业	55.1	51.8	56.5	58.2	58.7
11. 机械工业	61.7	58.5	56.3	50.6	48.5
其中：汽车工业	60.3	60.0	61.1	61.2	57.6
12. 军工工业	61.4	86.2	91.0	88.5	86.5
13. 电子工业	75.8	58.6	60.6	70.8	73.1
14. 电力工业	74.2	76.5	79.8	67.7	73.3
15. 市政公用工业	53.1	56.7	46.5	53.5	56.2
16. 其他工业	77.7	83.4	79.3	83.5	84.4
三、建筑业	77.0	74.1	69.6	69.2	74.2
四、地质勘查及水利业	63.9	62.8	65.8	79.4	82.7
五、交通运输仓储业	68.3	70.1	68.9	69.5	69.5
其中：铁路运输业	49.4	71.6	67.8	72.0	61.3
道路运输业	70.1	68.6	69.6	68.3	71.6
水上运输业	60.6	63.0	60.4	63.1	50.7
航空运输业	0.0	0.0	0.0	0.0	0.0
仓储业	68.1	70.3	68.3	69.4	68.8
六、邮电通信业	81.2	61.9	67.2	55.9	38.3
七、批发和零售、餐饮业	83.9	82.9	82.2	81.6	80.9
八、房地产业	76.4	72.9	75.7	77.6	77.6
九、信息技术服务业	65.8	68.8	64.3	72.4	78.9
十、社会服务业	63.2	63.4	62.5	64.2	65.9
十一、卫生体育福利业	70.1	79.5	82.0	84.0	72.2
十二、教育文化广播业	57.9	71.1	86.7	61.5	47.4
十三、科学研究和技术服务业	60.3	57.9	69.7	63.1	60.5
十四、机关社团及其他	68.2	55.3	61.3	57.3	64.5

2011—2015 年全国集体企业偿债能力指标

（按隶属关系划分）

项　　目	资产负债率（%）				
	2011 年	2012 年	2013 年	2014 年	2015 年
全　　国	**72.0**	**71.3**	**71.9**	**71.1**	**70.8**
北京市	79.8	79.7	79.9	77.4	78.8
天津市	65.6	63.6	71.0	71.3	70.5
河北省	77.2	76.1	74.3	74.7	72.6
山西省	75.3	77.1	81.4	80.0	82.1
内蒙古自治区	84.5	87.1	86.0	86.5	80.5
辽宁省	103.2	106.5	106.9	108.4	101.7
吉林省	103.4	104.9	109.0	84.0	96.4
黑龙江省	99.8	97.5	98.4	97.5	97.1
上海市	64.3	64.9	63.8	68.5	68.6
浙江省	68.8	68.5	67.1	67.5	65.5
江苏省	81.3	80.2	80.1	79.3	82.9
安徽省	71.5	70.0	70.9	72.1	71.4
福建省	75.4	72.3	71.3	71.1	75.1
江西省	85.2	82.4	83.6	76.8	77.5
山东省	55.6	58.8	64.1	58.8	58.3
河南省	82.5	82.1	82.6	81.9	81.8
湖北省	82.9	85.5	84.6	80.6	77.3
湖南省	85.8	83.4	82.6	79.7	73.4
广东省	82.5	81.7	82.6	74.6	74.6
海南省	87.1	71.5	85.5	80.9	84.0
广西壮族自治区	80.9	79.3	79.3	83.8	82.7
贵州省	75.7	68.1	69.6	68.8	64.9
四川省	73.4	72.5	72.0	69.1	69.6
重庆市	60.0	62.1	68.0	66.6	62.5
云南省	69.8	68.9	68.4	70.2	67.5
陕西省	92.8	85.0	88.3	90.7	87.0
甘肃省	67.3	66.0	70.2	72.9	72.9
青海省	67.6	71.3	80.5	77.8	71.6
西藏自治区	39.9	47.5	44.7	37.8	35.6
宁夏回族自治区	72.4	72.4	75.5	69.0	64.9
新疆维吾尔自治区	80.5	78.2	77.2	77.9	76.0
大连市	55.7	50.0	46.2	43.7	45.8
宁波市	68.3	62.4	72.4	70.2	72.6
青岛市	70.6	62.9	55.1	53.1	48.5
深圳市	49.2	47.9	49.1	48.9	53.1

2011—2015年全国集体企业偿债能力指标

（按综合情况划分）

项　目	获利倍数（倍）				
	2011年	2012年	2013年	2014年	2015年
按综合情况划分	**5.0**	**5.5**	**4.7**	**4.0**	**4.0**
一、按企业规模分类					
（一）大型	5.3	7.5	5.0	4.6	4.8
（二）中型	5.0	4.8	4.7	3.2	3.5
（三）小型	4.4	4.1	4.2	4.3	4.0
二、按组织形式分类					
（一）国有独资企业公司	3.0	3.3	11.6	0.0	4.0
（二）国有控股企业	5.0	5.6	4.7	4.0	4.1
（三）企业化管理事业单位	3.2	3.8	2.5	2.8	2.5
三、按企业类型分类					
（一）公司制	5.2	5.8	5.0	4.1	4.1
（二）非公司制	3.6	4.3	3.5	3.5	3.7
四、按盈利或亏损分类					
（一）盈利	7.7	6.9	7.4	4.2	6.5
（二）亏损	-2.7	-17.0	-2.5	-0.1	-4.3
五、按经济带分类					
（一）东部沿海地区	6.4	7.1	5.7	4.7	4.9
（二）中部内陆地区	3.7	3.5	2.4	2.5	2.3
（三）西部边远地区	2.1	2.3	2.5	2.2	1.8
六、按产业性质分类					
（一）垄断性行业	1.9	2.8	3.3	5.0	5.6
（二）竞争性行业	5.3	5.8	4.7	3.9	4.1
（三）公益性及其他行业	3.7	3.9	4.6	5.1	3.5
七、按产业作用分类					
（一）基础性行业	8.2	8.3	8.3	7.7	9.3
（二）一般生产加工行业	7.8	7.2	9.1	5.4	5.8
（三）商贸服务及其他行业	3.0	3.7	2.9	3.0	2.9

2011—2015 年全国集体企业偿债能力指标

（按基本行业划分）

项　　目	获利倍数（倍）				
	2011 年	2012 年	2013 年	2014 年	2015 年
全国合计	**5.0**	**5.5**	**4.7**	**4.0**	**4.0**
一、农林牧渔业	2.9	3.6	3.5	3.6	1.6
其中：农业	3.9	4.7	5.8	4.6	0.7
林业	-445.8	229.3	62.9	18.5	0.0
畜牧业	1.0	7.5	7.3	1.8	4.9
渔业	2.0	7.5	7.6	6.5	8.9
二、工业	8.1	7.9	8.7	6.5	8.3
1. 煤炭工业	24.6	10.2	0.3	0.7	-0.9
2. 石油和石化工业	3.7	1.7	-1.0	-0.5	-0.5
3. 冶金工业	10.6	9.4	13.5	14.5	44.3
4. 建材工业	6.3	8.5	8.7	3.8	2.3
5. 化学工业	2.6	2.2	2.9	2.7	3.2
6. 森林工业	-27.5	-6.7	-12.1	38.5	-0.3
7. 食品工业	4.1	3.8	3.9	-0.8	4.6
8. 烟草工业	144.4	120.1	153.6	0.0	3.6
9. 纺织工业	1.5	1.6	1.8	1.9	2.1
10. 医药工业	26.7	35.6	33.1	28.0	17.1
11. 机械工业	14.9	11.1	18.4	15.7	27.7
其中：汽车工业	4.0	3.6	4.2	4.2	6.5
12. 军工工业	4.7	1.0	1.1	0.4	0.6
13. 电子工业	47.3	130.3	76.1	116.4	2.9
14. 电力工业	1.2	2.2	0.9	2.0	2.6
15. 市政公用工业	4.9	8.4	8.2	10.8	13.9
16. 其他工业	4.0	3.3	2.5	0.3	1.2
三、建筑业	20.3	12.4	12.0	8.4	11.2
四、地质勘查及水利业	0.0	0.0	4.6	0.0	-94.7
五、交通运输仓储业	4.0	4.4	6.9	5.1	4.4
其中：铁路运输业	11.5	-3513.5	-15539.5	-86.0	2837.2
道路运输业	4.7	5.0	11.0	8.2	4.6
水上运输业	2.6	4.5	2.5	-3155.3	0.0
航空运输业	0.0	0.0	0.0	0.0	0.0
仓储业	3.9	4.4	6.6	4.0	4.7
六、邮电通信业	2.6	10.3	14.3	8.7	10.5
七、批发和零售、餐饮业	2.4	3.0	2.3	2.2	2.2
八、房地产业	10.2	10.1	4.3	5.5	4.7
九、信息技术服务业	7.6	8.4	6.8	22.5	8.4
十、社会服务业	4.6	4.9	5.6	5.5	4.3
十一、卫生体育福利业	5.1	3.9	3.8	2.9	6.0
十二、教育文化广播业	11.5	97.5	1.0	115.4	229.5
十三、科学研究和技术服务业	48.9	33.6	20.2	133.6	30.3
十四、机关社团及其他	19.1	6.0	20.9	12.7	9.5

2011—2015 年全国集体企业偿债能力指标

（按隶属关系划分）

项　　目	获利倍数（倍）				
	2011 年	2012 年	2013 年	2014 年	2015 年
全　　国	**5.0**	**5.5**	**4.7**	**4.0**	**4.0**
北京市	2.3	14.6	2.1	2.1	1.9
天津市	40.3	38.0	21.3	14.2	10.5
河北省	2.5	3.3	4.6	3.0	3.8
山西省	14.5	8.5	1.6	0.3	-0.5
内蒙古自治区	2.0	2.5	2.4	1.4	4.3
辽宁省	-0.2	2.1	-0.2	-1.9	-3.7
吉林省	1.8	4.7	0.8	6.3	7.1
黑龙江省	0.9	0.8	0.9	1.2	1.4
上海市	10.4	10.4	10.2	8.8	7.8
浙江省	4.7	3.5	3.9	4.1	3.4
江苏省	5.8	5.5	6.5	2.6	-0.4
安徽省	2.6	4.2	3.9	5.0	4.8
福建省	5.2	5.1	5.4	4.9	4.6
江西省	2.0	2.7	2.7	3.8	4.0
山东省	7.5	6.6	6.7	5.0	11.7
河南省	2.7	1.3	1.8	1.9	3.0
湖北省	2.7	5.3	2.1	2.5	2.9
湖南省	1.4	1.2	2.8	2.0	4.0
广东省	2.6	3.0	2.6	3.3	4.4
海南省	-12.6	15.5	2.3	-3.6	-3.5
广西壮族自治区	2.9	2.6	3.2	2.6	2.7
贵州省	1.8	1.8	2.0	0.7	1.1
四川省	2.6	3.6	3.8	6.1	6.1
重庆市	5.7	2.9	5.6	5.3	3.9
云南省	1.5	1.6	1.3	1.1	1.9
陕西省	-2.1	2.1	1.6	2.0	2.7
甘肃省	4.9	3.1	3.0	2.1	1.3
青海省	4.8	2.2	1.3	1.3	1.4
西藏自治区	42.4	67.9	51.1	1095.8	-10.8
宁夏回族自治区	3.9	2.3	2.2	0.5	0.6
新疆维吾尔自治区	0.9	1.7	2.0	1.7	1.5
大连市	157.9	119.2	44.5	44.6	46.1
宁波市	4.4	6.3	4.7	3.1	3.4
青岛市	24.5	37.0	115.8	36.1	21.1
深圳市	9.8	14.0	9.5	7.9	9.5

2011—2015年全国集体企业偿债能力指标

（按综合情况划分）

项　　目	流动比率（%）				
	2011年	2012年	2013年	2014年	2015年
按综合情况划分	**101.9**	**103.6**	**100.5**	**104.8**	**102.0**
一、按企业规模分类					
（一）大型	108.8	115.8	99.5	101.8	97.5
（二）中型	104.0	104.1	109.6	113.2	109.2
（三）小型	96.7	96.3	96.0	101.2	99.8
二、按组织形式分类					
（一）国有独资企业公司	80.7	90.7	94.7	67.7	91.7
（二）国有控股企业	102.3	104.3	100.7	105.1	102.1
（三）企业化管理事业单位	83.8	91.8	91.1	94.4	99.9
三、按企业类型分类					
（一）公司制	107.8	109.4	104.2	109.6	104.8
（二）非公司制	90.2	92.5	92.0	93.8	95.2
四、按盈利或亏损分类					
（一）盈利	107.7	109.9	106.4	105.3	107.6
（二）亏损	71.6	72.3	71.2	149.3	71.3
五、按经济带分类					
（一）东部沿海地区	105.7	107.6	104.1	110.2	105.8
（二）中部内陆地区	93.5	93.8	92.0	92.8	92.3
（三）西部边远地区	97.3	98.7	94.5	93.8	94.3
六、按产业性质分类					
（一）垄断性行业	90.2	101.8	88.5	98.4	96.2
（二）竞争性行业	102.7	104.0	100.3	104.1	100.6
（三）公益性及其他行业	96.0	100.0	106.2	112.3	118.3
七、按产业作用分类					
（一）基础性行业	105.8	114.7	94.0	98.9	104.0
（二）一般生产加工行业	101.5	103.4	109.9	105.5	101.5
（三）商贸服务及其他行业	101.0	100.7	99.8	105.7	101.8

2011—2015 年全国集体企业偿债能力指标

（按基本行业划分）

项　目	流动比率（%）				
	2011 年	2012 年	2013 年	2014 年	2015 年
全国合计	**101.9**	**103.6**	**100.5**	**104.8**	**102.0**
一、农林牧渔业	100.5	102.7	111.9	103.0	100.2
其中：农业	110.4	104.3	130.7	106.9	94.9
林业	65.4	85.6	84.1	75.2	148.5
畜牧业	104.0	119.4	147.4	112.6	135.9
渔业	96.2	95.2	82.8	58.5	65.0
二、工业	103.5	109.3	95.2	95.3	98.4
1. 煤炭工业	128.3	130.1	84.8	87.2	71.7
2. 石油和石化工业	113.3	115.8	102.4	102.0	93.9
3. 冶金工业	128.0	142.3	92.9	112.9	157.2
4. 建材工业	82.7	83.7	67.8	74.8	85.7
5. 化学工业	107.2	99.0	94.3	87.9	88.1
6. 森林工业	65.8	66.1	55.6	56.2	57.4
7. 食品工业	105.3	101.1	105.9	84.6	93.1
8. 烟草工业	198.9	209.2	163.1	110.7	73.2
9. 纺织工业	72.5	67.7	74.4	74.6	81.9
10. 医药工业	130.5	138.4	122.9	113.7	110.8
11. 机械工业	105.9	107.4	112.1	118.3	105.5
其中：汽车工业	120.9	119.6	116.0	117.8	123.4
12. 军工工业	137.1	43.0	34.8	30.2	36.2
13. 电子工业	94.5	115.2	101.8	71.1	61.2
14. 电力工业	74.5	79.1	75.2	76.8	65.2
15. 市政公用工业	89.6	110.3	137.7	103.8	127.9
16. 其他工业	90.3	85.1	88.0	84.1	89.4
三、建筑业	107.7	113.1	124.8	129.9	120.0
四、地质勘查及水利业	114.4	112.7	117.2	205.8	167.7
五、交通运输仓储业	87.2	90.8	89.9	89.2	84.6
其中：铁路运输业	118.3	100.5	108.7	110.3	128.4
道路运输业	76.3	88.2	87.6	88.7	89.4
水上运输业	90.7	110.9	127.4	130.9	181.1
航空运输业	0.0	0.0	0.0	0.0	0.0
仓储业	91.5	92.5	90.9	90.1	83.3
六、邮电通信业	108.9	133.4	131.0	104.0	189.7
七、批发和零售、餐饮业	98.5	98.6	97.8	98.8	96.4
八、房地产业	124.7	121.5	112.7	135.7	113.9
九、信息技术服务业	118.4	116.6	128.1	144.5	140.0
十、社会服务业	97.1	96.7	97.7	106.8	108.8
十一、卫生体育福利业	76.1	75.0	69.4	71.6	83.4
十二、教育文化广播业	124.1	88.0	201.1	109.5	135.2
十三、科学研究和技术服务业	127.1	139.7	111.2	106.8	112.7
十四、机关社团及其他	94.3	112.9	98.3	110.4	102.7

2011—2015 年全国集体企业偿债能力指标

（按隶属关系划分）

项　　目	流动比率（%）				
	2011 年	2012 年	2013 年	2014 年	2015 年
全　　国	**101.9**	**103.6**	**100.5**	**104.8**	**102.0**
北京市	112.4	109.9	111.0	110.5	99.4
天津市	107.4	108.8	101.3	103.5	109.2
河北省	87.6	94.6	102.4	100.9	102.1
山西省	96.8	94.3	81.6	80.5	76.1
内蒙古自治区	96.5	91.5	92.8	89.5	81.0
辽宁省	69.1	68.9	70.6	71.1	70.5
吉林省	79.2	73.7	70.4	87.5	76.1
黑龙江省	86.8	90.0	87.9	90.4	87.9
上海市	118.1	113.9	112.9	124.1	115.8
浙江省	112.2	112.2	110.4	115.4	109.0
江苏省	94.0	96.9	97.3	96.5	93.5
安徽省	114.8	117.9	117.6	109.7	111.5
福建省	98.4	99.6	101.1	97.4	100.0
江西省	90.0	91.8	91.3	93.7	99.6
山东省	109.1	118.2	97.7	109.4	107.4
河南省	87.5	86.8	84.6	87.0	88.5
湖北省	92.4	88.1	86.4	91.2	95.7
湖南省	80.0	77.3	79.4	82.3	86.8
广东省	87.8	93.8	93.9	111.2	114.2
海南省	64.8	65.4	96.8	65.9	62.7
广西壮族自治区	110.2	107.5	100.8	100.6	100.6
贵州省	101.8	101.3	102.7	106.2	115.9
四川省	97.1	96.4	101.2	99.3	99.6
重庆市	111.0	114.0	75.7	85.3	86.8
云南省	85.4	89.1	90.0	87.8	90.0
陕西省	78.9	86.7	82.3	82.5	81.5
甘肃省	101.6	105.7	96.0	87.2	88.2
青海省	126.0	111.2	91.5	92.5	92.7
西藏自治区	127.7	98.5	94.1	110.9	106.4
宁夏回族自治区	99.5	100.8	91.6	75.9	91.4
新疆维吾尔自治区	96.3	98.6	97.7	98.4	96.8
大连市	111.0	109.6	104.2	112.8	112.8
宁波市	99.0	104.7	106.0	104.4	102.2
青岛市	100.6	110.3	117.0	111.4	92.9
深圳市	125.5	116.2	107.2	105.6	109.8

（六）2011—2015 年全国集体企业资产周转率指标

（按综合情况划分）

项　　目	总资产周转率（次）				
	2011 年	2012 年	2013 年	2014 年	2015 年
按综合情况划分	**1.1**	**1.1**	**1.0**	**1.0**	**0.9**
一、按企业规模分类					
（一）大型	1.4	1.4	1.4	1.4	1.3
（二）中型	1.2	1.2	1.1	1.1	1.0
（三）小型	0.7	0.8	0.8	0.7	0.6
二、按组织形式分类					
（一）国有独资企业公司	0.6	1.4	0.3	0.3	0.1
（二）国有控股企业	1.1	1.1	1.0	1.0	0.9
（三）企业化管理事业单位	1.0	1.5	1.5	1.3	1.4
三、按企业类型分类					
（一）公司制	1.1	1.1	1.0	0.9	0.9
（二）非公司制	0.9	1.0	1.1	1.1	1.0
四、按盈利或亏损分类					
（一）盈利	1.1	1.2	1.1	1.0	0.9
（二）亏损	0.5	0.5	0.5	-0.8	0.7
五、按经济带分类					
（一）东部沿海地区	1.0	1.0	1.0	0.9	0.8
（二）中部内陆地区	1.4	1.4	1.4	1.4	1.4
（三）西部边远地区	0.9	1.0	1.0	0.9	0.9
六、按产业性质分类					
（一）垄断性行业	0.4	0.5	0.3	0.3	0.3
（二）竞争性行业	1.1	1.1	1.1	1.0	1.0
（三）公益性及其他行业	0.7	0.7	0.7	0.6	0.6
七、按产业作用分类					
（一）基础性行业	0.8	0.8	0.7	0.7	0.7
（二）一般生产加工行业	1.0	1.0	1.0	0.9	0.9
（三）商贸服务及其他行业	1.2	1.2	1.2	1.0	0.9

2011—2015 年全国集体企业资产周转率指标

（按基本行业划分）

项　　目	总资产周转率（次）				
	2011 年	2012 年	2013 年	2014 年	2015 年
全国合计	**1.1**	**1.1**	**1.0**	**1.0**	**0.9**
一、农林牧渔业	1.2	1.5	1.5	1.2	2.7
其中：农业	1.7	1.9	1.8	1.6	-2.3
林业	0.4	0.6	0.6	0.3	0.1
畜牧业	0.7	2.0	1.4	1.3	2.0
渔业	0.8	0.8	0.8	0.6	0.6
二、工业	0.9	0.9	0.8	0.8	0.8
1. 煤炭工业	0.6	0.4	0.2	0.3	0.2
2. 石油和石化工业	1.6	1.6	1.1	1.6	1.2
3. 冶金工业	1.3	1.1	0.9	1.0	1.0
4. 建材工业	0.7	0.7	0.6	0.5	0.5
5. 化学工业	0.9	0.9	0.8	0.8	0.7
6. 森林工业	0.5	0.4	0.4	0.5	0.2
7. 食品工业	0.9	1.0	1.1	0.9	0.7
8. 烟草工业	1.4	2.3	1.5	1.5	0.8
9. 纺织工业	0.7	0.8	0.6	0.8	0.7
10. 医药工业	0.7	0.7	0.8	0.7	0.5
11. 机械工业	1.0	0.9	0.9	0.9	0.7
其中：汽车工业	1.1	1.0	1.1	1.6	1.3
12. 军工工业	2.2	0.6	0.6	0.5	0.3
13. 电子工业	1.2	1.1	0.7	0.6	0.5
14. 电力工业	0.2	0.2	0.2	0.3	0.5
15. 市政公用工业	0.3	0.2	0.3	0.3	0.3
16. 其他工业	1.1	1.0	1.0	1.1	1.0
三、建筑业	0.8	0.9	0.9	0.9	0.9
四、地质勘查及水利业	1.5	2.1	1.6	0.3	0.2
五、交通运输仓储业	0.6	0.5	0.6	0.6	0.4
其中：铁路运输业	0.8	0.7	0.7	0.5	0.8
道路运输业	0.8	0.8	0.9	0.8	0.7
水上运输业	0.6	0.6	0.5	0.4	0.4
航空运输业	0.0	0.0	0.0	0.0	0.0
仓储业	0.5	0.4	0.4	0.5	0.3
六、邮电通信业	1.5	1.5	0.7	0.8	3.9
七、批发和零售、餐饮业	1.6	1.7	1.7	1.6	1.5
八、房地产业	0.2	0.2	0.2	0.2	0.1
九、信息技术服务业	1.0	1.3	0.9	0.9	0.8
十、社会服务业	0.4	0.4	0.4	0.3	0.3
十一、卫生体育福利业	0.3	0.6	0.6	0.6	0.7
十二、教育文化广播业	0.6	0.5	0.3	0.7	0.7
十三、科学研究和技术服务业	0.7	1.1	0.9	0.6	0.6
十四、机关社团及其他	0.3	0.2	0.1	0.4	0.2

2011—2015 年全国集体企业资产周转率指标

（按隶属关系划分）

项　目	总资产周转率（次）				
	2011 年	2012 年	2013 年	2014 年	2015 年
全　国	**1.1**	**1.1**	**1.0**	**1.0**	**0.9**
北京市	1.7	1.5	1.4	1.3	1.2
天津市	1.1	1.3	1.4	1.2	0.9
河北省	0.8	0.7	0.8	0.7	0.7
山西省	1.0	0.9	0.9	1.0	0.9
内蒙古自治区	1.1	1.2	1.2	0.8	1.2
辽宁省	0.8	1.0	1.0	1.1	0.8
吉林省	0.7	0.9	1.4	1.1	1.1
黑龙江省	1.0	1.1	1.0	0.9	1.0
上海市	0.5	0.5	0.5	0.4	0.3
浙江省	1.4	1.3	1.4	1.3	1.1
江苏省	2.1	1.9	2.0	2.0	2.1
安徽省	2.0	1.8	1.6	1.3	1.3
福建省	0.9	0.8	0.6	0.7	0.8
江西省	1.4	1.4	1.4	1.9	1.6
山东省	1.3	1.2	1.1	1.0	0.9
河南省	1.8	1.9	2.0	2.4	2.7
湖北省	0.9	1.0	1.2	1.2	1.0
湖南省	1.5	1.5	1.8	1.9	2.0
广东省	0.6	0.7	0.9	0.6	0.6
海南省	1.1	1.3	0.5	0.8	0.8
广西壮族自治区	1.0	1.1	1.1	1.3	0.7
贵州省	0.8	0.9	0.7	0.6	0.5
四川省	1.1	1.1	1.4	1.3	1.1
重庆市	1.0	0.9	0.8	0.8	0.7
云南省	0.5	0.8	0.8	0.7	0.8
陕西省	1.0	1.0	0.9	0.7	0.6
甘肃省	1.0	1.1	1.2	1.6	1.9
青海省	0.7	1.1	1.4	1.3	1.4
西藏自治区	0.3	0.3	0.3	0.4	0.3
宁夏回族自治区	0.9	0.9	0.8	0.6	1.0
新疆维吾尔自治区	0.9	1.0	1.0	0.8	0.7
大连市	0.3	0.3	0.4	0.4	0.4
宁波市	1.0	0.9	0.7	0.8	0.8
青岛市	1.4	1.4	1.2	1.1	0.9
深圳市	0.2	0.2	0.2	0.2	0.1

2011—2015年全国集体企业资产周转率指标

（按综合情况划分）

项　　目	存货周转率（次）				
	2011年	2012年	2013年	2014年	2015年
按综合情况划分	**5.7**	**5.9**	**5.9**	**6.2**	**5.2**
一、按企业规模分类					
（一）大型	6.5	6.3	7.0	17.5	7.2
（二）中型	5.5	5.9	5.1	4.2	4.2
（三）小型	5.2	5.6	5.6	5.0	4.7
二、按组织形式分类					
（一）国有独资企业公司	5.0	11.4	6.8	3.3	3.6
（二）国有控股企业	5.7	5.7	5.8	6.1	5.1
（三）企业化管理事业单位	11.8	15.0	13.0	15.6	14.5
三、按企业类型分类					
（一）公司制	5.3	5.4	5.2	5.5	4.4
（二）非公司制	7.4	7.6	8.9	9.0	8.7
四、按盈利或亏损分类					
（一）盈利	6.2	6.4	6.6	5.3	5.9
（二）亏损	2.4	2.6	2.1	-0.4	2.4
五、按经济带分类					
（一）东部沿海地区	5.4	5.6	5.3	5.7	4.4
（二）中部内陆地区	7.8	7.5	8.2	8.4	8.8
（三）西部边远地区	4.9	5.5	6.0	5.9	6.0
六、按产业性质分类					
（一）垄断性行业	12.0	12.0	8.4	10.8	7.0
（二）竞争性行业	5.6	5.8	5.7	6.1	5.4
（三）公益性及其他行业	8.5	8.7	8.4	7.4	3.4
七、按产业作用分类					
（一）基础性行业	4.8	4.4	5.0	6.3	7.1
（二）一般生产加工行业	5.7	5.5	4.8	4.6	4.3
（三）商贸服务及其他行业	6.0	6.5	6.5	6.8	5.2

2011—2015 年全国集体企业资产周转率指标

（按基本行业划分）

项　　目	存货周转率（次）				
	2011 年	2012 年	2013 年	2014 年	2015 年
全国合计	**5.7**	**5.9**	**5.9**	**6.2**	**5.2**
一、农林牧渔业	6.3	7.8	6.9	6.6	5.7
其中：农业	11.8	11.7	8.5	8.4	5.6
林业	4.9	3.3	4.3	2.1	6.9
畜牧业	4.2	13.0	9.5	8.6	7.8
渔业	3.2	2.7	2.7	2.2	2.9
二、工业	6.0	5.7	6.0	7.6	7.0
1. 煤炭工业	5.4	5.2	3.3	4.7	3.5
2. 石油和石化工业	11.5	12.2	11.0	17.3	18.1
3. 冶金工业	6.2	5.5	7.1	15.0	18.9
4. 建材工业	4.6	5.8	5.4	5.4	5.6
5. 化学工业	5.6	5.7	5.4	6.8	6.3
6. 森林工业	3.4	2.4	3.7	4.7	1.8
7. 食品工业	4.5	4.3	4.5	4.3	3.4
8. 烟草工业	12.7	44.0	23.7	14.4	5.2
9. 纺织工业	4.4	5.0	3.8	4.3	4.1
10. 医药工业	5.4	5.6	4.7	4.5	3.7
11. 机械工业	5.2	4.9	5.2	5.8	5.5
其中：汽车工业	5.3	5.1	5.8	8.6	8.1
12. 军工工业	16.4	3.7	3.5	2.6	1.6
13. 电子工业	9.0	8.0	6.0	6.0	6.2
14. 电力工业	11.3	11.5	9.4	8.4	7.3
15. 市政公用工业	9.1	8.9	8.0	9.4	8.9
16. 其他工业	7.0	6.6	6.9	7.7	6.2
三、建筑业	2.7	2.7	2.6	2.2	2.6
四、地质勘查及水利业	11.7	19.6	23.8	113.1	100.4
五、交通运输仓储业	11.2	8.4	9.9	7.7	8.2
其中：铁路运输业	7.6	3.8	3.1	1.1	1.4
道路运输业	57.8	57.1	34.0	26.8	22.3
水上运输业	44.6	94.5	26.4	36.4	188.0
航空运输业	0.0	0.0	0.0	0.0	0.0
仓储业	6.3	4.5	6.2	5.1	5.6
六、邮电通信业	13.7	14.1	7.3	5.9	56.2
七、批发和零售、餐饮业	8.3	8.2	8.9	14.2	9.0
八、房地产业	0.2	0.3	0.3	0.2	0.3
九、信息技术服务业	11.5	10.9	8.0	9.1	10.6
十、社会服务业	6.7	7.7	7.3	7.7	3.1
十一、卫生体育福利业	9.5	13.6	11.3	8.4	15.3
十二、教育文化广播业	37.9	18.8	24.3	39.7	16.3
十三、科学研究和技术服务业	27.3	23.7	45.0	32.6	20.2
十四、机关社团及其他	11.2	8.0	12.8	21.0	6.7

2011—2015 年全国集体企业资产周转率指标

（按隶属关系划分）

项　　目	存货周转率（次）				
	2011 年	2012 年	2013 年	2014 年	2015 年
全　　国	**5.7**	**5.9**	**5.9**	**6.2**	**5.2**
北京市	5.8	5.1	4.8	26.1	4.6
天津市	9.0	9.9	10.4	9.6	6.6
河北省	5.7	5.0	4.4	4.0	3.9
山西省	7.1	6.9	7.2	8.1	7.6
内蒙古自治区	5.2	5.3	4.3	3.1	7.1
辽宁省	6.7	6.8	6.4	6.7	7.4
吉林省	3.0	4.3	9.2	6.0	7.5
黑龙江省	4.1	4.1	4.0	3.8	5.1
上海市	2.0	2.7	2.7	1.8	1.5
浙江省	6.2	5.7	5.5	4.8	4.9
江苏省	8.5	7.6	8.0	7.9	8.5
安徽省	9.0	8.2	8.8	8.7	8.8
福建省	4.0	3.8	2.8	3.4	3.5
江西省	9.5	9.1	8.6	9.8	7.7
山东省	7.2	6.9	6.5	6.2	5.6
河南省	13.1	14.7	17.0	19.6	21.7
湖北省	5.1	5.5	6.4	6.4	7.0
湖南省	8.7	8.9	10.5	10.6	11.3
广东省	5.5	5.8	7.5	6.5	6.0
海南省	26.6	33.5	6.1	21.3	13.4
广西壮族自治区	8.7	9.7	10.1	14.2	8.7
贵州省	5.9	7.0	6.2	6.0	6.7
四川省	7.1	7.7	9.5	9.6	9.4
重庆市	8.1	5.9	7.0	6.8	6.2
云南省	4.8	5.2	5.3	5.5	6.2
陕西省	7.0	5.4	4.7	3.2	3.0
甘肃省	5.7	7.0	7.8	10.0	12.6
青海省	2.1	4.1	3.7	4.1	4.7
西藏自治区	2.8	7.0	5.2	15.8	4.9
宁夏回族自治区	7.6	4.3	4.3	5.2	8.0
新疆维吾尔自治区	3.6	3.7	4.5	4.4	4.2
大连市	8.3	9.5	10.7	13.1	15.2
宁波市	6.9	6.4	2.4	3.2	3.0
青岛市	24.2	26.9	26.2	27.5	26.4
深圳市	1.3	1.5	1.3	1.5	0.7

2011—2015 年全国集体企业资产周转率指标

（按综合情况划分）

项　目	应收账款周转率（次）				
	2011 年	2012 年	2013 年	2014 年	2015 年
按综合情况划分	**12.3**	**12.4**	**12.5**	**12.6**	**11.0**
一、按企业规模分类					
（一）大型	17.4	17.9	18.4	19.4	15.4
（二）中型	12.8	12.9	13.2	13.3	12.3
（三）小型	8.9	8.9	8.9	8.7	7.8
二、按组织形式分类					
（一）国有独资企业公司	6.5	12.6	1.9	9.1	7.2
（二）国有控股企业	12.3	12.3	12.6	12.6	10.9
（三）企业化管理事业单位	23.0	35.5	30.5	10.7	18.5
三、按企业类型分类					
（一）公司制	14.0	13.7	13.2	13.4	11.0
（二）非公司制	9.2	10.1	11.1	11.0	11.0
四、按盈利或亏损分类					
（一）盈利	13.5	13.4	14.0	12.5	12.1
（二）亏损	5.0	5.9	4.5	25.9	6.1
五、按经济带分类					
（一）东部沿海地区	13.0	13.0	13.3	13.2	11.4
（二）中部内陆地区	13.9	13.4	13.6	13.7	12.6
（三）西部边远地区	8.4	9.3	8.9	8.6	7.4
六、按产业性质分类					
（一）垄断性行业	10.4	5.0	4.6	13.0	4.0
（二）竞争性行业	12.5	12.8	12.8	13.0	11.3
（三）公益性及其他行业	9.7	10.4	10.7	9.1	9.8
七、按产业作用分类					
（一）基础性行业	11.9	11.4	9.4	12.4	10.7
（二）一般生产加工行业	7.2	7.0	6.7	6.6	5.8
（三）商贸服务及其他行业	15.9	16.4	18.1	16.7	14.3

2011—2015 年全国集体企业资产周转率指标

（按基本行业划分）

项　目	应收账款周转率（次）				
	2011 年	2012 年	2013 年	2014 年	2015 年
全国合计	**12.3**	**12.4**	**12.5**	**12.6**	**11.0**
一、农林牧渔业	14.9	18.9	15.6	13.3	17.2
其中：农业	26.4	22.9	18.2	15.4	20.2
林业	3.7	6.6	9.9	3.1	5.1
畜牧业	19.7	52.4	21.1	20.2	28.0
渔业	12.7	12.7	9.2	7.5	11.5
二、工业	8.7	8.6	7.8	8.6	7.5
1. 煤炭工业	11.4	9.8	4.7	12.5	8.5
2. 石油和石化工业	8.0	8.7	5.5	9.2	7.5
3. 冶金工业	20.6	19.1	16.0	42.7	46.6
4. 建材工业	6.7	6.3	6.2	5.9	3.3
5. 化学工业	8.2	8.3	6.9	6.8	6.1
6. 森林工业	4.6	3.5	3.0	2.8	1.1
7. 食品工业	12.3	21.6	20.2	15.5	12.0
8. 烟草工业	14.1	18.9	12.8	16.8	5.4
9. 纺织工业	11.2	11.2	9.1	10.5	7.8
10. 医药工业	5.8	6.6	6.3	4.6	3.4
11. 机械工业	5.4	4.9	5.1	5.0	4.7
其中：汽车工业	6.0	6.1	7.1	10.8	8.6
12. 军工工业	12.4	5.2	7.5	10.6	7.9
13. 电子工业	5.4	4.2	3.1	3.2	3.0
14. 电力工业	8.8	6.1	6.6	10.0	12.5
15. 市政公用工业	5.2	7.7	9.5	9.1	8.0
16. 其他工业	8.2	7.3	5.9	6.6	5.9
三、建筑业	7.1	6.6	6.5	6.5	5.7
四、地质勘查及水利业	14.0	14.1	10.6	11.6	4.1
五、交通运输仓储业	12.7	8.9	7.6	7.1	5.4
其中：铁路运输业	7.9	3.8	5.9	6.2	15.8
道路运输业	12.5	10.4	9.7	10.6	7.5
水上运输业	7.7	5.3	4.0	4.6	6.1
航空运输业	0.0	0.0	0.0	0.0	0.0
仓储业	13.6	8.4	6.6	5.9	4.5
六、邮电通信业	12.6	5.5	2.5	19.5	25.0
七、批发和零售、餐饮业	18.2	19.7	21.9	20.5	17.3
八、房地产业	7.4	4.6	7.1	6.2	5.3
九、信息技术服务业	11.4	8.8	4.8	3.8	4.2
十、社会服务业	9.6	8.0	8.2	7.7	8.0
十一、卫生体育福利业	4.3	8.1	6.6	4.9	6.0
十二、教育文化广播业	12.2	14.4	21.1	123.1	64.1
十三、科学研究和技术服务业	10.0	13.8	9.5	6.4	5.8
十四、机关社团及其他	4.9	1.7	3.1	7.3	2.3

2011—2015 年全国集体企业资产周转率指标

（按隶属关系划分）

项　　目	应收账款周转率（次）				
	2011 年	2012 年	2013 年	2014 年	2015 年
全　　国	**12.3**	**12.4**	**12.5**	**12.6**	**11.0**
北京市	35.0	27.1	22.1	21.8	18.0
天津市	8.2	9.0	9.5	7.5	5.6
河北省	9.7	9.7	11.2	8.8	10.5
山西省	7.9	7.1	7.3	9.5	8.0
内蒙古自治区	11.8	45.5	62.7	57.3	37.5
辽宁省	5.3	6.0	5.8	6.6	6.5
吉林省	5.9	6.6	9.7	8.9	7.6
黑龙江省	10.5	10.9	9.5	9.6	9.7
上海市	8.8	8.6	8.0	9.1	6.6
浙江省	28.6	27.4	28.1	25.2	24.3
江苏省	43.6	41.8	41.8	40.6	36.0
安徽省	18.8	16.7	13.7	11.4	10.0
福建省	8.7	5.9	4.9	6.3	7.9
江西省	8.5	9.8	9.7	13.9	12.6
山东省	19.7	23.0	22.5	25.7	18.4
河南省	15.6	16.0	17.1	17.7	17.5
湖北省	20.7	23.0	25.3	28.5	24.3
湖南省	23.8	20.8	20.9	22.2	29.4
广东省	8.9	10.5	13.4	8.0	7.7
海南省	23.3	29.5	13.5	14.6	17.1
广西壮族自治区	11.5	11.4	10.1	11.2	5.2
贵州省	5.6	7.2	6.5	5.6	4.8
四川省	13.1	12.0	15.7	13.8	12.3
重庆市	13.3	13.3	12.2	10.8	7.7
云南省	9.1	13.9	13.1	11.8	11.2
陕西省	7.0	7.3	10.2	8.8	8.3
甘肃省	8.3	9.7	8.6	16.1	15.4
青海省	6.8	8.5	38.1	46.6	26.2
西藏自治区	2.5	2.7	2.2	3.3	3.4
宁夏回族自治区	8.6	9.9	9.4	6.3	5.9
新疆维吾尔自治区	6.6	6.7	5.8	4.5	3.8
大连市	11.0	12.7	11.8	6.5	4.6
宁波市	9.1	8.4	7.6	10.3	10.3
青岛市	6.9	5.8	6.0	6.2	5.0
深圳市	7.8	8.3	10.9	12.0	7.8

五、全国集体企业基本情况指标

（一）2011—2015年全国集体

（按综合

项　目	职工人数（万人）			
	2011年	2012年	2013年	2014年
按综合情况划分	**230.5**	**193.8**	**180.4**	**155.4**
一、按企业规模分类				
（一）大型	26.3	25.9	24.0	21.7
（二）中型	51.1	39.4	40.1	34.1
（三）小型	153.1	128.6	116.2	99.6
二、按组织形式分类				
（一）国有独资企业公司	8.1	18.1	5.9	4.6
（二）国有控股企业	218.6	172.7	171.4	147.3
（三）企业化管理事业单位	3.8	3.1	3.1	3.5
三、按企业类型分类				
（一）公司制	82.5	68.6	68.1	61.3
（二）非公司制	148.0	125.2	112.3	94.1
四、按盈利或亏损分类				
（一）盈利	181.4	152.4	141.2	114.7
（二）亏损	49.2	41.4	39.2	40.7
五、按经济带分类				
（一）东部沿海地区	87.5	79.5	74.7	67.5
（二）中部内陆地区	109.2	88.8	80.1	67.2
（三）西部边远地区	33.9	25.6	25.5	20.7
六、按产业性质分类				
（一）垄断性行业	3.8	3.1	2.4	2.1
（二）竞争性行业	202.0	170.6	161.3	135.1
（三）公益性及其他行业	24.8	20.2	16.7	18.2
七、按产业作用分类				
（一）基础性行业	47.8	40.3	35.0	30.8
（二）一般生产加工行业	82.4	62.9	58.7	47.0
（三）商贸服务及其他行业	100.4	90.6	86.6	77.6

企业职工人数情况

情况划分）

	比上年增长（%）					平均增长（%）
2015 年	2011 年	2012 年	2013 年	2014 年	2015 年	
144.3	**18.8**	**-15.9**	**-6.9**	**-13.9**	**-7.1**	**-11.1**
21.6	80.1	-1.6	-7.2	-9.7	-0.5	-4.8
29.6	17.5	-22.9	1.8	-14.9	-13.2	-12.7
93.1	12.7	-16.0	-9.6	-14.3	-6.5	-11.7
4.6	-32.5	123.0	-67.4	-21.2	0.0	-13.0
136.4	22.6	-21.0	-0.8	-14.1	-7.4	-11.1
3.3	2.7	-18.4	0.0	11.9	-5.8	-3.7
62.5	4.4	-16.8	-0.8	-10.0	2.0	-6.7
81.8	28.7	-15.4	-10.3	-16.2	-13.1	-13.8
107.0	20.8	-16.0	-7.4	-18.8	-6.7	-12.4
37.3	12.3	-15.9	-5.3	3.9	-8.5	-6.7
64.0	5.5	-9.2	-5.9	-9.6	-5.2	-7.5
62.4	43.9	-18.7	-9.8	-16.1	-7.1	-13.1
17.9	-3.7	-24.6	-0.2	-19.0	-13.4	-14.7
2.1	2.7	-19.5	-22.2	-11.8	1.4	-13.5
125.8	18.6	-15.5	-5.5	-16.3	-6.9	-11.2
16.4	24.0	-18.8	-17.2	9.2	-10.3	-9.9
29.2	19.2	-15.7	-13.1	-11.9	-5.3	-11.6
43.3	34.9	-23.6	-6.7	-20.0	-7.9	-14.9
71.8	8.2	-9.8	-4.4	-10.5	-7.4	-8.0

2011—2015 年全国集体

（按基本

项目	职工人数（万人）			
	2011 年	2012 年	2013 年	2014 年
全国合计	**230.5**	**193.8**	**180.4**	**155.4**
一、农林牧渔业	5.1	5.7	5.2	5.0
其中：农业	1.7	2.1	1.8	1.8
林业	0.4	0.5	0.3	0.1
畜牧业	0.3	0.3	0.4	0.3
渔业	0.1	0.2	0.1	0.2
二、工业	100.8	79.1	69.9	58.2
1. 煤炭工业	9.8	10.1	9.4	10.1
2. 石油和石化工业	1.5	1.6	1.6	1.6
3. 冶金工业	9.1	9.0	5.5	4.1
4. 建材工业	5.9	3.4	3.1	2.2
5. 化学工业	7.4	6.4	5.5	4.2
6. 森林工业	2.1	1.2	1.5	1.0
7. 食品工业	5.0	3.3	3.4	2.8
8. 烟草工业	0.2	0.2	0.2	0.1
9. 纺织工业	5.4	3.9	4.0	3.1
10. 医药工业	2.4	2.1	2.2	2.0
11. 机械工业	20.5	14.9	13.6	10.9
其中：汽车工业	2.7	1.9	1.7	1.4
12. 军工工业	0.5	0.1	0.1	0.1
13. 电子工业	2.5	1.7	1.2	0.9
14. 电力工业	0.7	0.5	0.5	0.4
15. 市政公用工业	1.4	0.7	0.7	0.6
16. 其他工业	26.1	20.1	17.4	14.2
三、建筑业	17.9	13.8	14.4	11.5
四、地质勘查及水利业	0.2	0.1	0.1	0.1
五、交通运输仓储业	8.8	7.3	6.7	5.7
其中：铁路运输业	0.2	0.2	0.2	0.1
道路运输业	4.2	3.5	3.2	2.8
水上运输业	0.7	0.6	0.6	0.5
航空运输业	0.0	0.0	0.0	0.0
仓储业	2.3	2.0	1.9	1.6
六、邮电通信业	0.6	0.5	0.1	0.0
七、批发和零售、餐饮业	65.2	60.9	60.2	53.0
八、房地产业	1.3	1.5	1.3	1.8
九、信息技术服务业	2.5	1.9	1.4	0.9
十、社会服务业	23.7	19.7	19.0	15.8
十一、卫生体育福利业	1.3	1.1	0.8	2.2
十二、教育文化广播业	0.4	0.2	0.2	0.1
十三、科学研究和技术服务业	1.5	1.0	0.7	0.5
十四、机关社团及其他	1.3	1.1	0.4	0.7

企业职工人数情况

行业划分）

2015 年	比上年增长（%） 2011 年	2012 年	2013 年	2014 年	2015 年	平均增长（%）
144.3	**18.8**	**-15.9**	**-6.9**	**-13.9**	**-7.1**	**-11.1**
4.9	50.0	10.8	-7.4	-4.8	-2.6	-1.2
1.8	54.5	21.8	-14.0	2.2	-3.8	0.7
0.3	100.0	15.0	-30.4	-56.3	135.7	-4.7
0.3	200.0	-10.0	37.0	-13.5	6.3	3.2
0.2		50.0	-6.7	14.3	6.3	14.2
53.5	35.3	-21.5	-11.7	-16.7	-8.0	-14.6
9.1	58.1	2.7	-6.2	6.5	-9.2	-1.8
1.5	0.0	4.0	4.5	-3.7	-5.1	-0.2
4.6	8.3	-0.8	-39.4	-24.5	11.4	-15.7
1.8	34.1	-42.5	-8.8	-27.5	-21.9	-26.2
3.7	-2.6	-14.2	-13.4	-24.4	-12.0	-16.1
0.8	162.5	-42.4	19.8	-30.3	-22.8	-21.9
2.4	16.3	-33.6	3.6	-17.7	-15.2	-16.8
0.2	100.0	-15.0	-11.8	-13.3	23.1	-5.4
2.8	10.2	-27.0	1.5	-23.5	-10.1	-15.5
2.4	140.0	-11.7	4.7	-10.4	20.1	-0.1
9.4	0.5	-27.5	-8.7	-19.9	-13.3	-17.7
1.4	28.6	-30.0	-11.1	-19.6	2.2	-15.4
0.1	-58.3	-78.0	-27.3	0.0	-12.5	-38.8
0.8	212.5	-32.0	-28.8	-22.3	-16.0	-25.0
0.4	0.0	-27.1	-3.9	-28.6	11.4	-13.6
0.6	250.0	-47.9	-2.7	-18.3	-1.7	-20.1
13.2	119.3	-23.2	-13.0	-18.6	-7.1	-15.7
11.4	-2.7	-22.8	4.4	-20.4	-0.3	-10.6
0.0		-40.0	-8.3	-45.5	-50.0	-37.8
4.9	29.4	-17.3	-7.8	-15.5	-13.6	-13.6
0.1	0.0	-10.0	-16.7	-33.3	10.0	-13.9
2.3	40.0	-16.4	-8.8	-13.1	-18.7	-14.4
0.4	75.0	-17.1	-1.7	-19.3	-13.0	-13.1
0.0						
1.5	53.3	-15.2	-3.6	-14.9	-5.0	-9.8
0.1		-13.3	-82.7	-55.6	25.0	-46.3
49.6	-2.5	-6.5	-1.2	-12.0	-6.4	-6.6
1.7	-35.0	14.6	-10.1	31.3	-5.1	6.5
0.8	1150.0	-25.2	-27.3	-35.3	-10.2	-25.0
15.8	25.4	-16.8	-4.0	-16.7	0.0	-9.7
0.6	333.3	-17.7	-28.0	189.6	-74.4	-18.6
0.1	100.0	-62.5	13.3	-41.2	10.0	-27.6
0.5	66.7	-32.7	-29.7	-31.0	-6.1	-25.6
0.5	-7.1	-32.7	-29.7	-31.0	-28.6	-21.2

2011—2015 年全国集体

（按隶属

项　　目	职工人数（万人）			
	2011 年	2012 年	2013 年	2014 年
全　　国	**230.5**	**193.8**	**180.4**	**155.4**
北京市	4.6	4.7	4.9	5.4
天津市	3.1	3.0	3.1	2.8
河北省	8.5	5.6	5.0	4.2
山西省	13.2	11.1	9.2	9.4
内蒙古自治区	0.6	0.2	0.2	0.1
辽宁省	15.5	13.9	11.8	9.8
吉林省	26.6	24.5	24.3	19.3
黑龙江省	20.7	8.2	7.3	6.9
上海市	14.3	10.9	10.9	8.6
浙江省	3.5	3.4	3.5	3.5
江苏省	6.7	7.3	7.1	6.0
安徽省	7.1	5.4	5.2	4.8
福建省	4.3	4.3	4.0	5.0
江西省	9.6	10.6	8.9	7.7
山东省	15.0	15.2	13.7	12.5
河南省	16.6	14.6	12.6	9.5
湖北省	5.8	4.9	4.7	2.9
湖南省	9.2	9.1	7.7	6.2
广东省	7.0	7.0	6.9	6.3
海南省	1.0	0.7	0.7	0.6
广西壮族自治区	2.9	2.1	2.3	2.3
贵州省	2.7	2.2	2.0	1.7
四川省	2.5	2.4	2.4	2.2
重庆市	1.8	1.3	1.1	1.1
云南省	5.2	3.5	3.9	3.3
陕西省	7.9	6.2	5.5	4.6
甘肃省	6.2	4.7	5.6	2.8
青海省	1.1	0.2	0.1	0.1
西藏自治区	0.3	0.2	0.0	0.0
宁夏回族自治区	0.3	0.2	0.1	0.1
新疆维吾尔自治区	2.2	2.3	2.3	2.2
大连市	0.1	0.1	0.1	0.1
宁波市	1.2	1.1	1.2	1.2
青岛市	1.8	1.6	1.2	0.9
深圳市	1.5	1.3	1.2	1.2

企业职工人数情况

关系划分）

2015 年	比上年增长（%）					平均增长（%）
	2011 年	2012 年	2013 年	2014 年	2015 年	
144.3	**18.8**	**-15.9**	**-6.9**	**-13.9**	**-7.1**	**-11.1**
5.4	-14.8	1.7	4.3	10.0	1.3	4.3
3.2	6.9	-4.4	3.6	-7.8	14.5	1.1
3.8	26.9	-34.2	-11.4	-15.5	-8.4	-18.0
8.9	-14.3	-15.6	-17.9	3.1	-5.2	-9.3
0.1	-68.4	-63.1	-32.3	-20.0	-16.7	-36.1
8.0	24.0	-10.0	-15.5	-16.9	-17.9	-15.1
20.3	4333.3	-7.8	-0.9	-20.5	5.0	-6.6
6.7	-11.5	-60.2	-10.9	-6.0	-3.2	-24.6
7.8	-7.7	-24.0	0.7	-21.1	-9.4	-14.0
3.2	-5.4	-3.2	2.7	-0.3	-6.9	-2.0
6.1	219.0	8.9	-3.1	-15.4	2.3	-2.2
4.3	121.9	-24.1	-4.5	-6.4	-10.8	-11.8
4.7	-4.4	-1.1	-6.2	25.3	-5.4	2.4
7.2	-1.0	10.4	-15.7	-14.1	-6.6	-7.0
11.6	-9.1	1.4	-10.2	-8.2	-7.3	-6.2
8.3	3.8	-12.2	-13.8	-24.3	-12.6	-15.9
2.7	52.6	-15.9	-3.4	-38.6	-7.3	-17.6
3.1	162.9	-0.8	-15.8	-18.9	-49.6	-23.6
6.9	-2.8	-0.6	-0.5	-8.8	9.0	-0.4
0.6	-9.1	-29.4	0.6	-18.3	-5.2	-13.9
1.9	-9.4	-28.8	8.9	4.0	-17.1	-9.6
1.4	3.8	-17.8	-10.3	-15.1	-15.4	-14.7
2.0	0.0	-2.5	-1.9	-8.8	-9.6	-5.8
1.1	-14.3	-27.9	-13.7	1.8	-5.3	-12.0
3.0	-16.1	-33.2	12.6	-14.8	-9.9	-12.8
4.2	29.5	-21.4	-11.4	-17.3	-7.9	-14.7
1.8	0.0	-24.9	19.1	-49.4	-35.9	-26.6
0.1	-15.4	-85.0	-27.2	-16.7	0.0	-45.1
0.1	50.0	-23.6	-82.5	-25.0	133.3	-30.5
0.1	50.0	-41.2	-26.3	-15.4	-9.1	-24.0
2.0	-18.5	3.2	0.4	-4.8	-8.3	-2.5
0.1	0.0	-38.9	-1.8	0.0	-16.7	-15.9
1.2	0.0	-8.7	9.5	2.5	-2.4	0.0
1.1	-10.0	-11.4	-26.0	-23.7	18.9	-12.2
1.2	-21.1	-14.0	-5.4	-4.1	-0.9	-6.2

（二）2011—2015 年全国集体

（按综合

项　　目	离退休职工（万人）			
	2011 年	2012 年	2013 年	2014 年
按综合情况划分	**131.8**	**114.5**	**116.8**	**103.5**
一、按企业规模分类				
（一）大型	3.9	8.0	8.4	5.6
（二）中型	21.4	16.7	17.2	14.5
（三）小型	106.4	89.7	91.3	83.4
二、按组织形式分类				
（一）国有独资企业公司	2.6	8.8	0.3	0.7
（二）国有控股企业	126.7	103.3	114.5	100.6
（三）企业化管理事业单位	2.5	2.3	2.1	2.2
三、按企业类型分类				
（一）公司制	35.1	26.8	28.9	23.9
（二）非公司制	96.7	87.6	87.9	79.6
四、按盈利或亏损分类				
（一）盈利	92.9	78.6	79.9	69.5
（二）亏损	38.9	35.9	36.9	34.0
五、按经济带分类				
（一）东部沿海地区	66.4	55.6	59.6	53.3
（二）中部内陆地区	39.1	35.8	34.3	30.7
（三）西部边远地区	26.3	23.0	22.9	19.5
六、按产业性质分类				
（一）垄断性行业	1.4	0.8	0.6	0.6
（二）竞争性行业	114.6	98.7	101.2	88.3
（三）公益性及其他行业	15.8	15.0	15.1	14.6
七、按产业作用分类				
（一）基础性行业	16.1	12.7	12.4	10.1
（二）一般生产加工行业	37.6	32.4	34.5	29.4
（三）商贸服务及其他行业	78.1	69.4	70.0	64.0

企业离退休职工情况

情况划分）

2015年	比上年增长（%）					平均增长（%）
	2011年	2012年	2013年	2014年	2015年	
101.7	**4.8**	**-13.2**	**2.1**	**-11.4**	**-1.8**	**-6.3**
5.0	25.8	106.2	4.4	-33.6	-10.1	6.5
12.9	26.6	-21.8	2.6	-15.7	-10.8	-11.9
83.7	0.5	-15.7	1.8	-8.6	0.4	-5.8
0.9	-62.9	238.5	-96.7	141.4	24.3	-23.9
98.6	9.0	-18.4	10.8	-12.1	-2.0	-6.1
2.2	-3.8	-7.6	-10.0	3.8	0.0	-3.6
26.9	9.7	-23.6	7.8	-17.2	12.4	-6.4
74.8	3.1	-9.4	0.3	-9.5	-6.0	-6.2
68.3	11.1	-15.4	1.7	-13.1	-1.6	-7.4
33.3	-7.8	-7.8	2.9	-7.8	-2.0	-3.8
53.4	-3.5	-16.3	7.2	-10.6	0.1	-5.3
30.3	25.7	-8.4	-4.2	-10.3	-1.5	-6.2
18.0	1.9	-12.4	-0.6	-15.1	-7.2	-9.0
0.5	0.0	-42.1	-28.4	0.0	-6.9	-21.2
87.6	0.6	-13.9	2.5	-12.7	-0.8	-6.5
13.6	51.9	-5.2	0.7	-3.2	-7.1	-3.7
10.2	29.8	-21.4	-2.3	-18.8	1.1	-10.9
27.2	1.1	-13.9	6.5	-14.6	-7.7	-7.8
64.4	2.5	-11.1	0.8	-8.5	0.5	-4.7

2011—2015 年全国集体

（按基本

项　目	离退休职工（万人）			
	2011 年	2012 年	2013 年	2014 年
全国合计	**131.8**	**114.5**	**116.8**	**103.5**
一、农林牧渔业	2.2	2.6	2.3	2.0
其中：农业	0.7	0.9	0.7	0.4
林业	0.0	0.0	0.0	0.0
畜牧业	0.2	0.0	0.0	0.0
渔业	0.0	0.0	0.0	0.0
二、工业	41.5	34.0	35.9	30.5
1. 煤炭工业	2.5	1.4	1.2	1.0
2. 石油和石化工业	0.5	0.3	0.4	0.4
3. 冶金工业	1.5	1.6	1.9	1.0
4. 建材工业	2.1	1.5	1.3	0.9
5. 化学工业	2.8	2.5	2.2	2.0
6. 森林工业	0.9	0.9	0.9	0.8
7. 食品工业	1.3	1.1	1.1	0.8
8. 烟草工业	0.0	0.0	0.0	0.0
9. 纺织工业	3.5	2.7	2.9	2.1
10. 医药工业	0.4	0.3	0.2	0.2
11. 机械工业	8.8	8.5	8.1	6.7
其中：汽车工业	0.6	0.6	0.3	0.3
12. 军工工业	0.1	0.1	0.0	0.0
13. 电子工业	1.8	1.4	2.6	2.2
14. 电力工业	0.1	0.1	0.1	0.0
15. 市政公用工业	0.4	0.1	0.1	0.1
16. 其他工业	14.9	11.5	13.1	12.2
三、建筑业	4.7	4.5	4.3	3.4
四、地质勘查及水利业	0.0	0.0	0.0	0.0
五、交通运输仓储业	6.5	5.6	5.9	5.1
其中：铁路运输业	0.1	0.1	0.1	0.1
道路运输业	4.1	3.5	3.8	3.1
水上运输业	0.5	0.5	0.4	0.3
航空运输业	0.0	0.0	0.0	0.0
仓储业	1.1	1.0	0.9	0.8
六、邮电通信业	0.3	0.2	0.0	0.0
七、批发和零售、餐饮业	55.0	47.2	47.8	43.9
八、房地产业	0.4	0.3	0.4	0.6
九、信息技术服务业	2.0	1.2	0.9	0.5
十、社会服务业	15.6	15.7	16.3	14.1
十一、卫生体育福利业	0.3	0.2	0.1	0.5
十二、教育文化广播业	0.0	0.1	0.2	0.2
十三、科学研究和技术服务业	2.4	2.2	2.4	2.3
十四、机关社团及其他	0.9	0.6	0.3	0.3

企业离退休职工情况

行业划分）

	比上年增长（%）					平均增长（%）
2015年	2011年	2012年	2013年	2014年	2015年	
101.7	**4.8**	**-13.2**	**2.1**	**-11.4**	**-1.8**	**-6.3**
2.2	69.2	15.9	-9.4	-14.7	11.2	-0.1
0.6	250.0	22.9	-22.1	-35.8	39.5	-3.8
0.0			-50.0	0.0	200.0	
0.0		-90.0	0.0	50.0	0.0	-37.8
0.0			0.0	0.0	-100.0	
28.0	7.5	-18.0	5.5	-15.1	-8.3	-9.4
1.1	316.7	-44.8	-15.9	-14.7	8.1	-19.1
0.4	-28.6	-36.0	12.5	11.1	7.5	-3.7
0.8	50.0	9.3	14.6	-47.9	-23.5	-15.9
0.8	10.5	-26.7	-16.2	-29.5	-9.9	-21.0
1.8	-58.2	-11.1	-12.4	-7.3	-12.9	-11.0
0.8	200.0	0.0	-2.2	-9.1	-1.3	-3.2
0.8	0.0	-17.7	-1.9	-21.9	-1.2	-11.2
0.0			0.0	0.0	-100.0	
1.7	0.0	-23.4	6.3	-27.7	-19.9	-17.1
0.2	33.3	-32.5	-11.1	-8.3	-18.2	-18.1
4.7	-13.7	-3.1	-4.8	-17.7	-30.2	-14.7
0.3	20.0	-3.3	-44.8	-6.3	0.0	-15.9
0.0	-80.0	-20.0	-87.5	-100.0		-100.0
2.0	-5.3	-21.1	85.9	-15.2	-9.8	2.9
0.0	0.0	-30.0	-14.3	-66.7	50.0	-26.0
0.1		-77.5	-22.2	-14.3	16.7	-35.3
13.0	53.6	-22.6	13.5	-6.5	5.8	-3.4
4.4	-2.1	-4.9	-3.6	-21.3	28.9	-1.8
0.0			100.0	-50.0	-100.0	
4.3	10.2	-13.5	4.6	-13.1	-15.7	-9.8
0.0	0.0	-30.0	-14.3	0.0	-33.3	-20.5
2.6	24.2	-15.6	8.4	-16.5	-18.5	-11.2
0.2	-28.6	-10.0	-11.1	-15.0	-44.1	-21.5
0.0						
1.0	37.5	-13.6	-6.3	-6.7	19.3	-2.6
0.0		-36.7	-78.9	-50.0	0.0	-49.2
45.3	-6.5	-14.2	1.3	-8.1	3.1	-4.7
0.8	33.3	-15.0	8.8	54.1	43.9	19.7
0.4		-40.0	-29.2	-37.6	-26.4	-33.5
15.3	28.9	0.8	3.4	-13.2	8.6	-0.5
0.1	50.0	-20.0	-50.0	283.3	-80.4	-26.0
0.2	-100.0		380.0	0.0	-4.2	
0.4	-7.7	-7.1	9.0	-4.5	-83.2	-36.5
0.3	0.0	-7.1	9.0	-4.5	-18.2	-26.0

2011—2015 年全国集体

（按隶属

项　　目	离退休职工（万人）			
	2011 年	2012 年	2013 年	2014 年
全　　国	**131.8**	**114.5**	**116.8**	**103.5**
北京市	5.9	5.9	5.5	5.4
天津市	4.0	4.0	3.4	3.2
河北省	11.8	4.6	4.4	3.9
山西省	5.4	5.3	4.6	5.0
内蒙古自治区	0.1	0.2	0.1	0.0
辽宁省	11.6	9.4	10.3	7.7
吉林省	3.2	2.8	2.4	2.3
黑龙江省	3.9	3.1	2.5	2.2
上海市	12.0	11.8	15.7	15.1
浙江省	1.5	1.5	1.5	1.5
江苏省	2.0	1.8	1.9	1.5
安徽省	4.0	1.8	4.2	4.2
福建省	2.8	3.0	3.2	2.8
江西省	7.4	7.5	6.7	5.7
山东省	3.7	3.5	3.7	3.4
河南省	7.3	7.3	6.9	6.2
湖北省	3.9	3.9	3.7	2.4
湖南省	3.9	3.9	3.4	2.7
广东省	8.7	8.2	8.1	7.4
海南省	1.2	1.0	0.9	0.9
广西壮族自治区	3.4	3.3	3.4	3.2
贵州省	3.1	3.0	3.0	2.8
四川省	2.6	2.6	2.6	2.4
重庆市	1.6	1.2	1.0	0.9
云南省	2.5	2.7	2.2	2.1
陕西省	7.8	6.1	6.1	5.3
甘肃省	3.8	2.8	3.7	1.8
青海省	0.4	0.2	0.1	0.2
西藏自治区	0.0	0.0	0.0	0.0
宁夏回族自治区	0.2	0.1	0.1	0.1
新疆维吾尔自治区	0.7	0.7	0.7	0.6
大连市	0.5	0.5	0.5	0.4
宁波市	0.1	0.1	0.1	0.1
青岛市	0.6	0.3	0.4	0.1
深圳市	0.2	0.2	0.2	0.2

企业离退休职工情况

关系划分）

2015年	比上年增长（%）2011年	2012年	2013年	2014年	2015年	平均增长（%）
101.7	**4.8**	**-13.2**	**2.1**	**-11.4**	**-1.8**	**-6.3**
5.4	-4.8	-0.8	-6.1	-2.0	0.9	-2.0
2.9	-4.8	-0.5	-15.1	-4.1	-9.6	-7.5
3.6	103.4	-61.2	-4.3	-11.6	-8.0	-25.9
4.7	-1.8	-1.3	-14.4	10.3	-5.8	-3.2
0.0	-75.0	136.0	-74.6	-50.0	-33.3	-33.1
8.4	36.5	-18.8	9.7	-25.6	9.2	-7.8
2.5	540.0	-11.0	-16.7	-4.6	9.7	-6.2
2.0	-2.5	-20.4	-19.5	-10.8	-9.0	-15.1
15.2	-43.9	-1.3	32.5	-4.1	0.9	6.1
1.4	0.0	-2.2	3.0	-3.3	-2.7	-1.4
1.7	11.1	-9.7	3.0	-19.4	10.0	-4.7
4.2	166.7	-56.0	137.0	1.4	-1.9	0.9
3.0	-20.0	7.2	8.0	-14.8	6.9	1.3
5.8	10.4	1.6	-11.4	-14.9	2.6	-5.8
2.9	-14.0	-6.2	7.5	-9.9	-14.9	-6.2
7.1	1.4	0.6	-6.1	-10.4	15.4	-0.6
1.8	-4.9	0.8	-5.1	-35.9	-24.3	-17.5
2.1	116.7	1.1	-14.2	-19.2	-23.4	-14.4
7.5	1.2	-5.4	-1.8	-8.7	1.9	-3.6
0.8	0.0	-14.3	-12.5	-4.4	-9.3	-10.2
3.0	-2.9	-1.9	1.6	-7.1	-5.4	-3.2
2.5	10.7	-3.7	0.2	-7.0	-8.6	-4.9
2.3	-7.1	0.9	-2.4	-4.7	-4.9	-2.8
0.8	-15.8	-25.3	-17.2	-5.1	-11.7	-15.1
1.9	-30.6	6.4	-18.4	-4.6	-6.3	-6.1
5.3	30.0	-21.3	0.0	-13.7	-0.6	-9.3
1.3	8.6	-26.9	31.4	-50.4	-26.0	-22.9
0.1	0.0	-58.1	-16.4	7.1	-33.3	-29.3
0.0			104.1	0.0	100.0	
0.1	0.0	-27.9	-16.8	-16.7	-30.0	-23.1
0.6	-12.5	5.8	-10.9	-6.1	-4.8	-4.2
0.4	0.0	-5.1	-5.1	-2.2	0.0	-3.1
0.1	0.0	-12.3	2.6	-33.3	0.0	-12.0
0.1	-45.5	-54.3	42.1	-71.8	-9.1	-36.1
0.1	0.0	-23.8	4.9	18.8	-52.6	-18.1

六、全国集体企业职工工资指标

（一）2011—2015年全国集体

（按综合

项　　目	职工工资（亿元）			
	2011年	2012年	2013年	2014年
按综合情况划分	**380.5**	**364.9**	**394.8**	**372.2**
一、按企业规模分类				
（一）大型	81.3	84.2	92.0	87.0
（二）中型	136.9	121.7	135.9	118.2
（三）小型	162.3	159.0	167.0	167.0
二、按组织形式分类				
（一）国有独资企业公司	6.2	20.9	4.4	1.2
（二）国有控股企业	370.2	337.8	386.1	366.7
（三）企业化管理事业单位	4.1	6.2	4.3	4.3
三、按企业类型分类				
（一）公司制	246.8	223.5	250.9	241.3
（二）非公司制	133.7	141.4	144.0	131.0
四、按盈利或亏损分类				
（一）盈利	321.7	302.6	329.8	283.1
（二）亏损	58.8	62.2	65.1	89.1
五、按经济带分类				
（一）东部沿海地区	224.7	232.8	253.2	246.1
（二）中部内陆地区	91.5	74.8	77.3	76.9
（三）西部边远地区	64.4	57.2	64.3	49.2
六、按产业性质分类				
（一）垄断性行业	12.8	11.0	10.8	9.8
（二）竞争性行业	324.4	311.8	341.1	311.7
（三）公益性及其他行业	43.3	42.1	43.0	50.8
七、按产业作用分类				
（一）基础性行业	95.7	94.1	85.8	76.7
（二）一般生产加工行业	131.2	106.3	123.5	105.5
（三）商贸服务及其他行业	153.6	164.5	185.6	190.1

企业职工工资情况

情况划分）

2015年	比上年增长（%） 2011年	2012年	2013年	2014年	2015年	平均增长（%）
360.8	**20.1**	**-4.1**	**8.2**	**-5.7**	**-3.1**	**-1.3**
82.9	88.2	3.5	9.3	-5.4	-4.8	0.5
116.2	33.3	-11.1	11.7	-13.0	-1.7	-4.0
161.8	-5.0	-2.1	5.0	0.0	-3.1	-0.1
1.6	-52.3	236.3	-79.0	-71.6	25.0	-29.3
354.6	23.4	-8.7	14.3	-5.0	-3.3	-1.1
4.7	7.9	51.2	-30.0	-2.1	9.6	3.3
248.5	25.7	-9.5	12.3	-3.8	3.0	0.2
112.3	11.0	5.8	1.8	-9.0	-14.3	-4.3
272.9	18.1	-5.9	9.0	-14.1	-3.6	-4.0
88.0	33.0	5.8	4.6	36.9	-1.3	10.6
244.0	15.8	3.6	8.7	-2.8	-0.9	2.1
69.8	45.0	-18.2	3.3	-0.5	-9.3	-6.6
47.1	8.2	-11.2	12.5	-23.6	-4.3	-7.5
10.1	-23.4	-14.3	-1.8	-9.1	3.5	-5.7
300.0	21.9	-3.9	9.4	-8.6	-3.7	-1.9
50.7	28.1	-2.8	2.2	18.1	-0.2	4.0
71.7	-2.3	-1.7	-8.8	-10.6	-6.5	-7.0
96.0	38.1	-19.0	16.1	-14.6	-9.0	-7.5
193.2	24.2	7.1	12.8	2.4	1.6	5.9

2011—2015 年全国集体

（按基本

项　目	职工工资（亿元）			
	2011 年	2012 年	2013 年	2014 年
全国合计	**380.5**	**364.9**	**394.8**	**372.2**
一、农林牧渔业	5.7	9.1	7.3	8.3
其中：农业	1.8	2.6	2.8	3.9
林业	0.1	0.1	0.1	0.0
畜牧业	1.2	0.2	0.5	0.3
渔业	0.1	0.6	0.6	0.9
二、工业	165.9	139.6	133.8	121.5
1. 煤炭工业	13.3	10.8	6.7	7.9
2. 石油和石化工业	6.5	7.3	8.6	8.0
3. 冶金工业	20.6	24.6	15.1	13.5
4. 建材工业	5.0	4.4	5.2	4.4
5. 化学工业	10.6	11.4	11.0	8.5
6. 森林工业	0.2	0.1	0.2	0.1
7. 食品工业	6.6	4.7	5.2	4.5
8. 烟草工业	1.2	1.3	1.1	1.0
9. 纺织工业	5.5	4.1	4.5	4.5
10. 医药工业	7.4	8.7	4.2	3.9
11. 机械工业	31.8	29.0	32.8	30.7
其中：汽车工业	6.5	5.4	5.6	5.7
12. 军工工业	3.2	0.4	0.3	0.3
13. 电子工业	5.7	5.5	4.1	3.3
14. 电力工业	2.9	2.4	2.3	1.7
15. 市政公用工业	3.6	2.5	2.6	2.4
16. 其他工业	41.7	22.5	29.8	26.7
三、建筑业	43.3	44.3	57.2	43.0
四、地质勘查及水利业	0.1	0.2	0.2	0.1
五、交通运输仓储业	14.5	12.8	14.2	12.4
其中：铁路运输业	0.6	0.4	0.4	0.2
道路运输业	6.8	5.9	7.4	6.0
水上运输业	0.7	0.4	0.6	0.8
航空运输业	0.0	0.0	0.0	0.0
仓储业	3.7	4.2	4.1	4.2
六、邮电通信业	0.4	0.3	0.2	0.1
七、批发和零售、餐饮业	88.9	100.0	110.5	113.7
八、房地产业	5.9	7.0	6.8	10.2
九、信息技术服务业	2.3	2.5	2.0	1.5
十、社会服务业	46.8	42.5	56.7	55.2
十一、卫生体育福利业	1.3	1.6	1.1	1.8
十二、教育文化广播业	0.7	0.5	0.7	0.4
十三、科学研究和技术服务业	3.3	2.8	3.2	2.0
十四、机关社团及其他	1.6	1.8	1.0	2.2

企业职工工资情况

行业划分）

	比上年增长（%）					平均增长（%）
2015 年	2011 年	2012 年	2013 年	2014 年	2015 年	
360.8	**20.1**	**-4.1**	**8.2**	**-5.7**	**-3.1**	**-1.3**
8.7	67.6	59.3	-19.2	12.9	4.6	11.1
4.4	100.0	43.9	6.6	42.4	10.7	24.7
0.2	0.0	0.0	-50.0	-40.0	500.0	15.8
0.3	1100.0	-84.2	152.6	-31.3	-9.1	-29.3
1.4		540.0	-6.3	51.7	50.5	92.4
108.4	28.0	-15.9	-4.2	-9.2	-10.8	-10.1
6.6	3.9	-18.9	-37.8	17.3	-15.8	-16.0
7.5	10.2	12.5	18.2	-7.4	-6.3	3.6
11.1	17.7	19.6	-38.6	-10.7	-17.8	-14.3
4.1	0.0	-11.2	16.4	-14.3	-6.5	-4.6
8.8	1.9	7.6	-3.8	-22.4	2.9	-4.6
0.1	100.0	-30.0	35.7	-42.1	-45.5	-26.0
4.2	-5.7	-29.5	12.0	-12.9	-7.7	-10.7
0.6	200.0	4.2	-14.4	-2.8	-40.4	-15.2
4.5	22.2	-26.4	11.9	-0.2	-1.3	-5.1
2.9	252.4	17.3	-51.2	-8.0	-24.9	-20.7
28.2	-9.9	-8.7	13.1	-6.6	-8.0	-2.9
5.3	25.0	-17.2	3.5	2.5	-7.7	-5.1
0.3	6.7	-86.6	-20.9	-2.9	-21.2	-46.6
2.6	159.1	-3.3	-26.5	-18.0	-21.1	-17.7
1.8	-56.7	-19.0	-2.1	-27.8	9.0	-11.1
2.4	140.0	-31.9	6.5	-8.4	2.1	-9.3
22.7	176.2	-46.1	32.5	-10.3	-15.0	-14.1
41.5	-12.3	2.3	29.2	-24.9	-3.6	-1.1
0.0		50.0	26.7	-63.2	-71.4	-33.1
11.6	13.3	-11.7	10.9	-12.4	-7.2	-5.5
0.3	20.0	-26.7	-15.9	-56.8	81.3	-16.6
5.5	21.4	-12.6	24.7	-19.6	-7.6	-5.1
0.2	-30.0	-47.1	56.8	43.1	-73.5	-25.1
0.0						
4.4	27.6	14.3	-3.5	2.5	5.7	4.5
0.1		-35.0	-15.4	-77.3	120.0	-27.6
116.1	24.7	12.5	10.5	2.9	2.1	6.9
10.4	-25.3	18.8	-2.6	48.6	2.6	15.3
1.0	130.0	8.7	-18.4	-26.0	-31.8	-18.2
57.1	26.8	-9.2	33.3	-2.6	3.6	5.1
0.9	550.0	20.8	-31.2	64.8	-50.6	-9.3
0.5	40.0	-28.6	32.0	-36.4	19.0	-8.1
2.3	65.0	-15.2	12.9	-36.1	11.4	-9.1
2.3	6.7	-15.2	12.9	-36.1	6.9	9.6

2011—2015 年全国集体

（按隶属

项　目	职工工资（亿元）			
	2011 年	2012 年	2013 年	2014 年
全　国	**380.5**	**364.9**	**394.8**	**372.2**
北京市	17.2	22.2	26.4	26.5
天津市	12.0	13.5	9.5	9.0
河北省	11.0	7.3	7.7	6.1
山西省	24.1	24.3	18.8	18.9
内蒙古自治区	1.1	0.7	0.6	0.4
辽宁省	17.7	13.9	14.8	11.4
吉林省	1.0	1.0	1.9	1.5
黑龙江省	6.6	5.6	4.6	4.0
上海市	56.2	48.6	56.2	45.4
浙江省	15.2	14.9	15.8	16.7
江苏省	16.1	18.6	20.2	20.5
安徽省	24.0	8.9	15.8	14.0
福建省	19.1	22.0	21.7	30.8
江西省	4.2	4.2	4.1	3.9
山东省	29.8	42.1	38.0	37.5
河南省	20.2	17.9	18.6	21.8
湖北省	5.3	5.2	5.9	6.0
湖南省	5.3	6.7	6.5	5.5
广东省	10.9	11.9	20.3	19.9
海南省	0.4	0.3	0.7	0.4
广西壮族自治区	3.1	2.6	2.7	2.6
贵州省	3.3	3.5	3.7	3.2
四川省	5.4	6.8	6.4	6.5
重庆市	4.0	3.4	3.5	3.7
云南省	12.6	7.9	9.1	8.5
陕西省	6.9	6.0	5.2	4.9
甘肃省	14.1	13.3	18.2	6.6
青海省	2.6	0.5	0.4	0.4
西藏自治区	0.4	0.7	0.7	0.8
宁夏回族自治区	0.6	1.0	1.6	0.5
新疆维吾尔自治区	9.9	10.4	11.8	10.8
大连市	0.2	0.2	0.2	0.2
宁波市	4.5	4.6	5.5	6.2
青岛市	8.9	8.1	10.8	10.1
深圳市	6.7	6.6	7.3	7.6

企业职工工资情况

关系划分）

	比上年增长（%）					平均增长（%）
2015 年	2011 年	2012 年	2013 年	2014 年	2015 年	
360.8	**20.1**	**-4.1**	**8.2**	**-5.7**	**-3.1**	**-1.3**
28.5	0.0	28.8	19.3	0.4	7.4	13.4
8.2	96.7	12.4	-29.4	-6.0	-9.0	-9.2
7.2	34.1	-34.1	5.9	-20.7	18.2	-10.1
17.5	2.1	0.8	-22.5	0.2	-7.2	-7.7
0.5	-50.0	-39.1	-14.9	-33.3	23.7	-19.2
10.9	46.3	-21.5	6.1	-22.4	-5.0	-11.5
1.7	150.0	-3.0	97.9	-22.4	12.8	13.8
2.6	22.2	-15.9	-16.8	-14.5	-33.4	-20.5
44.1	4.5	-13.6	15.7	-19.2	-2.8	-5.9
17.7	18.8	-2.2	6.1	6.2	6.0	3.9
20.1	496.3	15.3	8.6	1.8	-2.0	5.7
12.3	421.7	-62.8	76.5	-11.5	-11.6	-15.3
33.2	11.0	15.2	-1.3	41.8	7.9	14.8
3.7	23.5	0.5	-3.8	-5.2	-3.4	-3.0
35.3	-2.6	41.2	-9.8	-1.3	-5.9	4.3
17.8	18.8	-11.2	3.9	16.8	-18.1	-3.1
6.3	51.4	-1.9	13.5	2.2	4.5	4.4
4.9	8.2	26.4	-3.3	-15.9	-9.9	-1.9
16.3	14.7	9.4	70.0	-1.7	-18.0	10.7
0.3	33.3	-17.5	103.0	-46.3	-11.1	-5.4
2.0	24.0	-17.7	6.7	-5.9	-23.4	-10.8
3.1	17.9	4.5	8.4	-14.7	-2.5	-1.5
6.7	8.0	25.2	-5.0	1.2	3.1	5.5
3.8	11.1	-15.5	3.0	7.5	1.3	-1.3
8.3	-14.3	-37.3	14.8	-6.6	-2.5	-10.0
4.9	72.5	-13.6	-13.4	-6.0	0.8	-8.2
5.2	27.0	-6.0	37.4	-64.1	-20.2	-22.0
0.4	-7.1	-80.8	-26.0	2.7	0.0	-38.2
0.2	0.0	72.5	2.9	9.9	-70.5	-12.9
0.7	200.0	65.0	59.6	-67.7	35.3	3.6
10.8	0.0	5.3	13.1	-8.7	0.2	2.1
0.2	0.0	-10.0	16.7	0.0	14.3	4.7
6.5	15.4	1.6	21.0	12.7	4.0	9.5
10.8	6.0	-9.3	33.2	-6.5	7.9	5.1
8.1	-41.7	-1.5	10.0	4.1	7.0	4.8

（二）2011—2015 年全国集体

（按综合

项　　目	人均工资（元）			
	2011 年	2012 年	2013 年	2014 年
按综合情况划分	**16506.7**	**18824.7**	**21892.7**	**23956.6**
一、按企业规模分类				
（一）大型	30941.4	32540.5	38303.9	40141.4
（二）中型	26778.2	30896.8	33892.3	34653.6
（三）小型	10599.3	12365.6	14362.9	16767.8
二、按组织形式分类				
（一）国有独资企业公司	7674.0	11547.6	7416.0	2678.9
（二）国有控股企业	16935.5	19564.5	22533.7	24903.1
（三）企业化管理事业单位	10707.5	20000.1	13981.2	12229.1
三、按企业类型分类				
（一）公司制	29919.6	32557.7	36844.2	39371.8
（二）非公司制	9031.3	11295.6	12825.0	13918.8
四、按盈利或亏损分类				
（一）盈利	17738.9	19852.5	23359.1	24692.7
（二）亏损	11961.0	15038.5	16610.3	21883.8
五、按经济带分类				
（一）东部沿海地区	25684.7	29304.6	33878.6	36450.2
（二）中部内陆地区	8375.2	8428.2	9653.7	11455.8
（三）西部边远地区	19022.9	22362.8	25197.4	23756.4
六、按产业性质分类				
（一）垄断性行业	34089.7	35873.8	45315.8	46679.4
（二）竞争性行业	16056.9	18276.3	21147.5	23077.8
（三）公益性及其他行业	17505.9	20879.2	25758.8	27853.4
七、按产业作用分类				
（一）基础性行业	20029.9	23335.1	24502.5	24865.3
（二）一般生产加工行业	15929.4	16899.8	21038.2	22453.0
（三）商贸服务及其他行业	15302.4	18154.8	21416.7	24505.8

企业人均工资情况

情况划分）

2015 年	比上年增长（%） 2011 年	2012 年	2013 年	2014 年	2015 年	平均增长（%）
25010.1	**1.1**	**14.0**	**16.3**	**9.4**	**4.4**	**10.9**
38393.9	4.6	5.2	17.7	4.8	-4.4	5.5
39218.5	13.4	15.4	9.7	2.2	13.2	10.0
17383.3	-15.7	16.7	16.2	16.7	3.7	13.2
3336.1	-29.4	50.5	-35.8	-63.9	24.5	-18.8
26005.8	0.7	15.5	15.2	10.5	4.4	11.3
14262.4	5.8	86.8	-30.1	-12.5	16.6	7.4
39769.9	20.4	8.8	13.2	6.9	1.0	7.4
13731.2	-13.7	25.1	13.5	8.5	-1.3	11.0
25499.3	-2.2	11.9	17.7	5.7	3.3	9.5
23605.4	18.4	25.7	10.5	31.7	7.9	18.5
38129.9	9.7	14.1	15.6	7.6	4.6	10.4
11186.5	0.8	0.6	14.5	18.7	-2.4	7.5
26282.0	12.5	17.6	12.7	-5.7	10.6	8.4
47538.8	-23.8	5.2	26.3	3.0	1.8	8.7
23850.6	2.8	13.8	15.7	9.1	3.3	10.4
30994.2	3.3	19.3	23.4	8.1	11.3	15.4
24538.7	-18.1	16.5	5.0	1.5	-1.3	5.2
22180.7	2.4	6.1	24.5	6.7	-1.2	8.6
26906.7	14.9	18.6	18.0	14.4	9.8	15.2

2011—2015 年全国集体

（按基本

项目	人均工资（元）			
	2011 年	2012 年	2013 年	2014 年
全国合计	**16506.7**	**18824.7**	**21892.7**	**23956.6**
一、农林牧渔业	11149.0	16055.4	14037.7	16650.6
其中：农业	10969.0	12510.1	15502.8	21633.1
林业	2013.5	2247.5	1703.2	2091.5
畜牧业	36524.0	7189.1	13129.0	10125.6
渔业	8287.8	42622.4	42428.8	58490.4
二、工业	16457.6	17644.6	19141.8	20877.4
1. 煤炭工业	13612.9	10731.8	7107.8	7830.8
2. 石油和石化工业	41846.1	46872.7	52883.6	50956.0
3. 冶金工业	22528.0	27285.8	27640.1	32753.8
4. 建材工业	8456.1	13083.5	16693.1	19806.2
5. 化学工业	14435.5	17959.2	19976.5	20505.9
6. 森林工业	945.5	1139.2	1332.1	1095.5
7. 食品工业	13073.0	13982.9	15155.9	16011.4
8. 烟草工业	64358.0	74577.4	72375.6	77833.8
9. 纺织工业	10145.1	10272.4	11349.9	14774.4
10. 医药工业	30149.4	41001.3	19094.6	19576.7
11. 机械工业	15502.7	19544.3	24213.4	28230.0
其中：汽车工业	23745.2	28527.9	33133.0	42153.6
12. 军工工业	60408.9	39223.2	41203.7	38752.8
13. 电子工业	22437.0	32442.4	33561.7	35260.0
14. 电力工业	39908.9	45998.7	46940.2	47765.5
15. 市政公用工业	26413.5	33695.1	36659.0	41334.8
16. 其他工业	15950.2	11203.7	17064.8	18788.0
三、建筑业	24135.8	32065.6	39651.0	37449.9
四、地质勘查及水利业	8655.1	12802.0	18081.2	12508.0
五、交通运输仓储业	16515.5	17604.7	21166.2	21923.6
其中：铁路运输业	26737.8	23766.6	24804.6	15938.2
道路运输业	16206.5	16909.4	23170.8	21456.6
水上运输业	9406.4	6383.8	10196.7	17881.5
航空运输业	0.0	0.0	0.0	0.0
仓储业	16028.6	21715.2	21690.9	26105.3
六、邮电通信业	6490.4	4981.2	23969.9	13743.9
七、批发和零售、餐饮业	13627.3	16410.4	18346.2	21448.0
八、房地产业	45818.1	47078.5	50836.9	57601.3
九、信息技术服务业	9169.8	13375.3	14951.0	17204.4
十、社会服务业	19705.6	21546.4	29898.6	34946.5
十一、卫生体育福利业	10377.7	14703.2	14003.2	7968.5
十二、教育文化广播业	17389.3	34203.4	39741.0	41516.0
十三、科学研究和技术服务业	21958.6	27663.2	44717.7	40853.3
十四、机关社团及其他	12123.3	16543.3	25815.0	30947.6

企业人均工资情况

行业划分）

	比上年增长（%）					平均增长（%）
2015 年	2011 年	2012 年	2013 年	2014 年	2015 年	
25010. 1	**1. 1**	**14. 0**	**16. 3**	**9. 4**	**4. 4**	**10. 9**
17861. 9	12. 7	44. 0	-12. 6	18. 6	7. 3	12. 5
24866. 2	33. 1	14. 0	23. 9	39. 5	14. 9	22. 7
5545. 1	-48. 1	11. 6	-24. 2	22. 8	165. 1	28. 8
8734. 5	190. 0	-80. 3	82. 6	-22. 9	-13. 7	-30. 1
79788. 7	225. 3	414. 3	-0. 5	37. 9	36. 4	76. 1
20255. 5	-5. 4	7. 2	8. 5	9. 1	-3. 0	5. 3
7261. 8	-34. 2	-21. 2	-33. 8	10. 2	-7. 3	-14. 5
50277. 9	2. 7	12. 0	12. 8	-3. 6	-1. 3	4. 7
24136. 0	8. 3	21. 1	1. 3	18. 5	-26. 3	1. 7
23649. 7	-26. 0	54. 7	27. 6	18. 6	19. 4	29. 3
23974. 5	4. 9	24. 4	11. 2	2. 7	16. 9	13. 5
707. 6	-45. 9	20. 5	16. 9	-17. 8	-35. 4	-7. 0
17480. 2	-20. 8	7. 0	8. 4	5. 6	9. 2	7. 5
39861. 7	35. 7	15. 9	-3. 0	7. 5	-48. 8	-11. 3
16188. 7	8. 3	1. 3	10. 5	30. 2	9. 6	12. 4
12273. 1	50. 2	36. 0	-53. 4	2. 5	-37. 3	-20. 1
29937. 4	-10. 6	26. 1	23. 9	16. 6	6. 0	17. 9
38165. 5	-2. 2	20. 1	16. 1	27. 2	-9. 5	12. 6
38472. 5	136. 0	-35. 1	5. 0	-5. 9	-0. 7	-10. 7
33382. 0	-15. 6	44. 6	3. 5	5. 1	-5. 3	10. 4
47035. 0	-57. 7	15. 3	2. 0	1. 8	-1. 5	4. 2
43036. 3	-21. 3	27. 6	8. 8	12. 8	4. 1	13. 0
17189. 1	25. 3	-29. 8	52. 3	10. 1	-8. 5	1. 9
36236. 6	-10. 1	32. 9	23. 7	-5. 6	-3. 2	10. 7
7240. 1	-48. 2	47. 9	41. 2	-30. 8	-42. 1	-4. 4
23603. 6	-12. 4	6. 6	20. 2	3. 6	7. 7	9. 3
25368. 5	27. 9	-11. 1	4. 4	-35. 7	59. 2	-1. 3
24398. 6	-14. 0	4. 3	37. 0	-7. 4	13. 7	10. 8
5459. 1	-60. 8	-32. 1	59. 7	75. 4	-69. 5	-12. 7
0. 0	-100. 0					
29117. 2	-20. 2	35. 5	-0. 1	20. 4	11. 5	16. 1
22961. 6	-29. 9	-23. 3	381. 2	-42. 7	67. 1	37. 1
23405. 4	27. 8	20. 4	11. 8	16. 9	9. 1	14. 5
62323. 3	17. 0	2. 8	8. 0	13. 3	8. 2	8. 0
13115. 6	-83. 0	45. 9	11. 8	15. 1	-23. 8	9. 4
36190. 8	1. 1	9. 3	38. 8	16. 9	3. 6	16. 4
15352. 8	119. 8	41. 7	-4. 8	-43. 1	92. 7	10. 3
46783. 8	-45. 3	96. 7	16. 2	4. 5	12. 7	28. 1
48457. 9	-1. 3	26. 0	61. 7	-8. 6	18. 6	21. 9
46408. 5	13. 3	26. 0	61. 7	-8. 6	50. 0	39. 9

2011—2015 年全国集体

（按隶属

项　　目	人均工资（元）			
	2011 年	2012 年	2013 年	2014 年
全　　国	**16506.7**	**18824.7**	**21892.7**	**23956.6**
北京市	37353.3	47343.9	54097.1	49412.4
天津市	39094.5	45505.8	31083.0	31724.5
河北省	12951.3	12953.9	15470.5	14548.8
山西省	18207.1	21805.0	20592.7	20008.3
内蒙古自治区	16897.9	30118.5	37616.5	31028.3
辽宁省	11456.4	9969.0	12522.2	11681.7
吉林省	380.5	395.4	790.2	771.8
黑龙江省	3179.8	6741.8	6290.8	5725.0
上海市	39332.6	44680.2	51322.7	52545.5
浙江省	43423.6	43844.9	45308.8	48225.8
江苏省	23883.3	25423.9	28506.1	34298.1
安徽省	33813.3	16555.9	30586.2	28926.4
福建省	44669.8	51756.0	54402.0	61534.8
江西省	4318.8	3981.8	4539.3	5020.9
山东省	19913.9	27654.5	27782.6	29886.8
河南省	12113.8	12307.9	14834.1	22859.3
湖北省	9162.9	10665.2	12540.0	20870.7
湖南省	5786.6	7343.5	8442.7	8757.8
广东省	15571.0	17132.5	29297.0	31563.8
海南省	3526.3	4617.3	9470.6	6168.9
广西壮族自治区	10633.4	12362.7	12124.0	10955.1
贵州省	12312.0	15534.2	18823.3	18940.2
四川省	21614.1	27721.8	26861.0	29866.1
重庆市	22109.4	26073.8	31200.2	32720.0
云南省	24491.5	22762.6	23204.6	25439.7
陕西省	8671.6	9599.3	9382.4	10643.5
甘肃省	22620.6	28458.2	32842.0	23328.6
青海省	24331.3	30429.6	31632.5	36677.6
西藏自治区	16072.1	30244.5	161434.7	227690.1
宁夏回族自治区	19526.2	55976.8	119594.9	45420.0
新疆维吾尔自治区	45391.8	45905.1	51731.7	49630.6
大连市	24711.0	28723.0	36890.8	38324.0
宁波市	37168.6	41738.4	45975.1	50768.5
青岛市	50667.7	50586.0	91423.6	111926.6
深圳市	45978.8	51149.0	59559.4	64733.8

企业人均工资情况

关系划分）

2015年	比上年增长（%） 2011年	2012年	2013年	2014年	2015年	平均增长（%）
25010.1	**1.1**	**14.0**	**16.3**	**9.4**	**4.4**	**10.9**
52325.9	17.0	26.7	14.3	-8.7	5.9	8.8
25164.5	85.2	16.4	-31.7	2.1	-20.7	-10.4
18717.2	6.4	0.0	19.4	-6.0	28.7	9.6
19598.6	19.0	19.8	-5.6	-2.8	-2.0	1.9
44908.4	40.3	78.2	24.9	-17.5	44.7	27.7
13529.2	17.6	-13.0	25.6	-6.7	15.8	4.2
829.6	-94.3	3.9	99.9	-2.3	7.5	21.5
3932.6	37.4	112.0	-6.7	-9.0	-31.3	5.5
56402.5	13.2	13.6	14.9	2.4	7.3	9.4
54831.1	25.3	1.0	3.3	6.4	13.7	6.0
32838.6	87.8	6.5	12.1	20.3	-4.3	8.3
28662.9	133.0	-51.0	84.7	-5.4	-0.9	-4.0
70289.8	17.2	15.9	5.1	13.1	14.2	12.0
5190.3	22.8	-7.8	14.0	10.6	3.4	4.7
30366.2	7.4	38.9	0.5	7.6	1.6	11.1
21430.3	14.1	1.6	20.5	54.1	-6.3	15.3
23494.6	1.3	16.4	17.6	66.4	12.6	26.5
15636.3	-59.0	26.9	15.0	3.7	78.5	28.2
23762.1	17.6	10.0	71.0	7.7	-24.7	11.1
5854.8	28.0	30.9	105.1	-34.9	-5.1	13.5
10094.6	39.7	16.3	-1.9	-9.6	-7.9	-1.3
21773.1	11.4	26.2	21.2	0.6	15.0	15.3
33947.0	9.6	28.3	-3.1	11.2	13.7	11.9
35041.3	28.0	17.9	19.7	4.9	7.1	12.2
27544.7	3.4	-7.1	1.9	9.6	8.3	3.0
11665.9	31.8	10.7	-2.3	13.4	9.6	7.7
29096.4	26.4	25.8	15.4	-29.0	24.7	6.5
39514.9	10.1	25.1	4.0	15.9	7.7	12.9
31108.2	-21.7	88.2	433.8	41.0	-86.3	18.0
71571.4	75.1	186.7	113.7	-62.0	57.6	38.4
54233.8	22.3	1.1	12.7	-4.1	9.3	4.5
43507.6	2.9	16.2	28.4	3.9	13.5	15.2
53865.9	16.7	12.3	10.2	10.4	6.1	9.7
101675.2	20.7	-0.2	80.7	22.4	-9.2	19.0
69699.8	-25.0	11.2	16.4	8.7	7.7	11.0

附录：

有关汇编口径、指标解释及计算公式

一、汇编口径

（一）户数：指纳入本资料汇总范围的独立核算企业户数。

（二）本资料中国有资产总额为剔除了国有法人资本后的国有资产总额合并数。

二、计算口径

（一）比上年增长率 =（报告期数 - 基期数）/基期数 ×100%

（二）平均增长率 = $\left(\sqrt[X]{\frac{报告期}{基期数}}-1\right)\times 100\%$（注：X = 报告期年份 - 基期年份，基期年份从有数据的年份开始算起）

三、指标解释

（一）职工人数：反映人事关系和工资关系均在本企业的固定职工和劳动合同制职工人数。

（二）从业人员：反映年末在本企业实际从事生产经营活动的全部人员。包括：企业在岗职工、临时职工、其他聘用、留用的人员。

（三）盈利：当年实现利润总额大于等于零。

（四）亏损：当年实现利润总额小于零。

四、有关指标计算公式

（一）净资产收益率 = 净利润/平均净资产 × 100%

平均净资产 =（年初所有者权益 + 年末所有者权益）/2

（二）总资产报酬率 =（利润总额 + 利息支出）/平均资产总额 ×100%

平均资产总额 =（年初资产总额 + 年末资产总额）/2，下同

（三）成本费用利润率 = 利润总额/成本费用总额 ×100%

成本费用总额 = 营业成本 + 营业税金及附加 + 销售费用 + 管理费用 + 财务费用

（四）总资产周转率 = 营业收入/平均资产总额

（五）流动资产周转率 = 营业收入/平均流动资产总额

平均流动资产 =（年初流动资产 + 年末流动资产）/2

（六）应收账款周转率 = 营业收入/平均应收账款

平均应收账款余额 =（年初应收账款 + 年末应收账款）/2

（七）资产负债率 = 负债总额/资产总额 ×100%

（八）获利倍数 =（利润总额 + 利息支出）/利息支出

（九）流动比率 = 流动资产/流动负债 ×100%

（十）速动比率 =（流动资产 - 存货）/流动负债 ×100%